U0920764

2020

中国县域统计年鉴(县市卷)

CHINA STATISTICAL YEARBOOK (COUNTY-LEVEL)

国家统计局农村社会经济调查司 编

中国统计出版社
China Statistics Press

图书在版编目（CIP）数据

中国县域统计年鉴．县市卷．2020 / 国家统计局农村社会经济调查司编．-- 北京：中国统计出版社，2021.3
ISBN 978-7-5037-9473-5

Ⅰ．①中… Ⅱ．①国… Ⅲ．①县级经济－经济统计－中国－2020－年鉴 Ⅳ．①F127-54

中国版本图书馆 CIP 数据核字 (2021) 第 047523 号

中国县域统计年鉴—2020（县市卷）

编　　者 / 国家统计局农村社会经济调查司
责任编辑 / 冯诗萌
封面设计 / 李雪燕
出版发行 / 中国统计出版社
通信地址 / 北京市丰台区西三环南路甲 6 号　邮政编码 /100073
电　　话 / 邮购（010）63376909　书店（010）68783171
网　　址 / http://www.zgtjcbs.com
印　　刷 / 河北鑫兆源印刷有限公司
经　　销 / 新华书店
开　　本 / 880×1230 毫米　1/16
字　　数 / 888 千字
印　　张 / 27.75
版　　别 / 2021 年 3 月第 1 版
版　　次 / 2021 年 3 月第 1 次印刷
定　　价 / 628. 00 元（全套）

如有印装差错，由本社发行部调换。

《中国县域统计年鉴（县市卷）-2020》编辑委员会

编 者 说 明

一、《中国县域统计年鉴（县市卷）-2020》是一部全面反映我国县域社会经济发展状况的资料性年鉴，收录了2019年全国2000多个县域单位的基本情况、综合经济、农业、工业、教育、卫生、社会保障等方面的资料。

二、本卷的资料范围包括全国除香港特别行政区、澳门特别行政区和台湾省以外的县、旗、县级市和上报资料完整的市辖区，行政区划截止到2019年12月31日。

三、本卷的主要内容包括两个部分：一是县（市）社会经济主要指标；二是按一般公共预算收入分组的县（市）资料；篇末另附主要指标解释。

四、本卷的资料来自2019年县（市）社会经济统计年报。

五、本卷空栏有如下情况：

（1）该项数据较小，不够规定单位。

（2）该项指标在当年没有统计任务，没有统计数据。

（3）该项指标未掌握确切数据。

六、咨询服务电话：010-68782899。

编　者

2021年1月

目录

一、县（市）社会经济主要指标

二、按一般公共预算收入分组县（市）资料

附录：主要指标解释

县（市）社会经济主要指标

2019年县(市)社会经济主要指标

北京市

指　　标	单位	大兴区	怀柔区	平谷区	密云区	延庆区
一、基本情况						
行政区域面积	平方公里	1036	2123	948	2226	1995
乡	个		2	2	1	4
镇	个	14	12	14	17	11
街道办事处	个	8	2	2	2	3
户籍人口	人	733650	286902	408797	440588	289093
第二产业从业人员	人	191651	55075	58535	35529	22620
第三产业从业人员	人	438061	128865	147831	80073	110210
二、综合经济						
地区生产总值	万元	9075500	3998605	2934891	3409331	1952859
第一产业增加值	万元	120817	64449	131728	136377	74073
第二产业增加值	万元	2771752	1638864	770869	1018689	509725
一般公共预算收入	万元	1025124	431062	242172	374560	214461
一般公共预算支出	万元	2563258	1472445	1270620	1636764	1283115
住户储蓄存款余额	万元	14631390	3033126	2440117	3240519	2277822
年末金融机构各项贷款余额	万元	21855894	2859455	1887025	2941275	1775252
三、农业、工业和通讯						
设施农业种植占地面积	公顷	3198	2531	722	535	745
油料产量	吨	796	322	145	1478	95
棉花产量	吨			7		
规模以上工业企业	个	287	164	104	139	44
固定电话用户	户	191182	89000	105015	88116	18650
四、教育、卫生和社会保障						
普通中学在校学生	人	13364	6962	8420	11032	8638
小学在校学生	人	65747	17346	19002	22232	12700
医疗卫生机构床位	床	7501	1982	2123	1802	1102
提供住宿的社会工作机构	个	35	19	38	38	30
提供住宿的社会工作机构床位	床	7303	2236	5702	5199	4280

2019年县(市)社会经济主要指标

天津市、河北省

指标	单位	宝坻区	宁河区	静海区	蓟州区	藁城区
一、基本情况						
行政区域面积	平方公里	1468	1032	1476	1590	836
乡	个			2	1	1
镇	个	18	14	16	25	12
街道办事处	个	6		1	1	
户籍人口	人	742934	405058	615048	876515	866342
第二产业从业人员	人	120065	62350	148400	129509	207713
第三产业从业人员	人	69288	54860	151400	182092	226283
二、综合经济						
地区生产总值	万元	3688800	2858000	4107469	2108010	4159863
第一产业增加值	万元	239600	215000	208445	277770	453617
第二产业增加值	万元	1329000	969700	1947297	531044	2016712
一般公共预算收入	万元	565113	250197	543818	251045	458004
一般公共预算支出	万元	1262309	734444	1007910	822718	586960
住户储蓄存款余额	万元	3987600	2471956	4965308	4681044	3575736
年末金融机构各项贷款余额	万元	6805800	2160380	4277938	4429334	1911938
三、农业、工业和通讯						
设施农业种植占地面积	公顷	423	919	1985	1464	2375
油料产量	吨		540	1315	951	4512
棉花产量	吨	388	13602	2463		2
规模以上工业企业	个	270	153	699	101	218
固定电话用户	户	225000	99700	191530	210353	35998
四、教育、卫生和社会保障						
普通中学在校学生	人	37320	20194	39298	46093	33766
小学在校学生	人	38276	28398	58793	54306	69739
医疗卫生机构床位	床	2758	1704	1985	1998	2072
提供住宿的社会工作机构	个	4	2	10	46	23
提供住宿的社会工作机构床位	床	380	52	3542	2840	5123

2019年县(市)社会经济主要指标

河北省

指　标	单位	鹿泉区	栾城区	井陉县	正定县	行唐县
一、基本情况						
行政区域面积	平方公里	603	326	1381	468	1025
乡	个	3	3	7	5	11
镇	个	9	5	10	3	4
街道办事处	个				2	
户籍人口	人	447120	363594	332299	516905	463326
第二产业从业人员	人	79049	101839	49997	104489	58292
第三产业从业人员	人	102864	97438	54029	93951	99349
二、综合经济						
地区生产总值	万元	2904093	1726388	969420	2803873	1158550
第一产业增加值	万元	179900	151563	97872	394075	347281
第二产业增加值	万元	1050600	731794	307168	675625	197606
一般公共预算收入	万元	307729	160870	82020	374221	61208
一般公共预算支出	万元	496662	322865	233464	655830	349825
住户储蓄存款余额	万元	3005969	1925941	1510018	4420100	1741805
年末金融机构各项贷款余额	万元	2727650	1700333	731059	3262000	711443
三、农业、工业和通讯						
设施农业种植占地面积	公顷	1180	308	25	825	186
油料产量	吨	2538	79	2036	11770	16320
棉花产量	吨	21	2	51	2	11
规模以上工业企业	个	134	137	52	139	44
固定电话用户	户	36258	22589	12378	47595	13062
四、教育、卫生和社会保障						
普通中学在校学生	人	19022	15233	14960	27074	21995
小学在校学生	人	39467	31420	17320	45510	42081
医疗卫生机构床位	床	2042	1265	1460	2195	1932
提供住宿的社会工作机构	个	9	9	8	21	18
提供住宿的社会工作机构床位	床	1466	2000	1025	3167	1213

2019年县(市)社会经济主要指标

河北省

指　标	单位	灵寿县	高邑县	深泽县	赞皇县	无极县
一、基本情况						
行政区域面积	平方公里	1066	222	296	1210	524
乡	个	9	1	3	7	5
镇	个	6	4	3	4	6
街道办事处	个					
户籍人口	人	352903	204319	258761	281343	538966
第二产业从业人员	人	39091	30156	56798	33889	149938
第三产业从业人员	人	38379	34579	35405	65316	49733
二、综合经济						
地区生产总值	万元	1022396	682053	711374	775381	1299107
第一产业增加值	万元	268764	130836	144076	188223	291045
第二产业增加值	万元	180606	210794	221054	231543	397679
一般公共预算收入	万元	59076	55107	51652	44193	75859
一般公共预算支出	万元	272480	166984	171553	201797	446075
住户储蓄存款余额	万元	1464941	822578	1302214	1023685	2195054
年末金融机构各项贷款余额	万元	940638	353118	482284	543344	835922
三、农业、工业和通讯						
设施农业种植占地面积	公顷	448	1234	320	70	2123
油料产量	吨	3377	1244	3674	9937	8226
棉花产量	吨	17	4		7	
规模以上工业企业	个	29	67	54	28	91
固定电话用户	户	13000	5004	7335	10236	22545
四、教育、卫生和社会保障						
普通中学在校学生	人	17463	10717	8869	11746	23581
小学在校学生	人	28493	20391	17083	30880	43874
医疗卫生机构床位	床	1628	725	946	1171	1378
提供住宿的社会工作机构	个	9	4	7	6	8
提供住宿的社会工作机构床位	床	1102	410	795	234	1205

2019年县(市)社会经济主要指标

河北省

指　　标	单位	平山县	元氏县	赵　县	辛集市	晋州市
一、基本情况						
行政区域面积	平方公里	2648	675	674	951	619
乡	个	11	7	4	7	1
镇	个	12	8	7	8	9
街道办事处	个					
户籍人口	人	505084	446568	622990	635495	577302
第二产业从业人员	人	51834	88032	118432		143409
第三产业从业人员	人	53328	51352	87907		70123
二、综合经济						
地区生产总值	万元	2400030	1595370	1411279	4169907	1542222
第一产业增加值	万元	151461	199376	243619	517523	376027
第二产业增加值	万元	1441971	467120	392025	2699560	375805
一般公共预算收入	万元	195248	101256	74336	240087	104528
一般公共预算支出	万元	422111	271202	303130	670690	361058
住户储蓄存款余额	万元	2176861	1834823	1738592	3998571	2906226
年末金融机构各项贷款余额	万元	1373873	1367495	995916	2507405	1393420
三、农业、工业和通讯						
设施农业种植占地面积	公顷	252		533		274
油料产量	吨	6900	4302	403	24241	5488
棉花产量	吨	59	81		308	
规模以上工业企业	个	40	62	74	257	238
固定电话用户	户	28531	18650	22312	20319	20839
四、教育、卫生和社会保障						
普通中学在校学生	人	29259	22446	26869	30583	22070
小学在校学生	人	41865	37102	48783	47147	43625
医疗卫生机构床位	床	1881	2102	2663	2301	1828
提供住宿的社会工作机构	个	4	5	15	10	16
提供住宿的社会工作机构床位	床	492	540	1526	1266	2027

2019年县(市)社会经济主要指标

河北省

指　　标	单位	新乐市	丰南区	丰润区	曹妃甸区	滦南县
一、基本情况						
行政区域面积	平方公里	525	1288	1154	1281	1483
乡	个	3	3	3		
镇	个	8	12	19	5	16
街道办事处	个	1	1	3	3	1
户籍人口	人	518624	536706	812745	214303	569083
第二产业从业人员	人	113679	137393	150979	79776	120290
第三产业从业人员	人	76559	114097	88369	45059	84925
二、综合经济						
地区生产总值	万元	1393397	6570218	8751482	6304301	2710469
第一产业增加值	万元	329240	450022	365895	305663	827300
第二产业增加值	万元	352847	3340609	5824916	3315281	911317
一般公共预算收入	万元	101808	472005	302333	712482	140018
一般公共预算支出	万元	323511	673364	549678	776017	421103
住户储蓄存款余额	万元	1912801	4799478	6573934	2327635	2904978
年末金融机构各项贷款余额	万元	1121813	2976974	3671204	12171279	1345068
三、农业、工业和通讯						
设施农业种植占地面积	公顷	113	3402	3200	775	5767
油料产量	吨	13375	36677	30836	357	63440
棉花产量	吨		10357	45		16
规模以上工业企业	个	93	191	253	152	113
固定电话用户	户	19977	32900	75069	69000	38707
四、教育、卫生和社会保障						
普通中学在校学生	人	29325	27204	38200	9957	31331
小学在校学生	人	53365	35098	60407	15810	32107
医疗卫生机构床位	床	2161	2089	4415	1311	2824
提供住宿的社会工作机构	个	11	6	29	5	15
提供住宿的社会工作机构床位	床	1310	384	2943	1244	3073

2019年县(市)社会经济主要指标

河北省

指　　标	单位	乐亭县	迁西县	玉田县	遵化市	迁安市
一、基本情况						
行政区域面积	平方公里	1020	1461	1170	1514	1227
乡	个	3	8	4	12	7
镇	个	11	9	16	13	10
街道办事处	个	1	1	1	2	4
户籍人口	人	443037	396388	704022	753466	778197
第二产业从业人员	人	88721	86988	184780	156612	169879
第三产业从业人员	人	91612	69490	118999	130794	221033
二、综合经济						
地区生产总值	万元	3447451	3206820	2628512	4242634	9577765
第一产业增加值	万元	800003	225681	638820	478270	322898
第二产业增加值	万元	1585367	2113254	1093152	1788049	6058834
一般公共预算收入	万元	171254	153352	122187	160588	630100
一般公共预算支出	万元	385774	302265	397421	469170	823069
住户储蓄存款余额	万元	3260156	2711726	4594290	4887119	7038983
年末金融机构各项贷款余额	万元	1812662	1347911	2070138	2535416	4699790
三、农业、工业和通讯						
设施农业种植占地面积	公顷	12067	241	2869	1760	304
油料产量	吨	10242	8560	2877	47852	34960
棉花产量	吨	2	138	82	13	8
规模以上工业企业	个	99	60	161	125	136
固定电话用户	户	33028	33336	70636	51700	55743
四、教育、卫生和社会保障						
普通中学在校学生	人	19540	23424	34810	45264	41249
小学在校学生	人	16629	33238	53640	65086	71825
医疗卫生机构床位	床	2217	2262	3419	3620	4453
提供住宿的社会工作机构	个	9	13	6	13	41
提供住宿的社会工作机构床位	床	1568	1532	537	935	4362

2019年县(市)社会经济主要指标

河北省

指　标	单位	滦州市	抚宁区	青龙满族自治县	昌黎县	卢龙县
一、基本情况						
行政区域面积	平方公里	1027	968	3510	1212	956
乡	个		2	13	5	3
镇	个	10	5	11	11	9
街道办事处	个	4	2	1		
户籍人口	人	573276	331107	566695	522911	415382
第二产业从业人员	人	124498	39199	77992	69259	44264
第三产业从业人员	人	160954	31597	63574	70192	70303
二、综合经济						
地区生产总值	万元	3962438	1254202	1238792	2863713	1151671
第一产业增加值	万元	462597	343754	439563	623770	358237
第二产业增加值	万元	2311227	323986	327232	1156039	285050
一般公共预算收入	万元	221400	47561	45647	164311	58413
一般公共预算支出	万元	420399	219271	318451	385007	264421
住户储蓄存款余额	万元	3137392	2148900	1601423	4545786	1899577
年末金融机构各项贷款余额	万元	1587299	1359104	1078871	1594121	883423
三、农业、工业和通讯						
设施农业种植占地面积	公顷	900	1263	175	1998	564
油料产量	吨	64964	11256	4432	40964	26117
棉花产量	吨	138			12	17
规模以上工业企业	个	83	39	19	34	32
固定电话用户	户	49000	17500	25160	38300	17563
四、教育、卫生和社会保障						
普通中学在校学生	人	28592	14563	18471	26710	17989
小学在校学生	人	41166	18883	39652	30015	22094
医疗卫生机构床位	床	2419	1723	1965	2441	1844
提供住宿的社会工作机构	个	4	2	3	14	6
提供住宿的社会工作机构床位	床	310	666	710	1390	790

2019年县(市)社会经济主要指标

河北省

指　　标	单位	肥乡区	永年区	临漳县	成安县	大名县
一、基本情况						
行政区域面积	平方公里	503	761	742	482	1053
乡	个	4	8	7	4	10
镇	个	5	9	7	5	10
街道办事处	个					
户籍人口	人	414022	971832	758097	467350	935890
第二产业从业人员	人					
第三产业从业人员	人					
二、综合经济						
地区生产总值	万元	1495180	2185705	1581221	1647204	1479540
第一产业增加值	万元	269365	376405	243436	246078	265774
第二产业增加值	万元	489846	928221	649564	852575	434372
一般公共预算收入	万元	80229	153446	58825	107862	54023
一般公共预算支出	万元	281431	372363	329791	287596	427212
住户储蓄存款余额	万元	1075669	3456148	1644691	1142834	2094600
年末金融机构各项贷款余额	万元	842593	2648814	886832	681400	1767372
三、农业、工业和通讯						
设施农业种植占地面积	公顷	3129			1790	1240
油料产量	吨	4449	2402	2346	5528	80816
棉花产量	吨	4062	269	68	11121	
规模以上工业企业	个	60	139	50	78	96
固定电话用户	户	3520		16668	17122	26320
四、教育、卫生和社会保障						
普通中学在校学生	人	20046	60286	42474	24719	53650
小学在校学生	人	46434	91680	80658	53946	86120
医疗卫生机构床位	床	1073	4893	2621	1934	4056
提供住宿的社会工作机构	个	3	16	6	6	8
提供住宿的社会工作机构床位	床	680	1018	1884	640	508

2019年县(市)社会经济主要指标

河北省

指　　标	单位	涉　县	磁　县	邱　县	鸡泽县	广平县
一、基本情况						
行政区域面积	平方公里	1509	695	449	336	314
乡	个	8	6	2	3	
镇	个	8	6	5	4	7
街道办事处	个	1				
户籍人口	人	433398	479082	258473	341753	314232
第二产业从业人员	人					
第三产业从业人员	人					
二、综合经济						
地区生产总值	万元	1649112	799240	934742	935086	931577
第一产业增加值	万元	107974	113262	150728	145495	106831
第二产业增加值	万元	755556	253781	401747	396065	371206
一般公共预算收入	万元	134731	77970	51666	51883	69000
一般公共预算支出	万元	285465	258643	176191	202581	225631
住户储蓄存款余额	万元	2234938	1936285	819139	968530	873629
年末金融机构各项贷款余额	万元	1323873	1446382	531069	544407	580495
三、农业、工业和通讯						
设施农业种植占地面积	公顷	37		120		
油料产量	吨	621	834	680	335	4138
棉花产量	吨		33	19026	937	1690
规模以上工业企业	个	78	42	70	69	51
固定电话用户	户	22430	28700	6271	10000	4500
四、教育、卫生和社会保障						
普通中学在校学生	人	24512	47820	22150	22941	18494
小学在校学生	人	36470	51636	32129	40182	36938
医疗卫生机构床位	床	2766	2605	966	1241	1407
提供住宿的社会工作机构	个	10	14	4	3	10
提供住宿的社会工作机构床位	床	1320	659	368	180	579

2019年县(市)社会经济主要指标

河北省

指　　标	单位	馆陶县	魏　县	曲周县	武安市	邢台县
一、基本情况						
行政区域面积	平方公里	456	864	677	1806	1848
乡	个	4	9	4	9	6
镇	个	4	12	6	13	10
街道办事处	个					
户籍人口	人	362595	1044216	535748	849314	363419
第二产业从业人员	人					67126
第三产业从业人员	人					63022
二、综合经济						
地区生产总值	万元	915037	2027531	1228380	6381839	1639863
第一产业增加值	万元	214693	366008	231848	276296	124235
第二产业增加值	万元	192324	885045	540389	3970303	962674
一般公共预算收入	万元	60009	95395	61523	483271	125700
一般公共预算支出	万元	265887	516973	252282	718744	335919
住户储蓄存款余额	万元	1080872	2083995	1445025	5719688	1755158
年末金融机构各项贷款余额	万元	642254	1420825	1070971	4245222	1172796
三、农业、工业和通讯						
设施农业种植占地面积	公顷			1638	221	34
油料产量	吨	3887	4725	1811	4957	7058
棉花产量	吨	895	812	14719	2180	96
规模以上工业企业	个	55	75	106	105	59
固定电话用户	户	9326	17388	12125	47000	22100
四、教育、卫生和社会保障						
普通中学在校学生	人	25314	55277	30682	53160	15042
小学在校学生	人	42215	100229	65058	91042	23956
医疗卫生机构床位	床	1656	3571	2367	3923	2020
提供住宿的社会工作机构	个	11	9	3	4	5
提供住宿的社会工作机构床位	床	995	5156	560	1116	655

2019年县(市)社会经济主要指标

河北省

指　　标	单位	临城县	内丘县	柏乡县	隆尧县	任　县
一、基本情况						
行政区域面积	平方公里	797	788	268	749	431
乡	个	4	4	2	5	4
镇	个	4	5	4	7	4
街道办事处	个					
户籍人口	人	221122	297922	206817	573491	391829
第二产业从业人员	人	26855	46085	36433	87908	49781
第三产业从业人员	人	23660	45888	26266	77696	39169
二、综合经济						
地区生产总值	万元	493337	731254	454955	1040050	600470
第一产业增加值	万元	87021	140837	97327	242610	124133
第二产业增加值	万元	130502	233414	189294	358961	206701
一般公共预算收入	万元	32788	72500	22801	53134	39778
一般公共预算支出	万元	184251	194836	123468	225552	219103
住户储蓄存款余额	万元	1047604	1195266	624717	1649557	1066475
年末金融机构各项贷款余额	万元	697042	780314	473451	1220152	1195252
三、农业、工业和通讯						
设施农业种植占地面积	公顷		160	78	355	239
油料产量	吨	5560	16266	2205	6992	2261
棉花产量	吨	6	8	39	1159	6
规模以上工业企业	个	38	28	53	56	55
固定电话用户	户	10851	21040	8296	63020	10261
四、教育、卫生和社会保障						
普通中学在校学生	人	18270	15556	9243	18980	13013
小学在校学生	人	20676	27908	17032	46824	34657
医疗卫生机构床位	床	1149	1344	923	2074	1295
提供住宿的社会工作机构	个	5	7	4	11	2
提供住宿的社会工作机构床位	床	526	398	380	770	523

2019年县(市)社会经济主要指标

河北省

指　　标	单位	南和县	宁晋县	巨鹿县	新河县	广宗县
一、基本情况						
行政区域面积	平方公里	405	1111	631	366	504
乡	个	5	5	3	4	4
镇	个	3	11	7	2	4
街道办事处	个		1			
户籍人口	人	399836	865621	434143	177593	336840
第二产业从业人员	人	73389	134925	68274	14688	56092
第三产业从业人员	人	86700	76613	42073	19158	62880
二、综合经济						
地区生产总值	万元	770920	2444924	981509	516212	600841
第一产业增加值	万元	212830	299777	302394	129477	126802
第二产业增加值	万元	210230	1298340	257267	210230	229936
一般公共预算收入	万元	50657	120369	50405	21753	29966
一般公共预算支出	万元	264753	430034	265678	130747	189131
住户储蓄存款余额	万元	1187962	2941193	1447370	758527	762717
年末金融机构各项贷款余额	万元	1107420	2079541	824834	417527	540681
三、农业、工业和通讯						
设施农业种植占地面积	公顷	712		87	107	
油料产量	吨	1872	3775	13508	3681	16380
棉花产量	吨	3	153	605	3881	10193
规模以上工业企业	个	45	252	77	52	58
固定电话用户	户	16930	31238	12710	10842	11937
四、教育、卫生和社会保障						
普通中学在校学生	人	21244	37639	22871	6138	9916
小学在校学生	人	33033	76308	35903	9786	29625
医疗卫生机构床位	床	1240	3890	2071	573	1038
提供住宿的社会工作机构	个	4	7	26	2	10
提供住宿的社会工作机构床位	床	440	764	1335	171	963

2019年县(市)社会经济主要指标

河北省

指　　标	单位	平乡县	威　县	清河县	临西县	南宫市
一、基本情况						
行政区域面积	平方公里	406	1012	501	542	861
乡	个	4	5		3	5
镇	个	2	11	6	6	6
街道办事处	个	1				4
户籍人口	人	369292	648120	449827	394179	508076
第二产业从业人员	人	83063	98398	121318	75162	94237
第三产业从业人员	人	55232	69923	119743	37001	84708
二、综合经济						
地区生产总值	万元	873819	1062004	1409271	750498	1156294
第一产业增加值	万元	157993	287360	66105	146079	196300
第二产业增加值	万元	319255	269909	577166	206622	436002
一般公共预算收入	万元	45606	62933	93713	48162	46020
一般公共预算支出	万元	247005	313564	311978	212272	242155
住户储蓄存款余额	万元	1180552	1767011	2297584	1144858	1998062
年末金融机构各项贷款余额	万元	683434	1257867	1364323	643564	1325800
三、农业、工业和通讯						
设施农业种植占地面积	公顷	196		15	216	
油料产量	吨	22413	3427	1688	3531	14633
棉花产量	吨	394	40428	2181	2991	29090
规模以上工业企业	个	69	93	116	60	73
固定电话用户	户	17693	15245	36892	11592	27173
四、教育、卫生和社会保障						
普通中学在校学生	人	16126	32069	27411	20231	33530
小学在校学生	人	33881	64077	54774	38287	41134
医疗卫生机构床位	床	1376	2113	1954	1577	1882
提供住宿的社会工作机构	个	8	35	7	3	8
提供住宿的社会工作机构床位	床	845	2350	514	680	1164

2019年县(市)社会经济主要指标

河北省

指　标	单位	沙河市	满城区	清苑区	徐水区	涞水县
一、基本情况						
行政区域面积	平方公里	859	658	867	723	1662
乡	个	4	6	9	4	4
镇	个	4	5	9	10	11
街道办事处	个	5	1			
户籍人口	人	460654	409963	691866	639154	364142
第二产业从业人员	人	99100	111368	127985	120046	45738
第三产业从业人员	人	123846	48162	68698	91130	33213
二、综合经济						
地区生产总值	万元	1881460	1203442	1368371	2713072	892536
第一产业增加值	万元	67842	210565	315416	219975	167884
第二产业增加值	万元	772632	322245	403209	1636530	153371
一般公共预算收入	万元	127081	83675	77806	210370	68171
一般公共预算支出	万元	341500	281980	365011	445014	248210
住户储蓄存款余额	万元	2757193	1836002	2287524	2521867	1437641
年末金融机构各项贷款余额	万元	2395837	1215436	1179135	1525451	1355085
三、农业、工业和通讯						
设施农业种植占地面积	公顷	26	849		1349	
油料产量	吨	2577	1465	6557	2364	10650
棉花产量	吨	32	13	6	1	24
规模以上工业企业	个	80	92	66	56	28
固定电话用户	户	39000	29021	29401	44793	18982
四、教育、卫生和社会保障						
普通中学在校学生	人	28919	24098	33198	39109	18148
小学在校学生	人	44512	36605	55614	50285	22881
医疗卫生机构床位	床	1672	1613	2685	3157	1108
提供住宿的社会工作机构	个	6	1	4	3	5
提供住宿的社会工作机构床位	床	754	115	1380	587	892

2019年县(市)社会经济主要指标

河北省

指　　标	单位	阜平县	定兴县	唐　县	高阳县	容城县
一、基本情况						
行政区域面积	平方公里	2496	714	1414	441	314
乡	个	7	9	11	2	3
镇	个	6	7	9	5	5
街道办事处	个				1	
户籍人口	人	230200	610038	597018	324917	279912
第二产业从业人员	人	27820	125493	123179	89368	62934
第三产业从业人员	人	27680	121446	59289	34597	45257
二、综合经济						
地区生产总值	万元	449484	1598186	1221962	982068	599463
第一产业增加值	万元	125294	282835	301561	58959	64917
第二产业增加值	万元	55283	534580	432526	448315	234962
一般公共预算收入	万元	47876	82094	64951	76599	23562
一般公共预算支出	万元	309040	351086	317359	195564	234917
住户储蓄存款余额	万元	1037494	1772760	2100755	1654514	2190790
年末金融机构各项贷款余额	万元	684795	1169734	1080514	770011	1760141
三、农业、工业和通讯						
设施农业种植占地面积	公顷	540		479		77
油料产量	吨	3908	15892	3327	3185	1175
棉花产量	吨		58	11	163	1
规模以上工业企业	个	24	46	57	105	52
固定电话用户	户	13083	24876	29407	27630	23911
四、教育、卫生和社会保障						
普通中学在校学生	人	13732	35125	37756	20196	13074
小学在校学生	人	19941	39443	51529	31805	22508
医疗卫生机构床位	床	953	1559	2727	1475	1207
提供住宿的社会工作机构	个	2	1	7	1	1
提供住宿的社会工作机构床位	床	703	440	1288	320	320

2019年县(市)社会经济主要指标

河北省

指　　标	单位	涞源县	望都县	安新县	易　县	曲阳县
一、基本情况						
行政区域面积	平方公里	2448	358	779	2534	1084
乡	个	9	2	4	18	9
镇	个	8	6	9	9	9
街道办事处	个					
户籍人口	人	288312	273600	513289	583270	659729
第二产业从业人员	人	21424	39908	68363	78817	90739
第三产业从业人员	人	32276	32500	64232	59808	55765
二、综合经济						
地区生产总值	万元	634863	669320	666851	1086966	1132220
第一产业增加值	万元	72100	155303	86604	281484	161776
第二产业增加值	万元	162460	199438	255801	206844	308691
一般公共预算收入	万元	111254	40173	28929	83900	57496
一般公共预算支出	万元	341548	184636	336536	368367	357217
住户储蓄存款余额	万元	1017093	1158280	2035537	2046101	2109207
年末金融机构各项贷款余额	万元	654647	866165	807619	1162291	600816
三、农业、工业和通讯						
设施农业种植占地面积	公顷	65	345	91		38
油料产量	吨	78	1918	273	8855	8835
棉花产量	吨			103	4	50
规模以上工业企业	个	18	27	68	30	62
固定电话用户	户	15393	16622	30305	31580	31425
四、教育、卫生和社会保障						
普通中学在校学生	人	18965	12808	23920	34138	49958
小学在校学生	人	24355	19247	46183	38842	73017
医疗卫生机构床位	床	1780	1124	1921	2962	3130
提供住宿的社会工作机构	个	2	6	1	6	3
提供住宿的社会工作机构床位	床	383	1440	276	710	1032

2019年县(市)社会经济主要指标

河北省

指　　标	单位	蠡　县	顺平县	博野县	雄　县	涿州市
一、基本情况						
行政区域面积	平方公里	652	712	331	661	751
乡	个	3	5		4	1
镇	个	10	5	7	8	10
街道办事处	个					3
户籍人口	人	547381	315655	272421	496849	703555
第二产业从业人员	人	86899	42398	66657	106538	94151
第三产业从业人员	人	56855	34693	58296	47006	135128
二、综合经济						
地区生产总值	万元	1094759	693552	523533	724892	3367371
第一产业增加值	万元	163764	224719	135477	85900	225814
第二产业增加值	万元	333849	139860	125599	300164	654531
一般公共预算收入	万元	60011	50088	28797	26626	311941
一般公共预算支出	万元	263222	216690	142251	315322	500644
住户储蓄存款余额	万元	1824534	1109182	901569	2328140	4139841
年末金融机构各项贷款余额	万元	426970	614744	541065	1253903	5322247
三、农业、工业和通讯						
设施农业种植占地面积	公顷	246	3364	211		680
油料产量	吨	7832	2458	2485	2064	8335
棉花产量	吨	215	4	15		
规模以上工业企业	个	64	45	39	94	84
固定电话用户	户	27586	19741	14521	32059	61685
四、教育、卫生和社会保障						
普通中学在校学生	人	28070	10411	13907	30486	29530
小学在校学生	人	51068	21769	20685	49294	45752
医疗卫生机构床位	床	2052	1419	1239	1280	4120
提供住宿的社会工作机构	个		7	3	3	10
提供住宿的社会工作机构床位	床		862	909	640	1697

2019年县(市)社会经济主要指标

河北省

指　　标	单位	定州市	安国市	高碑店市	万全区	崇礼区
一、基本情况						
行政区域面积	平方公里	1284	486	620	1162	2324
乡	个	5	3		7	8
镇	个	16	6	9	4	2
街道办事处	个	4	2	5		
户籍人口	人	1240684	411622	569985	224598	131157
第二产业从业人员	人		90099	105463	28426	8615
第三产业从业人员	人		48515	84535	26434	34638
二、综合经济						
地区生产总值	万元	3330429	1024320	1977581	725934	326751
第一产业增加值	万元	698304	201545	148311	106438	55052
第二产业增加值	万元	1271350	219934	789695	226703	86149
一般公共预算收入	万元	243967	82304	145128	47750	57230
一般公共预算支出	万元	721109	259701	353535	236426	364149
住户储蓄存款余额	万元	5044750	1987982	3911324	516412	961046
年末金融机构各项贷款余额	万元	3086193	1133762	5584151	466574	1319179
三、农业、工业和通讯						
设施农业种植占地面积	公顷			182	365	1253
油料产量	吨	21441	14256	7807	536	1482
棉花产量	吨	15				
规模以上工业企业	个	196	74	64	45	10
固定电话用户	户	52150	27279	31524	8517	7934
四、教育、卫生和社会保障						
普通中学在校学生	人	77698	25724	31387	10014	2593
小学在校学生	人	92572	26899	39050	14529	4871
医疗卫生机构床位	床	5971	1495	1865	1360	424
提供住宿的社会工作机构	个	12	5	2	8	4
提供住宿的社会工作机构床位	床	1316	863	473	840	464

2019年县(市)社会经济主要指标

河北省

指　标	单位	张北县	康保县	沽源县	尚义县	蔚　县
一、基本情况						
行政区域面积	平方公里	3854	3365	3363	2601	3198
乡	个	11	8	10	7	11
镇	个	7	7	4	7	11
街道办事处	个					
户籍人口	人	361188	268820	224835	186263	499275
第二产业从业人员	人	52729	32088	6784	18023	15471
第三产业从业人员	人	136171	32627	22106	25123	115598
二、综合经济						
地区生产总值	万元	1188906	566826	644254	439170	828387
第一产业增加值	万元	357884	205538	257728	162985	147409
第二产业增加值	万元	391656	170649	182405	121343	149455
一般公共预算收入	万元	82089	34645	34820	25268	56005
一般公共预算支出	万元	397957	354563	335486	318880	375776
住户储蓄存款余额	万元	1335240	525737	670702	554374	2049917
年末金融机构各项贷款余额	万元	2171183	420985	565639	402253	1434116
三、农业、工业和通讯						
设施农业种植占地面积	公顷	967	173	206	97	199
油料产量	吨	17907	29597	7353	19403	1130
棉花产量	吨					
规模以上工业企业	个	38	21	14	13	18
固定电话用户	户	10329	4086	1881	2500	13350
四、教育、卫生和社会保障						
普通中学在校学生	人	24973	5373	5811	5265	22101
小学在校学生	人	22439	5656	10895	5144	41425
医疗卫生机构床位	床	2193	906	711	826	2123
提供住宿的社会工作机构	个	12	7	4	8	4
提供住宿的社会工作机构床位	床	1085	421	228	619	480

2019年县(市)社会经济主要指标

河北省

指　　标	单位	阳原县	怀安县	怀来县	涿鹿县	赤城县
一、基本情况						
行政区域面积	平方公里	1839	1698	1801	2802	5273
乡	个	9	7	6	4	9
镇	个	5	4	11	13	9
街道办事处	个					
户籍人口	人	270782	237208	368898	351047	293020
第二产业从业人员	人	49898	48225			14037
第三产业从业人员	人	62405	80121			17387
二、综合经济						
地区生产总值	万元	521095	956819	1319744	845862	613423
第一产业增加值	万元	126711	101794	142735	117875	257590
第二产业增加值	万元	133359	579582	199678	202632	80844
一般公共预算收入	万元	40009	89982	165550	46167	68027
一般公共预算支出	万元	335225	258541	403614	299538	273268
住户储蓄存款余额	万元	1054142	1027836	2153384	1396129	1185879
年末金融机构各项贷款余额	万元	977934	1070506	2718707	1226224	858167
三、农业、工业和通讯						
设施农业种植占地面积	公顷	106	4639	62	333	18000
油料产量	吨	2863	7214	1043	933	1183
棉花产量	吨					
规模以上工业企业	个	17	15	31	20	17
固定电话用户	户	7744	7112	47063	15466	5949
四、教育、卫生和社会保障						
普通中学在校学生	人	9512	9117	20721	18325	7807
小学在校学生	人	16450	12341	27082	22941	15449
医疗卫生机构床位	床	819	818	2191	1494	1106
提供住宿的社会工作机构	个	4	4	18	7	6
提供住宿的社会工作机构床位	床	620	418	1342	831	880

2019年县(市)社会经济主要指标

河北省

指　　标	单位	承德县	兴隆县	滦平县	隆化县	丰宁满族自治县
一、基本情况						
行政区域面积	平方公里	3648	3117	2993	5473	8739
乡	个	11	5	10	15	16
镇	个	12	15	10	9	10
街道办事处	个			1	1	1
户籍人口	人	427636	328165	331287	448745	409460
第二产业从业人员	人	23820	42860	65681	71128	62789
第三产业从业人员	人	78231	58100	55126	74109	55530
二、综合经济						
地区生产总值	万元	1274325	1127096	1450996	1431867	1194812
第一产业增加值	万元	414876	241368	308732	488883	296340
第二产业增加值	万元	297617	408558	522349	307254	335530
一般公共预算收入	万元	74472	72070	109979	51064	90153
一般公共预算支出	万元	299795	324399	340829	443069	570344
住户储蓄存款余额	万元	1681498	1664879	1445996	1534194	1546798
年末金融机构各项贷款余额	万元	1564192	1242691	1624943	1457389	2160887
三、农业、工业和通讯						
设施农业种植占地面积	公顷	815	92	1085	1340	1120
油料产量	吨	445	141	602	6184	7702
棉花产量	吨					
规模以上工业企业	个	43	25	34	41	22
固定电话用户	户	18821	13833	11173	14283	14937
四、教育、卫生和社会保障						
普通中学在校学生	人	23889	14804	17913	20645	20803
小学在校学生	人	25833	19384	21517	31378	28772
医疗卫生机构床位	床	2588	1606	2023	2424	2314
提供住宿的社会工作机构	个	7	2	13	10	4
提供住宿的社会工作机构床位	床	1425	168	2029	1777	830

2019年县(市)社会经济主要指标

河北省

指　　标	单位	宽城满族自治县	围场满族蒙古族自治县	平泉市	沧　县	青　县
一、基本情况						
行政区域面积	平方公里	1936	9037	3294	1520	992
乡	个	8	25	4	15	3
镇	个	10	12	15	4	7
街道办事处	个					
户籍人口	人	262930	536550	479686	743169	441061
第二产业从业人员	人	53637	29622	84825	173803	116113
第三产业从业人员	人	56633	54558	70448	174907	65133
二、综合经济						
地区生产总值	万元	1485938	1546643	1350512	2162824	1900485
第一产业增加值	万元	192062	577451	414847	244954	433453
第二产业增加值	万元	680768	368195	280841	763578	591708
一般公共预算收入	万元	109181	60573	63407	124146	96912
一般公共预算支出	万元	241218	491084	335568	628251	302418
住户储蓄存款余额	万元	2013029	1726142	2313581	2040543	2206195
年末金融机构各项贷款余额	万元	1859867	1510141	2098445	1309800	1277120
三、农业、工业和通讯						
设施农业种植占地面积	公顷	456	629	376		7568
油料产量	吨	1178	8456	359	260	1181
棉花产量	吨				48	20
规模以上工业企业	个	41	35	51	164	122
固定电话用户	户	13241	22889	18948	184580	36806
四、教育、卫生和社会保障						
普通中学在校学生	人	13247	33417	28305	35714	17619
小学在校学生	人	23965	41534	29596	71202	40737
医疗卫生机构床位	床	1864	2804	2306	2968	1723
提供住宿的社会工作机构	个	6	14	17	1	6
提供住宿的社会工作机构床位	床	1080	1691	2127	10	1300

2019年县(市)社会经济主要指标

河北省

指　　标	单位	东光县	海兴县	盐山县	肃宁县	南皮县
一、基本情况						
行政区域面积	平方公里	710	868	795	516	790
乡	个	1	4	6	3	3
镇	个	8	3	6	6	6
街道办事处	个					
户籍人口	人	385931	236550	496262	371002	400391
第二产业从业人员	人	76860	38314	74332	81066	
第三产业从业人员	人	45900	33822	84479	99855	
二、综合经济						
地区生产总值	万元	1477996	503348	1315380	1295718	1008848
第一产业增加值	万元	120277	109747	107150	234957	174176
第二产业增加值	万元	414790	129783	633155	169955	313992
一般公共预算收入	万元	63115	48876	62034	112581	53636
一般公共预算支出	万元	314566	192628	308354	361467	264732
住户储蓄存款余额	万元	1997044	785831	1337868	1765745	1527972
年末金融机构各项贷款余额	万元	793298	602805	979700	884815	914977
三、农业、工业和通讯						
设施农业种植占地面积	公顷		44	147	154	133
油料产量	吨	1593	849	92	919	1821
棉花产量	吨	5843	137	4	15	3602
规模以上工业企业	个	93	38	112	60	77
固定电话用户	户	20759	21960	32020	20721	18056
四、教育、卫生和社会保障						
普通中学在校学生	人	13207	11843	24513	23859	19568
小学在校学生	人	31517	19960	52694	39841	37063
医疗卫生机构床位	床	1589	1002	1446	1617	1492
提供住宿的社会工作机构	个	11	3	1	1	6
提供住宿的社会工作机构床位	床	930	260	254	100	1256

2019年县(市)社会经济主要指标

河北省

指　标	单位	吴桥县	献　县	孟村回族自治县	泊头市	任丘市
一、基本情况						
行政区域面积	平方公里	582	1173	387	1009	872
乡	个	5	11	2	4	5
镇	个	5	7	4	8	7
街道办事处	个				3	7
户籍人口	人	280304	663467	233157	632135	815469
第二产业从业人员	人	74178	98980	48455	174973	178746
第三产业从业人员	人	59050	53126	19862	115029	124317
二、综合经济						
地区生产总值	万元	849196	1683603	880395	2222780	5900078
第一产业增加值	万元	170113	300820	78008	184130	123155
第二产业增加值	万元	137993	622159	408577	917524	2846603
一般公共预算收入	万元	40090	72870	40566	105239	401618
一般公共预算支出	万元	232102	368652	160656	324149	492779
住户储蓄存款余额	万元	1302564	2581925	963539	3181366	5435849
年末金融机构各项贷款余额	万元	612600	1053489	441304	1168000	2355045
三、农业、工业和通讯						
设施农业种植占地面积	公顷	336	1560		197	422
油料产量	吨	1661	12631	951	367	2083
棉花产量	吨	3503	502	58	114	436
规模以上工业企业	个	48	70	75	228	261
固定电话用户	户	18000	36488	40144	36221	153804
四、教育、卫生和社会保障						
普通中学在校学生	人	12019	45085	9658	39513	48113
小学在校学生	人	17517	74535	24012	70631	91547
医疗卫生机构床位	床	1495	1850	556	2416	4483
提供住宿的社会工作机构	个	8	11	1	7	19
提供住宿的社会工作机构床位	床	467	1944	850	1201	2286

2019年县(市)社会经济主要指标

河北省

指　　标	单位	黄骅市	河间市	固安县	永清县	香河县
一、基本情况						
行政区域面积	平方公里	1718	1322	703	776	448
乡	个	7	11	4	5	
镇	个	4	7	5	5	9
街道办事处	个	3	2			
户籍人口	人	485868	907391	527370	413864	376350
第二产业从业人员	人	118158	219396			
第三产业从业人员	人	88686	161192			
二、综合经济						
地区生产总值	万元	2471298	2360908	3134073	2045058	2248152
第一产业增加值	万元	316900	179669	441562	631019	194878
第二产业增加值	万元	728194	825552	594557	426586	534111
一般公共预算收入	万元	206811	128257	498675	179711	383728
一般公共预算支出	万元	484390	513910	813619	410871	631479
住户储蓄存款余额	万元	3071663	4002582	2974830	1762129	3386127
年末金融机构各项贷款余额	万元	2784015	1538616	4915981	3108625	6229354
三、农业、工业和通讯						
设施农业种植占地面积	公顷	32	305			
油料产量	吨	2404	11437	3677	8647	22
棉花产量	吨	616	511	4	592	
规模以上工业企业	个	114	249	99	78	86
固定电话用户	户	52365	34873	33251	18300	22361
四、教育、卫生和社会保障						
普通中学在校学生	人	29571	33116	27396	16415	21245
小学在校学生	人	44764	90382	54313	36005	37399
医疗卫生机构床位	床	3459	2464	1301	1184	2171
提供住宿的社会工作机构	个	3	4	2	2	2
提供住宿的社会工作机构床位	床	919	1174	245	93	5985

2019年县(市)社会经济主要指标

河北省

指　　标	单位	大城县	文安县	大厂回族自治县	霸州市	三河市
一、基本情况						
行政区域面积	平方公里	897	1037	176	802	643
乡	个		1		3	
镇	个	10	12	5	9	10
街道办事处	个			1	1	6
户籍人口	人	538823	558806	133991	658439	747366
第二产业从业人员	人					
第三产业从业人员	人					
二、综合经济						
地区生产总值	万元	1705666	1887961	1648040	4011543	5048086
第一产业增加值	万元	179996	129239	47740	115824	184875
第二产业增加值	万元	712730	958640	242844	2051745	1349735
一般公共预算收入	万元	120997	131393	306015	284053	612588
一般公共预算支出	万元	360115	398328	397750	620859	971971
住户储蓄存款余额	万元	2922015	3053479	1279807	5094897	6478596
年末金融机构各项贷款余额	万元	1349543	1999679	3254850	4989607	17360226
三、农业、工业和通讯						
设施农业种植占地面积	公顷					
油料产量	吨	5858	468		5709	46
棉花产量	吨	1648	121		688	5
规模以上工业企业	个	94	165	67	193	131
固定电话用户	户	42298	28658	12203	61165	43763
四、教育、卫生和社会保障						
普通中学在校学生	人	22574	25179	7964	37737	43329
小学在校学生	人	60112	62375	14489	78635	78081
医疗卫生机构床位	床	2111	2577	490	3311	5791
提供住宿的社会工作机构	个	8	7	3	10	6
提供住宿的社会工作机构床位	床	682	886	147	1396	4900

2019年县(市)社会经济主要指标

河北省

指　　标	单位	冀州区	枣强县	武邑县	武强县	饶阳县
一、基本情况						
行政区域面积	平方公里	878	905	800	443	572
乡	个	4	2	2	2	2
镇	个	6	9	7	4	5
街道办事处	个					
户籍人口	人	345125	405033	317571	215197	289329
第二产业从业人员	人	81206	63013	54468	46176	64178
第三产业从业人员	人	45486	50023	32545	18631	52238
二、综合经济						
地区生产总值	万元	1069692	1139284	823330	631864	890532
第一产业增加值	万元	117398	137689	255133	99520	315121
第二产业增加值	万元	295634	419615	156171	202663	156472
一般公共预算收入	万元	67342	84436	50781	40859	37462
一般公共预算支出	万元	280073	338180	241524	181547	235033
住户储蓄存款余额	万元	2181191	2434366	1461069	1006260	1269621
年末金融机构各项贷款余额	万元	1340425	1711807	840576	661663	633901
三、农业、工业和通讯						
设施农业种植占地面积	公顷	73	21	7	69	2754
油料产量	吨	9495	5153	11714	2531	10163
棉花产量	吨	14067	10111	7090	49	56
规模以上工业企业	个	79	93	44	43	36
固定电话用户	户	48009	37011	24206	14932	9672
四、教育、卫生和社会保障						
普通中学在校学生	人	43125	26252	36834	7175	9470
小学在校学生	人	25098	34953	22664	15336	20983
医疗卫生机构床位	床	1256	1181	1339	601	1354
提供住宿的社会工作机构	个	12	10	8	2	4
提供住宿的社会工作机构床位	床	1332	2048	958	520	538

2019年县(市)社会经济主要指标

河北省

指　　标	单位	安平县	故城县	景　县	阜城县	深州市
一、基本情况						
行政区域面积	平方公里	496	941	1188	695	1245
乡	个	3	2	5	4	6
镇	个	5	11	11	6	11
街道办事处	个					
户籍人口	人	337007	526144	546489	353857	565496
第二产业从业人员	人	81646	85403	90881	86102	94049
第三产业从业人员	人	37803	37561	51835	42323	105536
二、综合经济						
地区生产总值	万元	1354330	1068836	1652676	804999	1540717
第一产业增加值	万元	135923	244769	184405	189972	374904
第二产业增加值	万元	518908	280091	596001	227304	409972
一般公共预算收入	万元	89302	77302	93154	51523	99109
一般公共预算支出	万元	288045	325051	364792	257307	396917
住户储蓄存款余额	万元	2238957	2108445	2882943	1700985	2155994
年末金融机构各项贷款余额	万元	1742894	1212306	1318413	841841	1621282
三、农业、工业和通讯						
设施农业种植占地面积	公顷		329	147		
油料产量	吨	4453	10938	3085	1068	28814
棉花产量	吨		10589	3205	2563	48
规模以上工业企业	个	123	52	113	52	77
固定电话用户	户	42591	43569	43987	14749	36518
四、教育、卫生和社会保障						
普通中学在校学生	人	21232	32704	32070	20693	23739
小学在校学生	人	28046	44637	44415	26944	34996
医疗卫生机构床位	床	1267	2349	2159	1301	1734
提供住宿的社会工作机构	个	13	6	9	20	14
提供住宿的社会工作机构床位	床	1859	610	956	2069	1973

2019年县(市)社会经济主要指标

山西省

指　　标	单位	清徐县	阳曲县	娄烦县	古交市	云州区
一、基本情况						
行政区域面积	平方公里	609	2059	1276	1584	1468
乡	个	5	6	5	7	7
镇	个	4	4	3	3	3
街道办事处	个				4	
户籍人口	人	339619	153102	125392	214766	173469
第二产业从业人员	人					7458
第三产业从业人员	人					11215
二、综合经济						
地区生产总值	万元	1919297	508696	247637	438364	1245569
第一产业增加值	万元	141125	71942	21401	22836	81119
第二产业增加值	万元	1101669	276264	99949	214851	598246
一般公共预算收入	万元	143475	65369	42256	161072	24704
一般公共预算支出	万元	331017	225617	169088	230574	157093
住户储蓄存款余额	万元	1970524	660217	387540	1563311	604007
年末金融机构各项贷款余额	万元	1899040	371159	356063	1135814	359512
三、农业、工业和通讯						
设施农业种植占地面积	公顷	446	217	11	22	159
油料产量	吨	412	160	620	306	687
棉花产量	吨	1				
规模以上工业企业	个	71	42	10	29	24
固定电话用户	户	8160	10126	6700	6745	1200
四、教育、卫生和社会保障						
普通中学在校学生	人	18239	10155	4529	11469	5204
小学在校学生	人	22337	9480	6556	16010	6662
医疗卫生机构床位	床	796	1168	329	1350	364
提供住宿的社会工作机构	个	7	1	4	1	9
提供住宿的社会工作机构床位	床	818	1269	1071	504	618

2019年县(市)社会经济主要指标

山西省

指　　标	单位	阳高县	天镇县	广灵县	灵丘县	浑源县
一、基本情况						
行政区域面积	平方公里	1598	1709	1284	2732	1968
乡	个	5	7	7	9	12
镇	个	7	5	2	3	6
街道办事处	个					
户籍人口	人	269938	225557	182070	246148	346668
第二产业从业人员	人	20884	14334	4385	19500	20890
第三产业从业人员	人	29835	16659	7142	33130	42150
二、综合经济						
地区生产总值	万元	509886	368802	410714	505072	488468
第一产业增加值	万元	135924	75170	78310	48277	114713
第二产业增加值	万元	112250	90921	126453	152707	77160
一般公共预算收入	万元	14770	24543	25284	18793	28880
一般公共预算支出	万元	211196	280291	256600	232610	199374
住户储蓄存款余额	万元	869725	735671	563857	1011267	1039307
年末金融机构各项贷款余额	万元	374738	359586	314832	410812	432509
三、农业、工业和通讯						
设施农业种植占地面积	公顷	2056	622	428	144	28
油料产量	吨	2502	2243	1066	2233	1789
棉花产量	吨					
规模以上工业企业	个	18	14	16	28	14
固定电话用户	户	34520	3470	4065	2514	20985
四、教育、卫生和社会保障						
普通中学在校学生	人	5358	9090	9818	14032	12142
小学在校学生	人	13516	9846	10062	17845	14467
医疗卫生机构床位	床	1194	565	652	945	1250
提供住宿的社会工作机构	个	12	10	21	2	10
提供住宿的社会工作机构床位	床	956	700	469	2550	580

2019年县(市)社会经济主要指标

山西省

指　　标	单位	左云县	平定县	盂　县	上党区	屯留区
一、基本情况						
行政区域面积	平方公里	1297	1390	2523	482	1190
乡	个	6	2	6	5	4
镇	个	3	8	8	6	7
街道办事处	个					
户籍人口	人	136776	319156	309302	349246	279364
第二产业从业人员	人	2440	31592	18452	32017	45984
第三产业从业人员	人	8217	32565	41982	28328	15531
二、综合经济						
地区生产总值	万元	674540	1112228	1292797	2164034	1330059
第一产业增加值	万元	29498	47058	38008	70282	67499
第二产业增加值	万元	257960	573643	692423	1377000	897554
一般公共预算收入	万元	103497	47794	86286	202751	110079
一般公共预算支出	万元	173557	265617	267982	286993	206386
住户储蓄存款余额	万元	871198	1600293	2075046	1429113	898786
年末金融机构各项贷款余额	万元	354945	1127583	1705013	637125	560305
三、农业、工业和通讯						
设施农业种植占地面积	公顷	73	78	75	425	125
油料产量	吨	5181	69	54	591	153
棉花产量	吨					
规模以上工业企业	个	21	54	37	60	35
固定电话用户	户	1050	23369	9838	9940	9900
四、教育、卫生和社会保障						
普通中学在校学生	人	4867	17672	14630	16397	11834
小学在校学生	人	7809	19576	20528	21643	19173
医疗卫生机构床位	床	420	874	797	827	1028
提供住宿的社会工作机构	个	5	11	11	4	3
提供住宿的社会工作机构床位	床	365	1075	792	187	360

2019年县(市)社会经济主要指标

山西省

指　　标	单位	潞城区	襄垣县	平顺县	黎城县	壶关县
一、基本情况						
行政区域面积	平方公里	614	1178	1510	1113	1008
乡	个	3	3	7	4	7
镇	个	4	8	5	5	5
街道办事处	个	2				
户籍人口	人	226049	265631	151600	164499	298332
第二产业从业人员	人	29156	21250	12450	21749	41738
第三产业从业人员	人	15756	20188	10284	20269	35132
二、综合经济						
地区生产总值	万元	1253824	2161939	231964	307507	542722
第一产业增加值	万元	41669	59769	27019	27340	56989
第二产业增加值	万元	801621	1451620	58861	78276	189617
一般公共预算收入	万元	79216	175817	11439	21301	22505
一般公共预算支出	万元	177255	278851	232813	141586	240115
住户储蓄存款余额	万元	970923	1919697	401779	646376	843744
年末金融机构各项贷款余额	万元	573575	1955914	287652	328261	462242
三、农业、工业和通讯						
设施农业种植占地面积	公顷	64	186	71	57	229
油料产量	吨	207	1687	78	370	441
棉花产量	吨	6		25	1	
规模以上工业企业	个	49	48	13	9	13
固定电话用户	户	13083	21653	3074	7263	7100
四、教育、卫生和社会保障						
普通中学在校学生	人	11221	10603	4915	8496	11740
小学在校学生	人	12508	15950	5614	9511	16348
医疗卫生机构床位	床	562	1457	755	595	1227
提供住宿的社会工作机构	个	7	5	4	11	13
提供住宿的社会工作机构床位	床	410	225	280	596	737

2019年县(市)社会经济主要指标

山西省

指　　标	单位	长子县	武乡县	沁　县	沁源县	沁水县
一、基本情况						
行政区域面积	平方公里	1029	1615	1320	2549	2658
乡	个	5	9	7	9	7
镇	个	7	5	6	5	7
街道办事处	个					
户籍人口	人	367341	209446	173145	158412	201612
第二产业从业人员	人	23986	13680	11726	26250	23105
第三产业从业人员	人	28593	16741	12588	32980	29058
二、综合经济						
地区生产总值	万元	1745969	602400	314853	1292841	2193655
第一产业增加值	万元	132566	40811	56336	25005	74875
第二产业增加值	万元	1125158	254457	61618	887446	1629856
一般公共预算收入	万元	152987	49566	11239	131375	188270
一般公共预算支出	万元	292530	196056	150547	197903	280735
住户储蓄存款余额	万元	1170368	701474	505837	599127	891281
年末金融机构各项贷款余额	万元	744164	427941	293909	345345	443333
三、农业、工业和通讯						
设施农业种植占地面积	公顷	1401	67	123	155	113
油料产量	吨		331	412	801	1172
棉花产量	吨					51
规模以上工业企业	个	33	16	5	31	58
固定电话用户	户	6090	7463	7200	6584	10170
四、教育、卫生和社会保障						
普通中学在校学生	人	14039	8692	5974	5961	8289
小学在校学生	人	18758	9636	7192	9264	8006
医疗卫生机构床位	床	1433	589	608	1244	769
提供住宿的社会工作机构	个	16	5	13	15	9
提供住宿的社会工作机构床位	床	617	638	466	830	497

2019年县(市)社会经济主要指标

山西省

指　　标	单位	阳城县	陵川县	泽州县	高平市	山阴县
一、基本情况						
行政区域面积	平方公里	1917	1751	2024	980	1651
乡	个	7	5	3	4	9
镇	个	10	7	14	9	4
街道办事处	个				3	2
户籍人口	人	382381	253208	492382	487491	241910
第二产业从业人员	人	73956	25894	72087	114283	
第三产业从业人员	人	93189	28201	65715	71725	
二、综合经济						
地区生产总值	万元	2174663	441200	3017688	2293324	1367682
第一产业增加值	万元	87768	51463	134163	125217	98340
第二产业增加值	万元	1266668	89277	2138420	1198027	522080
一般公共预算收入	万元	191086	18860	235833	220392	150077
一般公共预算支出	万元	345548	207562	387298	406240	257066
住户储蓄存款余额	万元	1807628	790308	974651	2385366	1510538
年末金融机构各项贷款余额	万元	1029737	363766	1079324	1618022	1039404
三、农业、工业和通讯						
设施农业种植占地面积	公顷	79	67	118	550	
油料产量	吨	3275	589	1141	29	2082
棉花产量	吨	2		1		
规模以上工业企业	个	73	18	76	75	50
固定电话用户	户	25387	12466	23218	33225	10943
四、教育、卫生和社会保障						
普通中学在校学生	人	15263	11548	15236	22425	10391
小学在校学生	人	13354	11150	16459	22987	12173
医疗卫生机构床位	床	2274	1021	2325	1726	1611
提供住宿的社会工作机构	个	20	5	12	15	5
提供住宿的社会工作机构床位	床	1237	530	1208	1446	333

2019年县(市)社会经济主要指标

山西省

指标	单位	应县	右玉县	怀仁市	榆社县	左权县
一、基本情况						
行政区域面积	平方公里	1708	1969	1234	1701	2020
乡	个	9	6	6	5	5
镇	个	3	4	4	4	5
街道办事处	个		1			
户籍人口	人	306185	114980	293780	146258	164564
第二产业从业人员	人				10926	7061
第三产业从业人员	人				15798	9866
二、综合经济						
地区生产总值	万元	709067	914475	2280757	354739	563424
第一产业增加值	万元	161763	68862	122647	50693	41869
第二产业增加值	万元	79693	408568	1172835	115611	267435
一般公共预算收入	万元	17757	44089	130571	36669	49234
一般公共预算支出	万元	229128	187608	294286	213444	186939
住户储蓄存款余额	万元	1085157	603502	2349563	464228	875156
年末金融机构各项贷款余额	万元	477214	467015	877935	236901	749561
三、农业、工业和通讯						
设施农业种植占地面积	公顷	800	3	221	1468	183
油料产量	吨	1877	12491	111	950	402
棉花产量	吨					
规模以上工业企业	个	42	22	107	13	20
固定电话用户	户	8100	5323	11862	4927	4213
四、教育、卫生和社会保障						
普通中学在校学生	人	15506	3892	51822	7037	8590
小学在校学生	人	14389	5346	34812	8643	11625
医疗卫生机构床位	床	1180	586	1768	444	505
提供住宿的社会工作机构	个	4	4	10	1	11
提供住宿的社会工作机构床位	床	686	500	1916	50	786

2019年县(市)社会经济主要指标

山西省

指　　标	单位	和顺县	昔阳县	寿阳县	太谷县	祁　县
一、基本情况						
行政区域面积	平方公里	2250	1946	2110	1046	854
乡	个	5	7	7	6	2
镇	个	5	5	7	3	6
街道办事处	个	1		8		
户籍人口	人	139638	236014	211415	293516	275977
第二产业从业人员	人	37255	14497	40594	38513	43578
第三产业从业人员	人	34760	28572	68113	33640	37370
二、综合经济						
地区生产总值	万元	580946	883052	1252299	1030757	887946
第一产业增加值	万元	36704	57029	127144	210368	202318
第二产业增加值	万元	289904	506336	701370	230044	178780
一般公共预算收入	万元	60058	75038	127226	62021	51097
一般公共预算支出	万元	185852	187105	240283	240727	207566
住户储蓄存款余额	万元	713544	1184551	1339699	1937619	1263199
年末金融机构各项贷款余额	万元	322883	451901	751683	867524	580462
三、农业、工业和通讯						
设施农业种植占地面积	公顷	74	105	71	2048	854
油料产量	吨	658	94	7	86	38
棉花产量	吨					
规模以上工业企业	个	17	29	45	69	50
固定电话用户	户	5425	6228	10554	11766	12106
四、教育、卫生和社会保障						
普通中学在校学生	人	6524	10326	8701	23935	13890
小学在校学生	人	7507	12633	10185	18031	17468
医疗卫生机构床位	床	671	1132	889	2086	748
提供住宿的社会工作机构	个	10	1	9	10	7
提供住宿的社会工作机构床位	床	220	389	999	1187	576

2019年县(市)社会经济主要指标

山西省

指　　标	单位	平遥县	灵石县	介休市	临猗县	万荣县
一、基本情况						
行政区域面积	平方公里	1254	1202	741	1362	1076
乡	个	9	6	3	5	9
镇	个	5	6	7	9	5
街道办事处	个	3		5		
户籍人口	人	544299	262128	441578	557881	441875
第二产业从业人员	人	61100	63000	73504		
第三产业从业人员	人	54684	74800	102527		
二、综合经济						
地区生产总值	万元	1159574	2339489	2448783	1401024	772803
第一产业增加值	万元	122923	40771	52208	463843	212807
第二产业增加值	万元	316543	1532518	1583108	224839	167658
一般公共预算收入	万元	78614	201279	213026	26378	18278
一般公共预算支出	万元	373766	265059	326452	261208	237661
住户储蓄存款余额	万元	1913160	2323067	2784829	1462133	1001582
年末金融机构各项贷款余额	万元	881411	1137327	2416219	918005	534137
三、农业、工业和通讯						
设施农业种植占地面积	公顷		117	74	42	171
油料产量	吨	397	120	39	4159	3387
棉花产量	吨	5			1193	351
规模以上工业企业	个	62	109	123	41	27
固定电话用户	户	16148	15138	19070	35225	100357
四、教育、卫生和社会保障						
普通中学在校学生	人	29328	17870	23690	21259	16255
小学在校学生	人	37953	20860	36667	27204	19812
医疗卫生机构床位	床	2017	825	2604	2980	1860
提供住宿的社会工作机构	个	3	7	7	18	12
提供住宿的社会工作机构床位	床	61	394	407	1414	1029

2019年县(市)社会经济主要指标

山西省

指　　标	单位	闻喜县	稷山县	新绛县	绛　县	垣曲县
一、基本情况						
行政区域面积	平方公里	1168	686	597	978	1620
乡	个	6	2		2	5
镇	个	7	5	9	8	6
街道办事处	个					
户籍人口	人	401556	361378	333220	277558	222478
第二产业从业人员	人		58555	28608	12736	28213
第三产业从业人员	人		22782	40792	31635	37056
二、综合经济						
地区生产总值	万元	1344255	897484	1154482	629553	649618
第一产业增加值	万元	137980	156567	193083	105564	67236
第二产业增加值	万元	648325	283939	563035	182143	254993
一般公共预算收入	万元	60831	28800	56398	14735	32104
一般公共预算支出	万元	248845	176546	211592	179335	205436
住户储蓄存款余额	万元	1458528	1009590	1106551	902849	878648
年末金融机构各项贷款余额	万元	606918	409835	433762	331931	416485
三、农业、工业和通讯						
设施农业种植占地面积	公顷	32	8	1138	81	6
油料产量	吨	2257	339	980	1073	1589
棉花产量	吨	8			1	105
规模以上工业企业	个	33	25	30	38	14
固定电话用户	户	31825	10490	7414	8900	7667
四、教育、卫生和社会保障						
普通中学在校学生	人	17890	15991	19906	9624	10571
小学在校学生	人	23727	23275	19131	14702	11974
医疗卫生机构床位	床	2460	2636	1899	1663	1414
提供住宿的社会工作机构	个	10	20	11	11	13
提供住宿的社会工作机构床位	床	750	1450	909	821	780

2019年县(市)社会经济主要指标

山西省

指　标	单位	夏　县	平陆县	芮城县	永济市	河津市
一、基本情况						
行政区域面积	平方公里	1351	1174	1176	1208	593
乡	个	5	4	2		4
镇	个	6	6	8	7	3
街道办事处	个				3	2
户籍人口	人	365013	247399	379472	442475	400010
第二产业从业人员	人			24717	32241	38206
第三产业从业人员	人			38822	81225	35762
二、综合经济						
地区生产总值	万元	621879	525512	938127	1268814	2506408
第一产业增加值	万元	222585	114983	270977	243988	90814
第二产业增加值	万元	96170	157435	213291	384008	1514684
一般公共预算收入	万元	27624	28537	36563	48507	158100
一般公共预算支出	万元	197003	205611	204715	261836	294317
住户储蓄存款余额	万元	882883	881870	940766	1476478	1758049
年末金融机构各项贷款余额	万元	546018	294124	658391	650360	1165259
三、农业、工业和通讯						
设施农业种植占地面积	公顷	1360	22	12	84	369
油料产量	吨	3752	4813	4551	4784	2234
棉花产量	吨	45	9	45	414	1
规模以上工业企业	个	21	18	31	47	83
固定电话用户	户	10527	7888	7660	21400	28731
四、教育、卫生和社会保障						
普通中学在校学生	人	9676	8109	14904	15667	21930
小学在校学生	人	15427	11989	16611	22845	27345
医疗卫生机构床位	床	1248	1205	1826	2326	2380
提供住宿的社会工作机构	个	5	10	6	14	19
提供住宿的社会工作机构床位	床	425	270	850	1486	2293

2019年县(市)社会经济主要指标

山西省

指　标	单位	定襄县	五台县	代　县	繁峙县	宁武县
一、基本情况						
行政区域面积	平方公里	851	2428	1729	2373	1936
乡	个	6	11	5	10	10
镇	个	3	5	6	3	4
街道办事处	个					
户籍人口	人	221971	277263	203987	283872	159852
第二产业从业人员	人	21650	11220		19907	7321
第三产业从业人员	人	19288	19930		15771	9416
二、综合经济						
地区生产总值	万元	525654	519200	678907	718846	677422
第一产业增加值	万元	54257	54800	36200	65000	27092
第二产业增加值	万元	259890	124800	394809	344511	382600
一般公共预算收入	万元	22309	23786	34018	31349	91259
一般公共预算支出	万元	154991	254837	189013	235591	252303
住户储蓄存款余额	万元	850779	1559700	1450489	1355641	908620
年末金融机构各项贷款余额	万元	397198	983000	609862	725177	421769
三、农业、工业和通讯						
设施农业种植占地面积	公顷	162	84	194	144	
油料产量	吨	298	13	113	1001	1486
棉花产量	吨					
规模以上工业企业	个	45	14	58	48	29
固定电话用户	户	44980	22300	6934	8759	4807
四、教育、卫生和社会保障						
普通中学在校学生	人	10785	14804	5901	14074	5978
小学在校学生	人	13576	14082	11604	22456	9098
医疗卫生机构床位	床	668	580	446	1275	952
提供住宿的社会工作机构	个	5	54	11	7	1
提供住宿的社会工作机构床位	床	210	650	1179	590	78

2019年县(市)社会经济主要指标

山西省

指　　标	单位	静乐县	神池县	五寨县	岢岚县	河曲县
一、基本情况						
行政区域面积	平方公里	2058	1471	1388	1984	1317
乡	个	10	7	9	10	9
镇	个	4	3	3	2	4
街道办事处	个		1			1
户籍人口	人	156445	95583	111735	80733	150000
第二产业从业人员	人	8390	2865	7360	6021	19447
第三产业从业人员	人	12775	7883	21000	17766	17901
二、综合经济						
地区生产总值	万元	349874	310345	308116	333369	1087626
第一产业增加值	万元	37458	119206	49842	46016	36900
第二产业增加值	万元	137064	42677	16601	71885	683200
一般公共预算收入	万元	28748	16908	26548	18594	100695
一般公共预算支出	万元	257018	125254	154688	156446	164940
住户储蓄存款余额	万元	418493	455135	708376	445843	1124464
年末金融机构各项贷款余额	万元	180227	241927	175145	174041	783799
三、农业、工业和通讯						
设施农业种植占地面积	公顷	13		9	34	
油料产量	吨	3163	5284	15	702	2365
棉花产量	吨					
规模以上工业企业	个	14	13	9	17	33
固定电话用户	户	4580		9974	1550	498
四、教育、卫生和社会保障						
普通中学在校学生	人	5891	1833	4637	2546	5879
小学在校学生	人	7930	3907	6253	3660	7970
医疗卫生机构床位	床	678	599	610	238	467
提供住宿的社会工作机构	个	6	4	4	1	5
提供住宿的社会工作机构床位	床	77	225	320	80	211

2019年县(市)社会经济主要指标

山西省

指　　标	单位	保德县	偏关县	原平市	曲沃县	翼城县
一、基本情况						
行政区域面积	平方公里	998	1685	2550	437	1168
乡	个	9	6	11	2	4
镇	个	4	4	7	5	6
街道办事处	个	1		3		
户籍人口	人	164932	103439	483760	234586	307298
第二产业从业人员	人	17323	4875		24564	33803
第三产业从业人员	人	16323	12895		28447	67298
二、综合经济						
地区生产总值	万元	837231	343168	1434553	1102964	713507
第一产业增加值	万元	43451	38220	139300	156310	105579
第二产业增加值	万元	513305	165607	727853	622061	180398
一般公共预算收入	万元	81467	21101	85100	42883	33196
一般公共预算支出	万元	211210	200470	289900	186800	213899
住户储蓄存款余额	万元	945741	500355	2605532	911047	1161731
年末金融机构各项贷款余额	万元	329206	131269	1083400	464984	506416
三、农业、工业和通讯						
设施农业种植占地面积	公顷		15	64	1290	214
油料产量	吨	902	1980	864	850	615
棉花产量	吨					
规模以上工业企业	个	23	8	41	26	28
固定电话用户	户	5048	1007	22247	9602	11528
四、教育、卫生和社会保障						
普通中学在校学生	人	4313	2186	19977	9183	15938
小学在校学生	人	10559	4100	26452	13739	17927
医疗卫生机构床位	床	743	410	1652	1240	1551
提供住宿的社会工作机构	个	6	2	5	4	
提供住宿的社会工作机构床位	床	300	79	651	185	

2019年县(市)社会经济主要指标

山西省

指　　标	单位	襄汾县	洪洞县	古　县	安泽县	浮山县
一、基本情况						
行政区域面积	平方公里	1031	1495	1196	1960	940
乡	个	6	7	3	3	7
镇	个	7	9	4	4	2
街道办事处	个					
户籍人口	人	503917	766843	90113	82268	126391
第二产业从业人员	人	59650	90655	9681	8432	13312
第三产业从业人员	人	42535	141921	23306	16890	31632
二、综合经济						
地区生产总值	万元	1258485	1514975	499911	638474	414613
第一产业增加值	万元	141161	99455	20770	40558	49204
第二产业增加值	万元	577957	693684	334676	448268	221335
一般公共预算收入	万元	75502	97092	47691	66828	9255
一般公共预算支出	万元	311593	385804	118864	131578	112062
住户储蓄存款余额	万元	1815863	2113547	394557	330764	341587
年末金融机构各项贷款余额	万元	1043531	1461371	174592	314154	142176
三、农业、工业和通讯						
设施农业种植占地面积	公顷					
油料产量	吨	2225	361	714	447	582
棉花产量	吨		1			10
规模以上工业企业	个	42	62	23	10	19
固定电话用户	户	18117	26895	4690	3881	4188
四、教育、卫生和社会保障						
普通中学在校学生	人	23090	34041	3452	3061	4288
小学在校学生	人	27537	48132	5341	5272	5679
医疗卫生机构床位	床	1628	2716	353	530	383
提供住宿的社会工作机构	个	4	3	1	4	5
提供住宿的社会工作机构床位	床	240	333	72	37	122

2019年县(市)社会经济主要指标

山西省

指　标	单位	吉　县	乡宁县	大宁县	隰　县	永和县
一、基本情况						
行政区域面积	平方公里	1780	2025	962	1413	1214
乡	个	5	5	4	5	5
镇	个	3	5	2	3	2
街道办事处	个					
户籍人口	人	108416	238155	65919	107452	65286
第二产业从业人员	人	10470	27515	6265	10462	6380
第三产业从业人员	人	19466	33245	8335	15307	15220
二、综合经济						
地区生产总值	万元	229370	1315771	94280	187449	105649
第一产业增加值	万元	70524	39445	15865	45606	23009
第二产业增加值	万元	70570	979301	22245	25296	17972
一般公共预算收入	万元	13825	189760	6199	9565	12617
一般公共预算支出	万元	138662	311909	140450	153199	138015
住户储蓄存款余额	万元	284200	846174	137738	307404	164485
年末金融机构各项贷款余额	万元	219801	590106	74777	247761	107403
三、农业、工业和通讯						
设施农业种植占地面积	公顷			39	39	
油料产量	吨	914	1436	475	333	122
棉花产量	吨			15		
规模以上工业企业	个	3	33	1	2	3
固定电话用户	户	4753	6582	2958	3774	1913
四、教育、卫生和社会保障						
普通中学在校学生	人	3874	11398	1620	4805	1716
小学在校学生	人	5457	14568	2610	6697	3306
医疗卫生机构床位	床	479	1080	245	359	262
提供住宿的社会工作机构	个	1	5		1	1
提供住宿的社会工作机构床位	床	80	342		30	100

2019年县(市)社会经济主要指标

山西省

指　　标	单位	蒲　县	汾西县	侯马市	霍州市	离石区
一、基本情况						
行政区域面积	平方公里	1513	875	220	765	1324
乡	个	5	3	3	3	3
镇	个	4	5		4	2
街道办事处	个			5	5	7
户籍人口	人	107325	146809	239312	307215	287456
第二产业从业人员	人	11085	15113	24450	36128	48285
第三产业从业人员	人	18542	18907	76312	72493	46430
二、综合经济						
地区生产总值	万元	920532	223588	1152131	797037	1373410
第一产业增加值	万元	22257	31305	35521	33652	23385
第二产业增加值	万元	723277	41245	265499	406342	477403
一般公共预算收入	万元	118235	8617	52923	54668	146126
一般公共预算支出	万元	188155	152404	177188	167921	244805
住户储蓄存款余额	万元	390229	237261	1630645	1361826	2966986
年末金融机构各项贷款余额	万元	278413	66669	1105695	807321	3800335
三、农业、工业和通讯						
设施农业种植占地面积	公顷					18
油料产量	吨	640	442	40	112	330
棉花产量	吨				6	
规模以上工业企业	个	36	6	28	18	30
固定电话用户	户	5980	4051	26407	27109	27379
四、教育、卫生和社会保障						
普通中学在校学生	人	4491	6895	8903	13284	20447
小学在校学生	人	6650	7888	14512	20103	47601
医疗卫生机构床位	床	560	553	2114	1455	1210
提供住宿的社会工作机构	个	2	1	9	14	6
提供住宿的社会工作机构床位	床	320	80	704	995	441

2019年县(市)社会经济主要指标

山西省

指　　标	单位	文水县	交城县	兴　县	临　县	柳林县
一、基本情况						
行政区域面积	平方公里	1069	1827	3166	2977	1287
乡	个	5	4	10	10	7
镇	个	7	6	7	13	8
街道办事处	个					
户籍人口	人	454335	233723	288384	660668	345327
第二产业从业人员	人					43000
第三产业从业人员	人					4000
二、综合经济						
地区生产总值	万元	749180	914326	1131700	889719	2045520
第一产业增加值	万元	143717	37952	36400	84160	36618
第二产业增加值	万元	244225	624710	822700	398324	1431110
一般公共预算收入	万元	35114	70716	177019	78896	287588
一般公共预算支出	万元	239595	189729	431153	554435	397103
住户储蓄存款余额	万元	1505097	1171978	866079	1082272	1409768
年末金融机构各项贷款余额	万元	808898	569122	652904	714674	732745
三、农业、工业和通讯						
设施农业种植占地面积	公顷	83	20	34	154	8
油料产量	吨	285	166	2532	1295	673
棉花产量	吨					17
规模以上工业企业	个	42	44	23	23	40
固定电话用户	户	26522	2710	11266	4156	35421
四、教育、卫生和社会保障						
普通中学在校学生	人	22734	13124	10066	18579	12083
小学在校学生	人	29374	17780	12741	22472	25261
医疗卫生机构床位	床	1170	920	674	1845	1270
提供住宿的社会工作机构	个	10	4	2	4	5
提供住宿的社会工作机构床位	床	255	629	302	308	498

2019年县(市)社会经济主要指标

山西省

指　　标	单位	石楼县	岚　县	方山县	中阳县	交口县
一、基本情况						
行政区域面积	平方公里	1735	1513	1434	1439	1258
乡	个	5	8	2	2	3
镇	个	4	4	5	5	4
街道办事处	个					
户籍人口	人	122115	187765	157439	155847	124374
第二产业从业人员	人	5817	8400	8174	20389	9255
第三产业从业人员	人	13492	26100	6521	21706	14365
二、综合经济						
地区生产总值	万元	148111	492533	505869	1075217	554446
第一产业增加值	万元	37483	35977	31633	31218	38562
第二产业增加值	万元	3556	302282	351708	818441	377404
一般公共预算收入	万元	5169	55306	51000	117404	68103
一般公共预算支出	万元	220562	179990	161232	193028	129879
住户储蓄存款余额	万元	276617	544816	340263	815401	632930
年末金融机构各项贷款余额	万元	235520	325817	151548	470187	413089
三、农业、工业和通讯						
设施农业种植占地面积	公顷	3	396	42	28	
油料产量	吨	300	557	838	94	332
棉花产量	吨					
规模以上工业企业	个	4	22	15	38	23
固定电话用户	户	2865	3100	2720	3000	24552
四、教育、卫生和社会保障						
普通中学在校学生	人	6315	8621	4915	8109	6102
小学在校学生	人	8235	12196	7797	10965	8667
医疗卫生机构床位	床	629	423	603	486	280
提供住宿的社会工作机构	个	1	12	5	4	2
提供住宿的社会工作机构床位	床	100	296	242	150	30

2019年县(市)社会经济主要指标

山西省、内蒙古自治区

指　　标	单位	孝义市	汾阳市	土默特左旗	托克托县	和林格尔县
一、基本情况						
行政区域面积	平方公里	938	1179	2765	1408	3448
乡	个	5	3	2		4
镇	个	7	9	7	5	4
街道办事处	个	5	2			
户籍人口	人	490319	434207	363564	201542	204869
第二产业从业人员	人		54558	66061	24671	21456
第三产业从业人员	人		63289	61520	23187	30602
二、综合经济						
地区生产总值	万元	3197652	2047890	1882300	1486000	1745800
第一产业增加值	万元	82197	77166	346000	193100	202900
第二产业增加值	万元	1984241	1197893	707300	670500	854200
一般公共预算收入	万元	289237	162349	135723	107351	143706
一般公共预算支出	万元	359591	320900	261177	197355	237584
住户储蓄存款余额	万元	4151863	2166930	841502	615613	595800
年末金融机构各项贷款余额	万元	2089132	1030097	687883	1004906	740400
三、农业、工业和通讯						
设施农业种植占地面积	公顷	329	8	1476	454	
油料产量	吨	35	194	16117	1716	3569
棉花产量	吨					
规模以上工业企业	个	152	32	57	29	26
固定电话用户	户	36647	41342	13550	4800	13200
四、教育、卫生和社会保障						
普通中学在校学生	人	30364	21731	13930	10497	8467
小学在校学生	人	39704	28280	10835	10781	8695
医疗卫生机构床位	床	1259	2263	854	539	522
提供住宿的社会工作机构	个	9	9	14	2	1
提供住宿的社会工作机构床位	床	1249	957	1130	100	296

2019年县(市)社会经济主要指标

内蒙古自治区

指　　标	单位	清水河县	武川县	土默特右旗	固阳县	达尔罕茂明安联合旗
一、基本情况						
行政区域面积	平方公里	2818	4682	2368	5025	17410
乡	个	4	6	3		5
镇	个	4	3	5	6	7
街道办事处	个					
户籍人口	人	140944	169441	362417	198309	110531
第二产业从业人员	人		11934	39728	32435	8217
第三产业从业人员	人		19557	79178	22396	20299
二、综合经济						
地区生产总值	万元	586600	506300	1617270	571178	920544
第一产业增加值	万元	66500	91500	383776	136279	145427
第二产业增加值	万元	217300	122100	489432	246148	488732
一般公共预算收入	万元	50501	25254	63818	37434	55699
一般公共预算支出	万元	183282	164553	230263	227589	204597
住户储蓄存款余额	万元	442102	484873	446185	426170	347879
年末金融机构各项贷款余额	万元	299920	517385	917435	525660	301367
三、农业、工业和通讯						
设施农业种植占地面积	公顷	3650	509	241	7	2
油料产量	吨	4319	81826	30377	46340	22000
棉花产量	吨					
规模以上工业企业	个	19	17	27	32	52
固定电话用户	户	5020	3727	6200	4700	1777
四、教育、卫生和社会保障						
普通中学在校学生	人	4423	3767	7471	3854	1294
小学在校学生	人	4499	4014	12930	4960	2692
医疗卫生机构床位	床	386	418	878	612	609
提供住宿的社会工作机构	个	1	2	9	36	6
提供住宿的社会工作机构床位	床	200	390	460	1612	648

2019年县(市)社会经济主要指标

内蒙古自治区

指　　标	单位	阿鲁科尔沁旗	巴林左旗	巴林右旗	林西县	克什克腾旗
一、基本情况						
行政区域面积	平方公里	14555	6459	9837	3933	20673
乡	个	7	4	4	2	6
镇	个	7	7	5	7	7
街道办事处	个	2	2	2	2	3
户籍人口	人	292579	339623	181912	229865	247505
第二产业从业人员	人	10529	19354	496	11935	18569
第三产业从业人员	人	25820	32427	21638	14482	46907
二、综合经济						
地区生产总值	万元	924421	1195407	579254	786032	1196962
第一产业增加值	万元	213617	253952	130667	144147	207073
第二产业增加值	万元	220090	360945	136514	246389	573502
一般公共预算收入	万元	40080	54520	25502	38258	60080
一般公共预算支出	万元	363090	370758	243788	296696	316088
住户储蓄存款余额	万元	661549	828134	484498	681122	648589
年末金融机构各项贷款余额	万元	830481	953131	816106	609792	729337
三、农业、工业和通讯						
设施农业种植占地面积	公顷	624	4968	143	709	429
油料产量	吨	25679	3478	42409	14504	1928
棉花产量	吨					
规模以上工业企业	个	11	22	9	29	32
固定电话用户	户	9610	16576	5000	17000	9325
四、教育、卫生和社会保障						
普通中学在校学生	人	13416	18906	7653	8682	7394
小学在校学生	人	13758	17439	9558	9987	9874
医疗卫生机构床位	床	1812	2060	841	1232	1426
提供住宿的社会工作机构	个	6	21	9	24	11
提供住宿的社会工作机构床位	床	546	1902	352	745	730

2019年县(市)社会经济主要指标

内蒙古自治区

指　　标	单位	翁牛特旗	喀喇沁旗	宁城县	敖汉旗	科尔沁左翼中旗
一、基本情况						
行政区域面积	平方公里	11882	3050	4305	8294	9573
乡	个	6	2	2	5	6
镇	个	8	7	13	11	11
街道办事处	个	2	2	3	2	1
户籍人口	人	476141	345582	605554	604860	520065
第二产业从业人员	人	41000	17484	37615	37247	39497
第三产业从业人员	人	46000	51160	22772	59613	93013
二、综合经济						
地区生产总值	万元	1377780	831150	1521649	1402308	1287500
第一产业增加值	万元	477023	150968	409296	479023	537400
第二产业增加值	万元	276073	261025	329997	244414	252500
一般公共预算收入	万元	42227	40895	50645	43999	40073
一般公共预算支出	万元	421895	284057	414331	525808	464814
住户储蓄存款余额	万元	955617	995617	1783123	1316616	548684
年末金融机构各项贷款余额	万元	1007972	767969	1187421	875736	389213
三、农业、工业和通讯						
设施农业种植占地面积	公顷	481		13671	1628	59
油料产量	吨	65798	2776	1324	11502	64831
棉花产量	吨					
规模以上工业企业	个	19	16	21	21	15
固定电话用户	户	7665	15000	55235	123102	9676
四、教育、卫生和社会保障						
普通中学在校学生	人	17451	14984	17443	25573	16403
小学在校学生	人	19734	17398	36923	31030	21461
医疗卫生机构床位	床	1223	1243	3139	3573	1908
提供住宿的社会工作机构	个	14	11	15	30	13
提供住宿的社会工作机构床位	床	1051	886	744	1088	610

2019年县(市)社会经济主要指标

内蒙古自治区

指　　标	单位	科尔沁左翼后旗	开鲁县	库伦旗	奈曼旗	扎鲁特旗
一、基本情况						
行政区域面积	平方公里	11500	4353	4709	8135	16492
乡	个	5		3	6	8
镇	个	10	10	5	8	7
街道办事处	个			1		
户籍人口	人	401078	391324	177398	445769	305985
第二产业从业人员	人	14500	31758	9415	23017	14289
第三产业从业人员	人	56000	49592	26889	18992	73641
二、综合经济						
地区生产总值	万元	1220500	1272700	536600	1239900	1314000
第一产业增加值	万元	447500	514600	187637	363500	338900
第二产业增加值	万元	242000	206200	39400	310900	455000
一般公共预算收入	万元	35503	32152	10522	52445	72850
一般公共预算支出	万元	366690	281202	222578	449500	367160
住户储蓄存款余额	万元	541882	942437	299470	829600	602493
年末金融机构各项贷款余额	万元	746135	497386	238520	496200	588354
三、农业、工业和通讯						
设施农业种植占地面积	公顷	14	117	673	164	97
油料产量	吨	33406	24194	2821	15016	7348
棉花产量	吨					
规模以上工业企业	个	23	25	9	33	22
固定电话用户	户	15480	8375	6000	99531	11568
四、教育、卫生和社会保障						
普通中学在校学生	人	16324	19307	7611	21017	8151
小学在校学生	人	21655	19095	9322	25863	15728
医疗卫生机构床位	床	3727	1252	887	1783	1348
提供住宿的社会工作机构	个	15	1	5	6	7
提供住宿的社会工作机构床位	床	273	450	284	700	515

2019年县(市)社会经济主要指标

内蒙古自治区

指　　标	单位	霍林郭勒市	东胜区	达拉特旗	准格尔旗	鄂托克前旗
一、基本情况						
行政区域面积	平方公里	585	2145	8241	7692	12221
乡	个	1		1	3	
镇	个		3	8	7	4
街道办事处	个	4	12	6	4	
户籍人口	人	83213	271590	372061	332352	81386
第二产业从业人员	人	28255	89573	22982	71521	9323
第三产业从业人员	人	32609	158765	80457	225210	14149
二、综合经济						
地区生产总值	万元	1436300	7126300	3226500	8200500	1353000
第一产业增加值	万元	24500	16330	406900	115100	141000
第二产业增加值	万元	1048400	2597230	1444900	5629200	804000
一般公共预算收入	万元	101181	471931	195000	826000	118767
一般公共预算支出	万元	162379	717493	463000	901800	326248
住户储蓄存款余额	万元	659947	8446690	1543100	3592814	411488
年末金融机构各项贷款余额	万元	1217834	19145911	1226700	4022800	391100
三、农业、工业和通讯						
设施农业种植占地面积	公顷	102	123	19816		166
油料产量	吨	6917	35	37325	962	1668
棉花产量	吨					
规模以上工业企业	个	40	55	48	119	14
固定电话用户	户	5901	86400	18611	61523	4926
四、教育、卫生和社会保障						
普通中学在校学生	人	6893	29568	16140	15895	4424
小学在校学生	人	8620	47810	25481	27500	5329
医疗卫生机构床位	床	798	5595	1109	1610	538
提供住宿的社会工作机构	个	1	29	39	9	1
提供住宿的社会工作机构床位	床	54	4152	2419	1809	190

2019年县(市)社会经济主要指标

内蒙古自治区

指　　标	单位	鄂托克旗	杭锦旗	乌审旗	伊金霍洛旗	海拉尔区
一、基本情况						
行政区域面积	平方公里	20367	19253	11674	5487	1309
乡	个	2	1	1		
镇	个	4	5	5	7	2
街道办事处	个					7
户籍人口	人	98238	143672	116962	178796	287405
第二产业从业人员	人	47622	14627	5593	61550	20125
第三产业从业人员	人	40629	24318	40399	55876	150017
二、综合经济						
地区生产总值	万元	3603600	1253300	3091300	7318000	1815187
第一产业增加值	万元	93600	220900	157900	85000	62483
第二产业增加值	万元	2634200	560700	2144600	5016000	413479
一般公共预算收入	万元	281151	52902	261132	751888	87197
一般公共预算支出	万元	455615	290399	450613	814225	371746
住户储蓄存款余额	万元	1041630	534482	685727	3192805	2767737
年末金融机构各项贷款余额	万元	1198405	639070	1151950	1826185	4126840
三、农业、工业和通讯						
设施农业种植占地面积	公顷	33	48	130	768	405
油料产量	吨	7785	71241	3317		4872
棉花产量	吨					
规模以上工业企业	个	84	34	21	53	25
固定电话用户	户	4262	9688	13861	14412	53748
四、教育、卫生和社会保障						
普通中学在校学生	人	4915	4105	4651	6738	16324
小学在校学生	人	10032	6994	11290	16603	15500
医疗卫生机构床位	床	487	633	676	1374	3288
提供住宿的社会工作机构	个	6	3	2	5	6
提供住宿的社会工作机构床位	床	793	664	300	551	749

2019年县(市)社会经济主要指标

内蒙古自治区

指　　标	单位	阿荣旗	莫力达瓦达斡尔族自治旗	鄂伦春自治旗	鄂温克族自治旗	陈巴尔虎旗
一、基本情况						
行政区域面积	平方公里	11073	10356	54688	18657	17458
乡	个	4	4	2	6	4
镇	个	8	11	8	4	3
街道办事处	个					
户籍人口	人	318489	316398	244979	136832	54551
第二产业从业人员	人	10110	8718	8203	16728	7157
第三产业从业人员	人	43410	49245	32727	18189	12724
二、综合经济						
地区生产总值	万元	962096	852938	655112	1069273	910710
第一产业增加值	万元	436653	521962	272488	90565	156524
第二产业增加值	万元	139029	50302	32481	589761	600826
一般公共预算收入	万元	28281	30935	14511	73662	71355
一般公共预算支出	万元	405337	345948	331768	230028	176868
住户储蓄存款余额	万元	811747	549358	879047	558311	182392
年末金融机构各项贷款余额	万元	640079	581870	696212	779244	202971
三、农业、工业和通讯						
设施农业种植占地面积	公顷	13	47	122	2215	9
油料产量	吨		9	9	16864	80109
棉花产量	吨					
规模以上工业企业	个	7	3	6	16	10
固定电话用户	户	5394	6850	10120	11174	3036
四、教育、卫生和社会保障						
普通中学在校学生	人	12409	10778	6443	2919	991
小学在校学生	人	16726	15311	8381	4346	1954
医疗卫生机构床位	床	1294	1020	885	604	372
提供住宿的社会工作机构	个	14	10	11	3	2
提供住宿的社会工作机构床位	床	1532	1108	562	1000	160

2019年县(市)社会经济主要指标

内蒙古自治区

指　　标	单位	新巴尔虎左旗	新巴尔虎右旗	满洲里市	牙克石市	扎兰屯市
一、基本情况						
行政区域面积	平方公里	20107	24840	465	27803	16785
乡	个	5	4			4
镇	个	2	3	2	10	8
街道办事处	个			10	6	7
户籍人口	人	41813	35180	172770	321174	404272
第二产业从业人员	人	59	6314	14766	58000	26069
第三产业从业人员	人	1146	12029	111212	76000	67367
二、综合经济						
地区生产总值	万元	244729	552246	1486372	1062049	1597492
第一产业增加值	万元	98020	147353	36707	246200	497219
第二产业增加值	万元	32182	300238	377289	149290	543806
一般公共预算收入	万元	10354	36028	74335	31200	62452
一般公共预算支出	万元	129659	132428	382729	343100	409688
住户储蓄存款余额	万元	90124	115509	1674861	1601100	1196103
年末金融机构各项贷款余额	万元	90017	108375	1211446	908000	1586639
三、农业、工业和通讯						
设施农业种植占地面积	公顷	1256			199	114
油料产量	吨	10991	11		84354	980
棉花产量	吨					
规模以上工业企业	个	7	13	25	10	12
固定电话用户	户	2145	3267	12338	26800	7964
四、教育、卫生和社会保障						
普通中学在校学生	人	801	808	9586	9661	12541
小学在校学生	人	1774	1688	9103	7001	17497
医疗卫生机构床位	床	140	168	1218	3071	2049
提供住宿的社会工作机构	个	1	2	5	12	29
提供住宿的社会工作机构床位	床	60	68	390	1420	2728

2019年县(市)社会经济主要指标

内蒙古自治区

指　　标	单位	额尔古纳市	根河市	临河区	五原县	磴口县
一、基本情况						
行政区域面积	平方公里	28958	20010	2333	2503	3676
乡	个	3	1	2	1	1
镇	个	3	4	7	8	4
街道办事处	个	2	4	11		
户籍人口	人	79155	130722	521190	280207	113089
第二产业从业人员	人	3963	2405	40709	4333	3369
第三产业从业人员	人	18592	7452	171560	41487	23418
二、综合经济						
地区生产总值	万元	405951	320087	2970700	1049700	549000
第一产业增加值	万元	170576	53989	545900	309100	121000
第二产业增加值	万元	45242	57744	871400	169300	219700
一般公共预算收入	万元	15055	7103	187500	33077	20552
一般公共预算支出	万元	183801	160636	490382	328213	153105
住户储蓄存款余额	万元	354716	614243	3384589	949900	445802
年末金融机构各项贷款余额	万元	340871	338516	4760821	1038000	427615
三、农业、工业和通讯						
设施农业种植占地面积	公顷		231	1629	2017	756
油料产量	吨	68210	764	183367	269882	90007
棉花产量	吨					
规模以上工业企业	个	6	5	61	20	17
固定电话用户	户	4771	3400	68000	2920	6000
四、教育、卫生和社会保障						
普通中学在校学生	人	2392	1907	22812	8886	2530
小学在校学生	人	2558	1691	29852	11582	3239
医疗卫生机构床位	床	414	477	5254	1299	1091
提供住宿的社会工作机构	个	1	1	11	5	4
提供住宿的社会工作机构床位	床	100	90	1682	758	602

2019年县(市)社会经济主要指标

内蒙古自治区

指 标	单位	乌拉特前旗	乌拉特中旗	乌拉特后旗	杭锦后旗	集宁区
一、基本情况						
行政区域面积	平方公里	7482	22868	24525	1752	542
乡	个	2	4	3		1
镇	个	9	6	3	9	1
街道办事处	个					8
户籍人口	人	331533	143143	58497	291669	315847
第二产业从业人员	人	7997	6771	8463	5923	14403
第三产业从业人员	人	42102	18101	11647	57321	126324
二、综合经济						
地区生产总值	万元	1373361	983900	718200	1105200	2108366
第一产业增加值	万元	379706	198200	47100	409200	49520
第二产业增加值	万元	446330	404800	516300	216700	844509
一般公共预算收入	万元	77923	77539	87276	32786	127050
一般公共预算支出	万元	320755	263091	192169	281052	551456
住户储蓄存款余额	万元	1120342	485390	240900	1126636	3405725
年末金融机构各项贷款余额	万元	1124635	490836	253000	1139283	3567945
三、农业、工业和通讯						
设施农业种植占地面积	公顷	238	596	73	809	2340
油料产量	吨	187123	109434	6370	84983	4337
棉花产量	吨					
规模以上工业企业	个	64	34	41	21	25
固定电话用户	户	12990	6640	1285	30410	36687
四、教育、卫生和社会保障						
普通中学在校学生	人	9318	2996	1392	8449	30146
小学在校学生	人	12970	4052	2416	10045	23520
医疗卫生机构床位	床	1552	536	384	1497	3337
提供住宿的社会工作机构	个	10	4	2	16	10
提供住宿的社会工作机构床位	床	962	400	193	1750	1011

2019年县(市)社会经济主要指标

内蒙古自治区

指　　标	单位	卓资县	化德县	商都县	兴和县	凉城县
一、基本情况						
行政区域面积	平方公里	3119	2534	4284	3518	3451
乡	个	3	3	4	4	2
镇	个	5	3	6	5	6
街道办事处	个					
户籍人口	人	196835	161934	329234	317362	232580
第二产业从业人员	人	31645	7515	11855	11436	3705
第三产业从业人员	人	55029	26349	26233	25109	25609
二、综合经济						
地区生产总值	万元	505650	464088	585189	565927	482980
第一产业增加值	万元	87422	71671	127496	119905	152215
第二产业增加值	万元	249879	228437	161534	125056	121586
一般公共预算收入	万元	14357	15000	19682	16179	12107
一般公共预算支出	万元	209591	189480	304122	274415	273774
住户储蓄存款余额	万元	501305	425150	681119	794454	598680
年末金融机构各项贷款余额	万元	343295	274939	337823	484000	467147
三、农业、工业和通讯						
设施农业种植占地面积	公顷	253	46	250	6667	467
油料产量	吨	15716	16731	61659	27983	5242
棉花产量	吨					
规模以上工业企业	个	12	17	27	15	6
固定电话用户	户	4885	7125	2400	3950	1800
四、教育、卫生和社会保障						
普通中学在校学生	人	2602	3145	6235	3139	4084
小学在校学生	人	2558	3921	7522	9254	5710
医疗卫生机构床位	床	435	519	1132	800	840
提供住宿的社会工作机构	个	3	11	4	2	38
提供住宿的社会工作机构床位	床	310	445	504	317	9002

2019年县(市)社会经济主要指标

内蒙古自治区

指　　标	单位	察哈尔右翼前旗	察哈尔右翼中旗	察哈尔右翼后旗	四子王旗	丰镇市
一、基本情况						
行政区域面积	平方公里	2440	4186	3910	24036	2722
乡	个	4	7	3	8	3
镇	个	5	5	5	5	5
街道办事处	个					5
户籍人口	人	212143	199326	204683	211064	310364
第二产业从业人员	人	27666	13957	9655	13819	42086
第三产业从业人员	人	26628	10112	18092	37289	37500
二、综合经济						
地区生产总值	万元	778799	495262	655215	589356	853444
第一产业增加值	万元	131364	139039	142830	155790	108288
第二产业增加值	万元	353363	178550	299968	189719	411092
一般公共预算收入	万元	49865	11728	22103	11968	47556
一般公共预算支出	万元	275972	241362	222788	306301	276939
住户储蓄存款余额	万元	606008	389234	505086	480703	962046
年末金融机构各项贷款余额	万元	564191	397951	364440	434931	610553
三、农业、工业和通讯						
设施农业种植占地面积	公顷	1229	560	23463	1067	109
油料产量	吨	5008	40382	23658	26107	13810
棉花产量	吨					
规模以上工业企业	个	33	16	13	23	45
固定电话用户	户	3349	9658	8775	10600	12968
四、教育、卫生和社会保障						
普通中学在校学生	人	2869	2703	3043	4446	8053
小学在校学生	人	3497	2757	4299	5592	9975
医疗卫生机构床位	床	409	421	430	666	875
提供住宿的社会工作机构	个	3	3	2	64	5
提供住宿的社会工作机构床位	床	350	219	400	68	505

2019年县(市)社会经济主要指标

内蒙古自治区

指　　标	单位	乌兰浩特市	阿尔山市	科尔沁右翼前旗	科尔沁右翼中旗	扎赉特旗
一、基本情况						
行政区域面积	平方公里	2728	7409	16964	15613	11837
乡	个			5	6	5
镇	个	4	4	9	6	8
街道办事处	个	9	4			
户籍人口	人	321230	44349	332047	251774	385972
第二产业从业人员	人	19135	1503	28928	8064	21280
第三产业从业人员	人	102726	17733	66277	34749	50991
二、综合经济						
地区生产总值	万元	1764840	193759	955040	648770	963897
第一产业增加值	万元	137171	37204	466267	260468	496365
第二产业增加值	万元	710296	25833	152682	130318	89138
一般公共预算收入	万元	82874	12604	31665	20549	141540
一般公共预算支出	万元	336310	172115	435329	315825	488939
住户储蓄存款余额	万元	1925643	182453	415076	337806	767502
年末金融机构各项贷款余额	万元	3746767	416365	540192	412612	786193
三、农业、工业和通讯						
设施农业种植占地面积	公顷	509	2	515	1208	100
油料产量	吨	1223	15185	8641	53170	400
棉花产量	吨					
规模以上工业企业	个	31	1	20	17	17
固定电话用户	户	34329	5245	5153	8570	9449
四、教育、卫生和社会保障						
普通中学在校学生	人	21537	566	10591	11388	13805
小学在校学生	人	20203	964	16786	12366	21570
医疗卫生机构床位	床	3755	353	1357	1591	1505
提供住宿的社会工作机构	个	11	1	17	7	17
提供住宿的社会工作机构床位	床	351	60	1120	510	512

2019年县(市)社会经济主要指标

内蒙古自治区

指　标	单位	突泉县	二连浩特市	锡林浩特市	阿巴嘎旗	苏尼特左旗
一、基本情况						
行政区域面积	平方公里	4797	4015	14780	27495	34240
乡	个	3	1	3	4	4
镇	个	6		1	3	3
街道办事处	个			7		
户籍人口	人	298645	35168	196117	43536	34376
第二产业从业人员	人	21736	3443	25096	339	
第三产业从业人员	人	36853	33493	111992	3029	
二、综合经济						
地区生产总值	万元	674294	662500	2133849	349331	262336
第一产业增加值	万元	317025	8100	180778	94431	73630
第二产业增加值	万元	124533	92000	747029	112541	84141
一般公共预算收入	万元	30041	36261	195375	18844	20682
一般公共预算支出	万元	320915	231175	276877	157798	111678
住户储蓄存款余额	万元	570344	604444	2077085	184638	161274
年末金融机构各项贷款余额	万元	475628	716028	3653580	180176	110903
三、农业、工业和通讯						
设施农业种植占地面积	公顷	93	39	2		
油料产量	吨	1556		2129		
棉花产量	吨					
规模以上工业企业	个	12	9	61	18	10
固定电话用户	户	6031	4224	16800	1733	2616
四、教育、卫生和社会保障						
普通中学在校学生	人	9761	4508	18895	659	651
小学在校学生	人	13616	5474	18887	1501	1639
医疗卫生机构床位	床	986	216	2717	216	130
提供住宿的社会工作机构	个	11	3	5	3	1
提供住宿的社会工作机构床位	床	920	170	1032	746	100

2019年县(市)社会经济主要指标

内蒙古自治区

指标	单位	苏尼特右旗	东乌珠穆沁旗	西乌珠穆沁旗	太仆寺旗	镶黄旗
一、基本情况						
行政区域面积	平方公里	22455	47554	22459	3426	5146
乡	个	4	4	7	2	2
镇	个	3	6	5	5	2
街道办事处	个		7			6
户籍人口	人	66657	81576	80452	205677	31345
第二产业从业人员	人	6126	7765	10925	3324	3092
第三产业从业人员	人	14817	25265	18626	8614	7011
二、综合经济						
地区生产总值	万元	417159	908932	1280348	434096	220958
第一产业增加值	万元	64919	229321	159417	134590	41185
第二产业增加值	万元	179322	395517	871340	99652	99443
一般公共预算收入	万元	21609	110331	203971	18357	19209
一般公共预算支出	万元	168099	243502	233786	246564	85276
住户储蓄存款余额	万元	313798	513902	349749	542410	99448
年末金融机构各项贷款余额	万元	163375	392618	665598	448413	122060
三、农业、工业和通讯						
设施农业种植占地面积	公顷		80		2012	
油料产量	吨	401	6418		31111	
棉花产量	吨					
规模以上工业企业	个	31	28	25	18	7
固定电话用户	户	2000	4300	3850	5489	986
四、教育、卫生和社会保障						
普通中学在校学生	人	1690	3719	1967	4401	1046
小学在校学生	人	2900	5707	5216	4887	1249
医疗卫生机构床位	床	372	359	481	431	262
提供住宿的社会工作机构	个	2	3	5	1	1
提供住宿的社会工作机构床位	床	156	106	933	300	71

2019年县(市)社会经济主要指标

内蒙古自治区

指　标	单位	正镶白旗	正蓝旗	多伦县	阿拉善左旗	阿拉善右旗
一、基本情况						
行政区域面积	平方公里	6253	10206	3864	80412	74485
乡	个	3	4	2	6	4
镇	个	2	3	3	9	3
街道办事处	个				4	
户籍人口	人	70840	84444	111781	146041	25050
第二产业从业人员	人	645	3980	10208	36898	2519
第三产业从业人员	人	9202	14190	21457	67017	6633
二、综合经济						
地区生产总值	万元	267530	577560	471889	2387709	194396
第一产业增加值	万元	61386	83240	100597	97312	25200
第二产业增加值	万元	75862	297786	174049	1463145	72311
一般公共预算收入	万元	12949	31152	27357	122390	10181
一般公共预算支出	万元	158320	126784	164994	440100	133113
住户储蓄存款余额	万元	172286	304325	394583	2056320	118307
年末金融机构各项贷款余额	万元	120572	539658	592656	3140373	64538
三、农业、工业和通讯						
设施农业种植占地面积	公顷	12	20	87	13	8
油料产量	吨	1881	1491	719	4957	6379
棉花产量	吨				16	9
规模以上工业企业	个	19	15	8	106	13
固定电话用户	户	640	1460	1500	16868	1070
四、教育、卫生和社会保障						
普通中学在校学生	人	1264	2065	4546	8090	733
小学在校学生	人	1691	3517	7616	9698	816
医疗卫生机构床位	床	238	351	498	1176	183
提供住宿的社会工作机构	个	2	5	4	5	2
提供住宿的社会工作机构床位	床	275	450	260	487	92

2019年县(市)社会经济主要指标

内蒙古自治区、辽宁省

指　　标	单位	额济纳旗	辽中区	康平县	法库县	新民市
一、基本情况						
行政区域面积	平方公里	114606	1470	2167	2320	3318
乡	个	5		7	5	4
镇	个	3	16	5	12	20
街道办事处	个	2	4	3	2	5
户籍人口	人	19118	509557	340832	436435	660584
第二产业从业人员	人	2601	27950		97475	
第三产业从业人员	人	8491	76213		51940	
二、综合经济						
地区生产总值	万元	370495	1893001	1116196	1845785	2380742
第一产业增加值	万元	19888	728391	349481	401362	760833
第二产业增加值	万元	98138	321522	289633	430682	512041
一般公共预算收入	万元	22548	86015	108918	119557	124077
一般公共预算支出	万元	159996	287198	273635	323066	479414
住户储蓄存款余额	万元	182373	2085710	1053951	1270777	2626550
年末金融机构各项贷款余额	万元	202748	863371	595019	670115	1641161
三、农业、工业和通讯						
设施农业种植占地面积	公顷	7	3660	311	546	9786
油料产量	吨		19043	48466	28699	8289
棉花产量	吨	81				
规模以上工业企业	个	8	87	54	96	84
固定电话用户	户	1830	90251		21600	68887
四、教育、卫生和社会保障						
普通中学在校学生	人	825	11375	12987	13111	22895
小学在校学生	人	1411	22614	14231	13808	24604
医疗卫生机构床位	床	220	3070	1479	1036	2800
提供住宿的社会工作机构	个	1	12	12	13	16
提供住宿的社会工作机构床位	床	102	1672	1714	1660	2071

2019年县(市)社会经济主要指标

辽宁省

指　　标	单位	普兰店区	长海县	瓦房店市	庄河市	台安县
一、基本情况						
行政区域面积	平方公里	2678	142	3643	4114	1393
乡	个			8	6	
镇	个		5	13	15	10
街道办事处	个	18		11	5	4
户籍人口	人	771156	70728	984108	885426	362667
第二产业从业人员	人		3317			34291
第三产业从业人员	人		19468			45732
二、综合经济						
地区生产总值	万元	3385765	836077	7646358	4947083	1439148
第一产业增加值	万元	786362	511477	1040077	1204042	318065
第二产业增加值	万元	1391190	13119	3463945	1842498	461670
一般公共预算收入	万元	161249	41069	698013	275429	61437
一般公共预算支出	万元	397771	115593	726623	715723	250758
住户储蓄存款余额	万元	4927007	475539	6200081	5415919	1721822
年末金融机构各项贷款余额	万元	2308943	283296	5307629	2945594	812857
三、农业、工业和通讯						
设施农业种植占地面积	公顷	4007	20	6016	2589	6436
油料产量	吨	20401	13	4831	15276	6464
棉花产量	吨					
规模以上工业企业	个	150	6	182	148	68
固定电话用户	户	101103	12300	131484		22495
四、教育、卫生和社会保障						
普通中学在校学生	人	20207	2329	28906	24724	11598
小学在校学生	人	24687	2581	43237	26893	13644
医疗卫生机构床位	床	3595	240	5492	5120	1475
提供住宿的社会工作机构	个	43	6	54	34	20
提供住宿的社会工作机构床位	床	3370	470	5568	6850	2206

2019年县(市)社会经济主要指标

辽宁省

指　　标	单位	岫岩满族自治县	海城市	抚顺县	新宾满族自治县	清原满族自治县
一、基本情况						
行政区域面积	平方公里	4502	2566	1701	4287	3921
乡	个	3		4	6	4
镇	个	18	21	4	9	10
街道办事处	个	5	6			
户籍人口	人	503118	1067174	112408	287487	316238
第二产业从业人员	人	45330	231655	7905	21669	11620
第三产业从业人员	人	51560	255551	9598	39991	31317
二、综合经济						
地区生产总值	万元	1387765	5519973	294588	524381	555152
第一产业增加值	万元	239634	418142	97552	165557	172211
第二产业增加值	万元	361987	1952107	130034	87670	111573
一般公共预算收入	万元	104293	325450	51876	55998	61077
一般公共预算支出	万元	300301	526075	126383	239940	233991
住户储蓄存款余额	万元	2557612	8301792	324208	1300556	1356238
年末金融机构各项贷款余额	万元	1530474	4030627	230434	676523	739286
三、农业、工业和通讯						
设施农业种植占地面积	公顷	1710	5119	124	233	298
油料产量	吨	5405	1283	784	139	63
棉花产量	吨					
规模以上工业企业	个	72	271	13	24	25
固定电话用户	户	66000	110300		41232	30496
四、教育、卫生和社会保障						
普通中学在校学生	人	13748	30174	2967	8023	6645
小学在校学生	人	24343	56502	3284	9837	10995
医疗卫生机构床位	床	1765	5111	393	947	1294
提供住宿的社会工作机构	个	25	43	10	17	24
提供住宿的社会工作机构床位	床	1433	4452	550	1422	1608

2019年县(市)社会经济主要指标

辽宁省

指　　标	单位	本溪满族自治县	桓仁满族自治县	宽甸满族自治县	东港市	凤城市
一、基本情况						
行政区域面积	平方公里	3342	3547	6115	2399	5515
乡	个	1	4	3	1	1
镇	个	10	8	19	14	17
街道办事处	个	1	1		3	3
户籍人口	人	278920	287477	421214	592248	549634
第二产业从业人员	人	24743	32480	24270	77989	61550
第三产业从业人员	人	31077	59027	41370	144631	96420
二、综合经济						
地区生产总值	万元	1212987	983614	957046	2128451	1638555
第一产业增加值	万元	176897	211717	247856	761598	286335
第二产业增加值	万元	413890	230899	268151	423625	520827
一般公共预算收入	万元	77005	60501	65503	150142	139931
一般公共预算支出	万元	213878	252188	369493	478996	398680
住户储蓄存款余额	万元	1312090	1349696	2085668	4642543	3344383
年末金融机构各项贷款余额	万元	904626	641836	933170	2719786	1796652
三、农业、工业和通讯						
设施农业种植占地面积	公顷	82	140	466	7625	2440
油料产量	吨	65	296	948	11585	1684
棉花产量	吨					
规模以上工业企业	个	30	26	26	119	87
固定电话用户	户	40236	27366	63000	117485	143958
四、教育、卫生和社会保障						
普通中学在校学生	人	9244	8895	14700	25476	21687
小学在校学生	人	9231	10962	14134	21397	19456
医疗卫生机构床位	床	1509	1331	2912	3824	3784
提供住宿的社会工作机构	个	8	11	16	28	32
提供住宿的社会工作机构床位	床	665	1103	1620	2261	1777

2019年县(市)社会经济主要指标

辽宁省

指　　标	单位	黑山县	义　县	凌海市	北镇市	盖州市
一、基本情况						
行政区域面积	平方公里	2497	2476	2586	1694	2946
乡	个	4	3	2	3	3
镇	个	15	13	15	11	16
街道办事处	个	2	2	4	5	8
户籍人口	人	581065	402956	498998	497086	683295
第二产业从业人员	人					63441
第三产业从业人员	人					91584
二、综合经济						
地区生产总值	万元	1172236	972552	1448545	1052997	1581532
第一产业增加值	万元	518538	369204	517960	438168	465510
第二产业增加值	万元	110634	203600	279271	99524	406068
一般公共预算收入	万元	53392	62707	116386	58952	96680
一般公共预算支出	万元	384043	311461	419264	319587	463317
住户储蓄存款余额	万元	2624549	1490206	2309416	2816100	2846307
年末金融机构各项贷款余额	万元	1127027	959915	837945	1208700	1604162
三、农业、工业和通讯						
设施农业种植占地面积	公顷	2339	1023	449	4800	2310
油料产量	吨	42475	60234	37738	62699	133
棉花产量	吨					
规模以上工业企业	个	40	44	51	35	77
固定电话用户	户	58856	40507	30561	109136	152625
四、教育、卫生和社会保障						
普通中学在校学生	人	20517	13749	15747	18411	13595
小学在校学生	人	18451	13894	15404	18107	24789
医疗卫生机构床位	床	2034	1588	1773	2233	2660
提供住宿的社会工作机构	个	24	24	39	20	36
提供住宿的社会工作机构床位	床	1730	1983	1954	2079	3502

2019年县(市)社会经济主要指标

辽宁省

指　　标	单位	大石桥市	阜新蒙古族自治县	彰武县	辽阳县	灯塔市
一、基本情况						
行政区域面积	平方公里	1610	6218	3623	2480	1170
乡	个		3	2	3	1
镇	个	13	32	22	12	10
街道办事处	个	5	1		13	3
户籍人口	人	685427	704105	395987	470209	434155
第二产业从业人员	人	86177	39078		39587	44534
第三产业从业人员	人	83209	25800		47953	60017
二、综合经济						
地区生产总值	万元	2748181	1466652	1062432	1343458	1505720
第一产业增加值	万元	380823	552179	477224	329340	313255
第二产业增加值	万元	1152914	297244	169938	464311	525751
一般公共预算收入	万元	223680	73622	57191	134691	149576
一般公共预算支出	万元	448415	483701	327681	270132	270854
住户储蓄存款余额	万元	4543226	1605199	1226410	2383907	2125685
年末金融机构各项贷款余额	万元	3314867	1136292	609060	2131314	1232337
三、农业、工业和通讯						
设施农业种植占地面积	公顷	1013	364	589	1181	2334
油料产量	吨	113	146588	120109	2148	6971
棉花产量	吨					
规模以上工业企业	个	236	64	48	61	36
固定电话用户	户	70607	121000	76934	49742	66378
四、教育、卫生和社会保障						
普通中学在校学生	人	24240	28749	9210	10090	9304
小学在校学生	人	31061	24768	16635	17160	15259
医疗卫生机构床位	床	3972	1969	1519	2260	1783
提供住宿的社会工作机构	个	33	34	16	10	17
提供住宿的社会工作机构床位	床	1628	1508	1116	951	1463

2019年县(市)社会经济主要指标

辽宁省

指　　标	单位	大洼区	盘山县	铁岭县	西丰县	昌图县
一、基本情况						
行政区域面积	平方公里	1816	2036	2250	2683	4324
乡	个			2	6	
镇	个	10	10	12	12	33
街道办事处	个	8	3		3	
户籍人口	人	390592	274166	377263	330066	984226
第二产业从业人员	人	31998				
第三产业从业人员	人	100420				
二、综合经济						
地区生产总值	万元	2739833	1908141	1114690	494894	1332464
第一产业增加值	万元	550322	422620	269029	228959	619082
第二产业增加值	万元	1259068	952984	372358	53767	172705
一般公共预算收入	万元	524697	216411	61066	30013	56196
一般公共预算支出	万元	742346	423827	275330	253444	610670
住户储蓄存款余额	万元	1938933	1347539		924562	2997878
年末金融机构各项贷款余额	万元	1607768	676821	858707	618567	1667200
三、农业、工业和通讯						
设施农业种植占地面积	公顷	48	220			
油料产量	吨		4282	1021		93693
棉花产量	吨					
规模以上工业企业	个	97	73	84	17	29
固定电话用户	户	61000	50412	14561		19304
四、教育、卫生和社会保障						
普通中学在校学生	人	13752	22795	5884	10654	32700
小学在校学生	人	17202	8586	9436	9627	32621
医疗卫生机构床位	床	1949	1133	1391	1720	3845
提供住宿的社会工作机构	个	20	11	10	7	9
提供住宿的社会工作机构床位	床	840	1487	1154	920	1285

2019年县(市)社会经济主要指标

辽宁省

指　标	单位	调兵山市	开原市	朝阳县	建平县	喀喇沁左翼蒙古族自治县
一、基本情况						
行政区域面积	平方公里	262	2838	3758	4868	2232
乡	个		1	12	7	5
镇	个	3	16	14	17	14
街道办事处	个	2	3	1	6	3
户籍人口	人	222530	556634	552489	574932	419373
第二产业从业人员	人				53085	
第三产业从业人员	人				86423	
二、综合经济						
地区生产总值	万元	979977	1025689	982265	1125818	961233
第一产业增加值	万元	32206	353871	325082	337902	334649
第二产业增加值	万元	621288	187938	209259	252563	190043
一般公共预算收入	万元	84212	77331	61752	90873	52620
一般公共预算支出	万元	153897	331528	445534	447914	338419
住户储蓄存款余额	万元	1851384	2121042	1013931	2633049	1480120
年末金融机构各项贷款余额	万元	1168976	1296134	839412	1267238	1031174
三、农业、工业和通讯						
设施农业种植占地面积	公顷			1590	1787	2946
油料产量	吨	11	413	2784	4776	1051
棉花产量	吨			19		
规模以上工业企业	个	22	40	39	49	43
固定电话用户	户	22865	21744	57590	131000	49035
四、教育、卫生和社会保障						
普通中学在校学生	人	4568	18933	22733	24241	20214
小学在校学生	人	7450	20355	27710	26179	21018
医疗卫生机构床位	床	1299	3403	1080	2747	2439
提供住宿的社会工作机构	个	7	35	13	14	6
提供住宿的社会工作机构床位	床	510	3555	1431	1745	1060

2019年县(市)社会经济主要指标

辽宁省

指　　标	单位	北票市	凌源市	绥中县	建昌县	兴城市
一、基本情况						
行政区域面积	平方公里	4419	3282	2781	3195	2102
乡	个	15	6	11	21	12
镇	个	12	16	14	7	7
街道办事处	个	7	5			9
户籍人口	人	551920	635291	637321	621458	528549
第二产业从业人员	人					
第三产业从业人员	人					
二、综合经济						
地区生产总值	万元	1186403	1393363	1644586	796116	1309000
第一产业增加值	万元	348657	432117	570350	245803	319000
第二产业增加值	万元	301595	232232	360096	100559	267000
一般公共预算收入	万元	72795	106227	135955	38077	135914
一般公共预算支出	万元	530404	452991	452436	337663	459860
住户储蓄存款余额	万元	2133580	2787880	3230575	1585476	2994574
年末金融机构各项贷款余额	万元	1108076	1202818	2194045	994289	2804029
三、农业、工业和通讯						
设施农业种植占地面积	公顷	2002	4365	6533	807	1496
油料产量	吨	2993	672	60928	212	119252
棉花产量	吨	3				
规模以上工业企业	个	45	44	30	17	74
固定电话用户	户	77481	80307	41275	79227	116763
四、教育、卫生和社会保障						
普通中学在校学生	人	19137	33350	28245	27139	22249
小学在校学生	人	20470	37280	31701	31241	24594
医疗卫生机构床位	床	3360	3816	2486	2356	2000
提供住宿的社会工作机构	个	52	17	18	24	6
提供住宿的社会工作机构床位	床	2180	2105	1405	1993	959

2019年县(市)社会经济主要指标

吉林省

指　　标	单位	九台区	农安县	榆树市	德惠市	永吉县
一、基本情况						
行政区域面积	平方公里	3375	5415	4712	3461	2399
乡	个	2	10	9	4	2
镇	个	2	12	15	12	6
街道办事处	个	15	4	4	4	
户籍人口	人	787281	1124626	1223511	879577	330997
第二产业从业人员	人	143853	90275	161310	84975	21591
第三产业从业人员	人	119643	99853	159423	123607	27513
二、综合经济						
地区生产总值	万元	2298477	2514063	2216315	2348185	642140
第一产业增加值	万元	485220	1056773	889556	757812	110126
第二产业增加值	万元	598080	329265	226370	340552	192995
一般公共预算收入	万元	287536	168875	114886	153279	63456
一般公共预算支出	万元	758937	780345	811319	652659	304168
住户储蓄存款余额	万元	2422450	3414452	2697035	2924573	1284810
年末金融机构各项贷款余额	万元	2646542	2813274	2406979	1445902	1459534
三、农业、工业和通讯						
设施农业种植占地面积	公顷	429	288	1423	762	276
油料产量	吨	36	22033	2445	6685	397
棉花产量	吨					
规模以上工业企业	个	101	133	139	160	46
固定电话用户	户	184028	78658	136000	50000	30503
四、教育、卫生和社会保障						
普通中学在校学生	人	29671	43633	47323	37552	11690
小学在校学生	人	31355	49250	40922	39576	11230
医疗卫生机构床位	床	3134	4732	3532	3909	1170
提供住宿的社会工作机构	个	18	59	54	20	10
提供住宿的社会工作机构床位	床	3700	4917	3587	2703	1665

2019年县(市)社会经济主要指标

吉林省

指　　标	单位	蛟河市	桦甸市	舒兰市	磐石市	梨树县
一、基本情况						
行政区域面积	平方公里	6370	6625	4559	3861	3520
乡	个	2	3	5	1	6
镇	个	8	6	10	13	15
街道办事处	个	7	5	5	4	3
户籍人口	人	417312	416935	602412	503240	742011
第二产业从业人员	人	31795	24065	29230	57600	27981
第三产业从业人员	人	82200	58652	82595	91800	44292
二、综合经济						
地区生产总值	万元	899133	943290	1139229	1193518	1417391
第一产业增加值	万元	229130	288211	440205	301673	728782
第二产业增加值	万元	187423	200005	174068	315100	139763
一般公共预算收入	万元	73534	74782	71404	162215	85397
一般公共预算支出	万元	368406	391583	476038	420426	658475
住户储蓄存款余额	万元	1502218	1426510	1769571	1587242	2031426
年末金融机构各项贷款余额	万元	882304	1113022	1645770	1384486	886465
三、农业、工业和通讯						
设施农业种植占地面积	公顷	12	57	263	132	408
油料产量	吨	235	2268		534	19994
棉花产量	吨					
规模以上工业企业	个	20	30	50	44	47
固定电话用户	户	32100	42500	53363	46504	30935
四、教育、卫生和社会保障						
普通中学在校学生	人	16307	18665	20843	17585	29049
小学在校学生	人	15133	18939	22012	20495	33019
医疗卫生机构床位	床	2233	1994	2493	2649	2638
提供住宿的社会工作机构	个	44	24	21	36	15
提供住宿的社会工作机构床位	床	2158	1595	1129	4404	1586

2019年县(市)社会经济主要指标

吉林省

指　　标	单位	伊通满族自治县	公主岭市	双辽市	东丰县	东辽县
一、基本情况						
行政区域面积	平方公里	2527	4111	3121	2522	2189
乡	个	3	2	4	2	4
镇	个	12	18	8	12	9
街道办事处	个	2	10	6		
户籍人口	人	447324	1028919	391555	384404	333926
第二产业从业人员	人	26587	74320	16757	29870	36012
第三产业从业人员	人	72178	109136	84318	55603	43012
二、综合经济						
地区生产总值	万元	903071	3038466	871746	1236593	865319
第一产业增加值	万元	408203	794928	353700	209345	170880
第二产业增加值	万元	57480	665712	135157	265596	157300
一般公共预算收入	万元	53975	259595	85436	62619	48647
一般公共预算支出	万元	463219	851188	468149	363456	383133
住户储蓄存款余额	万元	1185481	3764318	1331541	1363169	928488
年末金融机构各项贷款余额	万元	778226	2936964	1166459	837038	1107423
三、农业、工业和通讯						
设施农业种植占地面积	公顷	33	1105	70	71	6
油料产量	吨		674	40363	10	236
棉花产量	吨					
规模以上工业企业	个	22	156	24	24	19
固定电话用户	户	15513	225603	8005	27918	32616
四、教育、卫生和社会保障						
普通中学在校学生	人	19550	55799	16650	16169	12260
小学在校学生	人	17738	56762	19180	15685	10771
医疗卫生机构床位	床	1622	6182	1447	1906	1003
提供住宿的社会工作机构	个	27	40	17	19	16
提供住宿的社会工作机构床位	床	1749	5887	1663	1566	1353

2019年县(市)社会经济主要指标

吉林省

指　　标	单位	通化县	辉南县	柳河县	梅河口市	集安市
一、基本情况						
行政区域面积	平方公里	3724	2276	3346	2179	3341
乡	个	5	1	3	3	2
镇	个	11	10	12	16	9
街道办事处	个		3	3	5	4
户籍人口	人	234617	324650	357023	588302	211064
第二产业从业人员	人	32801	29526	4432	73051	26300
第三产业从业人员	人	13970	50373	35091	61913	26999
二、综合经济						
地区生产总值	万元	624451	720286	613692	2888512	550118
第一产业增加值	万元	83499	187769	173380	205089	64868
第二产业增加值	万元	211638	159593	103861	1149201	96909
一般公共预算收入	万元	88608	81580	83199	381530	37287
一般公共预算支出	万元	290518	339263	330777	642995	280729
住户储蓄存款余额	万元	1028748	1222900	1276677	2777871	1286685
年末金融机构各项贷款余额	万元	1049240	815209	940797	1641653	956652
三、农业、工业和通讯						
设施农业种植占地面积	公顷	196	67	28	151	60
油料产量	吨	162	452	560	12	665
棉花产量	吨					
规模以上工业企业	个	42	27	23	159	24
固定电话用户	户	40535	44260	49338	93378	40772
四、教育、卫生和社会保障						
普通中学在校学生	人	8102	14607	12503	23474	6897
小学在校学生	人	8157	12273	15251	24482	6804
医疗卫生机构床位	床	1204	1549	1548	3465	954
提供住宿的社会工作机构	个	17	23	25	50	13
提供住宿的社会工作机构床位	床	987	1649	1855	3934	562

2019年县(市)社会经济主要指标

吉林省

指　　标	单位	江源区	抚松县	靖宇县	长白朝鲜族自治县	临江市
一、基本情况						
行政区域面积	平方公里	1348	6159	3094	2506	3009
乡	个		3	1	1	1
镇	个	6	11	7	7	6
街道办事处	个	4				6
户籍人口	人	198904	278597	133823	76745	153122
第二产业从业人员	人	46542	16357	11877	9324	22182
第三产业从业人员	人	29735	62479	31251	18531	35878
二、综合经济						
地区生产总值	万元	808183	1163605	627468	339554	817739
第一产业增加值	万元	75517	201169	63911	47843	73058
第二产业增加值	万元	179513	280653	185743	77363	237870
一般公共预算收入	万元	39250	35506	47039	12998	25345
一般公共预算支出	万元	251059	461763	241166	207294	260134
住户储蓄存款余额	万元	705755	1206930	438961	391642	757091
年末金融机构各项贷款余额	万元	387205	912392	507535	173293	450868
三、农业、工业和通讯						
设施农业种植占地面积	公顷	28	5	42	26	21
油料产量	吨	1231	756	4676	80	485
棉花产量	吨					
规模以上工业企业	个	29	39	34	16	31
固定电话用户	户	22953	54564	21962	14474	23639
四、教育、卫生和社会保障						
普通中学在校学生	人	4772	11189	4748	2282	5467
小学在校学生	人	4636	10789	6288	2329	4888
医疗卫生机构床位	床	1563	2741	507	316	1214
提供住宿的社会工作机构	个	17	3	5	11	13
提供住宿的社会工作机构床位	床	730	356	201	306	485

2019年县(市)社会经济主要指标

吉林省

指　　标	单位	前郭尔罗斯蒙古族自治县	长岭县	乾安县	扶余市	镇赉县
一、基本情况						
行政区域面积	平方公里	6979	5736	3617	4654	4719
乡	个	13	10	4	5	4
镇	个	9	12	6	12	7
街道办事处	个				5	
户籍人口	人	572110	629937	270185	710383	262751
第二产业从业人员	人	56031	36002	21873	56132	13846
第三产业从业人员	人	128999	97568	61232	105416	31983
二、综合经济						
地区生产总值	万元	1416696	1401160	664665	1444724	788511
第一产业增加值	万元	555004	538739	174132	542786	314244
第二产业增加值	万元	193976	145691	162700	137794	77719
一般公共预算收入	万元	95808	83781	70118	108380	85163
一般公共预算支出	万元	593311	530788	373502	531489	368595
住户储蓄存款余额	万元	2636795	1278449	726369	1433077	808409
年末金融机构各项贷款余额	万元	2966713	1373654	534055	1181797	1203298
三、农业、工业和通讯						
设施农业种植占地面积	公顷	302	237	361	1	1377
油料产量	吨	199185	58296	15533	249463	11029
棉花产量	吨					
规模以上工业企业	个	62	30	17	39	35
固定电话用户	户	220000	62406	30947	40086	16438
四、教育、卫生和社会保障						
普通中学在校学生	人	26285	28991	9879	29372	10290
小学在校学生	人	28887	30819	10535	27185	10365
医疗卫生机构床位	床	2180	2321	1097	1931	732
提供住宿的社会工作机构	个	27	20	11	18	12
提供住宿的社会工作机构床位	床	1551	2202	485	299	1919

2019年县(市)社会经济主要指标

吉林省

指　　标	单位	通榆县	洮南市	大安市	延吉市	图们市
一、基本情况						
行政区域面积	平方公里	8496	5017	4879	1748	1147
乡	个	8	10	8	4	
镇	个	8	6	10	4	4
街道办事处	个	3	8	5	6	3
户籍人口	人	352561	407877	378406	556374	107885
第二产业从业人员	人	7212	24068	36180	28519	4952
第三产业从业人员	人	29422	67137	32154	171455	10443
二、综合经济						
地区生产总值	万元	776586	871274	908708	3199548	246640
第一产业增加值	万元	215872	268689	208913	40738	11877
第二产业增加值	万元	104875	97910	204444	1132988	74411
一般公共预算收入	万元	74659		126012	224105	14291
一般公共预算支出	万元	521190	448779	515612	564397	218815
住户储蓄存款余额	万元	859863	1012791	1146348	5662160	639183
年末金融机构各项贷款余额	万元	919247	1108162	1394078	5209192	201463
三、农业、工业和通讯						
设施农业种植占地面积	公顷	202	306	560	6	59
油料产量	吨	14095	30093	31182		18
棉花产量	吨					
规模以上工业企业	个	20	49	46	53	17
固定电话用户	户	27812	35975	58450	119554	19711
四、教育、卫生和社会保障						
普通中学在校学生	人	15341	14934	7293	24694	1831
小学在校学生	人	15316	16133	11354	30914	2335
医疗卫生机构床位	床	1152	2120	1509	4989	357
提供住宿的社会工作机构	个	17	18	19	70	14
提供住宿的社会工作机构床位	床	1186	1126	1135	4792	955

2019年县(市)社会经济主要指标

吉林省

指　　标	单位	敦化市	珲春市	龙井市	和龙市	汪清县
一、基本情况						
行政区域面积	平方公里	11957	5171	2209	5069	8918
乡	个	5	5	2		1
镇	个	11	4	5	8	8
街道办事处	个	4	4	2	3	3
户籍人口	人	452711	228169	151087	164424	216309
第二产业从业人员	人	45771	29921	7141	10372	12740
第三产业从业人员	人	80199	47403	20776	30047	43587
二、综合经济						
地区生产总值	万元	1318038	934994	299924	324775	521880
第一产业增加值	万元	188577	55760	34714	45113	115370
第二产业增加值	万元	411339	476088	74425	87023	104949
一般公共预算收入	万元	181020	89389	22010	44076	70688
一般公共预算支出	万元	566534	376000	294623	311690	438307
住户储蓄存款余额	万元	2247655	1454844	871920	685184	1030546
年末金融机构各项贷款余额	万元	1786952	1766197	257272	621534	729600
三、农业、工业和通讯						
设施农业种植占地面积	公顷	90	103	92	66	
油料产量	吨	320	246			44
棉花产量	吨					
规模以上工业企业	个	83	57	13	21	14
固定电话用户	户	79857	67800	32961	26930	40495
四、教育、卫生和社会保障						
普通中学在校学生	人	17133	8090	2500	3152	5989
小学在校学生	人	18215	10563	3383	3681	6345
医疗卫生机构床位	床	1818	1127	389	464	972
提供住宿的社会工作机构	个	17	25	15	13	17
提供住宿的社会工作机构床位	床	2089	2296	1547	1275	1056

2019年县(市)社会经济主要指标

吉林省、黑龙江省

指　　标	单位	安图县	呼兰区	阿城区	双城区	依兰县
一、基本情况						
行政区域面积	平方公里	7444	2229	2452	3112	4616
乡	个	2	3		8	3
镇	个	7	6	4	9	6
街道办事处	个		10	15	10	
户籍人口	人	195086	527705	541713	766316	377742
第二产业从业人员	人	9450	32085		87839	18126
第三产业从业人员	人	22060	75656		149332	26542
二、综合经济						
地区生产总值	万元	387874	1000244	2316402	2359977	1096007
第一产业增加值	万元	55908	368437	202964	1098915	260810
第二产业增加值	万元	122406	148725	404169	358632	122949
一般公共预算收入	万元	30474	21928	47432	48003	35381
一般公共预算支出	万元	321557	313138	194649	468346	288614
住户储蓄存款余额	万元	704921	2341533	2037400	2134061	1017292
年末金融机构各项贷款余额	万元	690204	1308715	1188600	1960290	500644
三、农业、工业和通讯						
设施农业种植占地面积	公顷	98	496	466	659	2000
油料产量	吨	2741	4		5926	65
棉花产量	吨					
规模以上工业企业	个	15	13	69	50	18
固定电话用户	户	37503	82000	45325	27332	17845
四、教育、卫生和社会保障						
普通中学在校学生	人	4607	14200	21113	29875	7363
小学在校学生	人	7102	18749	22704	30346	13363
医疗卫生机构床位	床	812	4170	2578	2586	1153
提供住宿的社会工作机构	个	12	9	3	23	2
提供住宿的社会工作机构床位	床	1425	1049	750	2157	556

2019年县(市)社会经济主要指标

黑龙江省

指　　标	单位	方正县	宾　县	巴彦县	木兰县	通河县
一、基本情况						
行政区域面积	平方公里	2976	3843	3143	3600	5676
乡	个	4	5	8	2	
镇	个	4	12	10	6	8
街道办事处	个					
户籍人口	人	220070	567313	642241	247493	233624
第二产业从业人员	人	10689	48015	75317	5964	13562
第三产业从业人员	人	13932	110307	90849	26218	23141
二、综合经济						
地区生产总值	万元	623315	1757825	1179948	803533	860809
第一产业增加值	万元	256563	394561	414394	242504	311813
第二产业增加值	万元	78860	190676	76499	61207	55157
一般公共预算收入	万元	18342	47909	38379	12311	21739
一般公共预算支出	万元	202174	410572	472654	246707	235552
住户储蓄存款余额	万元	988412	1443852	1349145	546931	682232
年末金融机构各项贷款余额	万元	418301	1774688	783307	302227	686011
三、农业、工业和通讯						
设施农业种植占地面积	公顷	8	761	320	5	1
油料产量	吨	2	6			10
棉花产量	吨					
规模以上工业企业	个	37	57	26	22	14
固定电话用户	户	14622	12600	20481	6340	15630
四、教育、卫生和社会保障						
普通中学在校学生	人	8624	23996	20353	8163	5533
小学在校学生	人	8327	24338	19800	9588	8325
医疗卫生机构床位	床	1168	2120	2103	695	934
提供住宿的社会工作机构	个	7	50	10	20	23
提供住宿的社会工作机构床位	床	1414	3077	1571	1270	2041

2019年县(市)社会经济主要指标

黑龙江省

指　　标	单位	延寿县	尚志市	五常市	龙江县	依安县
一、基本情况						
行政区域面积	平方公里	3150	8891	7502	5887	3678
乡	个	3	7	12	6	9
镇	个	6	10	12	8	6
街道办事处	个					
户籍人口	人	245195	555278	894100	578350	463518
第二产业从业人员	人	6895	53565	114167	47904	14410
第三产业从业人员	人	27662	118400	122729	94987	59068
二、综合经济						
地区生产总值	万元	640172	1791746	2812468	1145697	712193
第一产业增加值	万元	173032	607038	1028818	500445	340528
第二产业增加值	万元	76953	226613	350114	299865	75399
一般公共预算收入	万元	32661	30583	59177	51904	35726
一般公共预算支出	万元	280094	404220	378517	457291	159074
住户储蓄存款余额	万元	609027	2018447	2396656	1113128	849644
年末金融机构各项贷款余额	万元	634337	926607	1268421	476879	453407
三、农业、工业和通讯						
设施农业种植占地面积	公顷	138	387	651	151	201
油料产量	吨	120	1762		172	52
棉花产量	吨					
规模以上工业企业	个	36	28	94	20	18
固定电话用户	户	16090	42607	21284	30478	5300
四、教育、卫生和社会保障						
普通中学在校学生	人	7671	12433	20981	22452	12431
小学在校学生	人	9149	21645	30202	22547	12743
医疗卫生机构床位	床	1098	2295	3305	2334	966
提供住宿的社会工作机构	个	13	16	37	6	20
提供住宿的社会工作机构床位	床	1790	1352	2430	910	1859

2019年县(市)社会经济主要指标

黑龙江省

指　　标	单位	泰来县	甘南县	富裕县	克山县	克东县
一、基本情况						
行政区域面积	平方公里	3917	4791	4060	3320	2083
乡	个	2	5	4	8	2
镇	个	8	5	6	7	5
街道办事处	个					
户籍人口	人	301993	373091	278631	456492	275901
第二产业从业人员	人	16665	15557	14566	64886	59685
第三产业从业人员	人	46570	32315	21711	87996	57655
二、综合经济						
地区生产总值	万元	610679	855216	706058	646201	517755
第一产业增加值	万元	249854	402312	316348	327608	159960
第二产业增加值	万元	97327	167073	134280	40413	181826
一般公共预算收入	万元	37072	41887	32481	22033	49306
一般公共预算支出	万元	270136	382132	290206	370138	310267
住户储蓄存款余额	万元	694084	973448	758208	890431	563674
年末金融机构各项贷款余额	万元	351471	928655	322651	422748	308271
三、农业、工业和通讯						
设施农业种植占地面积	公顷	534	171		135	253
油料产量	吨	1709	2620			
棉花产量	吨					
规模以上工业企业	个	23	33	19	16	13
固定电话用户	户	6366	6620	45200	5612	12200
四、教育、卫生和社会保障						
普通中学在校学生	人	11187	16627	10174	11043	8892
小学在校学生	人	13604	17354	9921	9657	7022
医疗卫生机构床位	床	1347	1290	1377	1668	594
提供住宿的社会工作机构	个	23	39	31	9	3
提供住宿的社会工作机构床位	床	2125	2415	1832	2215	459

2019年县(市)社会经济主要指标

黑龙江省

指　　标	单位	拜泉县	讷河市	鸡东县	虎林市	密山市
一、基本情况						
行政区域面积	平方公里	3599	6660	3243	9334	7731
乡	个	9	4	3	4	8
镇	个	7	11	8	7	8
街道办事处	个		2			1
户籍人口	人	549584	677559	267352	273130	388801
第二产业从业人员	人	12460	54348	5053	3477	7050
第三产业从业人员	人	37729	58339	11989	11057	47825
二、综合经济						
地区生产总值	万元	619839	1166290	855553	1543194	1375060
第一产业增加值	万元	287335	496900	317995	1004666	647989
第二产业增加值	万元	61165	196605	143657	139578	121903
一般公共预算收入	万元	21659	40406	28965	42207	38447
一般公共预算支出	万元	499952	518045	271211	293325	339802
住户储蓄存款余额	万元	881326	1399192	948509	1571000	1785170
年末金融机构各项贷款余额	万元	330755	1439183	432989	2883000	712323
三、农业、工业和通讯						
设施农业种植占地面积	公顷	9		215	2707	1714
油料产量	吨	284		1287	195	160
棉花产量	吨					
规模以上工业企业	个	14	27	21	49	40
固定电话用户	户	9150	9200	50366	22142	14366
四、教育、卫生和社会保障						
普通中学在校学生	人	13208	22135	10554	11794	19437
小学在校学生	人	15016	20656	7817	10510	12136
医疗卫生机构床位	床	1108	1754	1695	1565	2949
提供住宿的社会工作机构	个	19	14	10	8	42
提供住宿的社会工作机构床位	床	1936	4749	1411	1240	2933

2019年县(市)社会经济主要指标

黑龙江省

指　　标	单位	萝北县	绥滨县	集贤县	友谊县	宝清县
一、基本情况						
行政区域面积	平方公里	6768	3344	2258	1647	10001
乡	个	2	6	3	7	4
镇	个	6	3	5	4	6
街道办事处	个					
户籍人口	人	212164	175401	292616	108323	400466
第二产业从业人员	人	2871	10194	21843	260	1786
第三产业从业人员	人	13053	16360	47346	5160	14837
二、综合经济						
地区生产总值	万元	957865	580917	691202	398796	1184000
第一产业增加值	万元	463154	363628	295695	175296	768000
第二产业增加值	万元	103280	10498	65999	29838	85000
一般公共预算收入	万元	43185	12190	30586		46073
一般公共预算支出	万元	283491	221152	259418	93696	410198
住户储蓄存款余额	万元	1564310	518279	1051070	685342	1289050
年末金融机构各项贷款余额	万元	3286859	278461	723125	217906	1149819
三、农业、工业和通讯						
设施农业种植占地面积	公顷	1049	433	268	11	1747
油料产量	吨		49		16	908
棉花产量	吨					
规模以上工业企业	个	42	6	33	17	39
固定电话用户	户	3487	4032	11896	9786	50201
四、教育、卫生和社会保障						
普通中学在校学生	人	12525	7180	13198	2365	16118
小学在校学生	人	6119	4182	9549	2108	14383
医疗卫生机构床位	床	1021	785	1072	1165	2035
提供住宿的社会工作机构	个	5	4	3	9	29
提供住宿的社会工作机构床位	床	833	706	762	1070	1628

2019年县(市)社会经济主要指标

黑龙江省

指　　标	单位	饶河县	肇州县	肇源县	林甸县	杜尔伯特蒙古族自治县
一、基本情况						
行政区域面积	平方公里	6598	2446	4120	3504	6054
乡	个	5	6	8	3	6
镇	个	4	6	8	5	5
街道办事处	个					
户籍人口	人	137433	427730	437052	250521	233186
第二产业从业人员	人	2599	3523	5319	9961	5532
第三产业从业人员	人	6338	14266	14981	15849	40974
二、综合经济						
地区生产总值	万元	633557	1314996	1033885	618347	1001238
第一产业增加值	万元	433348	504908	479495	269099	416014
第二产业增加值	万元	22923	373793	152962	83153	152113
一般公共预算收入	万元	133644	37448	31119	25078	36000
一般公共预算支出	万元	195219	251470	311299	252513	239813
住户储蓄存款余额	万元	463863	974743	1096196	643667	646188
年末金融机构各项贷款余额	万元	339193	909278	484481	1419353	411809
三、农业、工业和通讯						
设施农业种植占地面积	公顷	63	165	610	3033	2093
油料产量	吨	129	1154	29167	4	22237
棉花产量	吨					
规模以上工业企业	个	10	60	90	15	37
固定电话用户	户	14346	14219	22958	5928	12795
四、教育、卫生和社会保障						
普通中学在校学生	人	5153	13441	21503	9725	13110
小学在校学生	人	6136	12546	13934	9504	9437
医疗卫生机构床位	床	498	1008	1265	831	937
提供住宿的社会工作机构	个	2	15	27	20	19
提供住宿的社会工作机构床位	床	120	1487	2150	1784	1395

2019年县(市)社会经济主要指标

黑龙江省

指　　标	单位	嘉荫县	汤旺县	丰林县	大箐山县	南岔县
一、基本情况						
行政区域面积	平方公里	6739	2148	2971	3705	3088
乡	个	5				1
镇	个	4	2	3	2	3
街道办事处	个					
户籍人口	人	69889	51373	94493	85122	109692
第二产业从业人员	人	1357	2017	4980	569	2465
第三产业从业人员	人	4454	3096	6790	1506	5061
二、综合经济						
地区生产总值	万元	245731	142268	225853	161551	173090
第一产业增加值	万元	133068	93892	121402	89885	36124
第二产业增加值	万元	13000	8771	29971	20455	37646
一般公共预算收入	万元	10818	3478	5066	2103	5266
一般公共预算支出	万元	188005	3245	56556	22766	66035
住户储蓄存款余额	万元	267086	211150		35558	375809
年末金融机构各项贷款余额	万元	91467	16455	13103	5654	16586
三、农业、工业和通讯						
设施农业种植占地面积	公顷	19	27	6	37	37
油料产量	吨	22			334	13
棉花产量	吨					
规模以上工业企业	个	3	2	10	4	6
固定电话用户	户	4910	8451	4000	4282	5814
四、教育、卫生和社会保障						
普通中学在校学生	人	2326	518	757	736	1200
小学在校学生	人	2472	787	1258	1025	1825
医疗卫生机构床位	床	400	220	390	321	180
提供住宿的社会工作机构	个	3			3	8
提供住宿的社会工作机构床位	床	161			200	350

2019年县(市)社会经济主要指标

黑龙江省

指　　标	单位	铁力市	桦南县	桦川县	汤原县	同江市
一、基本情况						
行政区域面积	平方公里	3776	4417	2268	3420	6229
乡	个	3	5	4	6	4
镇	个	5	7	5	4	6
街道办事处	个		1			
户籍人口	人	286370	408117	203007	240095	174999
第二产业从业人员	人	1713	24772	5730	9107	5907
第三产业从业人员	人	10525	17796	7850	24863	22549
二、综合经济						
地区生产总值	万元	801586	1085857	638103	652384	1040368
第一产业增加值	万元	379005	652663	412065	358577	636633
第二产业增加值	万元	188462	108422	62067	87638	59703
一般公共预算收入	万元	31457	34860	22130	23259	22581
一般公共预算支出	万元	272837	413193	225253	263409	281977
住户储蓄存款余额	万元	1442754	1054498	512684	671360	485167
年末金融机构各项贷款余额	万元	379752	393358	1681190	639785	792105
三、农业、工业和通讯						
设施农业种植占地面积	公顷	126	435	54	272	586
油料产量	吨	12	680			
棉花产量	吨					
规模以上工业企业	个	13	30	30	17	26
固定电话用户	户	18786	36412	10267	5650	1896
四、教育、卫生和社会保障						
普通中学在校学生	人	9865	25996	7325	7284	7712
小学在校学生	人	7752	14197	7372	7447	9844
医疗卫生机构床位	床	1379	1409	1093	960	692
提供住宿的社会工作机构	个	41	24	17	15	6
提供住宿的社会工作机构床位	床	3587	1058	1913	846	391

2019年县(市)社会经济主要指标

黑龙江省

指　标	单位	富锦市	抚远市	勃利县	林口县	绥芬河市
一、基本情况						
行政区域面积	平方公里	8224	6047	2575	6638	422
乡	个		5	5		
镇	个	11	5	5	11	2
街道办事处	个	2		5	4	
户籍人口	人	452379	82587	281340	332878	69126
第二产业从业人员	人	8780	5057	12714	35128	909
第三产业从业人员	人	37850	32736	11515	82003	7601
二、综合经济						
地区生产总值	万元	1404660	758405	538858	687265	546068
第一产业增加值	万元	646942	557441	159749	275247	14028
第二产业增加值	万元	149466	10324	144165	64134	79027
一般公共预算收入	万元	96824	22910	41113	43888	49377
一般公共预算支出	万元	595430	279038	441187	318753	240332
住户储蓄存款余额	万元	1224569	365901	874917	936617	1081142
年末金融机构各项贷款余额	万元	740125	345394	837512	277255	499299
三、农业、工业和通讯						
设施农业种植占地面积	公顷	133	125	125	698	31
油料产量	吨	18		299	6557	218
棉花产量	吨					
规模以上工业企业	个	52	7	14	12	55
固定电话用户	户	26775	7150	64170	21375	12303
四、教育、卫生和社会保障						
普通中学在校学生	人	22995	3197	10702	10137	5931
小学在校学生	人	25664	5673	9728	10899	7276
医疗卫生机构床位	床	1489	263	998	1301	650
提供住宿的社会工作机构	个	48	1	11	21	3
提供住宿的社会工作机构床位	床	2446	8	1072	1311	302

2019年县(市)社会经济主要指标

黑龙江省

指　标	单位	海林市	宁安市	穆棱市	东宁市	逊克县
一、基本情况						
行政区域面积	平方公里	8712	7227	6040	7117	17344
乡	个		4	2		6
镇	个	8	8	6	6	3
街道办事处	个	1	1	1		
户籍人口	人	360308	408425	267469	201867	94961
第二产业从业人员	人	50180	34852	45281	8458	1749
第三产业从业人员	人	62830	63658	55586	45522	6271
二、综合经济						
地区生产总值	万元	1143597	1131942	1189773	714556	382380
第一产业增加值	万元	286195	558908	252863	246370	183302
第二产业增加值	万元	262337	75149	446104	161463	84739
一般公共预算收入	万元	48877	38645	54519	38006	59723
一般公共预算支出	万元	316388	374331	352193	236263	227222
住户储蓄存款余额	万元	1500824	1450312	969723	1298046	409635
年末金融机构各项贷款余额	万元	377987	433160	288603	550427	188387
三、农业、工业和通讯						
设施农业种植占地面积	公顷	769	2289	575	1598	
油料产量	吨	1384	3149	12712	6341	17
棉花产量	吨					
规模以上工业企业	个	27	26	25	26	8
固定电话用户	户	30723	31502	23224	26815	8712
四、教育、卫生和社会保障						
普通中学在校学生	人	13327	14829	10085	9248	3428
小学在校学生	人	11186	14334	9810	9091	3536
医疗卫生机构床位	床	1836	1370	974	831	401
提供住宿的社会工作机构	个	18	22	11	25	12
提供住宿的社会工作机构床位	床	2550	2150	1236	1314	635

2019年县(市)社会经济主要指标

黑龙江省

指　　标	单位	孙吴县	北安市	五大连池市	嫩江市	望奎县
一、基本情况						
行政区域面积	平方公里	4319	7194	8745	15109	2316
乡	个	9	4	4	5	5
镇	个	2	5	7	9	10
街道办事处	个		6	1		4
户籍人口	人	81693	416724	333026	461110	442904
第二产业从业人员	人	2683	28501	13737	32729	21050
第三产业从业人员	人	12674	98950	28075	55206	13513
二、综合经济						
地区生产总值	万元	218890	1204787	1094763	2243173	708119
第一产业增加值	万元	83251	317210	611041	1128612	353828
第二产业增加值	万元	12897	161211	83646	271558	58975
一般公共预算收入	万元	18913	63902	80418	91186	44728
一般公共预算支出	万元	183618	421769	371630	491674	383149
住户储蓄存款余额	万元	334658	1634479	1109357	1699696	993421
年末金融机构各项贷款余额	万元	170035	2275874	392013	1041451	663458
三、农业、工业和通讯						
设施农业种植占地面积	公顷		329	84	46	148
油料产量	吨	210	791		144	
棉花产量	吨					
规模以上工业企业	个	7	34	8	24	12
固定电话用户	户	6797	15000	13837	27333	28449
四、教育、卫生和社会保障						
普通中学在校学生	人	3937	8278	10216	11747	18986
小学在校学生	人	3928	11674	9703	16121	12343
医疗卫生机构床位	床	460	2919	2924	2279	1719
提供住宿的社会工作机构	个	6	4	21	2	30
提供住宿的社会工作机构床位	床	414	460	1282	290	2574

2019年县(市)社会经济主要指标

黑龙江省

指　　标	单位	兰西县	青冈县	庆安县	明水县	绥棱县
一、基本情况						
行政区域面积	平方公里	2484	2685	5467	2308	4238
乡	个	7	3	6	6	6
镇	个	8	12	8	6	5
街道办事处	个	4	4	4	4	4
户籍人口	人	482776	443153	363261	331306	291581
第二产业从业人员	人	36475	20315	31289	29261	9856
第三产业从业人员	人	53879	39455	35697	24448	40521
二、综合经济						
地区生产总值	万元	715340	763637	849102	502695	508493
第一产业增加值	万元	382978	429466	484313	289252	296189
第二产业增加值	万元	45863	96476	101520	37054	22041
一般公共预算收入	万元	36015	30697	46767	26558	33440
一般公共预算支出	万元	362743	432100	346098	330092	308591
住户储蓄存款余额	万元	918377	904939	1054671	672875	967254
年末金融机构各项贷款余额	万元	409183	453766	542133	278027	563582
三、农业、工业和通讯						
设施农业种植占地面积	公顷	253	452	526	503	548
油料产量	吨	1980	21			
棉花产量	吨					
规模以上工业企业	个	15	26	29	9	14
固定电话用户	户	27332	33950	27320	21135	10000
四、教育、卫生和社会保障						
普通中学在校学生	人	18239	19941	13259	10504	13921
小学在校学生	人	12825	12077	10641	8717	8848
医疗卫生机构床位	床	1345	1405	1611	1655	1069
提供住宿的社会工作机构	个	7	4	34	9	2
提供住宿的社会工作机构床位	床	1962	2833	2674	2560	420

2019年县(市)社会经济主要指标

黑龙江省

指　　标	单位	安达市	肇东市	海伦市	漠河市	呼玛县
一、基本情况						
行政区域面积	平方公里	3586	4323	4667	18428	14335
乡	个	3	8	9		6
镇	个	11	13	14	6	2
街道办事处	个	4	4			
户籍人口	人	446609	854050	752776	69343	44254
第二产业从业人员	人	7428	12338	48130	3023	185
第三产业从业人员	人	12337	25158	51021	6425	3712
二、综合经济						
地区生产总值	万元	1810299	2093144	1200336	328871	166404
第一产业增加值	万元	388833	896261	761620	110027	77566
第二产业增加值	万元	271140	258340	39826	101358	8854
一般公共预算收入	万元	97139	102077	53319	63778	9302
一般公共预算支出	万元	520373	549511	650237	220957	145467
住户储蓄存款余额	万元	1532009	2278457	1674571	321679	202843
年末金融机构各项贷款余额	万元	734691	1724146	1511239	283329	107988
三、农业、工业和通讯						
设施农业种植占地面积	公顷		217	892	49	11
油料产量	吨	75	497	22		108
棉花产量	吨					
规模以上工业企业	个	36	38	25	7	1
固定电话用户	户	19550	66065	119200	8940	3634
四、教育、卫生和社会保障						
普通中学在校学生	人	15690	26458	19447	2407	1672
小学在校学生	人	12849	26061	19174	557	1439
医疗卫生机构床位	床	1915	2271	1462	421	202
提供住宿的社会工作机构	个	49	32	5	5	5
提供住宿的社会工作机构床位	床	2867	3012	3253	262	310

2019年县(市)社会经济主要指标

黑龙江省、上海市、江苏省

指　　标	单位	塔河县	奉贤区	崇明区	浦口区	江宁区
一、基本情况						
行政区域面积	平方公里	14059	732	1413	910	1563
乡	个	3		2		
镇	个	4	8	16		
街道办事处	个		3		5	10
户籍人口	人	71366	541871	678513	764900	1164800
第二产业从业人员	人	2949	280358	172751	73700	368000
第三产业从业人员	人	3221	171791	104294	111000	349800
二、综合经济						
地区生产总值	万元	211292	11732000	3785100	12241900	23714100
第一产业增加值	万元	109126	113100	239000	462300	708300
第二产业增加值	万元	13677	7482500	983700	4204300	12330900
一般公共预算收入	万元	6461	4846479	3403699	620183	2655645
一般公共预算支出	万元	102800	2891485	3826809	741120	2431531
住户储蓄存款余额	万元	435797	9828940	6436763	5986900	10524700
年末金融机构各项贷款余额	万元	98370	12914606	7071327	15402100	22203300
三、农业、工业和通讯						
设施农业种植占地面积	公顷	50	3394	1029	6300	12133
油料产量	吨		103	2190	1770	11432
棉花产量	吨			80		706
规模以上工业企业	个	3	1064	113	349	807
固定电话用户	户	43180	193538	169101	142503	282284
四、教育、卫生和社会保障						
普通中学在校学生	人	880	24371	15516	22496	44327
小学在校学生	人	1355	34350	15733	52985	87758
医疗卫生机构床位	床	441	5307	2988	3067	8358
提供住宿的社会工作机构	个	1	32	46	18	59
提供住宿的社会工作机构床位	床	50	6791	6889	2463	7695

2019年县(市)社会经济主要指标

江苏省

指　　标	单位	六合区	溧水区	高淳区	锡山区	江阴市
一、基本情况						
行政区域面积	平方公里	1471	1064	790	399	987
乡	个					
镇	个	1	3	2	4	10
街道办事处	个	8	5	6	5	7
户籍人口	人	942500	446700	450300	473100	1264100
第二产业从业人员	人	134700	192500	156900	296800	610700
第三产业从业人员	人	130100	99600	100500	140400	340000
二、综合经济						
地区生产总值	万元	14742500	8523700	4767700	9216600	40011200
第一产业增加值	万元	697700	484800	441700	159500	360800
第二产业增加值	万元	8936500	4193800	2106600	4725600	20420200
一般公共预算收入	万元	411840	705099	345016	897363	2565800
一般公共预算支出	万元	764693	1160729	775958	848856	2310984
住户储蓄存款余额	万元	5624400	3136700	2529400		13842700
年末金融机构各项贷款余额	万元	9956100	8807800	5149400		32272700
三、农业、工业和通讯						
设施农业种植占地面积	公顷	13673	10667	5085	949	1619
油料产量	吨	6371	9064	5827	284	1902
棉花产量	吨	10	299	18		
规模以上工业企业	个	472	509	167	840	1837
固定电话用户	户	119436	59975	48679		254601
四、教育、卫生和社会保障						
普通中学在校学生	人	31388	16275	15537	27095	61395
小学在校学生	人	46443	26855	22946	49198	100592
医疗卫生机构床位	床	3844	2301	2222	2871	9591
提供住宿的社会工作机构	个	40	20	12	14	28
提供住宿的社会工作机构床位	床	5090	3352	3163	3027	8596

2019年县(市)社会经济主要指标

江苏省

指　　标	单位	宜兴市	铜山区	丰　县	沛　县	睢宁县
一、基本情况						
行政区域面积	平方公里	1997	1871	1450	1806	1769
乡	个					
镇	个	13	17	12	13	15
街道办事处	个	5	11	3	4	3
户籍人口	人	1079700	1327500	1210200	1290500	1417900
第二产业从业人员	人	400300	187800	205400	238600	229600
第三产业从业人员	人	260400	202300	195500	234400	219700
二、综合经济						
地区生产总值	万元	17701200	11843300	4682300	7779600	6126700
第一产业增加值	万元	499200	981400	908400	1136000	1064300
第二产业增加值	万元	9242200	5817600	1739400	3243900	2403400
一般公共预算收入	万元	1238541	517834	284331	449981	380367
一般公共预算支出	万元	1510854	1174165	732000	1079818	927865
住户储蓄存款余额	万元	12291500		3410495	4115754	3809902
年末金融机构各项贷款余额	万元	16968100		2785774	3682800	3854604
三、农业、工业和通讯						
设施农业种植占地面积	公顷	2204	26358	9532	12595	22307
油料产量	吨	4658	4597	4720	3895	35322
棉花产量	吨		267	10395	561	495
规模以上工业企业	个	1079	278	168	231	180
固定电话用户	户	218660	93089	62283	72876	87369
四、教育、卫生和社会保障						
普通中学在校学生	人	42737	66512	51002	58335	58205
小学在校学生	人	67037	129135	94566	113358	116302
医疗卫生机构床位	床	7320	6320	4023	5794	5322
提供住宿的社会工作机构	个	35	71	20	27	32
提供住宿的社会工作机构床位	床	7739	10324	5343	6435	6120

2019年县(市)社会经济主要指标

江苏省

指　　标	单位	新沂市	邳州市	武进区	金坛区	溧阳市
一、基本情况						
行政区域面积	平方公里	1592	2085	1065	976	1535
乡	个					
镇	个	13	21	11	6	10
街道办事处	个	4	4	5	3	1
户籍人口	人	1123200	1941300	979000	547000	790000
第二产业从业人员	人	203800	321500	509000	183000	243000
第三产业从业人员	人	212200	328600	308000	136000	141000
二、综合经济						
地区生产总值	万元	6864000	9597100	24834200	9085800	10105400
第一产业增加值	万元	856700	1497300	387700	367900	521400
第二产业增加值	万元	2654200	3907400	13590900	4729300	5139600
一般公共预算收入	万元	355492	428651	1875062	577301	702736
一般公共预算支出	万元	901963	1173578	1787549	811356	1019095
住户储蓄存款余额	万元	3007344	4748539		4609400	6372318
年末金融机构各项贷款余额	万元	3830482	5458747		8404100	9976038
三、农业、工业和通讯						
设施农业种植占地面积	公顷	21814	24183	6727	7213	12016
油料产量	吨	70875	10197	808	2987	13444
棉花产量	吨		264			98
规模以上工业企业	个	230	299	1926	462	432
固定电话用户	户	73860	90118		134534	146468
四、教育、卫生和社会保障						
普通中学在校学生	人	69351	114000	56642	19529	28381
小学在校学生	人	114535	182198	108737	28448	40621
医疗卫生机构床位	床	4416	7956	8169	2715	3934
提供住宿的社会工作机构	个	32	31	21	16	20
提供住宿的社会工作机构床位	床	5280	7945	6518	3463	5613

2019年县(市)社会经济主要指标

江苏省

指　标	单位	吴中区	吴江区	常熟市	张家港市	昆山市
一、基本情况						
行政区域面积	平方公里	2231	1237	1276	987	932
乡	个					
镇	个	7	7	8	8	10
街道办事处	个	7	4	6		
户籍人口	人	705400	855800	1066900	930400	981300
第二产业从业人员	人	422900	525400	627100	454300	731100
第三产业从业人员	人	275100	302900	381700	277500	424700
二、综合经济						
地区生产总值	万元	12787200	19581600	22698200	25472600	40450600
第一产业增加值	万元	182500	374300	389200	288200	303400
第二产业增加值	万元	5763500	10082200	11232300	13084800	20724900
一般公共预算收入	万元	1756296	2230950	2030175	2470018	4073058
一般公共预算支出	万元	1533265	2181670	2194992	2247736	3424092
住户储蓄存款余额	万元		11685309	15388299	12889895	15197640
年末金融机构各项贷款余额	万元		30318924	27119026	25125220	37457482
三、农业、工业和通讯						
设施农业种植占地面积	公顷	948	4993	5380	4698	3362
油料产量	吨	72	313	2366	3244	543
棉花产量	吨			68		12
规模以上工业企业	个	944	1593	1540	1283	2216
固定电话用户	户		218318	285200	209329	367005
四、教育、卫生和社会保障						
普通中学在校学生	人	33859	49268	49383	50496	62607
小学在校学生	人	87387	102409	84318	91759	155526
医疗卫生机构床位	床	6594	6926	8916	10247	7606
提供住宿的社会工作机构	个	29	26	27	25	18
提供住宿的社会工作机构床位	床	6484	6419	9691	10194	6743

2019年县(市)社会经济主要指标

江苏省

指　　标	单位	太仓市	通州区	如东县	启东市	如皋市
一、基本情况						
行政区域面积	平方公里	810	1562	2791	1715	1576
乡	个					
镇	个	6	12	12	12	11
街道办事处	个	2	4	3		3
户籍人口	人	501700	1253700	1012400	1103500	1413000
第二产业从业人员	人	262800	331000	305100	290900	340500
第三产业从业人员	人	171700	220700	186400	221400	224500
二、综合经济						
地区生产总值	万元	13249800	13854600	10534200	11575500	12151700
第一产业增加值	万元	325900	598700	846400	796400	724000
第二产业增加值	万元	6511000	7187900	5230300	5812900	5974400
一般公共预算收入	万元	1629666	706746	577014	706527	700134
一般公共预算支出	万元	1432235	1265596	1325561	1018081	1219426
住户储蓄存款余额	万元	6697363	10926870	7837761	9822214	9226984
年末金融机构各项贷款余额	万元	15817303	11685964	8119803	10413789	10323594
三、农业、工业和通讯						
设施农业种植占地面积	公顷	2191	9200	21607	3955	15447
油料产量	吨	1725	50621	24713	54884	25848
棉花产量	吨	44	280	337	1012	48
规模以上工业企业	个	1058	719	717	521	729
固定电话用户	户	140330	182700	145300	202500	200900
四、教育、卫生和社会保障						
普通中学在校学生	人	24401	33065	24090	29080	49196
小学在校学生	人	50730	54678	30503	39243	65957
医疗卫生机构床位	床	4055	6548	4071	4567	6929
提供住宿的社会工作机构	个	14	11	36	30	47
提供住宿的社会工作机构床位	床	4743	2242	6418	6840	7237

2019年县(市)社会经济主要指标

江苏省

指　　标	单位	海门市	海安市	赣榆区	东海县	灌云县
一、基本情况						
行政区域面积	平方公里	1144	1184	1514	2037	1538
乡	个				6	
镇	个	9	9	15	11	12
街道办事处	个	3	4		2	1
户籍人口	人	993400	921600	1198100	1245500	1031800
第二产业从业人员	人	309100	282900	202100	143000	94400
第三产业从业人员	人	192400	152000	153000	223300	145000
二、综合经济						
地区生产总值	万元	13523700	11332100	6234300	5262900	3591900
第一产业增加值	万元	638500	661300	1071000	789000	751000
第二产业增加值	万元	6957200	6110100	2796500	2157500	1274700
一般公共预算收入	万元	710229	626628	287835	240611	225879
一般公共预算支出	万元	1128850	1174090	756520	700272	627386
住户储蓄存款余额	万元	9999835	8762584	3165563	3086443	2019402
年末金融机构各项贷款余额	万元	11636475	12192111	4244667	3899901	2709044
三、农业、工业和通讯						
设施农业种植占地面积	公顷	21312	12710	18240	26227	20529
油料产量	吨	53845	14931	51516	50359	1803
棉花产量	吨	4360				
规模以上工业企业	个	624	953	220	254	76
固定电话用户	户	182900	194700	102189	75843	67006
四、教育、卫生和社会保障						
普通中学在校学生	人	36361	26800	68649	74227	43953
小学在校学生	人	49348	34017	105166	122578	70042
医疗卫生机构床位	床	4445	5578	5372	4752	4385
提供住宿的社会工作机构	个	32	35	18	27	19
提供住宿的社会工作机构床位	床	7700	7994	1978	3777	3073

2019年县(市)社会经济主要指标

江苏省

指　　标	单位	灌南县	淮安区	淮阴区	洪泽区	涟水县
一、基本情况						
行政区域面积	平方公里	1028	1452	1307	1273	1678
乡	个					
镇	个	11	12	9	6	12
街道办事处	个		3	4	3	4
户籍人口	人	818400	1142400	906000	365500	1125000
第二产业从业人员	人	105000	168200	142400	67500	116100
第三产业从业人员	人	125400	188200	164200	73100	200400
二、综合经济						
地区生产总值	万元	3816500	5884700	5252100	3299900	5322700
第一产业增加值	万元	627000	780400	737700	391000	656800
第二产业增加值	万元	1717000	2506700	2107500	1340800	2234400
一般公共预算收入	万元	235248	251948	243951	200545	229483
一般公共预算支出	万元	573325	798717	676866	406777	712989
住户储蓄存款余额	万元	1501952			1351500	2445500
年末金融机构各项贷款余额	万元	2457605			2167800	2992400
三、农业、工业和通讯						
设施农业种植占地面积	公顷	14333	906	16633	530	14600
油料产量	吨	1333	3932	12041	1901	26710
棉花产量	吨					
规模以上工业企业	个	108	246	201	189	154
固定电话用户	户	53635	59875	53355	38444	40522
四、教育、卫生和社会保障						
普通中学在校学生	人	38072	46400	40010	14156	57415
小学在校学生	人	63770	57851	61677	16633	71306
医疗卫生机构床位	床	3814	4858	7167	1587	4460
提供住宿的社会工作机构	个	44	33	37	33	43
提供住宿的社会工作机构床位	床	3568	4193	3553	2167	4492

2019年县(市)社会经济主要指标

江苏省

指　标	单位	盱眙县	金湖县	盐都区	大丰区	响水县
一、基本情况						
行政区域面积	平方公里	2497	1378	1015	3008	1474
乡	个					
镇	个	10	5	8	11	8
街道办事处	个	3	3	4	2	
户籍人口	人	796700	345900	710100	706600	621600
第二产业从业人员	人	127200	65800	151400	157600	98600
第三产业从业人员	人	141900	71700	162800	187600	104600
二、综合经济						
地区生产总值	万元	4185600	3251200	5879900	6548800	3857800
第一产业增加值	万元	686600	443800	500500	887200	466000
第二产业增加值	万元	1590500	1353900	2698000	2281700	1790300
一般公共预算收入	万元	190909	224828	365678	510066	220047
一般公共预算支出	万元	586994	478013	687525	960668	644686
住户储蓄存款余额	万元	2381300	1798200		4816001	1525848
年末金融机构各项贷款余额	万元	3784100	2600500		7040257	2119258
三、农业、工业和通讯						
设施农业种植占地面积	公顷	7626	193	5984	19363	12534
油料产量	吨	6871	4590	5649	24229	11246
棉花产量	吨	70				
规模以上工业企业	个	213	287	383	457	147
固定电话用户	户	28967	26233	41724	64905	22830
四、教育、卫生和社会保障						
普通中学在校学生	人	38906	9433	20497	21573	31896
小学在校学生	人	50716	12935	36981	27805	45234
医疗卫生机构床位	床	3743	1623	3139	3725	2777
提供住宿的社会工作机构	个	50	16	19	22	20
提供住宿的社会工作机构床位	床	6652	1972	2459	5954	2352

2019年县(市)社会经济主要指标

江苏省

指　　标	单位	滨海县	阜宁县	射阳县	建湖县	东台市
一、基本情况						
行政区域面积	平方公里	1950	1439	2606	1157	3176
乡	个					
镇	个	11	13	13	11	14
街道办事处	个	3	4		3	
户籍人口	人	1221200	1116100	945100	777400	1088600
第二产业从业人员	人	191400	175700	197400	169700	232700
第三产业从业人员	人	211800	189500	218000	164400	262100
二、综合经济						
地区生产总值	万元	4923300	5550600	5638700	5659600	8414900
第一产业增加值	万元	673900	656500	953100	549900	1095100
第二产业增加值	万元	2014000	2347400	2071700	2377300	3129000
一般公共预算收入	万元	232014	277042	286000	301596	520016
一般公共预算支出	万元	813481	900965	916788	934490	1087027
住户储蓄存款余额	万元	2661197	3715165	3952314	3850322	6776952
年末金融机构各项贷款余额	万元	3796251	3055272	4064244	3666401	5902189
三、农业、工业和通讯						
设施农业种植占地面积	公顷	8040	10066	20506	10736	39316
油料产量	吨	16780	10910	8160	11885	33685
棉花产量	吨			34	50	224
规模以上工业企业	个	207	225	317	379	517
固定电话用户	户	51866	48745	50071	42602	85065
四、教育、卫生和社会保障						
普通中学在校学生	人	56436	42352	35844	30690	29388
小学在校学生	人	74923	67964	47137	36305	37254
医疗卫生机构床位	床	4585	4474	4194	3346	5356
提供住宿的社会工作机构	个	28	23	33	19	43
提供住宿的社会工作机构床位	床	3041	5004	5551	2654	5873

2019年县(市)社会经济主要指标

江苏省

指　　标	单位	邗江区	江都区	宝应县	仪征市	高邮市
一、基本情况						
行政区域面积	平方公里	522	1330	1462	816	1922
乡	个					1
镇	个	7	13	14	9	10
街道办事处	个	5				2
户籍人口	人	502300	1037400	879700	557200	802700
第二产业从业人员	人	121800	262200	183100	172400	200600
第三产业从业人员	人	186000	247800	139400	152500	168100
二、综合经济						
地区生产总值	万元	9950900	10916600	7329100	7917200	8187300
第一产业增加值	万元	222900	697200	794900	230300	861500
第二产业增加值	万元	3932100	5489900	3602900	4230300	4058600
一般公共预算收入	万元	584306	530051	248655	503700	368023
一般公共预算支出	万元	806868	1123536	775306	676800	799886
住户储蓄存款余额	万元		7536200	3645800	3623200	4525500
年末金融机构各项贷款余额	万元		7678100	4458000	5114500	5125400
三、农业、工业和通讯						
设施农业种植占地面积	公顷	4273	15718	22340	9356	14806
油料产量	吨	1831	11795	11125	4618	13078
棉花产量	吨	2			9	
规模以上工业企业	个	476	581	500	393	622
固定电话用户	户	165315	194219	100348	103623	121567
四、教育、卫生和社会保障						
普通中学在校学生	人	22001	35225	31292	19312	23921
小学在校学生	人	38307	40483	33363	24001	28039
医疗卫生机构床位	床	2919	4819	3337	2935	3923
提供住宿的社会工作机构	个	18	20	21	20	23
提供住宿的社会工作机构床位	床	2308	4700	4616	4334	4457

2019年县(市)社会经济主要指标

江苏省

指　　标	单位	丹徒区	丹阳市	扬中市	句容市	姜堰区
一、基本情况						
行政区域面积	平方公里	617	1047	327	1378	858
乡	个					
镇	个	6	10	4	8	11
街道办事处	个	2	2	2	3	4
户籍人口	人	290200	803200	282100	586600	735800
第二产业从业人员	人	80000	323300	112300	149600	165600
第三产业从业人员	人	83600	258300	92500	152000	152700
二、综合经济						
地区生产总值	万元	4049000	11220000	4878400	6616300	6697200
第一产业增加值	万元	207100	487100	155700	479000	492100
第二产业增加值	万元	2083200	5885700	2623100	2867700	3168700
一般公共预算收入	万元	234050	620100	340111	535045	385446
一般公共预算支出	万元	306472	899964	495672	733999	906025
住户储蓄存款余额	万元		7397099	3376712	3963311	5740373
年末金融机构各项贷款余额	万元		11387465	5280265	11220420	7223666
三、农业、工业和通讯						
设施农业种植占地面积	公顷	988	3410	596	13238	10950
油料产量	吨	6913	6119	1678	24274	19662
棉花产量	吨				460	
规模以上工业企业	个	212	727	315	200	400
固定电话用户	户		133020	64423	82330	91739
四、教育、卫生和社会保障						
普通中学在校学生	人	10291	36586	10636	18255	32494
小学在校学生	人	15341	53732	15488	27593	33270
医疗卫生机构床位	床	843	3662	1421	1954	4510
提供住宿的社会工作机构	个	17	33	29	18	21
提供住宿的社会工作机构床位	床	1913	4926	2705	4187	2683

2019年县(市)社会经济主要指标

江苏省

指　标	单位	兴化市	靖江市	泰兴市	宿豫区	沭阳县
一、基本情况						
行政区域面积	平方公里	2395	656	1170	1108	2299
乡	个	1		1	2	8
镇	个	24	8	14	8	25
街道办事处	个	3	1	1	3	6
户籍人口	人	1542600	655300	1169100	498700	1986500
第二产业从业人员	人	253000	207000	262000	120400	351600
第三产业从业人员	人	262000	139000	227000	144056	322100
二、综合经济						
地区生产总值	万元	8718200	9795700	10839000	3150000	9501700
第一产业增加值	万元	1281200	257000	654100	320000	1064600
第二产业增加值	万元	3465500	5409100	5562000	1400000	3958100
一般公共预算收入	万元	397614	577072	805869	205069	479011
一般公共预算支出	万元	1112335	862487	1064560	479602	1195916
住户储蓄存款余额	万元	6732592	6120342	5801684		4460613
年末金融机构各项贷款余额	万元	6425608	9858575	9646518		6313366
三、农业、工业和通讯						
设施农业种植占地面积	公顷	18855	6155	13589	10996	26032
油料产量	吨	26630	5722	34451	962	15763
棉花产量	吨	98				
规模以上工业企业	个	506	523	544	239	614
固定电话用户	户	137193	141574	183666	39169	93122
四、教育、卫生和社会保障						
普通中学在校学生	人	42945	24442	41671	13436	102707
小学在校学生	人	68320	28665	48777	42430	191566
医疗卫生机构床位	床	5952	4741	5789	4040	8122
提供住宿的社会工作机构	个	36	29	48	21	63
提供住宿的社会工作机构床位	床	6449	2179	8623	2934	6977

2019年县(市)社会经济主要指标

江苏省、浙江省

指　　标	单位	泗阳县	泗洪县	萧山区	余杭区	富阳区
一、基本情况						
行政区域面积	平方公里	1378	2694	1420	1228	1832
乡	个	5	9			6
镇	个	11	13	12	6	13
街道办事处	个		3	14	14	5
户籍人口	人	1064600	1095200	1348413	1161786	688075
第二产业从业人员	人	154200	157349	475116	560000	227900
第三产业从业人员	人	158622	161900	486026	540900	167600
二、综合经济						
地区生产总值	万元	5014400	4954500	21985106	28240220	8204686
第一产业增加值	万元	664900	813600	716581	533118	493055
第二产业增加值	万元	2156600	1869000	10390291	6522505	3739223
一般公共预算收入	万元	257503	263205	2676630	3914479	800008
一般公共预算支出	万元	728776	895538	2754342	3767331	1055038
住户储蓄存款余额	万元	2716790	2735899	19904272	14772692	5853339
年末金融机构各项贷款余额	万元	5045524	4215742	44024393	26292408	14887626
三、农业、工业和通讯						
设施农业种植占地面积	公顷	19940	17780	1981	4072	1658
油料产量	吨	6932	15235	11971	3869	9727
棉花产量	吨	12		413	63	
规模以上工业企业	个	272	302	1627	1151	632
固定电话用户	户	58926	36608	347708	231600	93300
四、教育、卫生和社会保障						
普通中学在校学生	人	61753	57922	59648	55304	34371
小学在校学生	人	95633	108828	100047	114476	44996
医疗卫生机构床位	床	5665	5507	10465	6819	4107
提供住宿的社会工作机构	个	38	40	42	21	31
提供住宿的社会工作机构床位	床	4179	3935	6400	3330	5220

2019年县(市)社会经济主要指标

浙江省

指　　标	单位	临安区	桐庐县	淳安县	建德市	鄞州区
一、基本情况						
行政区域面积	平方公里	3119	1829	4452	2314	814
乡	个		4	12	1	
镇	个	13	6	11	12	10
街道办事处	个	5	4		3	15
户籍人口	人	539473	418803	458669	510697	930500
第二产业从业人员	人	172300	115526	32400	81800	455700
第三产业从业人员	人	140400	129915	113800	99900	600200
二、综合经济						
地区生产总值	万元	5729427	3863850	2544966	3832442	22110182
第一产业增加值	万元	458604	250273	381430	355404	265411
第二产业增加值	万元	2572754	1775952	779570	1845255	6300574
一般公共预算收入	万元	611600	337654	210871	311008	2693293
一般公共预算支出	万元	856154	501985	688654	541505	2335341
住户储蓄存款余额	万元	3981041	2400995	1952557	3034027	18312000
年末金融机构各项贷款余额	万元	8031955	5558189	3118729	4508151	89771000
三、农业、工业和通讯						
设施农业种植占地面积	公顷	1032	799	1960	1846	1661
油料产量	吨	4384	5556	11142	21860	1324
棉花产量	吨			94	46	10
规模以上工业企业	个	618	324	88	320	1208
固定电话用户	户	92100		106900	69890	364500
四、教育、卫生和社会保障						
普通中学在校学生	人	20982	16774	14273	17348	33500
小学在校学生	人	32354	25118	15451	22081	86900
医疗卫生机构床位	床	3202	2437	2222	3048	9293
提供住宿的社会工作机构	个	30	34	28	22	25
提供住宿的社会工作机构床位	床	3205	3202	2612	3250	10863

2019年县(市)社会经济主要指标

浙江省

指　　标	单位	奉化区	象山县	宁海县	余姚市	慈溪市
一、基本情况						
行政区域面积	平方公里	1268	1382	1843	1501	1361
乡	个		5	3	1	
镇	个	4	10	11	14	14
街道办事处	个	8	3	4	6	5
户籍人口	人	480597	546628	633918	835927	1059605
第二产业从业人员	人	193700	162200	252000	444600	549000
第三产业从业人员	人	121400	140200	167000	298800	209000
二、综合经济						
地区生产总值	万元	6452524	5485892	7010784	11662575	18986390
第一产业增加值	万元	311090	772243	462672	477416	557174
第二产业增加值	万元	3922730	2374260	3636063	6640798	11464007
一般公共预算收入	万元	600046	462599	660175	1072259	2016852
一般公共预算支出	万元	822653	774649	907608	1225924	2165691
住户储蓄存款余额	万元	3692715	3335732	3557486	9893140	14728382
年末金融机构各项贷款余额	万元	8080951	8620471	9573355	13610471	22379123
三、农业、工业和通讯						
设施农业种植占地面积	公顷	4137	5683	2431	6053	9894
油料产量	吨	924	2823	2249	4126	16917
棉花产量	吨		5	543	31	2118
规模以上工业企业	个	567	560	587	1288	1604
固定电话用户	户		105000	117953	252300	294700
四、教育、卫生和社会保障						
普通中学在校学生	人	19431	22600	31200	39200	52631
小学在校学生	人	30195	36832	47900	68900	85368
医疗卫生机构床位	床	2649	2406	3217	3649	7006
提供住宿的社会工作机构	个	28	60	24	38	22
提供住宿的社会工作机构床位	床	6405	9030	7697	10230	6843

2019年县(市)社会经济主要指标

浙江省

指　　标	单位	洞头区	永嘉县	平阳县	苍南县	文成县
一、基本情况						
行政区域面积	平方公里	157	2677	1042	1006	1293
乡	个	1	4	2	2	5
镇	个	1	11	14	16	12
街道办事处	个	5	7			
户籍人口	人	154905	987881	884456	969668	410794
第二产业从业人员	人	20900	191128	202100	205800	36500
第三产业从业人员	人	24200	180100	152700	154400	65800
二、综合经济						
地区生产总值	万元	1078431	4445229	5102936	3517044	1049093
第一产业增加值	万元	58584	160735	186088	267624	93404
第二产业增加值	万元	445462	1917254	2288448	1228353	242902
一般公共预算收入	万元	97043	395266	380260	424574	96302
一般公共预算支出	万元	327411	1092254	908820	1137515	561361
住户储蓄存款余额	万元	568124	5310220	4567360	5008848	2394677
年末金融机构各项贷款余额	万元	1138226	7244787	6425388	9641872	1707508
三、农业、工业和通讯						
设施农业种植占地面积	公顷	6	3511	578	3807	2177
油料产量	吨	490	4600	3329	1106	937
棉花产量	吨		2			
规模以上工业企业	个	40	424	503	292	35
固定电话用户	户	16511	103193	52265	96083	18564
四、教育、卫生和社会保障						
普通中学在校学生	人	5249	44347	44665	44552	10233
小学在校学生	人	7162	59582	62853	64437	15655
医疗卫生机构床位	床	378	1971	3842	3734	831
提供住宿的社会工作机构	个	10	13	54	42	25
提供住宿的社会工作机构床位	床	1076	678	6406	5532	3712

2019年县(市)社会经济主要指标

浙江省

指　　标	单位	泰顺县	瑞安市	乐清市	龙港市	嘉善县
一、基本情况						
行政区域面积	平方公里	1768	1350	1391	172	507
乡	个	7	2	3		
镇	个	12	9	14		6
街道办事处	个		12	8		3
户籍人口	人	373000	1258202	1314915	380691	405272
第二产业从业人员	人	75200	379880	296800	107400	227946
第三产业从业人员	人	43300	322360	326500	74600	145552
二、综合经济						
地区生产总值	万元	1105968	10039628	12099290	3005100	6268057
第一产业增加值	万元	94796	250987	203623	86900	232536
第二产业增加值	万元	370997	4601119	5574055	1449500	3309594
一般公共预算收入	万元	101018	796399	996893	84025	677939
一般公共预算支出	万元	555495	1399213	1553827	43570	974922
住户储蓄存款余额	万元	1541095	11734900	11033757	1401896	5144750
年末金融机构各项贷款余额	万元	1510900	13518300	13847715	3952100	8508277
三、农业、工业和通讯						
设施农业种植占地面积	公顷	943	2485	1562	635	3654
油料产量	吨	349	2913	1650	307	1188
棉花产量	吨			10		3
规模以上工业企业	个	21	1071	1348	237	908
固定电话用户	户	20800	188100	211610	34815	103612
四、教育、卫生和社会保障						
普通中学在校学生	人	13500	56261	63283	20878	19500
小学在校学生	人	20300	89852	108945	38032	35300
医疗卫生机构床位	床	1144	4759	5036	920	2868
提供住宿的社会工作机构	个	10	74	56	7	14
提供住宿的社会工作机构床位	床	1418	9719	9684	210	3925

2019年县(市)社会经济主要指标

浙江省

指　　标	单位	海盐县	海宁市	平湖市	桐乡市	德清县
一、基本情况						
行政区域面积	平方公里	585	863	554	727	938
乡	个					
镇	个	5	8	6	8	8
街道办事处	个	4	4	3	3	4
户籍人口	人	382882	702549	503225	704676	443083
第二产业从业人员	人	152016	375507	232650	371646	150000
第三产业从业人员	人	102346	234445	157207	262946	121800
二、综合经济						
地区生产总值	万元	5396515	10265657	7657676	9681655	5370097
第一产业增加值	万元	172060	182739	125454	235076	234336
第二产业增加值	万元	3249670	5810593	4685262	5105047	3101843
一般公共预算收入	万元	522800	970200	884488	796500	656609
一般公共预算支出	万元	872067	1114158	1132556	1007196	836558
住户储蓄存款余额	万元	3897120	8600528	4911456	8186311	4148038
年末金融机构各项贷款余额	万元	7631489	14432726	9063892	13157060	8286080
三、农业、工业和通讯						
设施农业种植占地面积	公顷	2520	2005	5004	3939	2193
油料产量	吨	653	4004	1395	3842	927
棉花产量	吨	67	194	135	627	135
规模以上工业企业	个	670	1620	809	1212	746
固定电话用户	户	79736	172006	107799	153317	100907
四、教育、卫生和社会保障						
普通中学在校学生	人	16200	29100	19300	31500	20035
小学在校学生	人	24900	46300	31000	49100	26758
医疗卫生机构床位	床	2263	4714	3163	4241	2371
提供住宿的社会工作机构	个	11	20	18	18	32
提供住宿的社会工作机构床位	床	5620	7530	5063	10429	5333

2019年县(市)社会经济主要指标

浙江省

指　标	单位	长兴县	安吉县	柯桥区	上虞区	新昌县
一、基本情况						
行政区域面积	平方公里	1431	1886	1066	1406	1214
乡	个	2	3		3	2
镇	个	9	8	5	10	6
街道办事处	个	4	4	11	8	4
户籍人口	人	637302	472175	688003	779448	433707
第二产业从业人员	人	165800	155800	395300	311700	114800
第三产业从业人员	人	182900	136200	279300	195400	95100
二、综合经济						
地区生产总值	万元	6932756	4695871	15042660	9781084	4514626
第一产业增加值	万元	350305	277192	372120	496989	220971
第二产业增加值	万元	3556441	2118313	7553843	5049645	2238034
一般公共预算收入	万元	658269	535632	1314074	895152	436635
一般公共预算支出	万元	810950	875665	1269886	1044758	643450
住户储蓄存款余额	万元	4289799	3275966	10989337	7616605	2931413
年末金融机构各项贷款余额	万元	8451193	7604876	18542473	11847151	5868300
三、农业、工业和通讯						
设施农业种植占地面积	公顷	11600	2787	4635	7858	3358
油料产量	吨	9497	3921	2609	9578	9429
棉花产量	吨	4	7	13	148	143
规模以上工业企业	个	789	466	1229	768	289
固定电话用户	户	125044	102597	206803	171497	64382
四、教育、卫生和社会保障						
普通中学在校学生	人	26921	23318	37285	32031	20036
小学在校学生	人	37003	31429	45370	38345	22150
医疗卫生机构床位	床	4102	2924	4785	3336	4130
提供住宿的社会工作机构	个	44	48	5	29	10
提供住宿的社会工作机构床位	床	6761	5076	4659	8746	4999

2019年县(市)社会经济主要指标

浙江省

指　标	单位	诸暨市	嵊州市	武义县	浦江县	磐安县
一、基本情况						
行政区域面积	平方公里	2311	1789	1568	918	1195
乡	个	1	1	7	5	5
镇	个	17	10	8	7	7
街道办事处	个	5	4	3	3	2
户籍人口	人	1084321	724124	345517	401781	212355
第二产业从业人员	人	414400	247900	103800	156900	79000
第三产业从业人员	人	270000	134800	72400	100800	14000
二、综合经济						
地区生产总值	万元	13123640	5891476	2615350	2301635	1154400
第一产业增加值	万元	477046	391944	154866	102644	117300
第二产业增加值	万元	6468524	2836684	1325277	976942	450500
一般公共预算收入	万元	898144	457590	270277	192860	106400
一般公共预算支出	万元	1105037	759482	489927	399472	393900
住户储蓄存款余额	万元	10025704	5343882	3018917	2942895	1129236
年末金融机构各项贷款余额	万元	13947898	6723336	3816928	3404841	1747063
三、农业、工业和通讯						
设施农业种植占地面积	公顷	8088	5409	3293	1710	1060
油料产量	吨	5928	4219	4303	4310	827
棉花产量	吨	9	60	12	90	
规模以上工业企业	个	1184	719	508	247	121
固定电话用户	户	256043	125624	43865	43600	16800
四、教育、卫生和社会保障						
普通中学在校学生	人	74163	27085	15038	23006	9220
小学在校学生	人	68796	32313	28752	30880	10575
医疗卫生机构床位	床	6602	3716	2204	2377	925
提供住宿的社会工作机构	个	49	66	20	18	13
提供住宿的社会工作机构床位	床	11790	8458	3380	3406	1926

2019年县(市)社会经济主要指标

浙江省

指　　标	单位	兰溪市	义乌市	东阳市	永康市	衢江区
一、基本情况						
行政区域面积	平方公里	1312	1105	1747	1047	1748
乡	个	3		1		8
镇	个	7	6	11	11	10
街道办事处	个	6	8	6	3	2
户籍人口	人	658025	836093	850620	619226	412212
第二产业从业人员	人	164700	355600	215200	302103	63100
第三产业从业人员	人	128600	523300	216600	120319	76400
二、综合经济						
地区生产总值	万元	3856922	14211437	6384520	6295621	1984745
第一产业增加值	万元	260866	225828	175400	82365	205391
第二产业增加值	万元	2004374	4180290	2830974	3419573	746236
一般公共预算收入	万元	282838	1012240	699007	599255	175233
一般公共预算支出	万元	580971	1312069	989680	872802	518253
住户储蓄存款余额	万元	3280438	18086123	7953829	7930950	1553937
年末金融机构各项贷款余额	万元	4987092	28232257	9375146	10142107	2371616
三、农业、工业和通讯						
设施农业种植占地面积	公顷	3037	1685	5279	1463	2336
油料产量	吨	16650	4395	4722	1072	11692
棉花产量	吨	1881		106		18
规模以上工业企业	个	440	614	506	776	122
固定电话用户	户	52682	275549		96900	
四、教育、卫生和社会保障						
普通中学在校学生	人	26365	52712	47118	36000	15503
小学在校学生	人	31054	112597	71001	60547	20606
医疗卫生机构床位	床	2846	6948	5123	3683	1323
提供住宿的社会工作机构	个	27	13	29	33	41
提供住宿的社会工作机构床位	床	6278	6538	7270	4214	3700

2019年县(市)社会经济主要指标

浙江省

指　　标	单位	常山县	开化县	龙游县	江山市	岱山县
一、基本情况						
行政区域面积	平方公里	1097	2231	1143	2019	327
乡	个	5	6	7	5	1
镇	个	6	8	6	11	6
街道办事处	个	3		2	3	
户籍人口	人	343587	361841	401984	615510	176425
第二产业从业人员	人	76700	42700	77800	103600	52500
第三产业从业人员	人	57500	49800	85600	70900	60700
二、综合经济						
地区生产总值	万元	1503682	1468001	2319458	3034087	2483031
第一产业增加值	万元	79963	136528	136394	226964	395235
第二产业增加值	万元	630248	524157	995356	1361243	1203106
一般公共预算收入	万元	117850	99475	189283	205409	176002
一般公共预算支出	万元	556540	659797	682053	676800	508962
住户储蓄存款余额	万元	1426755	1372709	2119865	3401153	1368295
年末金融机构各项贷款余额	万元	1958410	2060917	3226300	4122606	1784538
三、农业、工业和通讯						
设施农业种植占地面积	公顷		347		8309	114
油料产量	吨	6956	11199	16741	12069	415
棉花产量	吨	26	29	352	324	
规模以上工业企业	个	118	62	207	295	56
固定电话用户	户	23300	21300	49000	58250	28500
四、教育、卫生和社会保障						
普通中学在校学生	人	14745	14289	15602	26901	4187
小学在校学生	人	16313	16669	18941	30883	6243
医疗卫生机构床位	床	1548	1431	1854	2896	532
提供住宿的社会工作机构	个	24	1	15	34	21
提供住宿的社会工作机构床位	床	3670	2441	3223	4736	2213

2019年县(市)社会经济主要指标

浙江省

指 标	单位	嵊泗县	三门县	天台县	仙居县	温岭市
一、基本情况						
行政区域面积	平方公里	97	1072	1432	2000	1074
乡	个	4	1	5	10	
镇	个	3	6	7	7	11
街道办事处	个		3	3	3	5
户籍人口	人	74389	447209	602932	519629	1222068
第二产业从业人员	人	3700	108600	83000	84300	486700
第三产业从业人员	人	27589	62400	114100	74200	273300
二、综合经济						
地区生产总值	万元	1140341	2657400	2910330	2491986	11051346
第一产业增加值	万元	339537	334300	147581	156156	777049
第二产业增加值	万元	195542	1154400	1196630	1090204	5035624
一般公共预算收入	万元	78000	181700	223312	210900	782700
一般公共预算支出	万元	302912	536420	610573	573319	1285553
住户储蓄存款余额	万元	487654	1942676	2825198	2799055	11623316
年末金融机构各项贷款余额	万元	476511	5039841	4506718	4121388	16105109
三、农业、工业和通讯						
设施农业种植占地面积	公顷		2597	4093	846	9105
油料产量	吨		1013	3840	3867	705
棉花产量	吨		126	35		83
规模以上工业企业	个	11	210	174	175	992
固定电话用户	户	11400	49500	64175	49351	177702
四、教育、卫生和社会保障						
普通中学在校学生	人	1873	19894	31540	31675	54456
小学在校学生	人	2280	26829	31247	30403	86242
医疗卫生机构床位	床	260	1236	2623	2252	6681
提供住宿的社会工作机构	个	15	25	37	23	55
提供住宿的社会工作机构床位	床	675	1480	4783	3666	10397

2019年县(市)社会经济主要指标

浙江省

指　　标	单位	临海市	玉环市	青田县	缙云县	遂昌县
一、基本情况						
行政区域面积	平方公里	2251	510	2484	1494	2539
乡	个		2	18	8	11
镇	个	14	6	10	7	7
街道办事处	个	5	3	4	3	2
户籍人口	人	1204831	436589	573403	470086	230121
第二产业从业人员	人	311200	256600	70800	79000	42200
第三产业从业人员	人	194900	127100	71900	64100	45400
二、综合经济						
地区生产总值	万元	7119246	6174999	2434810	2320265	1246560
第一产业增加值	万元	480241	371075	95711	114338	119354
第二产业增加值	万元	3239564	3398492	1045442	1062110	484870
一般公共预算收入	万元	659900	539248	210229	166468	109590
一般公共预算支出	万元	1082989	802082	662987	629736	502916
住户储蓄存款余额	万元	7172392	4763147	5553492	2213012	1119094
年末金融机构各项贷款余额	万元	10550042	6372976	2898836	2784956	1443207
三、农业、工业和通讯						
设施农业种植占地面积	公顷	2799	3747	681	3060	1302
油料产量	吨	1530	1372	969	1202	1198
棉花产量	吨	43	7	9	3	
规模以上工业企业	个	539	868	146	201	82
固定电话用户	户	123447	134101	45043	47700	18404
四、教育、卫生和社会保障						
普通中学在校学生	人	60373	24149	19716	23429	8893
小学在校学生	人	75792	45303	28689	28376	10209
医疗卫生机构床位	床	5667	2521	1604	2195	880
提供住宿的社会工作机构	个	63	27	24	24	12
提供住宿的社会工作机构床位	床	9089	3644	3570	1372	851

2019年县(市)社会经济主要指标

浙江省

指　　标	单位	松阳县	云和县	庆元县	景宁畲族自治县	龙泉市
一、基本情况						
行政区域面积	平方公里	1406	978	1898	1949	3044
乡	个	11	3	10	15	7
镇	个	5	3	6	4	8
街道办事处	个	3	4	3	2	4
户籍人口	人	240578	114203	203952	170209	289786
第二产业从业人员	人	45800	28100	15600	12900	49600
第三产业从业人员	人	42700	33800	27700	24700	63700
二、综合经济						
地区生产总值	万元	1155547	829253	783822	690036	1425500
第一产业增加值	万元	131666	48471	68462	64152	152600
第二产业增加值	万元	469712	446496	295518	170365	520500
一般公共预算收入	万元	78910	64330	54800	69756	97900
一般公共预算支出	万元	463008	303991	372500	475397	573102
住户储蓄存款余额	万元	1201473	695372	855176	599263	1414402
年末金融机构各项贷款余额	万元	1443831	973085	1163123	932799	1714200
三、农业、工业和通讯						
设施农业种植占地面积	公顷	1373	29	480	871	1110
油料产量	吨	967	264	83	392	642
棉花产量	吨					
规模以上工业企业	个	104	60	55	25	108
固定电话用户	户	24476	13131	12710	10645	20298
四、教育、卫生和社会保障						
普通中学在校学生	人	9760	4893	7688	6585	15141
小学在校学生	人	12367	8011	9219	7951	15810
医疗卫生机构床位	床	112	553	652	656	1208
提供住宿的社会工作机构	个	14	6	8	11	12
提供住宿的社会工作机构床位	床	833	864	2066	1276	2415

2019年县(市)社会经济主要指标

安徽省

指　　标	单位	长丰县	肥东县	肥西县	庐江县	巢湖市
一、基本情况						
行政区域面积	平方公里	1841	2182	1695	2344	2046
乡	个	4	6	4		1
镇	个	10	12	8	17	11
街道办事处	个					5
户籍人口	人	798030	1081212	846908	1211631	860355
第二产业从业人员	人		128360	90233	283292	213499
第三产业从业人员	人		88533	153685	173041	157998
二、综合经济						
地区生产总值	万元	6014159	6556850	8038646	4578248	4334322
第一产业增加值	万元	641714	659418	550003	563092	385138
第二产业增加值	万元	2446170	2293941	3419606	1590920	1664396
一般公共预算收入	万元	659768	719470	507121	362502	231590
一般公共预算支出	万元	788569	918990	863962	710468	605142
住户储蓄存款余额	万元	2258841	3440565	3706818	3731919	3673131
年末金融机构各项贷款余额	万元	3745127	4706310	4998665	3596921	5182680
三、农业、工业和通讯						
设施农业种植占地面积	公顷			1943	2497	853
油料产量	吨	19318	64386	18881	17091	29434
棉花产量	吨	1129	2844	1121	854	1891
规模以上工业企业	个	341	349	397	219	138
固定电话用户	户	48349	75900	51226	55166	66300
四、教育、卫生和社会保障						
普通中学在校学生	人	38838	64869	29510	54414	37397
小学在校学生	人	51833	50066	42335	59052	40070
医疗卫生机构床位	床	2368	3259	2836	4273	4123
提供住宿的社会工作机构	个	22	22	21	34	19
提供住宿的社会工作机构床位	床	4408	4054	4124	4461	3359

2019年县(市)社会经济主要指标

安徽省

指　　标	单位	芜湖县	繁昌县	南陵县	无为县	怀远县
一、基本情况						
行政区域面积	平方公里	650	585	1264	2022	2192
乡	个					3
镇	个	5	6	8	20	15
街道办事处	个					
户籍人口	人	348737	275909	549971	1209019	1340054
第二产业从业人员	人	62840	72375	106178	279133	
第三产业从业人员	人	76722	40665	99150	294474	
二、综合经济						
地区生产总值	万元	3153963	2984775	2727406	4869985	4371924
第一产业增加值	万元	203784	111391	326623	512070	712142
第二产业增加值	万元	1677700	1724985	1179683	2407334	1839411
一般公共预算收入	万元	491104	322536	327832	259909	367032
一般公共预算支出	万元	436550	416882	411930	655344	801102
住户储蓄存款余额	万元	1802646	1780034	2221405	4056043	2442344
年末金融机构各项贷款余额	万元	2286864	1579429	1766242	3661365	3270527
三、农业、工业和通讯						
设施农业种植占地面积	公顷	925	236	906	2703	9171
油料产量	吨	14269	4261	6714	29658	30613
棉花产量	吨	551	261	164	4229	42
规模以上工业企业	个	357	277	226	256	252
固定电话用户	户	22898	19501	23413	41000	57900
四、教育、卫生和社会保障						
普通中学在校学生	人	15545	12592	24944	47211	63102
小学在校学生	人	18185	11866	25578	48581	107521
医疗卫生机构床位	床	863	774	1596	4089	5836
提供住宿的社会工作机构	个	18	11	18	53	50
提供住宿的社会工作机构床位	床	1293	1221	2275	8262	5270

2019年县(市)社会经济主要指标

安徽省

指　　标	单位	五河县	固镇县	凤台县	寿　县	当涂县
一、基本情况						
行政区域面积	平方公里	1428	1361	894	2948	1002
乡	个	2	3	4	3	1
镇	个	12	8	12	22	10
街道办事处	个					
户籍人口	人	696517	662099	682697	1399215	479014
第二产业从业人员	人					89473
第三产业从业人员	人					105514
二、综合经济						
地区生产总值	万元	2487856	2974888	2992987	2127845	4452918
第一产业增加值	万元	605181	721392	359090	499187	325957
第二产业增加值	万元	555849	1223283	1522797	596647	2305565
一般公共预算收入	万元	130365	201187	271134	235712	534867
一般公共预算支出	万元	422898	401328	407227	768662	518563
住户储蓄存款余额	万元	1599948	1591116	2265536	2435774	2472666
年末金融机构各项贷款余额	万元	1700466	1518638	2166814	2901391	2037755
三、农业、工业和通讯						
设施农业种植占地面积	公顷	1075	2594	364	755	820
油料产量	吨	39127	256465	5259	11591	21463
棉花产量	吨	9	13	12	275	295
规模以上工业企业	个	120	177	177	164	318
固定电话用户	户	32100	25300	38722	48653	35469
四、教育、卫生和社会保障						
普通中学在校学生	人	28865	27959	34693	60474	16536
小学在校学生	人	49341	55980	60231	72009	22591
医疗卫生机构床位	床	2631	2691	2210	4107	1779
提供住宿的社会工作机构	个	20	21	20	83	16
提供住宿的社会工作机构床位	床	3195	4048	2320	10668	2739

2019年县(市)社会经济主要指标

安徽省

指　　标	单位	含山县	和　县	濉溪县	义安区	枞阳县
一、基本情况						
行政区域面积	平方公里	1028	1319	1982	796	1473
乡	个				2	4
镇	个	8	9	11	6	15
街道办事处	个				1	
户籍人口	人	446107	541501	1138423	301255	795795
第二产业从业人员	人	74703	81723		82316	
第三产业从业人员	人	98305	141274		40957	
二、综合经济						
地区生产总值	万元	1953195	2532166	4609881	1496045	1585753
第一产业增加值	万元	218593	267705	490053	135346	283982
第二产业增加值	万元	769548	939154	2333357	636355	386560
一般公共预算收入	万元	200026	372394	417702	368569	165645
一般公共预算支出	万元	305849	459461	710605	308276	431829
住户储蓄存款余额	万元	1611552	2148384	3538897		3307647
年末金融机构各项贷款余额	万元	1399679	1908844	3039457		1652217
三、农业、工业和通讯						
设施农业种植占地面积	公顷	625	6216	881	1515	267
油料产量	吨	20007	14587	2448	16034	20642
棉花产量	吨	1429	176	18	42	1127
规模以上工业企业	个	190	165	301	98	202
固定电话用户	户	18158	32056	71600	11227	29489
四、教育、卫生和社会保障						
普通中学在校学生	人	16467	17763	57381	9793	30557
小学在校学生	人	22441	23585	85918	11139	25669
医疗卫生机构床位	床	1605	1484	3704	996	2041
提供住宿的社会工作机构	个	23	35	19	11	22
提供住宿的社会工作机构床位	床	2144	3630	2814	1477	1838

2019年县(市)社会经济主要指标

安徽省

指　　标	单位	怀宁县	太湖县	宿松县	望江县	岳西县
一、基本情况						
行政区域面积	平方公里	1276	2040	2394	1348	2372
乡	个	5	5	13	2	10
镇	个	15	10	9	8	14
街道办事处	个					
户籍人口	人	706661	578831	873037	640914	413773
第二产业从业人员	人	129000	65654	104752	100357	7413
第三产业从业人员	人	189100	88341	247854	151388	14525
二、综合经济						
地区生产总值	万元	3002829	1891710	2331319	1850926	1224036
第一产业增加值	万元	226829	283551	450684	298077	156795
第二产业增加值	万元	1604000	736368	959404	792126	489149
一般公共预算收入	万元	239690	110751	136315	107833	94486
一般公共预算支出	万元	371583	522399	565000	433740	413470
住户储蓄存款余额	万元	3042971	1465503	2187186	2203117	1279699
年末金融机构各项贷款余额	万元	2203648	1396353	1630049	1429286	1095769
三、农业、工业和通讯						
设施农业种植占地面积	公顷	1027	213	64	700	
油料产量	吨	32331	24660	73751	79932	4380
棉花产量	吨	2547	2485	5554	7710	54
规模以上工业企业	个	296	149	212	137	97
固定电话用户	户	45304	36913	39535	27503	18828
四、教育、卫生和社会保障						
普通中学在校学生	人	25336	21738	43993	25309	18404
小学在校学生	人	29201	28638	56119	30576	22149
医疗卫生机构床位	床	1941	1678	2290	1318	1988
提供住宿的社会工作机构	个	25	21	28	14	37
提供住宿的社会工作机构床位	床	5738	4780	7038	3039	3327

2019年县(市)社会经济主要指标

安徽省

指　　标	单位	桐城市	潜山市	歙　县	休宁县	黟　县
一、基本情况						
行政区域面积	平方公里	1546	1688	2122	2126	857
乡	个		5	13	11	3
镇	个	12	11	15	10	5
街道办事处	个	3				
户籍人口	人	751847	583925	472743	268866	93165
第二产业从业人员	人	60987	147526	84594	47492	15312
第三产业从业人员	人	21579	158590	107770	68837	26991
二、综合经济						
地区生产总值	万元	3808693	2078673	1931069	1096909	427378
第一产业增加值	万元	312389	263619	183414	138622	39445
第二产业增加值	万元	1972701	931332	728356	431011	137075
一般公共预算收入	万元	313718	144249	127625	89138	39815
一般公共预算支出	万元	513900	486392	375218	253122	140166
住户储蓄存款余额	万元	3595946	2001469	2207749	1222956	551764
年末金融机构各项贷款余额	万元	3042265	1398158	2081089	963470	556037
三、农业、工业和通讯						
设施农业种植占地面积	公顷	1786	73	354	501	97
油料产量	吨	22896	17237	15884	8056	3633
棉花产量	吨	1194	1325	10	8	13
规模以上工业企业	个	403	187	156	73	22
固定电话用户	户	79834	35176	33021	24250	7738
四、教育、卫生和社会保障						
普通中学在校学生	人	27729	24703	17693	8321	2117
小学在校学生	人	29484	25056	19306	10986	3376
医疗卫生机构床位	床	2844	1805	1901	989	239
提供住宿的社会工作机构	个	1	37	19	3	10
提供住宿的社会工作机构床位	床	250	4790	935	490	580

2019年县(市)社会经济主要指标

安徽省

指　　标	单位	祁门县	来安县	全椒县	定远县	凤阳县
一、基本情况						
行政区域面积	平方公里	2215	1499	1568	3001	1937
乡	个	8	1		6	1
镇	个	10	11	10	16	14
街道办事处	个					
户籍人口	人	187120	486878	452293	979833	792867
第二产业从业人员	人	22225				
第三产业从业人员	人	37614				
二、综合经济						
地区生产总值	万元	760060	3111826	2674966	3109976	3975463
第一产业增加值	万元	71275	240930	256350	630450	412990
第二产业增加值	万元	243897	1536237	1168686	993101	1760282
一般公共预算收入	万元	52268	341550	310281	195998	341550
一般公共预算支出	万元	198318	458617	425906	628566	525113
住户储蓄存款余额	万元	904864	1567244	1667417	2029589	1911224
年末金融机构各项贷款余额	万元	676879	2621474	2199514	1742312	1931350
三、农业、工业和通讯						
设施农业种植占地面积	公顷	39	5807	532	2349	
油料产量	吨	3025	9844	5031	19661	30569
棉花产量	吨	49	101	1300	615	129
规模以上工业企业	个	52	202	201	126	143
固定电话用户	户	12155	30464	47445	32821	38049
四、教育、卫生和社会保障						
普通中学在校学生	人	5311	15183	15163	40515	22917
小学在校学生	人	8318	22320	18304	43895	45323
医疗卫生机构床位	床	938	2206	2235	3099	1982
提供住宿的社会工作机构	个	2	16	17	27	27
提供住宿的社会工作机构床位	床	208	1500	1964	5308	3425

2019年县(市)社会经济主要指标

安徽省

指　　标	单位	天长市	明光市	临泉县	太和县	阜南县
一、基本情况						
行政区域面积	平方公里	1754	2350	1839	1867	1801
乡	个		1	2	1	8
镇	个	14	12	21	30	20
街道办事处	个	1	4	5		
户籍人口	人	635235	644696	2306591	1783232	1736000
第二产业从业人员	人	202234	88578			
第三产业从业人员	人	146830	116899			
二、综合经济						
地区生产总值	万元	5241495	2352672	3697341	4544372	2782000
第一产业增加值	万元	360962	381810	814067	542164	574000
第二产业增加值	万元	3249656	690017	889436	1948414	846000
一般公共预算收入	万元	377244	213436	286204	466475	131016
一般公共预算支出	万元	712100	418998	984746	935784	835973
住户储蓄存款余额	万元	2762929	1711498	4343787	4552913	3151000
年末金融机构各项贷款余额	万元	3099690	1920298	3216787	3448103	2959000
三、农业、工业和通讯						
设施农业种植占地面积	公顷	230	980	6746	3658	8568
油料产量	吨	1628	41324	12241	4563	14961
棉花产量	吨		89	145	162	129
规模以上工业企业	个	502	117	156	360	228
固定电话用户	户	61531	31000	35853	35742	44602
四、教育、卫生和社会保障						
普通中学在校学生	人	24191	27073	111969	97923	79412
小学在校学生	人	27347	34083	153355	139488	122987
医疗卫生机构床位	床	3685	2464	7628	7912	5434
提供住宿的社会工作机构	个	22	27	65	90	57
提供住宿的社会工作机构床位	床	4202	3634	10209	11161	9306

2019年县(市)社会经济主要指标

安徽省

指　　标	单位	颍上县	界首市	砀山县	萧　县	灵璧县
一、基本情况						
行政区域面积	平方公里	1987	667	1197	1854	2124
乡	个	8	3		5	6
镇	个	22	12	13	18	13
街道办事处	个		3			
户籍人口	人	1795293	834060	1004181	1396379	1293260
第二产业从业人员	人		20935	96000	236843	202036
第三产业从业人员	人		20533	102000	291635	221447
二、综合经济						
地区生产总值	万元	4117554	3428624	2407673	3785974	2821991
第一产业增加值	万元	572585	291834	380769	632365	592237
第二产业增加值	万元	1703448	2028107	784921	1625116	690455
一般公共预算收入	万元	423174	232776	122219	222385	168176
一般公共预算支出	万元	884745	621313	531528	808441	616715
住户储蓄存款余额	万元	3119800	2279343	2410024	2988871	2292790
年末金融机构各项贷款余额	万元	3249792	2413395	2290409	2433355	1914883
三、农业、工业和通讯						
设施农业种植占地面积	公顷	3510	3915	3738	926	570
油料产量	吨	6136	2607	8098	9424	12005
棉花产量	吨	280	136	57	156	208
规模以上工业企业	个	247	337	155	170	101
固定电话用户	户	30063	26632	21393	24459	23930
四、教育、卫生和社会保障						
普通中学在校学生	人	75496	32506	39362	53926	56596
小学在校学生	人	127359	59522	65478	91189	112667
医疗卫生机构床位	床	5031	3679	4136	3015	3785
提供住宿的社会工作机构	个	78	28	27	41	40
提供住宿的社会工作机构床位	床	12633	1445	2331	4492	7976

2019年县(市)社会经济主要指标

安徽省

指　　标	单位	泗　县	霍邱县	舒城县	金寨县	霍山县
一、基本情况						
行政区域面积	平方公里	1857	3239	2100	3918	2043
乡	个	3	9	6	11	3
镇	个	12	21	15	12	13
街道办事处	个					
户籍人口	人	960937	1645283	998795	684410	362492
第二产业从业人员	人	126000	682095	146300	127697	58393
第三产业从业人员	人	149000	950024	234200	169511	64618
二、综合经济						
地区生产总值	万元	2619676	2177693	2994362	1876628	1610786
第一产业增加值	万元	568549	570891	332385	208300	174001
第二产业增加值	万元	786078	525852	1356104	807691	684711
一般公共预算收入	万元	122503	291155	256270	228111	103702
一般公共预算支出	万元	636987	801228	567592	666891	297920
住户储蓄存款余额	万元	1844199	2663035	3179683	1875099	1502077
年末金融机构各项贷款余额	万元	1988385	2657108	2945276	2453857	1369022
三、农业、工业和通讯						
设施农业种植占地面积	公顷	450	2733	6	487	916
油料产量	吨	78542	18566	23701	8557	3847
棉花产量	吨	43	636	1109		43
规模以上工业企业	个	162	138	151	94	110
固定电话用户	户	20566	72400	81200	45667	96336
四、教育、卫生和社会保障						
普通中学在校学生	人	45158	59963	33218	29473	14380
小学在校学生	人	79989	89975	37143	34609	14768
医疗卫生机构床位	床	4780	4736	2743	2763	1460
提供住宿的社会工作机构	个	22	58	37	38	23
提供住宿的社会工作机构床位	床	3500	11894	4594	5811	3430

2019年县(市)社会经济主要指标

安徽省

指　标	单位	涡阳县	蒙城县	利辛县	东至县	石台县
一、基本情况						
行政区域面积	平方公里	2110	2144	2005	3261	1413
乡	个		2	3	3	2
镇	个	20	12	20	12	6
街道办事处	个	3	3			
户籍人口	人	1720096	1466216	1745806	548580	107553
第二产业从业人员	人		261628		84058	23025
第三产业从业人员	人		244557		119554	17724
二、综合经济						
地区生产总值	万元	3626704	3835578	3245779	2026784	279825
第一产业增加值	万元	511530	600172	524162	315791	47455
第二产业增加值	万元	1348873	1064351	976847	865425	65159
一般公共预算收入	万元	274321	224251	248254	167881	30016
一般公共预算支出	万元	752496	708659	720288	339387	161260
住户储蓄存款余额	万元	3322439	2961963	3111970	2054368	450857
年末金融机构各项贷款余额	万元	2736060	3635636	2850212	1283129	356058
三、农业、工业和通讯						
设施农业种植占地面积	公顷	4667	2731	3010	629	55
油料产量	吨	1923	29834	5628	34642	5966
棉花产量	吨	238	158	350	1965	13
规模以上工业企业	个	200	136	110	145	11
固定电话用户	户	24682	32760	55000	34000	14147
四、教育、卫生和社会保障						
普通中学在校学生	人	77713	83167	89168	23896	3434
小学在校学生	人	121299	131802	131752	26383	4168
医疗卫生机构床位	床	5407	4996	4660	2640	543
提供住宿的社会工作机构	个	51	38	30	27	17
提供住宿的社会工作机构床位	床	8021	6255	8192	3100	1186

2019年县(市)社会经济主要指标

安徽省

指　　标	单位	青阳县	郎溪县	泾　县	绩溪县	旌德县
一、基本情况						
行政区域面积	平方公里	1131	1101	2055	1116	905
乡	个	3	2	2	3	
镇	个	10	7	9	8	10
街道办事处	个					
户籍人口	人	275978	347807	351327	174243	148235
第二产业从业人员	人	60825	84102		26981	15223
第三产业从业人员	人	71412	77434		19455	29224
二、综合经济						
地区生产总值	万元	1496655	1801005	1262635	879326	525747
第一产业增加值	万元	126202	179139	187746	133132	78549
第二产业增加值	万元	577926	974418	499244	399413	211234
一般公共预算收入	万元	100189	293000	152902	81941	87667
一般公共预算支出	万元	231198	391960	370346	179835	159664
住户储蓄存款余额	万元	1495034	1227000	1485140	796754	595546
年末金融机构各项贷款余额	万元	1241111	1418436	1020560	955019	559521
三、农业、工业和通讯						
设施农业种植占地面积	公顷	152	70	828	35	340
油料产量	吨	5024	7649	7085	8986	1773
棉花产量	吨	12	58	4	2	4
规模以上工业企业	个	155	209	122	62	23
固定电话用户	户	22408	28000	26001	19200	17552
四、教育、卫生和社会保障						
普通中学在校学生	人	15269	9550	10122	4797	2420
小学在校学生	人	14017	18170	14277	6703	5616
医疗卫生机构床位	床	1399	1733	1565	599	601
提供住宿的社会工作机构	个	16	24	19	12	11
提供住宿的社会工作机构床位	床	2094	2326	2155	1756	880

2019年县(市)社会经济主要指标

安徽省、福建省

指　　标	单位	宁国市	广德市	长乐区	闽侯县	连江县
一、基本情况						
行政区域面积	平方公里	2487	2116	664	2130	1168
乡	个	5	3	2	6	6
镇	个	8	6	12	8	16
街道办事处	个	6		4	1	
户籍人口	人	383096	520438	761091	703319	678249
第二产业从业人员	人	94876	162112	73328	152772	24838
第三产业从业人员	人	91832	147294	29052	143459	23747
二、综合经济						
地区生产总值	万元	3673186	3212359	9515158	7402151	5915573
第一产业增加值	万元	233874	242359	584418	457080	1376394
第二产业增加值	万元	2103806	1547000	6059273	3945308	2490480
一般公共预算收入	万元	309037	454717	786803	732343	529586
一般公共预算支出	万元	495236	541237	649809	1062951	714604
住户储蓄存款余额	万元	1849436	1956000	3872968	3454600	3158500
年末金融机构各项贷款余额	万元	2342758	2568000	10447547	5080544	4666943
三、农业、工业和通讯						
设施农业种植占地面积	公顷	300	205	472	345	233
油料产量	吨	11316	12344	1868	2292	766
棉花产量	吨	12	31			
规模以上工业企业	个	347	355	411	425	139
固定电话用户	户	44015	41000	89873	97831	86966
四、教育、卫生和社会保障						
普通中学在校学生	人	13663	20666	32021	33236	29492
小学在校学生	人	19659	26370	56729	61058	51075
医疗卫生机构床位	床	2128	3133	2536	1800	1580
提供住宿的社会工作机构	个	34	21	27	4	42
提供住宿的社会工作机构床位	床	3550	2618	2546	545	1334

2019年县(市)社会经济主要指标

福建省

指　　标	单位	罗源县	闽清县	永泰县	平潭县	福清市
一、基本情况						
行政区域面积	平方公里	1100	1494	2227	393	1701
乡	个	5	5	12	8	
镇	个	6	11	9	7	17
街道办事处	个					7
户籍人口	人	269612	325078	385736	451700	1391249
第二产业从业人员	人	24418	68862	83121	47132	167230
第三产业从业人员	人	68747	57802	74183	54236	231991
二、综合经济						
地区生产总值	万元	3034011	3291659	2826168	2828500	11501499
第一产业增加值	万元	461839	343086	529429	359000	1005523
第二产业增加值	万元	1702802	1807847	1344280	806400	6042493
一般公共预算收入	万元	112775	157736	122908	708349	1392012
一般公共预算支出	万元	323621	322649	316190	953051	1170408
住户储蓄存款余额	万元	924500	1330900	1084044	2377700	9138900
年末金融机构各项贷款余额	万元	2100949	1012338	1443385	5276300	10252100
三、农业、工业和通讯						
设施农业种植占地面积	公顷	430	535	818	23	3467
油料产量	吨	289	2780	6477	6818	30828
棉花产量	吨					
规模以上工业企业	个	73	114	47	19	416
固定电话用户	户	28067	32125	45706	59833	285860
四、教育、卫生和社会保障						
普通中学在校学生	人	9578	13395	13782	20729	75245
小学在校学生	人	19307	19415	19742	30450	122102
医疗卫生机构床位	床	1198	1482	1174	1406	4159
提供住宿的社会工作机构	个	12	175	33	12	40
提供住宿的社会工作机构床位	床	880	1216	639	350	1322

2019年县(市)社会经济主要指标

福建省

指　　标	单位	仙游县	明溪县	清流县	宁化县	大田县
一、基本情况						
行政区域面积	平方公里	1841	1730	1806	2408	2233
乡	个	5	5	6	5	6
镇	个	12	4	7	11	12
街道办事处	个	1				
户籍人口	人	1176799	118022	154632	375259	416089
第二产业从业人员	人	185100	15042	14226	53129	37945
第三产业从业人员	人	150570	29305	21071	59576	32942
二、综合经济						
地区生产总值	万元	5335232	1073379	1471784	1951425	2178076
第一产业增加值	万元	208273	200401	231866	282374	433914
第二产业增加值	万元	2888469	535965	811588	891117	1156217
一般公共预算收入	万元	262014	52677	73294	96275	110522
一般公共预算支出	万元	566535	161804	202832	315752	279581
住户储蓄存款余额	万元	3259776	512600	433830	960600	865200
年末金融机构各项贷款余额	万元	2738111	330400	388800	875400	959200
三、农业、工业和通讯						
设施农业种植占地面积	公顷	872	100	300	133	73
油料产量	吨	8001	1663	1989	2920	1034
棉花产量	吨					
规模以上工业企业	个	298	93	113	131	171
固定电话用户	户	138207	15552	23005	26117	43078
四、教育、卫生和社会保障						
普通中学在校学生	人	55567	3748	6365	14952	15829
小学在校学生	人	76923	5975	10585	23637	34700
医疗卫生机构床位	床	4057	504	590	1372	1555
提供住宿的社会工作机构	个	23	10	15	37	17
提供住宿的社会工作机构床位	床	3355	664	760	760	984

2019年县(市)社会经济主要指标

福建省

指　　标	单位	尤溪县	沙　县	将乐县	泰宁县	建宁县
一、基本情况						
行政区域面积	平方公里	3420	1799	2241	1529	1716
乡	个	5	4	5	6	5
镇	个	10	6	8	3	4
街道办事处	个		2			
户籍人口	人	452100	271237	186793	138062	155084
第二产业从业人员	人	62464	25243	29965	7921	15320
第三产业从业人员	人	46365	52962	23650	15538	24010
二、综合经济						
地区生产总值	万元	2150516	3140448	1579591	995144	1329670
第一产业增加值	万元	501868	314206	196414	145054	185575
第二产业增加值	万元	844467	1909784	809226	497531	774916
一般公共预算收入	万元	120948	137995	107955	37959	48509
一般公共预算支出	万元	303600	274627	212635	171105	175580
住户储蓄存款余额	万元	1264014	1247300	635800	457400	493100
年末金融机构各项贷款余额	万元	1247785	1822700	665900	490300	471400
三、农业、工业和通讯						
设施农业种植占地面积	公顷	93	233	307	51	60
油料产量	吨	824	1227	877	704	289
棉花产量	吨	38			6	
规模以上工业企业	个	148	206	137	93	112
固定电话用户	户	35738	29399	26680	21951	21921
四、教育、卫生和社会保障						
普通中学在校学生	人	15747	17093	8124	5481	5757
小学在校学生	人	26947	24769	13330	8802	9262
医疗卫生机构床位	床	1744	1277	875	726	504
提供住宿的社会工作机构	个	24	17	15	10	24
提供住宿的社会工作机构床位	床	610	1131	1026	725	753

2019年县(市)社会经济主要指标

福建省

指　标	单位	永安市	惠安县	安溪县	永春县	德化县
一、基本情况						
行政区域面积	平方公里	2931	708	3057	1468	2232
乡	个	3	1	11	4	6
镇	个	8	15	13	18	12
街道办事处	个	4				
户籍人口	人	329531	1047213	1211007	603643	351870
第二产业从业人员	人	43201	286497	114706	101355	105062
第三产业从业人员	人	48717	212145	149117	118995	39682
二、综合经济						
地区生产总值	万元	4316519	13181101	7314936	4840987	2781470
第一产业增加值	万元	359272	328825	525827	251687	136233
第二产业增加值	万元	2649261	9612238	3773786	3055800	1668318
一般公共预算收入	万元	270172	495749	310195	122700	119735
一般公共预算支出	万元	324787	745377	723677	333400	279072
住户储蓄存款余额	万元	1467037	3674200	3406087	1672730	1142005
年末金融机构各项贷款余额	万元	2053800	5045100	4764821	1540254	2216082
三、农业、工业和通讯						
设施农业种植占地面积	公顷	67	475	62	193	124
油料产量	吨	1172	20029	3213	574	551
棉花产量	吨					
规模以上工业企业	个	264	527	268	204	159
固定电话用户	户	36216	292693	107385	53800	44500
四、教育、卫生和社会保障						
普通中学在校学生	人	17226	44762	49582	23139	16196
小学在校学生	人	26704	86911	112556	38456	26639
医疗卫生机构床位	床	2620	4081	4524	2424	1519
提供住宿的社会工作机构	个	46	50	17	23	19
提供住宿的社会工作机构床位	床	220	1911	1103	1340	1129

2019年县(市)社会经济主要指标

福建省

指　　标	单位	金门县	石狮市	晋江市	南安市	云霄县
一、基本情况						
行政区域面积	平方公里		178	744	2024	1051
乡	个				2	3
镇	个		7	13	21	6
街道办事处	个		2	6	3	
户籍人口	人		351067	1193686	1665102	468108
第二产业从业人员	人		203500	734189	571268	75766
第三产业从业人员	人		133800	355122	308543	46799
二、综合经济						
地区生产总值	万元		9178433	25461830	12954359	2607164
第一产业增加值	万元		250614	204343	305535	373245
第二产业增加值	万元		4297778	15868856	7703570	1243049
一般公共预算收入	万元		367535	1379111	500506	99128
一般公共预算支出	万元		432758	1382720	790568	264443
住户储蓄存款余额	万元		4911100	10272634	7674675	1123054
年末金融机构各项贷款余额	万元		7015700	15031518	8445384	1182130
三、农业、工业和通讯						
设施农业种植占地面积	公顷		60	162	258	127
油料产量	吨		625	6909	8175	2697
棉花产量	吨					
规模以上工业企业	个		419	1769	843	182
固定电话用户	户		206200	369039	203750	52153
四、教育、卫生和社会保障						
普通中学在校学生	人		36672	94069	68937	23486
小学在校学生	人		66296	188304	134273	31086
医疗卫生机构床位	床		1830	5235	6144	1919
提供住宿的社会工作机构	个		2	330	20	218
提供住宿的社会工作机构床位	床		197	6926	2231	2502

2019年县(市)社会经济主要指标

福建省

指　　标	单位	漳浦县	诏安县	长泰县	东山县	南靖县
一、基本情况						
行政区域面积	平方公里	2149	1294	900	249	1962
乡	个	4	5	1		
镇	个	17	10	4	7	11
街道办事处	个					
户籍人口	人	944319	684875	211948	221716	360484
第二产业从业人员	人	128176	93245	64457	40475	51038
第三产业从业人员	人	144515	78046	42504	40805	47321
二、综合经济						
地区生产总值	万元	5202979	2848743	3577393	2576800	3748406
第一产业增加值	万元	836771	516581	181391	380334	695965
第二产业增加值	万元	1885670	1382050	2478117	1323010	1851323
一般公共预算收入	万元	260106	63580	127798	104443	89769
一般公共预算支出	万元	573275	282448	225755	229187	277625
住户储蓄存款余额	万元	2181423	1062729	963820	779888	971176
年末金融机构各项贷款余额	万元	2966934	955672	1041723	1179196	829957
三、农业、工业和通讯						
设施农业种植占地面积	公顷	279	2134	419	16	1800
油料产量	吨	13397	5393	2894	2319	1642
棉花产量	吨					
规模以上工业企业	个	262	153	260	100	229
固定电话用户	户	118587	85083	29353	40400	52218
四、教育、卫生和社会保障						
普通中学在校学生	人	42185	26162	8054	8616	13349
小学在校学生	人	66559	46251	16967	15477	19916
医疗卫生机构床位	床	3504	2540	1024	1030	1290
提供住宿的社会工作机构	个	200	33	61	92	11
提供住宿的社会工作机构床位	床	1614	1346	560	1106	550

2019年县(市)社会经济主要指标

福建省

指　　标	单位	平和县	华安县	龙海市	建阳区	顺昌县
一、基本情况						
行政区域面积	平方公里	2310	1278	1337	3383	1980
乡	个	5	3	2	3	3
镇	个	10	6	12	8	8
街道办事处	个				2	1
户籍人口	人	618826	167446	901602	359287	232539
第二产业从业人员	人	59810	36196	237255	21967	24709
第三产业从业人员	人	80173	18685	221802	77638	32387
二、综合经济						
地区生产总值	万元	2766803	1758317	11004570	2485170	1331753
第一产业增加值	万元	523686	336740	792166	397308	207395
第二产业增加值	万元	893076	942874	6417697	1082306	567358
一般公共预算收入	万元	63191	49299	529863	197520	85168
一般公共预算支出	万元	354841	160840	713229	290198	218210
住户储蓄存款余额	万元	1306675	458221	3605232	1402300	828764
年末金融机构各项贷款余额	万元	953726	328595	7129799	2364600	763361
三、农业、工业和通讯						
设施农业种植占地面积	公顷	698	22	111	2	20
油料产量	吨	361	1085	1800	908	309
棉花产量	吨					
规模以上工业企业	个	119	114	486	154	88
固定电话用户	户	61116	22884	130511	46921	18680
四、教育、卫生和社会保障						
普通中学在校学生	人	26090	7980	44253	18207	11299
小学在校学生	人	33807	9608	72227	25666	11164
医疗卫生机构床位	床	2356	667	4068	2291	681
提供住宿的社会工作机构	个	277	112	275	18	16
提供住宿的社会工作机构床位	床	3167	1370	3424	864	809

2019年县(市)社会经济主要指标

福建省

指　　标	单位	浦城县	光泽县	松溪县	政和县	邵武市
一、基本情况						
行政区域面积	平方公里	3376	2240	1043	1744	2859
乡	个	8	5	6	5	3
镇	个	9	3	2	4	12
街道办事处	个	2		1	1	4
户籍人口	人	425754	162380	167624	237701	303861
第二产业从业人员	人	51043	25567	13110	22813	20290
第三产业从业人员	人	65286	22986	14520	26532	69918
二、综合经济						
地区生产总值	万元	1666203	1145294	815392	982663	2442513
第一产业增加值	万元	356531	431360	141081	177907	301823
第二产业增加值	万元	602227	386718	330022	406601	1176640
一般公共预算收入	万元	100178	68138	39724	56354	188543
一般公共预算支出	万元	333055	187604	156810	182068	288934
住户储蓄存款余额	万元	1339400	527964	520418	618727	1326500
年末金融机构各项贷款余额	万元	844459	705604	422066	473318	1526541
三、农业、工业和通讯						
设施农业种植占地面积	公顷	13	46	91	144	174
油料产量	吨	1428	383	170	152	4128
棉花产量	吨					
规模以上工业企业	个	96	37	58	110	199
固定电话用户	户	42382	13711	15679	19602	42300
四、教育、卫生和社会保障						
普通中学在校学生	人	19656	7992	6593	8887	12847
小学在校学生	人	22329	9585	11488	16946	19192
医疗卫生机构床位	床	1724	686	633	841	1986
提供住宿的社会工作机构	个	26	9	9	11	18
提供住宿的社会工作机构床位	床	3118	500	768	589	1333

2019年县(市)社会经济主要指标

福建省

指　标	单位	武夷山市	建瓯市	永定区	长汀县	上杭县
一、基本情况						
行政区域面积	平方公里	2803	4199	2226	3099	2855
乡	个	4	4	11	5	5
镇	个	3	10	12	13	17
街道办事处	个	3	4	1		
户籍人口	人	246707	549100	489703	549141	524808
第二产业从业人员	人	26139	55027	84799	120666	115123
第三产业从业人员	人	52738	73682	119542	81918	123171
二、综合经济						
地区生产总值	万元	2071161	2917225	2670504	2897495	4024642
第一产业增加值	万元	277642	517226	357834	380480	552016
第二产业增加值	万元	820881	1201446	1088795	1321009	1717036
一般公共预算收入	万元	130145	146904	163111	144441	273773
一般公共预算支出	万元	277761	355301	315620	380977	501119
住户储蓄存款余额	万元	1209169	1781804	1130768	1274501	1465700
年末金融机构各项贷款余额	万元	1505418	1555322	1229592	1564874	2250140
三、农业、工业和通讯						
设施农业种植占地面积	公顷	321	1077	229	156	293
油料产量	吨	1649	1153	1307	4470	2897
棉花产量	吨					
规模以上工业企业	个	63	174	125	113	94
固定电话用户	户	38990	38000	70867	53662	74300
四、教育、卫生和社会保障						
普通中学在校学生	人	11586	23947	18558	23206	18390
小学在校学生	人	19133	36239	30590	38578	30648
医疗卫生机构床位	床	1240	2572	2035	2961	2056
提供住宿的社会工作机构	个	10	16	36	21	46
提供住宿的社会工作机构床位	床	622	2122	802	1267	2665

2019年县(市)社会经济主要指标

福建省

指　　标	单位	武平县	连城县	漳平市	霞浦县	古田县
一、基本情况						
行政区域面积	平方公里	2638	2579	2956	1708	2377
乡	个	2	7	3	6	4
镇	个	14	10	11	6	8
街道办事处	个	1		2	2	2
户籍人口	人	399289	344542	293583	550882	427546
第二产业从业人员	人	41160	43499	50813	34595	42537
第三产业从业人员	人	101580	100429	45266	125543	54947
二、综合经济						
地区生产总值	万元	2554853	2586571	2590538	2546093	1967990
第一产业增加值	万元	370792	378484	352241	674390	468509
第二产业增加值	万元	1107472	1180277	1133553	701076	520549
一般公共预算收入	万元	142304	65285	90804	128943	80385
一般公共预算支出	万元	329879	296182	246869	378853	285567
住户储蓄存款余额	万元	866444	695913	909440	1034746	1319387
年末金融机构各项贷款余额	万元	1217381	946835	1097299	1835567	1549512
三、农业、工业和通讯						
设施农业种植占地面积	公顷	370	321	507	39	21
油料产量	吨	1135	3860	992	1656	432
棉花产量	吨					
规模以上工业企业	个	121	120	145	142	102
固定电话用户	户	58060	40650	48592	48625	56601
四、教育、卫生和社会保障						
普通中学在校学生	人	13249	11575	11986	21996	13877
小学在校学生	人	21451	19710	21809	44067	22018
医疗卫生机构床位	床	1840	1617	1329	1899	1392
提供住宿的社会工作机构	个	21	15	15	73	15
提供住宿的社会工作机构床位	床	1385	860	815	1747	992

2019年县(市)社会经济主要指标

福建省

指 标	单位	屏南县	寿宁县	周宁县	柘荣县	福安市
一、基本情况						
行政区域面积	平方公里	1486	1433	1047	544	1810
乡	个	6	6	3	7	5
镇	个	5	8	6	2	13
街道办事处	个					4
户籍人口	人	190832	265174	212609	110041	676688
第二产业从业人员	人	14761	18135	11023	17052	101230
第三产业从业人员	人	23165	47320	37988	15663	86175
二、综合经济						
地区生产总值	万元	894523	1005706	724356	714191	5690118
第一产业增加值	万元	145031	167344	78781	85290	516475
第二产业增加值	万元	247312	400483	264771	324445	3619673
一般公共预算收入	万元	43296	51342	37037	43593	
一般公共预算支出	万元	214035	209307	176942	134025	470453
住户储蓄存款余额	万元	520653	545721	443342	281518	1802928
年末金融机构各项贷款余额	万元	809478	515151	466666	378922	2571401
三、农业、工业和通讯						
设施农业种植占地面积	公顷	27	57	283	46	2867
油料产量	吨		113	328	176	1876
棉花产量	吨					
规模以上工业企业	个	21	75	41	77	220
固定电话用户	户	17825	25058	19719	16879	65425
四、教育、卫生和社会保障						
普通中学在校学生	人	6474	10526	7762	4888	36656
小学在校学生	人	10712	12882	12240	8785	55941
医疗卫生机构床位	床	765	926	702	503	2391
提供住宿的社会工作机构	个	43	132	86	83	32
提供住宿的社会工作机构床位	床	365	1215	606	805	1719

2019年县(市)社会经济主要指标

福建省、江西省

指　　标	单位	福鼎市	新建区	南昌县	安义县	进贤县
一、基本情况						
行政区域面积	平方公里	1526	2368	1811	660	1946
乡	个	3	6	7	3	12
镇	个	10	13	11	7	9
街道办事处	个	3	5	1		
户籍人口	人	604939	1003443	1058294	308038	849422
第二产业从业人员	人	105106	80825	179350	43058	108384
第三产业从业人员	人	96135	131289	357207	49835	205031
二、综合经济						
地区生产总值	万元	4180361	10445981	17695396	836602	2387285
第一产业增加值	万元	584585	639893	677428	135752	634018
第二产业增加值	万元	2296637	2058595	11341690	306963	862025
一般公共预算收入	万元	298125	677746	1037174	116300	197126
一般公共预算支出	万元	404509	1349314	2019547	326350	624184
住户储蓄存款余额	万元	1979221	2691260	4363339	1117920	2722744
年末金融机构各项贷款余额	万元	4634198	4760286	7167894	1737808	2516175
三、农业、工业和通讯						
设施农业种植占地面积	公顷	233		628	19	119
油料产量	吨	292	28969	13340	20596	49222
棉花产量	吨		177		1304	38
规模以上工业企业	个	305	166	508	176	145
固定电话用户	户	82879	45069	71100		48500
四、教育、卫生和社会保障						
普通中学在校学生	人	25452	38029	65583	13359	51032
小学在校学生	人	46203	92272	112302	17492	51095
医疗卫生机构床位	床	2245	2062	4270	1053	2416
提供住宿的社会工作机构	个	27	23	26	12	32
提供住宿的社会工作机构床位	床	1206	3207	3931	360	2381

2019年县(市)社会经济主要指标

江西省

指　　标	单位	浮梁县	乐平市	莲花县	上栗县	芦溪县
一、基本情况						
行政区域面积	平方公里	2851	1980	1072	727	961
乡	个	8	1	8	4	5
镇	个	10	15	5	6	5
街道办事处	个		2			
户籍人口	人	287222	948050	279387	522980	313309
第二产业从业人员	人	67798	178531	42600	117637	68600
第三产业从业人员	人	50574	197225	50400	98923	66800
二、综合经济						
地区生产总值	万元	1362240	3402119	606994	1633764	1086697
第一产业增加值	万元	185975	367342	101506	165357	200014
第二产业增加值	万元	692547	1621909	167833	838970	450903
一般公共预算收入	万元	102800	316339	61428	155133	116628
一般公共预算支出	万元	309396	660858	267512	420508	344128
住户储蓄存款余额	万元	860200	3011844	892670	801325	751410
年末金融机构各项贷款余额	万元	1189400	1978512	714993	1181572	1164271
三、农业、工业和通讯						
设施农业种植占地面积	公顷	610	2575	160	906	1530
油料产量	吨	10306	27204	22696	4909	5406
棉花产量	吨	333	1366			1
规模以上工业企业	个	103	116	53	121	112
固定电话用户	户	22000	43124	21518	42140	26594
四、教育、卫生和社会保障						
普通中学在校学生	人	14732	61188	16998	29942	18660
小学在校学生	人	18734	85749	21931	40470	25878
医疗卫生机构床位	床	811	3076	1182	2228	1228
提供住宿的社会工作机构	个	21	23	15	10	11
提供住宿的社会工作机构床位	床	1355	2550	1180	1328	1637

2019年县(市)社会经济主要指标

江西省

指　标	单位	柴桑区	武宁县	修水县	永修县	德安县
一、基本情况						
行政区域面积	平方公里	917	3504	4504	2047	863
乡	个	3	11	17	4	8
镇	个	5	8	19	11	5
街道办事处	个	3	1			
户籍人口	人	330880	408712	893254	399810	179323
第二产业从业人员	人	72713	40112	150382	48956	34374
第三产业从业人员	人	58696	81123	171043	66433	34797
二、综合经济						
地区生产总值	万元	1700274	1682167	2470033	2427512	1433507
第一产业增加值	万元	195610	211129	255700	243501	91178
第二产业增加值	万元	761894	727508	1024496	1319005	888876
一般公共预算收入	万元	234589	134563	260666	174771	137422
一般公共预算支出	万元	232517	301317	678726	523151	293476
住户储蓄存款余额	万元	1053805	1245998	1661897	1341251	786231
年末金融机构各项贷款余额	万元	1828091	1226190	2151682	1401707	1100600
三、农业、工业和通讯						
设施农业种植占地面积	公顷	323	1441	1023	1582	236
油料产量	吨	13967	15322	16445	12624	7160
棉花产量	吨	4705	223	497	1708	1901
规模以上工业企业	个	119	128	148	199	143
固定电话用户	户	20215	38920	93152	38526	23886
四、教育、卫生和社会保障						
普通中学在校学生	人	17521	18412	42314	23195	11137
小学在校学生	人	20020	30557	68637	25692	16657
医疗卫生机构床位	床	1476	1791	2474	1345	758
提供住宿的社会工作机构	个	13	23	45	22	9
提供住宿的社会工作机构床位	床	2605	1172	4820	1197	765

2019年县(市)社会经济主要指标

江西省

指　　标	单位	都昌县	湖口县	彭泽县	瑞昌市	共青城市
一、基本情况						
行政区域面积	平方公里	2227	674	1534	1419	309
乡	个	12	6	3	8	3
镇	个	12	6	10	8	2
街道办事处	个				2	1
户籍人口	人	815672	295119	376463	462122	123696
第二产业从业人员	人	141903	47768	49909	71351	33126
第三产业从业人员	人	160215	46923	92288	74165	3623
二、综合经济						
地区生产总值	万元	2087359	2351662	1676435	2577831	1474495
第一产业增加值	万元	299375	153927	243018	196441	70445
第二产业增加值	万元	820202	1580618	820676	1500190	845759
一般公共预算收入	万元	155790	211290	175407	257842	149922
一般公共预算支出	万元	558544	353021	412015	479107	293855
住户储蓄存款余额	万元	1854361	997536	1150166	1463539	486169
年末金融机构各项贷款余额	万元	1326814	1249949	1096851	1698649	1230612
三、农业、工业和通讯						
设施农业种植占地面积	公顷	324	480	300	365	467
油料产量	吨	32911	23763	41740	24719	1539
棉花产量	吨	5936	7646	11890	2542	352
规模以上工业企业	个	109	125	153	191	180
固定电话用户	户	97104	31030	45000	43201	19077
四、教育、卫生和社会保障						
普通中学在校学生	人	41025	16106	15646	32338	8302
小学在校学生	人	46788	17700	22569	38143	14016
医疗卫生机构床位	床	2691	1213	1381	2614	515
提供住宿的社会工作机构	个	27	14	17	22	4
提供住宿的社会工作机构床位	床	1264	1280	785	2200	75

2019年县(市)社会经济主要指标

江西省

指　　标	单位	庐山市	分宜县	余江区	贵溪市	南康区
一、基本情况						
行政区域面积	平方公里	641	1389	931	2493	1829
乡	个	1	3	5	4	12
镇	个	9	7	7	14	6
街道办事处	个		2		3	2
户籍人口	人	278735	346710	399533	649589	882388
第二产业从业人员	人	52842	51382	55100	107200	228575
第三产业从业人员	人	30349	67661	101300	140750	169913
二、综合经济						
地区生产总值	万元	1385276	1783339	1518643	4906358	3385597
第一产业增加值	万元	96108	204351	201420	347640	234353
第二产业增加值	万元	509873	600211	752288	3001256	1473553
一般公共预算收入	万元	197080	134340	133069	373912	233346
一般公共预算支出	万元	287565	304958	361663	560534	800188
住户储蓄存款余额	万元	761975	1088417	1210699	1932131	3895225
年末金融机构各项贷款余额	万元	886674	1539828	1486200	2293745	5036615
三、农业、工业和通讯						
设施农业种植占地面积	公顷		153	75	3160	1765
油料产量	吨	8558	6206	21714	8844	14063
棉花产量	吨	1471	57			
规模以上工业企业	个	77	81	94	124	575
固定电话用户	户	48841	13359	17451	40600	144265
四、教育、卫生和社会保障						
普通中学在校学生	人	15344	19517	24713	34176	72756
小学在校学生	人	24028	26092	29876	45644	77866
医疗卫生机构床位	床	1306	1563	1748	3270	3744
提供住宿的社会工作机构	个	11	11	20	23	79
提供住宿的社会工作机构床位	床	549	928	1833	1461	2040

2019年县(市)社会经济主要指标

江西省

指　　标	单位	赣县区	信丰县	大余县	上犹县	崇义县
一、基本情况						
行政区域面积	平方公里	2990	2866	1344	1542	2208
乡	个	7	3	3	8	10
镇	个	12	13	8	6	6
街道办事处	个					
户籍人口	人	660038	780476	307746	323763	216501
第二产业从业人员	人	51703	105242	35959	34685	21072
第三产业从业人员	人	78322	106408	45143	49949	46702
二、综合经济						
地区生产总值	万元	1916494	2349100	1055729	883456	845693
第一产业增加值	万元	218086	379200	129858	138242	100978
第二产业增加值	万元	616891	879200	442221	331693	338789
一般公共预算收入	万元	167150	126762	92735	68948	94818
一般公共预算支出	万元	652544	549725	365800	351996	305316
住户储蓄存款余额	万元	2077460	2357202	1015811	920935	674999
年末金融机构各项贷款余额	万元	2388159	2508585	974565	1279796	1098867
三、农业、工业和通讯						
设施农业种植占地面积	公顷	509	1217	96	102	283
油料产量	吨	4808	16012	3708	2495	1267
棉花产量	吨					1
规模以上工业企业	个	114	108	77	58	41
固定电话用户	户	42089	54462	28462	28636	17150
四、教育、卫生和社会保障						
普通中学在校学生	人	34134	54872	20657	23447	15306
小学在校学生	人	54553	69948	25200	27976	16019
医疗卫生机构床位	床	2201	3986	1663	1289	1068
提供住宿的社会工作机构	个	26	17	16	9	29
提供住宿的社会工作机构床位	床	1566	1355	1452	446	872

2019年县(市)社会经济主要指标

江西省

指　　标	单位	安远县	龙南县	定南县	全南县	宁都县
一、基本情况						
行政区域面积	平方公里	2350	1646	1321	1535	4049
乡	个	10	5		3	12
镇	个	8	9	7	6	12
街道办事处	个					
户籍人口	人	408002	338236	221479	196181	846165
第二产业从业人员	人	26591	66351	28056	22243	151000
第三产业从业人员	人	68668	73689	48965	30021	201400
二、综合经济						
地区生产总值	万元	877799	1640711	825266	818769	2091410
第一产业增加值	万元	197253	141742	115110	143643	411035
第二产业增加值	万元	224547	863627	284500	323410	589722
一般公共预算收入	万元	99187	151400	86351	68240	88560
一般公共预算支出	万元	385456	365900	326972	329309	607385
住户储蓄存款余额	万元	928061	1107142	619780	645605	2571761
年末金融机构各项贷款余额	万元	1311985	1511170	1522528	732381	1984501
三、农业、工业和通讯						
设施农业种植占地面积	公顷	368	99	98	680	385
油料产量	吨	353	2854	543	4060	9221
棉花产量	吨				3	
规模以上工业企业	个	49	124	59	58	92
固定电话用户	户	28326	29576	26974	18050	36329
四、教育、卫生和社会保障						
普通中学在校学生	人	31268	18484	10152	14772	62595
小学在校学生	人	37099	29170	22173	15353	68589
医疗卫生机构床位	床	2270	1921	1248	1091	3543
提供住宿的社会工作机构	个	16	11	3	6	26
提供住宿的社会工作机构床位	床	852	855	468	840	3822

2019年县(市)社会经济主要指标

江西省

指　　标	单位	于都县	兴国县	会昌县	寻乌县	石城县
一、基本情况						
行政区域面积	平方公里	2892	3215	2712	2352	1567
乡	个	14	17	13	8	5
镇	个	9	8	6	7	6
街道办事处	个					
户籍人口	人	1119715	856771	531899	331138	335113
第二产业从业人员	人	125775	164500	49992	49700	35946
第三产业从业人员	人	191590	185200	94185	79700	49834
二、综合经济						
地区生产总值	万元	2662332	1915773	1285611	975734	800708
第一产业增加值	万元	292212	316401	234760	221884	164807
第二产业增加值	万元	1057370	609666	465909	305227	237446
一般公共预算收入	万元	147458	90010	103168	57855	58943
一般公共预算支出	万元	734585	652200	492943	385000	336825
住户储蓄存款余额	万元	2842690	2215897	1360999	749045	1023082
年末金融机构各项贷款余额	万元	2592794	1878676	1537459	979279	1149365
三、农业、工业和通讯						
设施农业种植占地面积	公顷	1247	716	660	520	266
油料产量	吨	14380	7604	1683	2977	5728
棉花产量	吨					
规模以上工业企业	个	136	90	61	54	48
固定电话用户	户	64055	58950	33600	27505	13630
四、教育、卫生和社会保障						
普通中学在校学生	人	79807	74665	32547	20690	20144
小学在校学生	人	95790	74220	40436	24187	24188
医疗卫生机构床位	床	3908	3402	2894	1298	1703
提供住宿的社会工作机构	个	27	27	29	19	19
提供住宿的社会工作机构床位	床	3144	2260	2374	1246	1893

2019年县(市)社会经济主要指标

江西省

指　标	单位	瑞金市	吉安县	吉水县	峡江县	新干县
一、基本情况						
行政区域面积	平方公里	2441	2122	2510	1298	1248
乡	个	10	6	3	5	6
镇	个	7	13	15	6	7
街道办事处	个		2			1
户籍人口	人	709737	512144	585402	191146	355419
第二产业从业人员	人	62483	102879	97489	31060	49500
第三产业从业人员	人	103501	42155	119012	33510	68000
二、综合经济						
地区生产总值	万元	1659203	1997927	1745957	746290	1670500
第一产业增加值	万元	248702	262463	242185	112212	188800
第二产业增加值	万元	620590	1106351	660300	284098	793500
一般公共预算收入	万元	140141	187679	120402	80856	113900
一般公共预算支出	万元	668138	440024	465051	250745	324200
住户储蓄存款余额	万元	2088685	1671329	1642270	688304	1565800
年末金融机构各项贷款余额	万元	2702377	1789478	1735353	655520	1611000
三、农业、工业和通讯						
设施农业种植占地面积	公顷	734	423	138	398	2087
油料产量	吨	8715	17018	18217	5495	21646
棉花产量	吨	3			67	216
规模以上工业企业	个	72	152	115	87	188
固定电话用户	户	53696	27274	26689	9596	8336
四、教育、卫生和社会保障						
普通中学在校学生	人	49663	31574	34279	11505	22470
小学在校学生	人	58470	45378	48511	15823	29238
医疗卫生机构床位	床	2813	2265	2611	689	1554
提供住宿的社会工作机构	个	31	21	26	13	15
提供住宿的社会工作机构床位	床	3095	1211	1316	950	2102

2019年县(市)社会经济主要指标

江西省

指　　标	单位	永丰县	泰和县	遂川县	万安县	安福县
一、基本情况						
行政区域面积	平方公里	2710	2660	3144	2038	2793
乡	个	13	6	11	7	12
镇	个	8	16	12	9	7
街道办事处	个					
户籍人口	人	495195	601471	622277	318693	422500
第二产业从业人员	人	105387	234900	113110	52400	66445
第三产业从业人员	人	64715	133500	109635	74200	99348
二、综合经济						
地区生产总值	万元	1818149	1987530	1645187	885849	1561615
第一产业增加值	万元	213170	275561	145392	124826	195456
第二产业增加值	万元	808643	922001	706534	310195	700006
一般公共预算收入	万元	130001	145400	111864	83060	120513
一般公共预算支出	万元	412543	516778	536985	377294	380037
住户储蓄存款余额	万元	1541305	2108674	1497225	1078603	1481797
年末金融机构各项贷款余额	万元	1407701	2022920	1630684	1010548	1155786
三、农业、工业和通讯						
设施农业种植占地面积	公顷	1023	3995	46	148	2667
油料产量	吨	7605	28405	8350	10745	20345
棉花产量	吨					
规模以上工业企业	个	146	117	106	87	110
固定电话用户	户	18790	24572	34289	17778	30669
四、教育、卫生和社会保障						
普通中学在校学生	人	29897	36497	35288	18635	20963
小学在校学生	人	46273	53681	59613	25490	32346
医疗卫生机构床位	床	2642	3323	3022	1429	2211
提供住宿的社会工作机构	个	28	27	25	19	22
提供住宿的社会工作机构床位	床	2075	1468	1449	1043	900

2019年县(市)社会经济主要指标

江西省

指　　标	单位	永新县	井冈山市	奉新县	万载县	上高县
一、基本情况						
行政区域面积	平方公里	2181	1298	1642	1720	1350
乡	个	13	12	3	7	5
镇	个	10	7	10	9	9
街道办事处	个	1	1		1	1
户籍人口	人	529672	170938	336373	579102	384971
第二产业从业人员	人	111485	30168	42063	115839	114018
第三产业从业人员	人	84167	33785	47310	130378	52673
二、综合经济						
地区生产总值	万元	1090753	678597	1855402	2032694	2195636
第一产业增加值	万元	161043	55048	211164	193050	247472
第二产业增加值	万元	280270	116964	864532	962445	1034490
一般公共预算收入	万元	76200	68047	159280	165629	177107
一般公共预算支出	万元	374000	244542	372907	477538	387506
住户储蓄存款余额	万元	1684092	683030	1134874	1581159	1720000
年末金融机构各项贷款余额	万元	995643	953580	1337258	1855476	2000000
三、农业、工业和通讯						
设施农业种植占地面积	公顷	439	112	124	1333	139
油料产量	吨	26884	2881	15032	4838	15432
棉花产量	吨	11		637	31	813
规模以上工业企业	个	75	34	115	169	186
固定电话用户	户	38824	30855	22610	31243	28199
四、教育、卫生和社会保障						
普通中学在校学生	人	32244	10552	19337	47777	24583
小学在校学生	人	39555	15823	26361	60524	35524
医疗卫生机构床位	床	2231	708	2053	3112	1940
提供住宿的社会工作机构	个	1	7	20		19
提供住宿的社会工作机构床位	床	40	550	1818		2750

2019年县(市)社会经济主要指标

江西省

指　　标	单位	宜丰县	靖安县	铜鼓县	丰城市	樟树市
一、基本情况						
行政区域面积	平方公里	1934	1377	1552	2845	1289
乡	个	4	6	3	7	4
镇	个	8	5	6	20	10
街道办事处	个				6	5
户籍人口	人	299843	152744	138231	1493144	607800
第二产业从业人员	人	44787	23869	14140	176980	84377
第三产业从业人员	人	62366	30838	24294	328340	157428
二、综合经济						
地区生产总值	万元	1485913	642540	552319	5175738	4085869
第一产业增加值	万元	227683	77737	75680	729218	406625
第二产业增加值	万元	689004	243065	192900	2375708	1867870
一般公共预算收入	万元	121426	64248	48364	496626	363272
一般公共预算支出	万元	309772	227531	197011	1050088	665445
住户储蓄存款余额	万元	1336320	601496	381754	4333407	2634400
年末金融机构各项贷款余额	万元	1342157	672467	373492	4021640	2898478
三、农业、工业和通讯						
设施农业种植占地面积	公顷	28	36	19	1062	580
油料产量	吨	1203	7748	495	45154	56447
棉花产量	吨	271	498		146	338
规模以上工业企业	个	136	60	31	232	234
固定电话用户	户	23110	13530	12660	81284	55224
四、教育、卫生和社会保障						
普通中学在校学生	人	17841	6858	8782	78757	33069
小学在校学生	人	23685	10201	10356	98388	45687
医疗卫生机构床位	床	1450	656	701	5469	2746
提供住宿的社会工作机构	个	24	12	11	29	23
提供住宿的社会工作机构床位	床	1491	595	835	1860	4495

2019年县(市)社会经济主要指标

江西省

指　　标	单位	高安市	东乡区	南城县	黎川县	南丰县
一、基本情况						
行政区域面积	平方公里	2429	1268	1713	1709	1913
乡	个	2	4	2	8	5
镇	个	19	9	10	7	7
街道办事处	个	2	1			
户籍人口	人	877558	484905	340524	252569	315371
第二产业从业人员	人	132948	57434	60800	50085	27625
第三产业从业人员	人	188863	49668	67100	64096	61329
二、综合经济						
地区生产总值	万元	4487829	1762292	1483916	820251	1378760
第一产业增加值	万元	418348	250793	186853	115653	326312
第二产业增加值	万元	1625544	761133	543824	277906	342849
一般公共预算收入	万元	304249	170715	102761	73443	79408
一般公共预算支出	万元	687512	532103	348416	285226	334312
住户储蓄存款余额	万元	3398028	1600001	1108307	751424	935296
年末金融机构各项贷款余额	万元	4069940	1860738	1246819	777387	1417603
三、农业、工业和通讯						
设施农业种植占地面积	公顷	1031	583		585	49
油料产量	吨	62096	8049	1817	3290	384
棉花产量	吨	6819		32		
规模以上工业企业	个	210	118	87	53	40
固定电话用户	户	72767	26390	20801	11200	15647
四、教育、卫生和社会保障						
普通中学在校学生	人	56289	27852	21481	12005	13443
小学在校学生	人	71928	35979	30432	17026	27070
医疗卫生机构床位	床	4885	2419	1214	908	1568
提供住宿的社会工作机构	个	25	21	14	13	13
提供住宿的社会工作机构床位	床	1960	1811	844	874	793

2019年县(市)社会经济主要指标

江西省

指　　标	单位	崇仁县	乐安县	宜黄县	金溪县	资溪县
一、基本情况						
行政区域面积	平方公里	1521	2411	1937	1353	1248
乡	个	8	7	4	5	2
镇	个	7	9	8	8	5
街道办事处	个					
户籍人口	人	389933	388288	237105	320329	115440
第二产业从业人员	人	43460	44812	33477	54565	12286
第三产业从业人员	人	45720	35663	53295	57230	33394
二、综合经济						
地区生产总值	万元	1285656	714906	821324	933302	432125
第一产业增加值	万元	277011	112656	100815	138453	43425
第二产业增加值	万元	425995	215554	334116	304137	118524
一般公共预算收入	万元	82407	55131	67689	66007	31625
一般公共预算支出	万元	384437	367361	238276	292584	161122
住户储蓄存款余额	万元	1113089	1218124	691700	906463	436394
年末金融机构各项贷款余额	万元	1000743	1217942	841427	1240927	499653
三、农业、工业和通讯						
设施农业种植占地面积	公顷	358	733	783	175	37
油料产量	吨	18796	2754	1888	5714	86
棉花产量	吨	1032		8		
规模以上工业企业	个	101	24	81	57	15
固定电话用户	户	10960	9847	5600	6890	12130
四、教育、卫生和社会保障						
普通中学在校学生	人	20745	20018	12093	19156	5932
小学在校学生	人	30624	30852	16171	24834	7391
医疗卫生机构床位	床	1260	1555	951	995	269
提供住宿的社会工作机构	个	18	16	70	18	9
提供住宿的社会工作机构床位	床	1065	1800	496	987	331

2019年县(市)社会经济主要指标

江西省

指　标	单位	广昌县	广丰区	广信区	玉山县	铅山县
一、基本情况						
行政区域面积	平方公里	1603	1377	2232	1732	2178
乡	个	5	3	10	6	9
镇	个	6	15	11	10	8
街道办事处	个		5	3	2	
户籍人口	人	252633	984695	862540	649958	481704
第二产业从业人员	人	28263	176822	181148	160542	87235
第三产业从业人员	人	64613	180085	209633	128372	114466
二、综合经济						
地区生产总值	万元	780986	4383766	2788850	2162833	1529346
第一产业增加值	万元	119726	247416	208572	185154	179427
第二产业增加值	万元	253223	2288026	1731775	922036	592268
一般公共预算收入	万元	60428	303327	293485	203834	155110
一般公共预算支出	万元	356418	777238	748943	534734	460625
住户储蓄存款余额	万元	808855	2282188	2113163	2270412	1384228
年末金融机构各项贷款余额	万元	843568	2395308	3408927	2263400	1300060
三、农业、工业和通讯						
设施农业种植占地面积	公顷	277	433	535	615	867
油料产量	吨	355	10182	5398	16682	2764
棉花产量	吨		24	8	170	
规模以上工业企业	个	66	196	197	235	79
固定电话用户	户	6422	46357	64561	64356	29860
四、教育、卫生和社会保障						
普通中学在校学生	人	14828	72945	54607	50426	32521
小学在校学生	人	19651	64488	66535	49656	34774
医疗卫生机构床位	床	801	4029	3182	2969	1828
提供住宿的社会工作机构	个	12	29	22	20	23
提供住宿的社会工作机构床位	床	831	1966	1001	1930	2254

2019年县(市)社会经济主要指标

江西省

指　　标	单位	横峰县	弋阳县	余干县	鄱阳县	万年县
一、基本情况						
行政区域面积	平方公里	654	1573	2331	4215	1148
乡	个	6	5	11	15	6
镇	个	2	10	9	14	6
街道办事处	个	1	2		1	
户籍人口	人	229602	429982	1097230	1592323	440041
第二产业从业人员	人	41820	95410	186379	286161	95347
第三产业从业人员	人	49487	64337	289770	260863	101457
二、综合经济						
地区生产总值	万元	774843	1218742	1986348	2436010	1655549
第一产业增加值	万元	61774	222212	445683	624874	181463
第二产业增加值	万元	427907	359090	566874	696920	818381
一般公共预算收入	万元	72915	115285	120016	135335	221856
一般公共预算支出	万元	304085	441726	681342	987426	479465
住户储蓄存款余额	万元	701278	1305697	2533438	3368983	1392411
年末金融机构各项贷款余额	万元	1021639	1359663	2002706	2300287	1293379
三、农业、工业和通讯						
设施农业种植占地面积	公顷	308	244	2394	667	435
油料产量	吨	4168	6193	24339	105606	5703
棉花产量	吨		34	75	6116	441
规模以上工业企业	个	53	125	125	139	132
固定电话用户	户	3562	22083	58000	80083	2900
四、教育、卫生和社会保障						
普通中学在校学生	人	14364	29948	48083	92612	37678
小学在校学生	人	18978	36777	88658	105366	39559
医疗卫生机构床位	床	963	1423	5541	5019	1644
提供住宿的社会工作机构	个	7	25	23	41	21
提供住宿的社会工作机构床位	床	800	2556	1500	4391	2258

2019年县(市)社会经济主要指标

江西省、山东省

指　　标	单位	婺源县	德兴市	长清区	章丘区	济阳区
一、基本情况						
行政区域面积	平方公里	2968	2080	1209	1719	1099
乡	个	6	6			
镇	个	10	6	3	3	4
街道办事处	个	1	4	7	15	6
户籍人口	人	376423	336136	571918	1055300	597184
第二产业从业人员	人	47123	16588	159320	315933	123500
第三产业从业人员	人	100230	16523	120398	276965	155000
二、综合经济						
地区生产总值	万元	1315044	1546612	3179399	9110255	2252493
第一产业增加值	万元	103826	192546	320460	768641	417243
第二产业增加值	万元	300395	571444	1528597	4672530	1048357
一般公共预算收入	万元	110802	291243	256307	642171	269518
一般公共预算支出	万元	364835	575321	585007	729543	508122
住户储蓄存款余额	万元	1391832	1398555	2905830	5756706	1905653
年末金融机构各项贷款余额	万元	1357962	1400372	2239211	6048601	1893030
三、农业、工业和通讯						
设施农业种植占地面积	公顷	109	44	842	3654	5893
油料产量	吨	9105	4937	17976	6145	2292
棉花产量	吨	78	31	162	872	178
规模以上工业企业	个	62	151	189	568	93
固定电话用户	户	67100	50127		112000	40400
四、教育、卫生和社会保障						
普通中学在校学生	人	23130	22333	24653	46910	27828
小学在校学生	人	29718	27404	28577	55172	39161
医疗卫生机构床位	床	1750	2033	1377	4600	1855
提供住宿的社会工作机构	个	9	21	186	76	15
提供住宿的社会工作机构床位	床	1200	1560	5268	1759	1955

2019年县(市)社会经济主要指标

山东省

指　　标	单位	平阴县	商河县	即墨区	胶州市	平度市
一、基本情况						
行政区域面积	平方公里	715	1162	1921	1324	3176
乡	个					
镇	个	6	11	7	4	12
街道办事处	个	2	1	8	8	5
户籍人口	人	373722	642725	1183141	867200	1387967
第二产业从业人员	人	78455			260135	
第三产业从业人员	人	65012			196497	
二、综合经济						
地区生产总值	万元	2231664	1629800	12010500	11475900	6846700
第一产业增加值	万元	318715	447262	746300	564900	1095500
第二产业增加值	万元	1280401	460808	5866700	5342900	2462100
一般公共预算收入	万元	230135	135125	1118727	1013877	580550
一般公共预算支出	万元	325176	438097	1371321	1170272	1020663
住户储蓄存款余额	万元	1543933	1671000	6627186	5084409	5526669
年末金融机构各项贷款余额	万元	1653278	1364390	10001551	8454106	4628765
三、农业、工业和通讯						
设施农业种植占地面积	公顷	995	3834	1845	2099	5998
油料产量	吨	9083	172	43332	29004	98647
棉花产量	吨	706	805		4	430
规模以上工业企业	个	112	110	521	610	386
固定电话用户	户	93183	36000	200019	127000	125000
四、教育、卫生和社会保障						
普通中学在校学生	人	16744	28278	64020	49582	58444
小学在校学生	人	18625	41169	84127	62724	67972
医疗卫生机构床位	床	2490	2434	5434	5942	5565
提供住宿的社会工作机构	个	11	13	13	19	29
提供住宿的社会工作机构床位	床	1254	1245	2837	3296	2728

2019年县(市)社会经济主要指标

山东省

指　标	单位	莱西市	桓台县	高青县	沂源县	滕州市
一、基本情况						
行政区域面积	平方公里	1568	509	831	1636	1495
乡	个					
镇	个	8	7	7	10	17
街道办事处	个	3	2	2	2	4
户籍人口	人	743506	503815	369299	575074	1756258
第二产业从业人员	人	162198	165843	91986		355280
第三产业从业人员	人	99517	115992	82104		385173
二、综合经济						
地区生产总值	万元	5263500	6115190	1763725	2602797	7483500
第一产业增加值	万元	668800	131944	345482	367375	749900
第二产业增加值	万元	1930100	3521120	715251	1066436	3709200
一般公共预算收入	万元	509591	368537	158055	216428	680016
一般公共预算支出	万元	749327	442809	300190	379323	886815
住户储蓄存款余额	万元	3293234	2440748	1387442	2060152	5721500
年末金融机构各项贷款余额	万元	4152438	4339067	1413266	2086553	5382514
三、农业、工业和通讯						
设施农业种植占地面积	公顷	11833	164	2793	576	3231
油料产量	吨	75482	21	570	12084	31520
棉花产量	吨		10	651	415	466
规模以上工业企业	个	270	185	94	84	254
固定电话用户	户	54766	42000	23200	40800	61224
四、教育、卫生和社会保障						
普通中学在校学生	人	41252	30859	19314	30257	81889
小学在校学生	人	31067	19770	14356	20185	132613
医疗卫生机构床位	床	4333	4029	1386	2520	8620
提供住宿的社会工作机构	个	14	27	6	9	17
提供住宿的社会工作机构床位	床	3102	2383	900	875	4120

2019年县(市)社会经济主要指标

山东省

指　　标	单位	垦利区	利津县	广饶县	长岛县	龙口市
一、基本情况						
行政区域面积	平方公里	2331	1301	1166	59	906
乡	个		2		6	
镇	个	5	4	6	1	8
街道办事处	个	2	2	3	1	5
户籍人口	人	238900	309557	533893	41286	635325
第二产业从业人员	人	33088	40243	146696	3779	
第三产业从业人员	人	9264	41357	106699	17785	
二、综合经济						
地区生产总值	万元	2650282	2214581	5892214	743741	10748132
第一产业增加值	万元	288074	259445	436731	440943	336427
第二产业增加值	万元	1431677	1080657	3549055	31767	5301028
一般公共预算收入	万元	288743	179022	436178	14360	1010077
一般公共预算支出	万元	323678	302467	501820	109106	1006533
住户储蓄存款余额	万元	2026000	1193271	3309474	333828	6095574
年末金融机构各项贷款余额	万元	4103000	1746709	6727702	131317	5947792
三、农业、工业和通讯						
设施农业种植占地面积	公顷	104	224	1824		1431
油料产量	吨	201	1200			6546
棉花产量	吨	3996	7113	1100		
规模以上工业企业	个	108	81	217	5	197
固定电话用户	户	13405	11705	30351	7000	111223
四、教育、卫生和社会保障						
普通中学在校学生	人	10725	16421	31348	1269	32327
小学在校学生	人	13445	9638	25928	856	29103
医疗卫生机构床位	床	1039	1121	2784	247	4684
提供住宿的社会工作机构	个	5	8	18	2	20
提供住宿的社会工作机构床位	床	604	2300	1790	62	1762

2019年县(市)社会经济主要指标

山东省

指　　标	单位	莱阳市	莱州市	蓬莱市	招远市	栖霞市
一、基本情况						
行政区域面积	平方公里	1731	1931	1009	1433	2016
乡	个					
镇	个	13	11	6	9	12
街道办事处	个	5	6	5	5	3
户籍人口	人	851306	839328	401408	560234	587293
第二产业从业人员	人	184690	158879	81332	125229	44007
第三产业从业人员	人	64983	159833	85689	83792	176494
二、综合经济						
地区生产总值	万元	4384124	6636682	3569547	6821576	2973547
第一产业增加值	万元	536345	849866	509727	463572	589643
第二产业增加值	万元	1828520	2920275	1177586	2975330	871968
一般公共预算收入	万元	222226	400017	330003	531231	153502
一般公共预算支出	万元	446048	461105	414697	600782	354378
住户储蓄存款余额	万元	3649296	6133048	3329723	4109193	2463800
年末金融机构各项贷款余额	万元	2348726	2900355	3286063	2874859	1245100
三、农业、工业和通讯						
设施农业种植占地面积	公顷	1131	670	573	721	185
油料产量	吨	88188	44542	19939	55144	53224
棉花产量	吨	2	41		1	
规模以上工业企业	个	174	226	103	215	114
固定电话用户	户	84312	91954	30850	42023	66582
四、教育、卫生和社会保障						
普通中学在校学生	人	25738	37040	18067	24652	18293
小学在校学生	人	29946	27130	14971	18820	13502
医疗卫生机构床位	床	3904	6333	2374	2506	2496
提供住宿的社会工作机构	个	15	26	12	26	14
提供住宿的社会工作机构床位	床	3351	4375	1319	4058	2504

2019年县(市)社会经济主要指标

山东省

指　标	单位	海阳市	临朐县	昌乐县	青州市	诸城市
一、基本情况						
行政区域面积	平方公里	1910	1831	1101	1569	2151
乡	个					
镇	个	10	8	4	8	10
街道办事处	个	4	2	4	4	3
户籍人口	人	638237	928245	639859	958506	1119432
第二产业从业人员	人	156147	174047	117095	120022	282676
第三产业从业人员	人	133427	181580	89580	202889	242235
二、综合经济						
地区生产总值	万元	4348281	3080400	3156000	5493178	6367505
第一产业增加值	万元	809467	367700	457000	608178	697000
第二产业增加值	万元	1404081	1250300	1149000	2253000	2381708
一般公共预算收入	万元	282020	200109	255383	488811	653075
一般公共预算支出	万元	422922	438066	345487	596254	787968
住户储蓄存款余额	万元	3398824	3682817	2823909	6401699	5648157
年末金融机构各项贷款余额	万元	3036653	3071052	3306666	5360763	5790471
三、农业、工业和通讯						
设施农业种植占地面积	公顷	2321	3451	3457	7058	3483
油料产量	吨	88541	17589	37986	29	48973
棉花产量	吨		544	133	20	178
规模以上工业企业	个	168	198	216	345	316
固定电话用户	户	71681	85597	71510	100078	77700
四、教育、卫生和社会保障						
普通中学在校学生	人	26707	37077	47066	38359	66994
小学在校学生	人	18692	59088	38012	54136	58168
医疗卫生机构床位	床	2841	4557	3823	5323	6433
提供住宿的社会工作机构	个	32	9	4	16	31
提供住宿的社会工作机构床位	床	4437	937	1290	5087	9260

2019年县(市)社会经济主要指标

山东省

指　　标	单位	寿光市	安丘市	高密市	昌邑市	兖州区
一、基本情况						
行政区域面积	平方公里	1990	1712	1527	1628	650
乡	个					
镇	个	9	10	7	6	6
街道办事处	个	5	2	3	3	6
户籍人口	人	1109242	977930	899000	585394	653416
第二产业从业人员	人	210785	135014	253926	158010	126245
第三产业从业人员	人	269550	98948	157932	161690	167572
二、综合经济						
地区生产总值	万元	7681100	3191400	5001000	4440600	6483200
第一产业增加值	万元	1012300	518600	474000	482300	323344
第二产业增加值	万元	3284800	881500	1632000	1914600	3297605
一般公共预算收入	万元	944116	254800	500108	320932	548676
一般公共预算支出	万元	1012670	486200	538758	443383	609595
住户储蓄存款余额	万元	6843230	3814314	4368000	3598202	3398538
年末金融机构各项贷款余额	万元	8365701	4191105	5193000	2914885	2970178
三、农业、工业和通讯						
设施农业种植占地面积	公顷	25395	5565	1375	134	312
油料产量	吨	183	43925	20171	7737	3048
棉花产量	吨	838	174	136	2852	17
规模以上工业企业	个	347	273	308	244	316
固定电话用户	户	91663	86270	91127	57100	26457
四、教育、卫生和社会保障						
普通中学在校学生	人	59034	40857	51652	27330	31788
小学在校学生	人	70111	48826	57638	29648	43431
医疗卫生机构床位	床	6363	3931	5438	2489	4022
提供住宿的社会工作机构	个	17	20	17	10	17
提供住宿的社会工作机构床位	床	4289	1599	3321	1785	2000

2019年县(市)社会经济主要指标

山东省

指　　标	单位	微山县	鱼台县	金乡县	嘉祥县	汶上县
一、基本情况						
行政区域面积	平方公里	1738	653	888	975	889
乡	个	1				1
镇	个	11	9	9	12	12
街道办事处	个	3	2	4	3	2
户籍人口	人	736729	483107	682846	933614	824710
第二产业从业人员	人	117582	73870	104294	211603	185200
第三产业从业人员	人	130627	96755	166269	253680	131650
二、综合经济						
地区生产总值	万元	3797167	1777800	2091700	2785600	2162100
第一产业增加值	万元	572917	500300	650200	399800	377800
第二产业增加值	万元	1345832	509100	543300	1210400	847800
一般公共预算收入	万元	296326	105234	158166	208432	150016
一般公共预算支出	万元	426916	288579	419226	482873	380088
住户储蓄存款余额	万元	1976583	1479598	2415211	3318244	2529737
年末金融机构各项贷款余额	万元	1288067	1111470	1724296	1951042	1674623
三、农业、工业和通讯						
设施农业种植占地面积	公顷	503	583	3283	372	465
油料产量	吨	1380		1663	2314	7130
棉花产量	吨	56	12522	26376	2679	108
规模以上工业企业	个	156	93	238	255	220
固定电话用户	户	29700	67683	42000	22608	76800
四、教育、卫生和社会保障						
普通中学在校学生	人	27983	21492	36278	65121	33889
小学在校学生	人	42433	31933	53006	90794	56989
医疗卫生机构床位	床	3716	1850	3491	4386	2619
提供住宿的社会工作机构	个	20	12	44	19	18
提供住宿的社会工作机构床位	床	2577	1051	1933	2463	3016

2019年县(市)社会经济主要指标

山东省

指　　标	单位	泗水县	梁山县	曲阜市	邹城市	宁阳县
一、基本情况						
行政区域面积	平方公里	1118	961	815	1617	1124
乡	个		2			1
镇	个	11	10	8	13	10
街道办事处	个	2	2	4	3	2
户籍人口	人	648189	847894	658323	1217889	835265
第二产业从业人员	人	105719	143178	171012	309500	154840
第三产业从业人员	人	100974	119583	130145	316500	185580
二、综合经济						
地区生产总值	万元	1766700	2315400	3550600	8076400	2451900
第一产业增加值	万元	482500	530600	260600	585700	559400
第二产业增加值	万元	487700	832400	1144800	3919200	873200
一般公共预算收入	万元	92356	180100	250000	777870	126970
一般公共预算支出	万元	363119	440500	482300	856436	400600
住户储蓄存款余额	万元	1842308	3479356	2802000	4622265	2530488
年末金融机构各项贷款余额	万元	1170204	1749929	2075900	6847116	1733117
三、农业、工业和通讯						
设施农业种植占地面积	公顷	1412	764	464	862	1203
油料产量	吨	54763	9600	8273	46435	62873
棉花产量	吨	199	1850	98	303	115
规模以上工业企业	个	214	262	152	221	116
固定电话用户	户	67754	32000	44400	82000	69380
四、教育、卫生和社会保障						
普通中学在校学生	人	29709	44523	28420	50652	39613
小学在校学生	人	43854	81608	41443	77564	40179
医疗卫生机构床位	床	2448	3363	2971	6859	3482
提供住宿的社会工作机构	个	14	17	104	30	15
提供住宿的社会工作机构床位	床	1550	2441	5231	5402	1542

2019年县(市)社会经济主要指标

山东省

指　　标	单位	东平县	新泰市	肥城市	文登区	荣成市
一、基本情况						
行政区域面积	平方公里	1340	1934	1277	1616	1528
乡	个	2	1			
镇	个	9	17	10	12	12
街道办事处	个	3	3	4	3	10
户籍人口	人	813687	1453917	984823	572543	656140
第二产业从业人员	人	92049	326527	127733		
第三产业从业人员	人	115580	336295	129765		
二、综合经济						
地区生产总值	万元	2073700	5008000	6902800	5444700	9307900
第一产业增加值	万元	483600	553100	555300	676600	1277900
第二产业增加值	万元	689700	1945500	3441300	2260200	3222300
一般公共预算收入	万元	124616	406789	404187	451369	636018
一般公共预算支出	万元	394738	716116	599196	570068	1034539
住户储蓄存款余额	万元	2613714	5638201	4610000	4517943	5671369
年末金融机构各项贷款余额	万元	2588813	4280454	3345699	4371995	6296456
三、农业、工业和通讯						
设施农业种植占地面积	公顷	452	2130	1223	943	159
油料产量	吨	16845	87134	8352	68147	39733
棉花产量	吨	3187	250	1017		
规模以上工业企业	个	64	213	200	164	248
固定电话用户	户	60670	62802	187620	101768	74000
四、教育、卫生和社会保障						
普通中学在校学生	人	40953	80432	45273	21636	28542
小学在校学生	人	40609	77171	55615	19125	25394
医疗卫生机构床位	床	3085	6461	4994	5392	4237
提供住宿的社会工作机构	个	47	26	20	49	36
提供住宿的社会工作机构床位	床	2872	3743	1621	11259	10335

2019年县(市)社会经济主要指标

山东省

指　标	单位	乳山市	五莲县	莒　县	沂南县	郯城县
一、基本情况						
行政区域面积	平方公里	1665	1497	1821	1719	1195
乡	个		2	1	1	3
镇	个	14	8	15	13	9
街道办事处	个	1	2	4	1	1
户籍人口	人	542027	511608	1167328	982902	1040511
第二产业从业人员	人		128300	175567		
第三产业从业人员	人		117210	153122		
二、综合经济						
地区生产总值	万元	2773600	1941300	3742500	2205600	3064500
第一产业增加值	万元	500700	249900	447400	441900	333000
第二产业增加值	万元	963800	764200	1427600	791000	824300
一般公共预算收入	万元	278898	137905	233818	151000	140006
一般公共预算支出	万元	379719	352752	570502	493000	414000
住户储蓄存款余额	万元	3369659	2288100	4301491	3356500	2692958
年末金融机构各项贷款余额	万元	2065364	1762000	3799092	2286000	2147608
三、农业、工业和通讯						
设施农业种植占地面积	公顷	260	3096	4167	4212	1745
油料产量	吨	79269	69559	89133	77374	13107
棉花产量	吨		245	85	670	1
规模以上工业企业	个	101	149	233	189	81
固定电话用户	户	61190	31300	48295	28097	27055
四、教育、卫生和社会保障						
普通中学在校学生	人	15141	25944	55889	42935	46052
小学在校学生	人	11912	24099	80252	69898	89695
医疗卫生机构床位	床	2335	2349	5037	4838	3484
提供住宿的社会工作机构	个	25	23	13	3	12
提供住宿的社会工作机构床位	床	5190	2248	1285	1046	1639

2019年县(市)社会经济主要指标

山东省

指　　标	单位	沂水县	兰陵县	费　县	平邑县	莒南县
一、基本情况						
行政区域面积	平方公里	2414	1724	1660	1823	1751
乡	个	1	1	1		
镇	个	15	14	10	13	15
街道办事处	个	2	2	1	1	1
户籍人口	人	1194365	1454665	918374	1116662	1067772
第二产业从业人员	人					
第三产业从业人员	人					
二、综合经济						
地区生产总值	万元	4231100	2605300	3907000	2307800	2876300
第一产业增加值	万元	433100	640000	378500	417200	466200
第二产业增加值	万元	1630100	578400	2121400	719500	1275300
一般公共预算收入	万元	207000	167819	234000	122770	206000
一般公共预算支出	万元	522000	548072	477000	465203	543000
住户储蓄存款余额	万元	4230500	3211774	2950300	2654374	3577000
年末金融机构各项贷款余额	万元	3647000	2860312	2313700	2084483	2950100
三、农业、工业和通讯						
设施农业种植占地面积	公顷	818	12894	3594	296	2918
油料产量	吨	91354	59921	83676	48071	127480
棉花产量	吨	901	206	1154	99	261
规模以上工业企业	个	251	106	479	146	256
固定电话用户	户	36007	34678	32299	28904	34573
四、教育、卫生和社会保障						
普通中学在校学生	人	47460	90870	40284	42671	39941
小学在校学生	人	74866	138749	77133	75458	61633
医疗卫生机构床位	床	7074	7888	3779	5407	4452
提供住宿的社会工作机构	个	8	13	15	4	20
提供住宿的社会工作机构床位	床	2330	3366	1781	1400	1929

2019年县(市)社会经济主要指标

山东省

指　　标	单位	蒙阴县	临沭县	陵城区	宁津县	庆云县
一、基本情况						
行政区域面积	平方公里	1602	1010	1213	833	501
乡	个	1		1	1	3
镇	个	8	7	10	9	5
街道办事处	个	1	2	2	2	1
户籍人口	人	582334	678921	594221	492061	345313
第二产业从业人员	人					
第三产业从业人员	人					
二、综合经济						
地区生产总值	万元	1672500	1970600	2330900	2355200	1628100
第一产业增加值	万元	339700	251500	332300	218200	120000
第二产业增加值	万元	393500	685200	884500	1076700	615200
一般公共预算收入	万元	105430	151500	115375	80369	72877
一般公共预算支出	万元	343797	385413	238664	271100	208235
住户储蓄存款余额	万元	1984900	2163182	1968453	2373159	1142675
年末金融机构各项贷款余额	万元	1565300	2659298	1097044	1042882	841213
三、农业、工业和通讯						
设施农业种植占地面积	公顷	201	838	3001	1344	269
油料产量	吨	35059	165973	216	1161	127
棉花产量	吨	610		318	1003	309
规模以上工业企业	个	94	139	147	177	83
固定电话用户	户	23458	27788	19534	14906	48333
四、教育、卫生和社会保障						
普通中学在校学生	人	23284	34611	24485	26340	23749
小学在校学生	人	42319	51074	34194	35684	33926
医疗卫生机构床位	床	3007	2645	2579	2110	1260
提供住宿的社会工作机构	个	6	6	11	12	4
提供住宿的社会工作机构床位	床	1118	80	970	1771	824

2019年县(市)社会经济主要指标

山东省

指　标	单位	临邑县	齐河县	平原县	夏津县	武城县
一、基本情况						
行政区域面积	平方公里	1016	1411	1047	882	751
乡	个	1	2	2	2	
镇	个	8	11	8	10	7
街道办事处	个	3	2	2	2	1
户籍人口	人	554682	642368	475338	548185	401176
第二产业从业人员	人					
第三产业从业人员	人					
二、综合经济						
地区生产总值	万元	2710400	3368345	2335200	1959200	1771300
第一产业增加值	万元	294700	405645	418600	237100	167400
第二产业增加值	万元	1253000	1699300	813700	899300	861700
一般公共预算收入	万元	152090	329170	106107	87637	92174
一般公共预算支出	万元	277911	440456	267377	273462	257897
住户储蓄存款余额	万元	2043273	2256165	1929471	1758558	1720807
年末金融机构各项贷款余额	万元	1268952	2407339	884608	1248326	948421
三、农业、工业和通讯						
设施农业种植占地面积	公顷	1339	2189	5590	784	626
油料产量	吨	4443	792	613	2725	4114
棉花产量	吨	94	435	413	17052	4408
规模以上工业企业	个	110	134	126	101	110
固定电话用户	户	9645	47675	20400	28017	12579
四、教育、卫生和社会保障						
普通中学在校学生	人	27206	26059	20767	34075	20309
小学在校学生	人	33486	35271	27456	41112	28591
医疗卫生机构床位	床	2183	2416	2178	1368	1568
提供住宿的社会工作机构	个	3	17	12	10	7
提供住宿的社会工作机构床位	床	1274	1803	1919	1196	647

2019年县(市)社会经济主要指标

山东省

指　　标	单位	乐陵市	禹城市	茌平区	阳谷县	莘　县
一、基本情况						
行政区域面积	平方公里	1173	992	1003	1008	1388
乡	个	3	1	1	1	
镇	个	9	9	10	14	20
街道办事处	个	4	1	3	3	4
户籍人口	人	722149	541683	571710	834950	1117836
第二产业从业人员	人					
第三产业从业人员	人					
二、综合经济						
地区生产总值	万元	2372500	2423000	3010900	2701000	2132100
第一产业增加值	万元	401100	444100	272100	545300	657600
第二产业增加值	万元	837400	730100	1655300	911100	364300
一般公共预算收入	万元	126248	206290	294519	140975	103968
一般公共预算支出	万元	338149	371413	338335	397175	456105
住户储蓄存款余额	万元	2080810	1948071	2788600	3024657	3268763
年末金融机构各项贷款余额	万元	1698144	1979841	2165100	2565984	1713349
三、农业、工业和通讯						
设施农业种植占地面积	公顷	461	4391	697	5825	24463
油料产量	吨	16	2079	1300	3815	14549
棉花产量	吨	1306	1289	514	251	119
规模以上工业企业	个	74	109	159	127	130
固定电话用户	户	17723	17997	15775	49800	14797
四、教育、卫生和社会保障						
普通中学在校学生	人	33782	25223	27570	36998	60385
小学在校学生	人	47581	33378	46817	61430	119987
医疗卫生机构床位	床	3224	2235	1664	3442	3756
提供住宿的社会工作机构	个	22	14	10	12	16
提供住宿的社会工作机构床位	床	2015	1110	3402	3703	1862

2019年县(市)社会经济主要指标

山东省

指　　标	单位	东阿县	冠　县	高唐县	临清市	沾化区
一、基本情况						
行政区域面积	平方公里	727	1161	947	951	2218
乡	个		4			3
镇	个	8	11	9	12	7
街道办事处	个	2	3	3	4	2
户籍人口	人	413034	875018	514660	840101	399482
第二产业从业人员	人					
第三产业从业人员	人					
二、综合经济						
地区生产总值	万元	1668400	2058800	1464200	2332500	1581049
第一产业增加值	万元	191600	516600	247000	307800	393311
第二产业增加值	万元	931100	518000	516600	804700	508891
一般公共预算收入	万元	181895	109503	121475	178238	151006
一般公共预算支出	万元	248302	397699	252640	326168	293237
住户储蓄存款余额	万元	1753800	2619119	2088961	3449419	1047400
年末金融机构各项贷款余额	万元	1380600	2118891	2042379	2485928	984105
三、农业、工业和通讯						
设施农业种植占地面积	公顷	956	6994	741	931	306
油料产量	吨	1250	7958	7279	1141	828
棉花产量	吨	378	804	3385	550	6880
规模以上工业企业	个	66	95	122	189	93
固定电话用户	户	14143	47534	19525	7053	21359
四、教育、卫生和社会保障						
普通中学在校学生	人	18546	43156	26212	44587	14041
小学在校学生	人	24077	87105	41299	90952	19884
医疗卫生机构床位	床	1658	3250	2312	3526	1633
提供住宿的社会工作机构	个	9	4	13	10	7
提供住宿的社会工作机构床位	床	2136	685	1200	3431	874

2019年县(市)社会经济主要指标

山东省

指　　标	单位	惠民县	阳信县	无棣县	博兴县	邹平市
一、基本情况						
行政区域面积	平方公里	1362	798	2077	900	1250
乡	个		1			
镇	个	12	7	10	9	11
街道办事处	个	3	2	2	3	5
户籍人口	人	654970	472730	490392	505596	746309
第二产业从业人员	人	131419		115884		
第三产业从业人员	人	115470		102292		
二、综合经济						
地区生产总值	万元	1900883	2192249	3267545	3668067	5542600
第一产业增加值	万元	432962	290150	422654	235468	305000
第二产业增加值	万元	574285	865065	1548123	1520660	2912600
一般公共预算收入	万元	144888	135001	285918	303149	694778
一般公共预算支出	万元	352582	278061	410482	396003	694135
住户储蓄存款余额	万元	1836480	1225550	1525200	2807330	3830250
年末金融机构各项贷款余额	万元	1890264	1403905	1820632	3675300	7026851
三、农业、工业和通讯						
设施农业种植占地面积	公顷	2862	1936	121	839	1200
油料产量	吨	6762		1324		741
棉花产量	吨	2589	733	7749	2289	766
规模以上工业企业	个	124	103	144	246	245
固定电话用户	户	21827	27500	16632	33719	86323
四、教育、卫生和社会保障						
普通中学在校学生	人	25838	24926	21795	24467	38481
小学在校学生	人	34861	32482	40192	26097	49292
医疗卫生机构床位	床	3171	1630	1857	1843	3677
提供住宿的社会工作机构	个	19	4	20	15	20
提供住宿的社会工作机构床位	床	1879	2090	973	6732	2701

2019年县(市)社会经济主要指标

山东省

指　　标	单位	定陶区	曹　县	单　县	成武县	巨野县
一、基本情况						
行政区域面积	平方公里	846	1974	1647	998	1308
乡	个		2	2		
镇	个	9	20	16	11	15
街道办事处	个	2	5	4	2	2
户籍人口	人	711104	1704198	1273914	724163	1099349
第二产业从业人员	人					
第三产业从业人员	人					
二、综合经济						
地区生产总值	万元	2065615	4546104	3336165	1476712	3465884
第一产业增加值	万元	272462	441836	456595	284962	350085
第二产业增加值	万元	774769	1979269	1201850	367906	1482705
一般公共预算收入	万元	112223	182013	169529	102106	285803
一般公共预算支出	万元	352996	669515	539439	386600	471086
住户储蓄存款余额	万元	2164173	4074710	3431000	2382993	3778071
年末金融机构各项贷款余额	万元	1434890	2590246	2221000	1095108	2475794
三、农业、工业和通讯						
设施农业种植占地面积	公顷	3159	1745	2781	2102	396
油料产量	吨	6503	30866	45818	2067	8491
棉花产量	吨	812	1779	13760	22743	37254
规模以上工业企业	个	152	351	120	86	131
固定电话用户	户	13000	14408	21898	11543	11955
四、教育、卫生和社会保障						
普通中学在校学生	人	34312	66663	63968	25878	61849
小学在校学生	人	59176	171730	109294	78819	119494
医疗卫生机构床位	床	2173	7237	5781	2755	4129
提供住宿的社会工作机构	个	4	21	11	15	20
提供住宿的社会工作机构床位	床	1020	3640	1470	2983	3222

2019年县(市)社会经济主要指标

山东省、河南省

指　　标	单位	郓城县	鄄城县	东明县	中牟县	巩义市
一、基本情况						
行政区域面积	平方公里	1633	1032	1370	953	1043
乡	个	2	2	2	1	
镇	个	16	13	10	10	15
街道办事处	个	4	2	2	3	5
户籍人口	人	1279612	943070	878593	575907	849081
第二产业从业人员	人				44291	203911
第三产业从业人员	人				89510	196333
二、综合经济						
地区生产总值	万元	4352507	1862924	4170476	4289098	8012066
第一产业增加值	万元	436873	304013	302551	232078	119093
第二产业增加值	万元	2221704	754695	2509793	1262049	4709807
一般公共预算收入	万元	322117	104431	219189	572666	482117
一般公共预算支出	万元	554415	447181	848146	1014290	912585
住户储蓄存款余额	万元	4788750	2920538	2456501	4188317	3344787
年末金融机构各项贷款余额	万元	2466566	1297528	2017471	4630717	2789401
三、农业、工业和通讯						
设施农业种植占地面积	公顷	867	491	1837	2329	37
油料产量	吨	28183	31980	51926	42212	5422
棉花产量	吨	2006	1417	4552	566	310
规模以上工业企业	个	269	186	135	89	487
固定电话用户	户	31237	6450	23672	84339	51400
四、教育、卫生和社会保障						
普通中学在校学生	人	76915	44194	53664	47103	38781
小学在校学生	人	124670	91277	91848	80933	55385
医疗卫生机构床位	床	7093	3014	4979	3176	3989
提供住宿的社会工作机构	个	21	12	28	13	17
提供住宿的社会工作机构床位	床	4300	3198	3002	1551	1647

2019年县(市)社会经济主要指标

河南省

指　　标	单位	荥阳市	新密市	新郑市	登封市	祥符区
一、基本情况						
行政区域面积	平方公里	943	1001	707	1217	1251
乡	个	3	1	1	3	8
镇	个	9	12	9	10	6
街道办事处	个	2	4	3	3	1
户籍人口	人	714111	900597	640983	731803	821152
第二产业从业人员	人	150298	155988	155202	25117	61316
第三产业从业人员	人	169369	258012	211538	31629	77449
二、综合经济						
地区生产总值	万元	5355188	6830996	12736634	4480592	2690359
第一产业增加值	万元	270135	199743	250165	162306	550827
第二产业增加值	万元	2647260	3562524	6627852	2301710	1138072
一般公共预算收入	万元	500411	371900	804369	294494	109588
一般公共预算支出	万元	774625	727049	1197377	585761	470645
住户储蓄存款余额	万元	2883475	3592785	4019792	2784171	1731380
年末金融机构各项贷款余额	万元	2975310	2445358	6402726	2031103	1188104
三、农业、工业和通讯						
设施农业种植占地面积	公顷	765	2789	200	147	606
油料产量	吨	5770	8538	20116	4603	124736
棉花产量	吨		25	12	303	714
规模以上工业企业	个	388	286	226	296	97
固定电话用户	户	132393	69687	22747	45379	14001
四、教育、卫生和社会保障						
普通中学在校学生	人	35307	49366	54655	89163	42645
小学在校学生	人	51085	69329	101835	89997	64630
医疗卫生机构床位	床	2814	5058	6377	5219	1693
提供住宿的社会工作机构	个	10	26	20	52	7
提供住宿的社会工作机构床位	床	4025	4110	1857	4334	488

2019年县(市)社会经济主要指标

河南省

指　　标	单位	杞　县	通许县	尉氏县	兰考县	孟津县
一、基本情况						
行政区域面积	平方公里	1257	767	1297	1116	759
乡	个	13	6	7	6	
镇	个	7	5	10	7	10
街道办事处	个	1	1		3	
户籍人口	人	1230275	686733	1034451	948916	483910
第二产业从业人员	人	134610	32252	130040	161311	93229
第三产业从业人员	人	249990	23015	128403	181172	136189
二、综合经济						
地区生产总值	万元	3562100	2863800	4369800	3898655	3281437
第一产业增加值	万元	838900	537100	537300	582059	245007
第二产业增加值	万元	1250300	1134000	2149500	1764273	1927265
一般公共预算收入	万元	169699	105417	258271	251999	180285
一般公共预算支出	万元	614370	367083	659157	785261	357935
住户储蓄存款余额	万元	2151138	1576500	2026509	2205742	1460750
年末金融机构各项贷款余额	万元	1171782	934500	1537570	2179079	935774
三、农业、工业和通讯						
设施农业种植占地面积	公顷	253		211	1281	557
油料产量	吨	119845	39158	129361	79274	10997
棉花产量	吨	4072	511	2065	2009	512
规模以上工业企业	个	184	146	272	222	290
固定电话用户	户	11758	9986	21885	10234	33858
四、教育、卫生和社会保障						
普通中学在校学生	人	43269	24285	57304	56882	26997
小学在校学生	人	100617	59086	98993	87325	30418
医疗卫生机构床位	床	3770	2358	3469	6003	1923
提供住宿的社会工作机构	个	59	16	15	17	15
提供住宿的社会工作机构床位	床	3270	923	849	1297	1347

2019年县(市)社会经济主要指标

河南省

指　　标	单位	新安县	栾川县	嵩　县	汝阳县	宜阳县
一、基本情况						
行政区域面积	平方公里	1164	2477	3007	1328	1617
乡	个		2	5	5	4
镇	个	11	12	11	8	12
街道办事处	个				13	
户籍人口	人	541816	358130	644032	530768	718371
第二产业从业人员	人	122020	76419	55189	49087	98815
第三产业从业人员	人	130177	118403	123928	100694	139475
二、综合经济						
地区生产总值	万元	5018906	2675506	1983710	1804865	3061640
第一产业增加值	万元	236503	144382	299252	141440	380271
第二产业增加值	万元	2867540	1425510	676199	790997	1243274
一般公共预算收入	万元	265669	220155	92188	117778	138699
一般公共预算支出	万元	392902	309988	397812	311192	400138
住户储蓄存款余额	万元	1542136	1241023	1461402	1146413	1497465
年末金融机构各项贷款余额	万元	1509711	1067327	780213	767085	1236703
三、农业、工业和通讯						
设施农业种植占地面积	公顷	400	16	1000	309	3919
油料产量	吨	8912	710	9730	11604	73068
棉花产量	吨	196	8	330	421	1429
规模以上工业企业	个	250	53	42	64	140
固定电话用户	户	22950	22764	16686	26210	19913
四、教育、卫生和社会保障						
普通中学在校学生	人	32051	22891	38135	33650	41392
小学在校学生	人	38258	31145	54213	52655	52057
医疗卫生机构床位	床	2552	2120	3752	2292	4570
提供住宿的社会工作机构	个	14	18	20	15	222
提供住宿的社会工作机构床位	床	2722	1535	1565	1540	2954

2019年县(市)社会经济主要指标

河南省

指　　标	单位	洛宁县	伊川县	偃师市	宝丰县	叶　县
一、基本情况						
行政区域面积	平方公里	2304	1060	669	722	1346
乡	个	6	1		3	6
镇	个	12	12	9	9	9
街道办事处	个		2	4		3
户籍人口	人	513935	934208	635849	556319	876232
第二产业从业人员	人	85711	81251	194409	30937	12219
第三产业从业人员	人	47815	263493	97482	4505	25972
二、综合经济						
地区生产总值	万元	2051061	4195538	4435738	3240763	2070249
第一产业增加值	万元	312375	292596	217032	175770	481202
第二产业增加值	万元	759584	1917075	2455132	1667822	614336
一般公共预算收入	万元	117817	241569	245845	143354	83916
一般公共预算支出	万元	342809	490228	405269	372628	459923
住户储蓄存款余额	万元	1085149	2575165	2824748	1583193	2023988
年末金融机构各项贷款余额	万元	686298	6737719	1712952	1640566	818738
三、农业、工业和通讯						
设施农业种植占地面积	公顷	133	296	1824	112	2333
油料产量	吨	4350	8567	2090	14773	39723
棉花产量	吨	35	527	150	21	146
规模以上工业企业	个	45	147	295	89	99
固定电话用户	户	17974	48178	29211	12120	16596
四、教育、卫生和社会保障						
普通中学在校学生	人	29158	55184	27493	32141	33064
小学在校学生	人	37941	87882	38644	56391	77707
医疗卫生机构床位	床	3113	4528	3748	2558	2971
提供住宿的社会工作机构	个	17	19	21	16	16
提供住宿的社会工作机构床位	床	1349	1531	1867	844	1052

2019年县(市)社会经济主要指标

河南省

指　　标	单位	鲁山县	郏　县	舞钢市	汝州市	安阳县
一、基本情况						
行政区域面积	平方公里	2409	737	641	1572	509
乡	个	13	5	3	2	2
镇	个	7	8	4	13	7
街道办事处	个	4	2	7	6	
户籍人口	人	981165	652377	339624	1179618	567727
第二产业从业人员	人	11200	13368	28794	179417	111809
第三产业从业人员	人	3009	16743	16345	214122	79950
二、综合经济						
地区生产总值	万元	1606344	1738272	1360739	4757299	920465
第一产业增加值	万元	268059	237591	120807	397968	132522
第二产业增加值	万元	476814	893191	724318	1943676	228802
一般公共预算收入	万元	81583	96782	116526	331999	118969
一般公共预算支出	万元	470365	271185	240145	700516	346734
住户储蓄存款余额	万元	2249000	1491093	1470966	2655822	1080506
年末金融机构各项贷款余额	万元	875800	973606	1152991	2618456	327910
三、农业、工业和通讯						
设施农业种植占地面积	公顷	1110	142	122	186	387
油料产量	吨	20350	23405	4994	19987	420
棉花产量	吨	1	220		295	160
规模以上工业企业	个	89	160	65	197	13
固定电话用户	户	14461	12555	18023	21894	25192
四、教育、卫生和社会保障						
普通中学在校学生	人	76090	28262	16445	74615	32847
小学在校学生	人	97058	56912	31352	125601	44871
医疗卫生机构床位	床	3890	2521	1559	5442	1019
提供住宿的社会工作机构	个	32	16	13	26	15
提供住宿的社会工作机构床位	床	1212	1046	1132	1573	1339

2019年县(市)社会经济主要指标

河南省

指　标	单位	汤阴县	滑　县	内黄县	林州市	浚　县
一、基本情况						
行政区域面积	平方公里	646	1814	1145	2062	966
乡	个	1	6	7		1
镇	个	9	14	10	16	6
街道办事处	个		3		4	4
户籍人口	人	523377	1495288	857603	1140090	752900
第二产业从业人员	人	155892	243208	163411	112197	22310
第三产业从业人员	人	97494	228920	163162	30275	15400
二、综合经济						
地区生产总值	万元	1624934	3726026	1680693	5358747	2866976
第一产业增加值	万元	257672	674017	644108	115862	293280
第二产业增加值	万元	636107	1437828	352935	2691541	1641971
一般公共预算收入	万元	160639	138204	102539	302612	81960
一般公共预算支出	万元	351524	712829	409090	666032	366375
住户储蓄存款余额	万元	1325619	3134644	1517288	4776776	1558014
年末金融机构各项贷款余额	万元	1090691	1695928	911597	2566248	1317748
三、农业、工业和通讯						
设施农业种植占地面积	公顷	2429	11996	5767	47	759
油料产量	吨	7274	116005	103849	4799	42313
棉花产量	吨	189	563	146	691	238
规模以上工业企业	个	114	221	111	153	98
固定电话用户	户	38481	182007	35135	70064	5588
四、教育、卫生和社会保障						
普通中学在校学生	人	37130	82852	54599	71055	38274
小学在校学生	人	52425	160772	82657	109502	65355
医疗卫生机构床位	床	1720	10412	3761	5422	2579
提供住宿的社会工作机构	个	13	253	19	32	7
提供住宿的社会工作机构床位	床	1614	8136	638	1623	1300

2019年县(市)社会经济主要指标

河南省

指　　标	单位	淇　县	新乡县	获嘉县	原阳县	延津县
一、基本情况						
行政区域面积	平方公里	567	393	470	1315	886
乡	个	1	1	2	8	6
镇	个	4	6	9	8	4
街道办事处	个	4			3	3
户籍人口	人	301111	376640	450396	819686	511046
第二产业从业人员	人	60597	136955	73792	106729	74621
第三产业从业人员	人	105291	132342	71306	103134	72108
二、综合经济						
地区生产总值	万元	2448586	2112670	1534813	2320256	1475142
第一产业增加值	万元	210200	87051	173993	336573	241710
第二产业增加值	万元	1588262	1244325	674068	887097	513642
一般公共预算收入	万元	107369	103661	65027	223942	56881
一般公共预算支出	万元	221340	225754	209886	600138	274173
住户储蓄存款余额	万元	869914	1625149	1166692	1477591	1145021
年末金融机构各项贷款余额	万元	1414372	1356667	515024	2064447	516069
三、农业、工业和通讯						
设施农业种植占地面积	公顷	96	1	89	930	690
油料产量	吨	1959	10388	143	46768	148293
棉花产量	吨	79	36	28	194	
规模以上工业企业	个	81	142	94	158	86
固定电话用户	户	26501	28936	24226	44011	29182
四、教育、卫生和社会保障						
普通中学在校学生	人	16478	23086	25129	47574	37622
小学在校学生	人	27187	34130	39977	77123	47475
医疗卫生机构床位	床	2142	1371	2386	2922	2721
提供住宿的社会工作机构	个	8	1	4	20	24
提供住宿的社会工作机构床位	床	1500	50	555	986	1405

2019年县(市)社会经济主要指标

河南省

指　　标	单位	封丘县	卫辉市	辉县市	长垣市	修武县
一、基本情况						
行政区域面积	平方公里	1226	859	1681	1051	611
乡	个	6	6	8	2	3
镇	个	13	7	12	11	5
街道办事处	个			2	5	
户籍人口	人	890200	543508	929234	1023095	274365
第二产业从业人员	人	117764	68191	150772	261490	19670
第三产业从业人员	人	113797	65894	145692	184046	13087
二、综合经济						
地区生产总值	万元	2330300	1706278	3388128	4693208	1506531
第一产业增加值	万元	485957	248567	407656	491405	99472
第二产业增加值	万元	844756	656983	1569441	2525651	693918
一般公共预算收入	万元	70087	119073	234619	302968	151689
一般公共预算支出	万元	437889	353153	458151	619244	227831
住户储蓄存款余额	万元	1802819	1424117	3081509	4023954	918713
年末金融机构各项贷款余额	万元	561272	936618	1992418	2415233	856683
三、农业、工业和通讯						
设施农业种植占地面积	公顷	128	462	302	441	42
油料产量	吨	65547	9711	19561	38025	920
棉花产量	吨	535			354	8
规模以上工业企业	个	94	59	148	193	79
固定电话用户	户	40110	34513	67791	43000	22354
四、教育、卫生和社会保障						
普通中学在校学生	人	49290	37455	65481	70388	15504
小学在校学生	人	77238	54389	98039	99986	19455
医疗卫生机构床位	床	3912	4982	3349	4419	873
提供住宿的社会工作机构	个	31	29	16	80	4
提供住宿的社会工作机构床位	床	1450	1370	2005	4157	1042

2019年县(市)社会经济主要指标

河南省

指　　标	单位	博爱县	武陟县	温　县	沁阳市	孟州市
一、基本情况						
行政区域面积	平方公里	428	798	481	595	542
乡	个	2	6	2	3	1
镇	个	5	5	5	6	6
街道办事处	个	2	4	4	4	4
户籍人口	人	397276	736714	460527	492996	383001
第二产业从业人员	人	17380	14715	70521	36398	102985
第三产业从业人员	人	14863	21232	84522	32158	52862
二、综合经济						
地区生产总值	万元	2930000	4632613	2909553	4472770	3734721
第一产业增加值	万元	187000	389189	304069	216145	228977
第二产业增加值	万元	1812000	2594484	1401741	2649010	2503850
一般公共预算收入	万元	100033	153896	91201	178428	159888
一般公共预算支出	万元	242351	352566	227096	323087	272026
住户储蓄存款余额	万元	1276810	1786810	1266020	1577212	1228378
年末金融机构各项贷款余额	万元	933657	1434975	873662	1371335	1020383
三、农业、工业和通讯						
设施农业种植占地面积	公顷	3333	93	279	134	593
油料产量	吨	1289	53304	20186	5278	49849
棉花产量	吨		42	58	14	124
规模以上工业企业	个	141	252	129	177	176
固定电话用户	户	24013	27000	13732	38620	16743
四、教育、卫生和社会保障						
普通中学在校学生	人	19856	35170	23858	30537	13267
小学在校学生	人	32012	60105	31486	35866	21562
医疗卫生机构床位	床	2207	3578	2292	1512	2130
提供住宿的社会工作机构	个	11	15	7	28	12
提供住宿的社会工作机构床位	床	757	1285	429	1609	1285

2019年县(市)社会经济主要指标

河南省

指　　标	单位	清丰县	南乐县	范　县	台前县	濮阳县
一、基本情况						
行政区域面积	平方公里	834	624	617	394	1347
乡	个	9	6	5	3	8
镇	个	8	6	7	6	12
街道办事处	个					
户籍人口	人	753377	583968	604647	424179	1230546
第二产业从业人员	人	97011	9885	106158	67490	246346
第三产业从业人员	人	167324	20047	110850	91787	286566
二、综合经济						
地区生产总值	万元	1957888	1689560	2136400	1156880	2638518
第一产业增加值	万元	474424	384471	211700	118162	501302
第二产业增加值	万元	631597	484138	977800	612510	642579
一般公共预算收入	万元	94014	73845	81671	46600	150059
一般公共预算支出	万元	463502	340502	375159	432725	759419
住户储蓄存款余额	万元	1493376	1181434	1490054	1107969	2344777
年末金融机构各项贷款余额	万元	944111	709723	709425	626994	1929592
三、农业、工业和通讯						
设施农业种植占地面积	公顷	1172	2000	374	202	4467
油料产量	吨	43429	7913	4688	3120	18932
棉花产量	吨	16	10	81	65	1172
规模以上工业企业	个	129	100	133	101	177
固定电话用户	户	21841	14172	15278	18205	28179
四、教育、卫生和社会保障						
普通中学在校学生	人	31033	22192	34954	22831	44250
小学在校学生	人	62664	60678	49852	42569	108814
医疗卫生机构床位	床	3137	2750	1919	2218	5930
提供住宿的社会工作机构	个	17	19	13	10	24
提供住宿的社会工作机构床位	床	690	1542	408	192	1187

2019年县(市)社会经济主要指标

河南省

指　　标	单位	建安区	鄢陵县	襄城县	禹州市	长葛市
一、基本情况						
行政区域面积	平方公里	946	866	914	1469	650
乡	个	7		6	3	
镇	个	7	12	10	19	12
街道办事处	个	3			4	4
户籍人口	人	888898	732639	912300	1339000	782151
第二产业从业人员	人	93269	83879	97928	253301	237050
第三产业从业人员	人	174295	111423	90570	168868	189996
二、综合经济						
地区生产总值	万元	5466492	3702745	4524911	8332050	7761178
第一产业增加值	万元	273361	371663	382933	310057	282978
第二产业增加值	万元	2986458	1566748	1939919	4717707	5579037
一般公共预算收入	万元	381409	128713	205399	230170	321952
一般公共预算支出	万元	607926	388220	474733	656717	520312
住户储蓄存款余额	万元		1887646	2417010	3620475	2648016
年末金融机构各项贷款余额	万元		1404605	2006126	2551676	2313133
三、农业、工业和通讯						
设施农业种植占地面积	公顷	517	996	1559	333	80
油料产量	吨	21127	6966	13325	12978	9580
棉花产量	吨	413	75	251	74	
规模以上工业企业	个	233	80	125	479	537
固定电话用户	户	28195	18080	35764	36490	56933
四、教育、卫生和社会保障						
普通中学在校学生	人	33059	34238	56514	71480	31923
小学在校学生	人	67093	60780	73643	107132	67767
医疗卫生机构床位	床	2769	2666	2728	5235	2218
提供住宿的社会工作机构	个	28	29	17	63	28
提供住宿的社会工作机构床位	床	2565	3952	1416	4021	4755

2019年县(市)社会经济主要指标

河南省

指　　标	单位	郾城区	舞阳县	临颍县	陕州区	渑池县
一、基本情况						
行政区域面积	平方公里	413	776	821	1610	1421
乡	个		4	4	9	6
镇	个	7	10	10	4	6
街道办事处	个	3		2		
户籍人口	人	507997	597122	728857	341100	359477
第二产业从业人员	人	10043	26223	26226	35756	82984
第三产业从业人员	人	37573	19894	24800	36852	57985
二、综合经济						
地区生产总值	万元	2714801	2534637	3516309	2433587	2189865
第一产业增加值	万元	229023	319727	340724	238353	198627
第二产业增加值	万元	1015044	1223162	1754210	1161097	1137862
一般公共预算收入	万元	66782	125603	167066	202225	289188
一般公共预算支出	万元	230158	347333	450837	328687	397966
住户储蓄存款余额	万元	2164780	1597328	1662324	1108245	1226848
年末金融机构各项贷款余额	万元	2813901	563410	1124051	1155970	752638
三、农业、工业和通讯						
设施农业种植占地面积	公顷	122	20	1131	223	95
油料产量	吨	2190	37627	4562	4449	17358
棉花产量	吨	18	56	161	35	96
规模以上工业企业	个	93	72	161	69	64
固定电话用户	户	34656	25474	12378	15610	17178
四、教育、卫生和社会保障						
普通中学在校学生	人	35606	24391	38470	10513	22704
小学在校学生	人	45527	40251	51073	14189	31063
医疗卫生机构床位	床	3926	2763	3200	1112	2171
提供住宿的社会工作机构	个	13	15	30	60	61
提供住宿的社会工作机构床位	床	2250	1207	2861	2405	3043

2019年县(市)社会经济主要指标

河南省

指　标	单位	卢氏县	义马市	灵宝市	南召县	方城县
一、基本情况						
行政区域面积	平方公里	4004	112	3011	2946	2542
乡	个	10		5	8	1
镇	个	9		10	8	14
街道办事处	个		7	2		2
户籍人口	人	381998	152853	747582	693777	1179192
第二产业从业人员	人	20365	40390	72241	81532	33486
第三产业从业人员	人	43631	25597	60789	70725	41751
二、综合经济						
地区生产总值	万元	1156450	1409935	4365400	1694077	2524754
第一产业增加值	万元	266323	16163	581792	217400	440232
第二产业增加值	万元	343253	926857	2282796	688645	829235
一般公共预算收入	万元	81306	164016	239139	79907	110673
一般公共预算支出	万元	430947	203251	523286	399379	511319
住户储蓄存款余额	万元	1093688	804147	2685713	1393078	1955059
年末金融机构各项贷款余额	万元	827862	766478	1783496	896558	1245675
三、农业、工业和通讯						
设施农业种植占地面积	公顷	823	8	1189	380	
油料产量	吨	968	538	7407	67226	292323
棉花产量	吨			1016		579
规模以上工业企业	个	37	32	83	118	136
固定电话用户	户	13067	8932	28847	19365	1800
四、教育、卫生和社会保障						
普通中学在校学生	人	20993	4417	29216	36654	60144
小学在校学生	人	23123	9219	47211	65939	118966
医疗卫生机构床位	床	2113	1757	2866	2525	3158
提供住宿的社会工作机构	个	64	38	89	18	38
提供住宿的社会工作机构床位	床	2319	977	3960	1378	8685

2019年县(市)社会经济主要指标

河南省

指　　标	单位	西峡县	镇平县	内乡县	淅川县	社旗县
一、基本情况						
行政区域面积	平方公里	3454	1494	2301	2818	1152
乡	个	1	4	4	4	1
镇	个	15	15	12	11	13
街道办事处	个	3	3		2	2
户籍人口	人	490060	1090818	721676	723722	769257
第二产业从业人员	人	80935	206952	116039	81176	22134
第三产业从业人员	人	131845	96332	100491	83120	24758
二、综合经济						
地区生产总值	万元	2511545	2569266	2453853	2333711	1724965
第一产业增加值	万元	329443	355827	416911	413862	406839
第二产业增加值	万元	1017254	811393	1093880	840096	457082
一般公共预算收入	万元	165067	100367	118008	100321	66000
一般公共预算支出	万元	354789	480212	408326	606375	385000
住户储蓄存款余额	万元	1851818	2746323	1881039	1948474	1368751
年末金融机构各项贷款余额	万元	1403646	1338166	1595735	1484929	916021
三、农业、工业和通讯						
设施农业种植占地面积	公顷	17105	86	2094	168	171
油料产量	吨	8900	82658	86170	117786	136088
棉花产量	吨			29	579	267
规模以上工业企业	个	168	177	88	87	105
固定电话用户	户	31985	13697	17905	19600	34265
四、教育、卫生和社会保障						
普通中学在校学生	人	38694	61813	52581	32642	29593
小学在校学生	人	44947	101093	68407	61294	71854
医疗卫生机构床位	床	2634	3087	3408	2770	2560
提供住宿的社会工作机构	个	43	35	41	27	17
提供住宿的社会工作机构床位	床	2750	2030	2230	2090	4426

2019年县(市)社会经济主要指标

河南省

指　　标	单位	唐河县	新野县	桐柏县	邓州市	民权县
一、基本情况						
行政区域面积	平方公里	2502	1062	1914	2360	1238
乡	个	5	5	3	3	6
镇	个	14	8	13	21	11
街道办事处	个	4	2		4	2
户籍人口	人	1475902	855574	500055	1858153	937469
第二产业从业人员	人	52173	123978	85300	178323	215647
第三产业从业人员	人	53860	95877	70924	297932	162034
二、综合经济						
地区生产总值	万元	3606411	2633779	1785834	4500418	3239858
第一产业增加值	万元	827212	514355	246857	946216	500391
第二产业增加值	万元	986241	749171	735840	1461877	1237254
一般公共预算收入	万元	106306	83376	101283	180158	109012
一般公共预算支出	万元	654973	355538	331333	821968	468293
住户储蓄存款余额	万元	2800111	2187069	1408623	3462040	1909000
年末金融机构各项贷款余额	万元	1472146	1379144	659573	2573220	1366000
三、农业、工业和通讯						
设施农业种植占地面积	公顷	468	825	140	1907	216
油料产量	吨	220110	176665	71278	288854	101579
棉花产量	吨	255			499	238
规模以上工业企业	个	152	170	114	149	175
固定电话用户	户	29803	1452	10850	28500	27945
四、教育、卫生和社会保障						
普通中学在校学生	人	68802	40223	36481	85340	40974
小学在校学生	人	136369	82673	45696	173086	81602
医疗卫生机构床位	床	4187	3117	1949	8249	4332
提供住宿的社会工作机构	个	79	72	21	169	20
提供住宿的社会工作机构床位	床	3891	4395	1320	4392	1159

2019年县(市)社会经济主要指标

河南省

指　　标	单位	睢　县	宁陵县	柘城县	虞城县	夏邑县
一、基本情况						
行政区域面积	平方公里	920	797	1042	1346	1486
乡	个	12	7	10	15	11
镇	个	8	7	10	10	13
街道办事处	个			2		
户籍人口	人	933099	728808	1099925	1350900	1230600
第二产业从业人员	人	169785	123246	186116	278996	128574
第三产业从业人员	人	121701	158004	158865	146359	327646
二、综合经济						
地区生产总值	万元	2228801	1817118	2718740	3383824	3177746
第一产业增加值	万元	460524	287972	482792	518068	520297
第二产业增加值	万元	859037	703381	1127411	1521889	1321632
一般公共预算收入	万元	90367	65373	97072	108300	100079
一般公共预算支出	万元	441667	371336	509572	551900	566899
住户储蓄存款余额	万元	1933128	1377250	2215857	2597231	2857193
年末金融机构各项贷款余额	万元	911193	1309366	1103818	1267155	1082694
三、农业、工业和通讯						
设施农业种植占地面积	公顷	474	898	310	4685	7041
油料产量	吨	66604	114892	9238	43409	20555
棉花产量	吨	262		531	2004	421
规模以上工业企业	个	100	70	117	170	194
固定电话用户	户	31996	22956	12114	50046	36116
四、教育、卫生和社会保障						
普通中学在校学生	人	49208	22535	52685	78520	52196
小学在校学生	人	71081	62421	79514	131203	97161
医疗卫生机构床位	床	4625	2187	5109	3756	4100
提供住宿的社会工作机构	个	24	15	20	42	38
提供住宿的社会工作机构床位	床	1687	709	3260	5219	4626

2019年县(市)社会经济主要指标

河南省

指　　标	单位	永城市	罗山县	光山县	新　县	商城县
一、基本情况						
行政区域面积	平方公里	2012	2077	1835	1554	2117
乡	个	3	6	10	10	7
镇	个	26	11	7	5	10
街道办事处	个		3	2	1	2
户籍人口	人	1645304	775600	863123	381836	802500
第二产业从业人员	人	310423	29985	95632	14800	127328
第三产业从业人员	人	392532	31218	171056	17900	127322
二、综合经济						
地区生产总值	万元	6157900	2323608	2305189	1630454	2351920
第一产业增加值	万元	779500	510473	536947	287407	455400
第二产业增加值	万元	2658000	842382	739728	648823	966759
一般公共预算收入	万元	450002	74030	64219	66343	71790
一般公共预算支出	万元	841526	426118	567371	295161	455755
住户储蓄存款余额	万元	4294000	2265503	2510200	1271000	2177900
年末金融机构各项贷款余额	万元	3395000	838646	1194300	713200	900600
三、农业、工业和通讯						
设施农业种植占地面积	公顷	8230	2667	1898	310	124
油料产量	吨	6693	50902	77198	27982	35560
棉花产量	吨	315	31	373	21	89
规模以上工业企业	个	260	98	103	50	83
固定电话用户	户	42113	28869	47856	4992	11682
四、教育、卫生和社会保障						
普通中学在校学生	人	77891	47733	63192	23005	49428
小学在校学生	人	155427	58165	64944	24924	47795
医疗卫生机构床位	床	6614	2700	3362	1053	2957
提供住宿的社会工作机构	个	2	60	28	21	21
提供住宿的社会工作机构床位	床	5235	4804	1754	2050	545

2019年县(市)社会经济主要指标

河南省

指　　标	单位	固始县	潢川县	淮滨县	息　县	淮阳区
一、基本情况						
行政区域面积	平方公里	2946	1635	1208	1835	1335
乡	个	11	8	10	12	11
镇	个	19	9	5	6	7
街道办事处	个	3	4	4	4	1
户籍人口	人	1792624	893932	825330	1128227	1493103
第二产业从业人员	人	317177	8400	150352	130803	282500
第三产业从业人员	人	396312	144400	191458	170705	217500
二、综合经济						
地区生产总值	万元	4095600	3015300	2259220	2539087	2708111
第一产业增加值	万元	858000	568400	412611	530982	520135
第二产业增加值	万元	1266900	1127700	916950	870557	1181678
一般公共预算收入	万元	155678	76900	77898	80970	100066
一般公共预算支出	万元	815569	605600	504557	799172	667673
住户储蓄存款余额	万元	4390649	2329000	1815027	2494504	2736675
年末金融机构各项贷款余额	万元	2089651	2730900	828846	1199311	938305
三、农业、工业和通讯						
设施农业种植占地面积	公顷	10990	4515	758	701	1134
油料产量	吨	36430	32968	63533	49722	124816
棉花产量	吨	70		85	162	173
规模以上工业企业	个	199	96	130	91	117
固定电话用户	户	76386	14390	24138	17853	7707
四、教育、卫生和社会保障						
普通中学在校学生	人	105691	46791	46701	63410	78860
小学在校学生	人	121422	61490	62196	85943	110409
医疗卫生机构床位	床	7246	2889	2624	3801	4863
提供住宿的社会工作机构	个	51	20	40	35	32
提供住宿的社会工作机构床位	床	4437	1154	1956	2198	3265

2019年县(市)社会经济主要指标

河南省

指　　标	单位	扶沟县	西华县	商水县	沈丘县	郸城县
一、基本情况						
行政区域面积	平方公里	1163	1194	1270	1082	1490
乡	个	6	8	9	5	11
镇	个	9	9	11	15	8
街道办事处	个	2	4	3	2	3
户籍人口	人	785724	964691	1322151	1394641	1386560
第二产业从业人员	人	151200	166700	248649	258768	263200
第三产业从业人员	人	145200	219600	234655	159900	267100
二、综合经济						
地区生产总值	万元	2255048	2794686	3005347	3320405	3278366
第一产业增加值	万元	410472	525255	546585	514767	521939
第二产业增加值	万元	1031098	1244203	1289944	1398903	1541791
一般公共预算收入	万元	82674	83031	80253	154190	120019
一般公共预算支出	万元	427808	463425	603469	658800	711850
住户储蓄存款余额	万元	1998553	2375948	2918484	2847700	3118578
年末金融机构各项贷款余额	万元	748411	1016884	1024826	1775200	992609
三、农业、工业和通讯						
设施农业种植占地面积	公顷	12000	2533	1787	1854	1000
油料产量	吨	40795	42285	32017	42769	32402
棉花产量	吨	480	283	480	18	341
规模以上工业企业	个	96	107	125	117	143
固定电话用户	户	61830	70190	8501	17000	13950
四、教育、卫生和社会保障						
普通中学在校学生	人	43460	45404	66359	69993	102838
小学在校学生	人	51735	66249	94803	103280	125935
医疗卫生机构床位	床	3485	3512	4368	4760	4822
提供住宿的社会工作机构	个	20	22	33	22	37
提供住宿的社会工作机构床位	床	2442	1528	2739	633	3439

2019年县(市)社会经济主要指标

河南省

指　　标	单位	太康县	鹿邑县	项城市	西平县	上蔡县
一、基本情况						
行政区域面积	平方公里	1759	1238	1086	1090	1529
乡	个	8	7		8	9
镇	个	15	13	15	8	13
街道办事处	个		4	6	3	4
户籍人口	人	1648804	1380800	1350103	887309	1602361
第二产业从业人员	人	261500	102456	264306	267791	139899
第三产业从业人员	人	223500	129999	231052	254455	178681
二、综合经济						
地区生产总值	万元	3727059	3299100	3741814	2402108	2607583
第一产业增加值	万元	621376	503200	436703	548239	477990
第二产业增加值	万元	1541314	1446000	1684064	805017	1066371
一般公共预算收入	万元	121907	155333	134081	125328	100500
一般公共预算支出	万元	775980	563256	604669	492836	714700
住户储蓄存款余额	万元	3246661	2686471	3374560	2419552	3442900
年末金融机构各项贷款余额	万元	1336547	1443179	1341305	1330846	1259700
三、农业、工业和通讯						
设施农业种植占地面积	公顷	3330	542	371	578	880
油料产量	吨	44967	14252	24563	37756	95608
棉花产量	吨	1485	1335	393		240
规模以上工业企业	个	147	151	162	124	82
固定电话用户	户	6406	139234	15613	26203	31101
四、教育、卫生和社会保障						
普通中学在校学生	人	82054	68332	76124	36607	58442
小学在校学生	人	130635	96662	108202	53920	116439
医疗卫生机构床位	床	7872	5546	3678	4193	6058
提供住宿的社会工作机构	个	23	25	20	29	69
提供住宿的社会工作机构床位	床	4135	3456	3191	2074	4124

2019年县(市)社会经济主要指标

河南省

指　　标	单位	平舆县	正阳县	确山县	泌阳县	汝南县
一、基本情况						
行政区域面积	平方公里	1282	1889	1644	2346	1504
乡	个	5	10		8	2
镇	个	11	8	10	11	12
街道办事处	个	3	2	3	3	4
户籍人口	人	1167315	872585	563215	968504	897464
第二产业从业人员	人	217116	208000	95484	183144	167195
第三产业从业人员	人	131954	212000	95258	165066	118315
二、综合经济						
地区生产总值	万元	2546035	2424023	1828549	2857618	2433000
第一产业增加值	万元	440644	577311	367564	565694	539000
第二产业增加值	万元	1064277	925739	696102	1189578	1028000
一般公共预算收入	万元	113171	81600	122633	126553	97713
一般公共预算支出	万元	550066	499800	358479	684765	507638
住户储蓄存款余额	万元	2626408	2356012	1974086	2022952	2161258
年末金融机构各项贷款余额	万元	1365555	1123300	1037009	1070250	1018000
三、农业、工业和通讯						
设施农业种植占地面积	公顷	3867	446	371	1805	797
油料产量	吨	65931	485379	189190	217499	246468
棉花产量	吨	3				
规模以上工业企业	个	123	99	123	139	98
固定电话用户	户	12105	16600	10030	9800	23985
四、教育、卫生和社会保障						
普通中学在校学生	人	53687	47944	36238	57901	41435
小学在校学生	人	96123	84102	46604	89499	64501
医疗卫生机构床位	床	5760	2690	2757	4249	3040
提供住宿的社会工作机构	个	32	30	22	22	28
提供住宿的社会工作机构床位	床	2746	1090	2726	1887	2837

2019年县(市)社会经济主要指标

河南省、湖北省

指　　标	单位	遂平县	新蔡县	济源市	阳新县	大冶市
一、基本情况						
行政区域面积	平方公里	1070	1447	1899	2794	1566
乡	个	2	9			1
镇	个	8	11	11	16	10
街道办事处	个	5	3	5		5
户籍人口	人	578944	1253732	728700	1117816	996775
第二产业从业人员	人	92591	212206	174246	246956	212430
第三产业从业人员	人	91385	168754	210573	246084	309280
二、综合经济						
地区生产总值	万元	2264156	2722500	6869569	2904300	6806900
第一产业增加值	万元	340956	508100	243608	541600	462700
第二产业增加值	万元	1060305	854900	4218898	1088400	4117800
一般公共预算收入	万元	123000	121000	570669	181616	430200
一般公共预算支出	万元	382000	577000	775093	641428	815400
住户储蓄存款余额	万元	1684686	2568900	3351236	2309000	2864900
年末金融机构各项贷款余额	万元	1374492	1578600	3272667	1884900	4031900
三、农业、工业和通讯						
设施农业种植占地面积	公顷	273	464	453	608	560
油料产量	吨	47343	96972	2366	55493	53532
棉花产量	吨	17	194	358	1771	1855
规模以上工业企业	个	64	158	234	120	440
固定电话用户	户	17028	17600	50500	52653	103263
四、教育、卫生和社会保障						
普通中学在校学生	人	30387	52955	40033	54791	46683
小学在校学生	人	49816	101670	56840	104688	71429
医疗卫生机构床位	床	2918	4357	3148	4112	3067
提供住宿的社会工作机构	个	18	24	17	24	19
提供住宿的社会工作机构床位	床	1642	2242	2301	2241	5612

2019年县(市)社会经济主要指标

湖北省

指　　标	单位	郧阳区	郧西县	竹山县	竹溪县	房　县
一、基本情况						
行政区域面积	平方公里	3833	3509	3586	3310	5110
乡	个	3	7	8	4	8
镇	个	16	9	9	11	12
街道办事处	个					
户籍人口	人	632102	516200	461711	357251	474216
第二产业从业人员	人	28070	9349	11101	16671	14105
第三产业从业人员	人	26972	18500	20122	16085	21734
二、综合经济						
地区生产总值	万元	1668572	925532	1152801	845431	1195630
第一产业增加值	万元	287728	226241	295979	231583	319783
第二产业增加值	万元	767092	201509	410024	193532	329072
一般公共预算收入	万元	103985	50890	65873	52641	73989
一般公共预算支出	万元	502048	434024	454353	388396	536486
住户储蓄存款余额	万元	1450271	1690723	1276444	1127121	1450028
年末金融机构各项贷款余额	万元	1343008	975647	1055977	751269	1102388
三、农业、工业和通讯						
设施农业种植占地面积	公顷	3893	233	456	387	460
油料产量	吨	22081	19271	51214	28655	24183
棉花产量	吨	72				
规模以上工业企业	个	185	28	43	40	68
固定电话用户	户	19411	28768	4640	13630	23000
四、教育、卫生和社会保障						
普通中学在校学生	人	24681	19458	18490	14703	17199
小学在校学生	人	30164	30826	28288	22247	28037
医疗卫生机构床位	床	3349	2636	2766	2612	3328
提供住宿的社会工作机构	个	27	19	20	21	23
提供住宿的社会工作机构床位	床	4817	2419	1935	2682	2782

2019年县(市)社会经济主要指标

湖北省

指　　标	单位	丹江口市	夷陵区	远安县	兴山县	秭归县
一、基本情况						
行政区域面积	平方公里	3121	3439	1740	2317	2428
乡	个		2	1	2	4
镇	个	12	9	6	6	8
街道办事处	个	5	1			
户籍人口	人	462684	529000	189934	163837	369017
第二产业从业人员	人	46650	107387	41223	10656	55347
第三产业从业人员	人	32074	107236	60524	42157	72013
二、综合经济						
地区生产总值	万元	2906112	5416731	1817910	1305847	1644916
第一产业增加值	万元	306091	661607	209105	138656	285025
第二产业增加值	万元	1250754	2158638	867562	571842	599834
一般公共预算收入	万元	125039	241086	98098	83218	80003
一般公共预算支出	万元	506006	558030	285982	278213	365620
住户储蓄存款余额	万元	2199373	3016676	935434	680793	1204470
年末金融机构各项贷款余额	万元	2127857	4207949	1108905	1285417	1301503
三、农业、工业和通讯						
设施农业种植占地面积	公顷	203	182	205	90	85
油料产量	吨	13200	27596	14493	9094	17405
棉花产量	吨	10				
规模以上工业企业	个	185	162	74	19	58
固定电话用户	户	39106	32725	21019	6664	12100
四、教育、卫生和社会保障						
普通中学在校学生	人	16733	15891	4684	4197	9713
小学在校学生	人	34547	22592	8126	5920	13421
医疗卫生机构床位	床	3720	2888	1120	981	2183
提供住宿的社会工作机构	个	27	18	9	15	16
提供住宿的社会工作机构床位	床	3243	2125	911	1622	1545

2019年县(市)社会经济主要指标

湖北省

指　　标	单位	长阳土家族自治县	五峰土家族自治县	宜都市	当阳市	枝江市
一、基本情况						
行政区域面积	平方公里	3436	2369	1357	2159	1375
乡	个	3	3	1		
镇	个	8	5	8	7	8
街道办事处	个			1	3	1
户籍人口	人	396803	196001	386388	464561	477041
第二产业从业人员	人	52586	14129	100852	99280	110537
第三产业从业人员	人	85453	20591	119249	80655	109341
二、综合经济						
地区生产总值	万元	1593786	817624	6792406	5091866	5806928
第一产业增加值	万元	405311	224137	486546	825708	824131
第二产业增加值	万元	443607	258659	3555424	2178889	2582305
一般公共预算收入	万元	76430	33786	235321	181100	190118
一般公共预算支出	万元	452686	327334	508005	458900	451668
住户储蓄存款余额	万元	1353820	662917	2060251	2409416	2471795
年末金融机构各项贷款余额	万元	1740899	548337	2108501	1833800	2151854
三、农业、工业和通讯						
设施农业种植占地面积	公顷	16	39	222	131	235
油料产量	吨	14764	3676	21756	56813	41702
棉花产量	吨				1057	7086
规模以上工业企业	个	51	36	261	231	220
固定电话用户	户	26700	7611	23928	26525	29169
四、教育、卫生和社会保障						
普通中学在校学生	人	10604	4274	10328	13639	11652
小学在校学生	人	13640	7045	16035	17734	16013
医疗卫生机构床位	床	2039	978	2555	2284	2892
提供住宿的社会工作机构	个	18	9	26	12	19
提供住宿的社会工作机构床位	床	1379	748	2316	2810	2034

2019年县(市)社会经济主要指标

湖北省

指　　标	单位	襄州区	南漳县	谷城县	保康县	老河口市
一、基本情况						
行政区域面积	平方公里	2467	3859	2553	3222	1052
乡	个			1	1	1
镇	个	12	10	9	10	7
街道办事处	个	4				2
户籍人口	人	1018561	570565	595811	266177	511811
第二产业从业人员	人	157608	115201	96442	21614	120835
第三产业从业人员	人	201611	143270	95383	67928	128666
二、综合经济						
地区生产总值	万元	7353306	2963936	4084310	1370128	3886645
第一产业增加值	万元	1019818	490916	396701	222546	473032
第二产业增加值	万元	3305842	1091429	2224125	599341	1850961
一般公共预算收入	万元	346913	114858	149366	96354	205181
一般公共预算支出	万元	721208	530073	518131	381111	544811
住户储蓄存款余额	万元	2444376	1931504	2472382	912329	1928518
年末金融机构各项贷款余额	万元	1737684	1280109	1673034	828290	1789615
三、农业、工业和通讯						
设施农业种植占地面积	公顷	740	34	328	131	251
油料产量	吨	126231	15985	19592	16641	20886
棉花产量	吨	1827	44			324
规模以上工业企业	个	203	101	171	93	192
固定电话用户	户	45697	29104	34351	23105	24609
四、教育、卫生和社会保障						
普通中学在校学生	人	35623	18374	23907	8206	22343
小学在校学生	人	54782	29595	33120	12840	34122
医疗卫生机构床位	床	4237	2976	3841	1976	3665
提供住宿的社会工作机构	个	50	16	24	20	11
提供住宿的社会工作机构床位	床	5404	3927	2176	1980	928

2019年县(市)社会经济主要指标

湖北省

指　　标	单位	枣阳市	宜城市	沙洋县	钟祥市	京山市
一、基本情况						
行政区域面积	平方公里	3276	2115	2280	4488	3743
乡	个				1	
镇	个	12	8	13	15	12
街道办事处	个	3	2		1	3
户籍人口	人	1119525	558365	592900	1039429	695757
第二产业从业人员	人	238548	100361	111954	156033	172541
第三产业从业人员	人	272663	145124	140841	252194	151542
二、综合经济						
地区生产总值	万元	6749134	3677300	3358500	5610300	4301100
第一产业增加值	万元	997616	550600	691500	759500	609100
第二产业增加值	万元	3008921	1709900	1327800	2784000	2092000
一般公共预算收入	万元	270468	173000	100079	206592	167500
一般公共预算支出	万元	837272	589100	416126	796966	493307
住户储蓄存款余额	万元	3756314	2143516	1995449	4618199	2850279
年末金融机构各项贷款余额	万元	2631829	1773000	1262462	2668492	2069550
三、农业、工业和通讯						
设施农业种植占地面积	公顷	600	6818	259	720	6285
油料产量	吨	65020	68435	111724	93490	49503
棉花产量	吨	1403	5335	890	1694	1782
规模以上工业企业	个	243	175	165	286	325
固定电话用户	户	52000	31362	37254	27149	50187
四、教育、卫生和社会保障						
普通中学在校学生	人	46634	21172	12202	34661	18641
小学在校学生	人	70662	30797	17650	47948	28379
医疗卫生机构床位	床	5991	3299	1917	5522	3854
提供住宿的社会工作机构	个	52	13	20	26	36
提供住宿的社会工作机构床位	床	7250	1511	1831	3653	4018

2019年县(市)社会经济主要指标

湖北省

指　　标	单位	孝昌县	大悟县	云梦县	应城市	安陆市
一、基本情况						
行政区域面积	平方公里	1191	1982	605	1103	1353
乡	个	4	3	3		4
镇	个	8	14	9	10	9
街道办事处	个				5	2
户籍人口	人	669730	661836	571119	646185	628715
第二产业从业人员	人	137205	114067	177326	170869	227536
第三产业从业人员	人	197433	91440	190125	179602	125332
二、综合经济						
地区生产总值	万元	1390612	1827645	2154447	3962169	2606991
第一产业增加值	万元	363401	401593	390647	523096	371888
第二产业增加值	万元	264231	526246	873600	1822918	1069713
一般公共预算收入	万元	106656	112679	141300	171717	116215
一般公共预算支出	万元	469787	469876	381900	476574	273315
住户储蓄存款余额	万元	1595478	1893828	1911994	2340312	2032775
年末金融机构各项贷款余额	万元	918098	1158981	865426	1637141	1671849
三、农业、工业和通讯						
设施农业种植占地面积	公顷	1946	1733	368	652	9837
油料产量	吨	37455	59998	22214	23199	19803
棉花产量	吨	865	288	1823	864	1151
规模以上工业企业	个	48	68	102	164	105
固定电话用户	户	47723	119983	30880	29875	70318
四、教育、卫生和社会保障						
普通中学在校学生	人	22812	16501	21045	17404	20838
小学在校学生	人	31876	35766	29560	25668	29352
医疗卫生机构床位	床	2363	3579	2477	3339	2904
提供住宿的社会工作机构	个	18	29	25	25	22
提供住宿的社会工作机构床位	床	1951	1267	1695	4495	3015

2019年县(市)社会经济主要指标

湖北省

指　　标	单位	汉川市	公安县	监利县	江陵县	石首市
一、基本情况						
行政区域面积	平方公里	1659	2257	3201	1049	1406
乡	个	6	2	3	2	1
镇	个	14	14	18	7	11
街道办事处	个	2				2
户籍人口	人	1069830	989100	1565455	390479	614966
第二产业从业人员	人	278264	187074	237208	85172	118564
第三产业从业人员	人	268605	154532	324372	42728	136211
二、综合经济						
地区生产总值	万元	6776259	3323500	3100400	1159000	2234900
第一产业增加值	万元	693168	712400	1056500	263800	415900
第二产业增加值	万元	3767977	1273900	681000	426300	821300
一般公共预算收入	万元	256332	137749	95398	51615	86436
一般公共预算支出	万元	679508	588793	780962	315793	432453
住户储蓄存款余额	万元	3145284	3238414	3428435	1135545	2256309
年末金融机构各项贷款余额	万元	2445481	1955514	1836976	956926	1395447
三、农业、工业和通讯						
设施农业种植占地面积	公顷	2366	1084	62		379
油料产量	吨	29583	96224	123798	43310	36292
棉花产量	吨	2306	13587	6982	948	4964
规模以上工业企业	个	415	131	128	84	107
固定电话用户	户	66663	38851	41548	14948	17149
四、教育、卫生和社会保障						
普通中学在校学生	人	36465	29905	64788	11969	19463
小学在校学生	人	62249	39038	91438	16347	26698
医疗卫生机构床位	床	5002	4444	5532	1400	2517
提供住宿的社会工作机构	个	35	21	39	13	17
提供住宿的社会工作机构床位	床	3628	4791	3941	1103	3220

2019年县(市)社会经济主要指标

湖北省

指　　标	单位	洪湖市	松滋市	团风县	红安县	罗田县
一、基本情况						
行政区域面积	平方公里	2444	2177	833	1796	2130
乡	个	1	2	2	1	2
镇	个	14	13	8	10	10
街道办事处	个	2	2			
户籍人口	人	913172	822927	367147	648013	592459
第二产业从业人员	人	184068	146482	58590	97540	160800
第三产业从业人员	人	136647	254653	36584	141373	156900
二、综合经济						
地区生产总值	万元	3061500	3437800	1222500	1991121	1588500
第一产业增加值	万元	832600	443800	161400	247333	273675
第二产业增加值	万元	978800	1566900	683600	935099	489851
一般公共预算收入	万元	105501	182100	61200	166442	80640
一般公共预算支出	万元	571073	594136	289600	461289	466779
住户储蓄存款余额	万元	2339780	3198162	1037248	1816850	2034344
年末金融机构各项贷款余额	万元	1589316	1808912	1128432	1475476	1100492
三、农业、工业和通讯						
设施农业种植占地面积	公顷	237	659	1206	447	302
油料产量	吨	79398	27100	13900	81806	32761
棉花产量	吨	2465	6731	1893	1138	260
规模以上工业企业	个	122	117	63	131	84
固定电话用户	户	41219	42350	11805	22272	25801
四、教育、卫生和社会保障						
普通中学在校学生	人	30357	24856	11029	23338	20507
小学在校学生	人	44394	32711	17018	33266	34435
医疗卫生机构床位	床	3646	3386	1911	2959	3960
提供住宿的社会工作机构	个	29	26	15	16	16
提供住宿的社会工作机构床位	床	6224	6423	1037	2036	1870

2019年县(市)社会经济主要指标

湖北省

指　标	单位	英山县	浠水县	蕲春县	黄梅县	麻城市
一、基本情况						
行政区域面积	平方公里	1449	1949	2399	1800	3747
乡	个	3	1	1	4	1
镇	个	8	12	13	12	15
街道办事处	个					3
户籍人口	人	400045	1002517	1007450	1031711	1153874
第二产业从业人员	人	76083	227500	124635	170693	174652
第三产业从业人员	人	81345	246700	251025	206031	300976
二、综合经济						
地区生产总值	万元	1216200	2510300	2656100	2471200	3741246
第一产业增加值	万元	345300	644000	510000	562502	600546
第二产业增加值	万元	331500	682400	797700	887946	1628000
一般公共预算收入	万元	54057	102823	141300	125091	208382
一般公共预算支出	万元	419956	529553	609800	582312	793075
住户储蓄存款余额	万元	1648533	3157601	3766952	3374221	3585733
年末金融机构各项贷款余额	万元	917789	1552944	1974900	1812847	2778690
三、农业、工业和通讯						
设施农业种植占地面积	公顷	387	3850	287	3055	2649
油料产量	吨	14166	61890	54307	64252	97565
棉花产量	吨	232	4488	3437	4892	4220
规模以上工业企业	个	73	108	114	158	284
固定电话用户	户	25082	56521	48844	88574	66996
四、教育、卫生和社会保障						
普通中学在校学生	人	16092	37378	34678	49954	43494
小学在校学生	人	22311	52349	67617	69371	61365
医疗卫生机构床位	床	2078	5049	3989	4238	4533
提供住宿的社会工作机构	个	13	18	38	55	21
提供住宿的社会工作机构床位	床	2200	7039	4329	2570	3712

2019年县(市)社会经济主要指标

湖北省

指　　标	单位	武穴市	嘉鱼县	通城县	崇阳县	通山县
一、基本情况						
行政区域面积	平方公里	1246	1020	1201	1968	2680
乡	个			2	4	4
镇	个	8	8	9	8	8
街道办事处	个	4				
户籍人口	人	823186	365353	526936	511374	488600
第二产业从业人员	人	197762	58700	60600	58900	51000
第三产业从业人员	人	152800	98800	145000	133200	129200
二、综合经济						
地区生产总值	万元	3244700	2889600	1660600	1533400	1379876
第一产业增加值	万元	533900	451800	260300	281200	191001
第二产业增加值	万元	1380500	1504000	673400	501300	504552
一般公共预算收入	万元	203319	124685	82591	83506	66310
一般公共预算支出	万元	569056	334540	328959	382700	342412
住户储蓄存款余额	万元	2873801	1070665	1419959	1308167	1042509
年末金融机构各项贷款余额	万元	1855123	1337031	1088894	1019390	1057163
三、农业、工业和通讯						
设施农业种植占地面积	公顷	357	1063	180	1172	1370
油料产量	吨	55781	14416	16139	24904	11742
棉花产量	吨	2380	213	192	623	
规模以上工业企业	个	181	202	101	104	81
固定电话用户	户	53275	27987	32866	21483	12964
四、教育、卫生和社会保障						
普通中学在校学生	人	40302	11624	18423	17607	26011
小学在校学生	人	68592	16829	40087	41751	47070
医疗卫生机构床位	床	4459	1729	2123	2328	1740
提供住宿的社会工作机构	个	18	14	16	17	15
提供住宿的社会工作机构床位	床	2998	1570	2979	2720	1899

2019年县(市)社会经济主要指标

湖北省

指　　标	单位	赤壁市	随　县	广水市	恩施市	利川市
一、基本情况						
行政区域面积	平方公里	1723	5543	2646	4003	4606
乡	个	1			7	5
镇	个	10	19	13	6	7
街道办事处	个	3		4	3	2
户籍人口	人	531524	920717	912056	826924	919297
第二产业从业人员	人	70100	124625	168832	100240	163910
第三产业从业人员	人	151800	129623	227453	145016	157065
二、综合经济						
地区生产总值	万元	4668600	2701162	3565669	3795200	2048900
第一产业增加值	万元	507100	689362	563769	307500	368700
第二产业增加值	万元	2093700	1334800	1731200	1523800	341500
一般公共预算收入	万元	203582	76104	135557	228585	119476
一般公共预算支出	万元	459587	413231	499325	872287	726461
住户储蓄存款余额	万元	1870477	2830301	3316498	2611165	2061800
年末金融机构各项贷款余额	万元	1882808	1161165	1443114	5290177	2006619
三、农业、工业和通讯						
设施农业种植占地面积	公顷	2315	583	1230	500	202
油料产量	吨	46028	31363	54035	20243	14876
棉花产量	吨	2558	1217	2887		
规模以上工业企业	个	227	260	206	79	40
固定电话用户	户	46876	169007	35482	30359	41400
四、教育、卫生和社会保障						
普通中学在校学生	人	23930	23100	33451	48533	50493
小学在校学生	人	37805	40823	50441	53448	69951
医疗卫生机构床位	床	2718	2562	3919	8195	5178
提供住宿的社会工作机构	个	15	36	40	37	15
提供住宿的社会工作机构床位	床	3095	3364	4102	3206	1182

2019年县(市)社会经济主要指标

湖北省

指　　标	单位	建始县	巴东县	宣恩县	咸丰县	来凤县
一、基本情况						
行政区域面积	平方公里	2665	3352	2737	2523	1342
乡	个	3	2	4	3	2
镇	个	7	10	5	7	6
街道办事处	个					
户籍人口	人	509600	486025	357553	385386	334432
第二产业从业人员	人	76100		23270	81986	55831
第三产业从业人员	人	91088		128765	91120	68503
二、综合经济						
地区生产总值	万元	1204800	1274600	790500	961802	846600
第一产业增加值	万元	231800	226500	189100	196702	152000
第二产业增加值	万元	247200	314900	118700	163800	152000
一般公共预算收入	万元	68751	103653	39587	47295	42198
一般公共预算支出	万元	487027	577600	371385	419890	321651
住户储蓄存款余额	万元	1070045	1149922	674365	939914	848826
年末金融机构各项贷款余额	万元	889985	810642	677929	803715	792555
三、农业、工业和通讯						
设施农业种植占地面积	公顷	499	105	4	69	31
油料产量	吨	18262	26375	6811	19610	9825
棉花产量	吨					
规模以上工业企业	个	31	36	33	23	25
固定电话用户	户	12766	28970	9674	24305	9600
四、教育、卫生和社会保障						
普通中学在校学生	人	21796	23855	15320	27526	18221
小学在校学生	人	27450	27615	21842	22334	25735
医疗卫生机构床位	床	3191	2497	1522	2298	1944
提供住宿的社会工作机构	个	14	15	11	12	13
提供住宿的社会工作机构床位	床	1401	1316	637	1026	900

2019年县(市)社会经济主要指标

湖北省

指 标	单位	鹤峰县	仙桃市	潜江市	天门市	神农架林区
一、基本情况						
行政区域面积	平方公里	2868	2538	2004	2622	3234
乡	个	4			1	2
镇	个	5	15	10	21	6
街道办事处	个		3	7	3	
户籍人口	人	216237	1529169	1004876	1606621	78853
第二产业从业人员	人	32165		214600	214736	8451
第三产业从业人员	人	22316		256900	235263	23473
二、综合经济						
地区生产总值	万元	671300	8684700	8126300	6508200	328579
第一产业增加值	万元	137100	925100	808200	853200	23658
第二产业增加值	万元	132400	4007200	4079400	3069300	101574
一般公共预算收入	万元	31268	346300	275016	213554	52180
一般公共预算支出	万元	282088	928166	772093	886520	239202
住户储蓄存款余额	万元	599126	5359401	4790111	5661100	307344
年末金融机构各项贷款余额	万元	391988	3489171	3021147	2794200	266559
三、农业、工业和通讯						
设施农业种植占地面积	公顷	11		1056	4584	32
油料产量	吨	5068	123710	41146	112730	260
棉花产量	吨		11504	1666	9880	
规模以上工业企业	个	32	408	253	299	12
固定电话用户	户	11520	96493	43712	47033	9900
四、教育、卫生和社会保障						
普通中学在校学生	人	6423	58700	38688	60049	2417
小学在校学生	人	10132	88400	53418	76126	3478
医疗卫生机构床位	床	1023	6286	4948	7064	520
提供住宿的社会工作机构	个	10	25	21	33	9
提供住宿的社会工作机构床位	床	1012	4940	2902	8217	539

2019年县(市)社会经济主要指标

湖南省

指　　标	单位	望城区	长沙县	浏阳市	宁乡市	渌口区
一、基本情况						
行政区域面积	平方公里	951	1756	4997	2906	1054
乡	个			1	4	
镇	个	5	13	27	21	8
街道办事处	个	10	5	4	4	
户籍人口	人	652538	818383	1491285	1428939	350781
第二产业从业人员	人	134110	214445	373569	277520	54112
第三产业从业人员	人	170552	299866	283154	330853	63862
二、综合经济						
地区生产总值	万元	8092347	17099645	14088486	10691033	1437917
第一产业增加值	万元	478942	741630	1078397	1115427	248901
第二产业增加值	万元	2940350	8790315	7163406	4557331	564779
一般公共预算收入	万元	1031636	2208120	1284009	880252	141909
一般公共预算支出	万元	1103187	1862496	1420745	1052147	338466
住户储蓄存款余额	万元	3110528	6232000	5548243	4814520	1323307
年末金融机构各项贷款余额	万元	5710313	12611100	7462316	8342707	1156324
三、农业、工业和通讯						
设施农业种植占地面积	公顷	200		382		1560
油料产量	吨	11889	16246	51803	15333	7571
棉花产量	吨			218	82	709
规模以上工业企业	个	363	439	982	618	74
固定电话用户	户	83244	161000	64681	60700	14325
四、教育、卫生和社会保障						
普通中学在校学生	人	31132	47357	74896	62532	12800
小学在校学生	人	54749	92694	108841	82110	13593
医疗卫生机构床位	床	4036	5811	9883	8153	1627
提供住宿的社会工作机构	个	24	27	41	38	16
提供住宿的社会工作机构床位	床	3654	5400	4681	5323	1719

2019年县(市)社会经济主要指标

湖南省

指　　标	单位	攸　县	茶陵县	炎陵县	醴陵市	湘潭县
一、基本情况						
行政区域面积	平方公里	2649	2496	2030	2157	2140
乡	个		2	5		3
镇	个	13	10	5	19	14
街道办事处	个	4	4		4	
户籍人口	人	809205	644786	191739	1052264	976414
第二产业从业人员	人	113627	85356	38550	275600	141300
第三产业从业人员	人	195060	94655	42700	199400	152300
二、综合经济						
地区生产总值	万元	3971815	2153478	855928	7163501	4849792
第一产业增加值	万元	595273	346500	125754	605072	590831
第二产业增加值	万元	1326381	692094	328134	3709732	2590373
一般公共预算收入	万元	207120	140215	60519	439682	287747
一般公共预算支出	万元	479902	426931	195762	763676	638807
住户储蓄存款余额	万元	2457562	2032974	705165	3038396	3608000
年末金融机构各项贷款余额	万元	1593830	1375512	651309	2654256	3607000
三、农业、工业和通讯						
设施农业种植占地面积	公顷	50	28		400	383
油料产量	吨	20513	23908	3187	15096	18738
棉花产量	吨	352	1034	38	40	183
规模以上工业企业	个	265	131	106	561	253
固定电话用户	户	63734	5303	22267	16701	260030
四、教育、卫生和社会保障						
普通中学在校学生	人	36302	28877	7879	40047	46587
小学在校学生	人	51066	48711	13155	68942	48781
医疗卫生机构床位	床	4479	3583	1230	6251	3808
提供住宿的社会工作机构	个	23	26	13	56	54
提供住宿的社会工作机构床位	床	2342	2052	1346	4478	2300

2019年县(市)社会经济主要指标

湖南省

指　　标	单位	湘乡市	韶山市	衡阳县	衡南县	衡山县
一、基本情况						
行政区域面积	平方公里	1967	247	2559	2614	935
乡	个	3	2	8	1	5
镇	个	15	2	17	19	7
街道办事处	个	4			3	
户籍人口	人	929647	120252	1239969	1090221	444828
第二产业从业人员	人	169978	15700	177025	181988	25600
第三产业从业人员	人	134681	11000	262504	301155	86400
二、综合经济						
地区生产总值	万元	4830423	922867	3489389	3410924	1647912
第一产业增加值	万元	577521	64329	637130	642171	304468
第二产业增加值	万元	2370979	405262	1251864	1147264	657219
一般公共预算收入	万元	222566	77205	159779	193642	118202
一般公共预算支出	万元	545380	132298	625214	564214	272328
住户储蓄存款余额	万元	3054698	623834	3302267	2552294	1345768
年末金融机构各项贷款余额	万元	2187174	697777	1335589	1299112	775754
三、农业、工业和通讯						
设施农业种植占地面积	公顷	238	123	1000	188	90
油料产量	吨	15959	1314	68712	57962	15538
棉花产量	吨	44	5	5147	3718	500
规模以上工业企业	个	238	74	121	95	118
固定电话用户	户	59600	26395	50340	45400	25800
四、教育、卫生和社会保障						
普通中学在校学生	人	36520	2416	55323	60375	20810
小学在校学生	人	46572	5631	64384	62891	28710
医疗卫生机构床位	床	4908	547	5372	4965	2175
提供住宿的社会工作机构	个	22	9	41	30	28
提供住宿的社会工作机构床位	床	5812	298	1309	2600	3446

2019年县(市)社会经济主要指标

湖南省

指　　标	单位	衡东县	祁东县	耒阳市	常宁市	新邵县
一、基本情况						
行政区域面积	平方公里	1927	1871	2648	2048	1762
乡	个	2	3	5	4	2
镇	个	15	17	19	14	13
街道办事处	个		4	6	3	
户籍人口	人	756367	1047105	1417841	957689	823567
第二产业从业人员	人	111578	103900	194147	77857	123900
第三产业从业人员	人	207020	113500	335575	206095	126000
二、综合经济						
地区生产总值	万元	2757323	2857040	3679346	3331714	1600629
第一产业增加值	万元	444272	494912	541439	531381	340654
第二产业增加值	万元	913079	869588	1033322	1037441	405579
一般公共预算收入	万元	131891	132399	150427	162700	110210
一般公共预算支出	万元	417552	585714	661126	563753	464451
住户储蓄存款余额	万元	2049898	2939600	2594200	1853164	1701514
年末金融机构各项贷款余额	万元	1165927	1379600	2427988	2017473	1171514
三、农业、工业和通讯						
设施农业种植占地面积	公顷	387	333	101	665	1460
油料产量	吨	30557	37211	50930	35374	14494
棉花产量	吨	509	987	701	1290	
规模以上工业企业	个	144	108	132	108	180
固定电话用户	户	145789	89600	117000	90205	10098
四、教育、卫生和社会保障						
普通中学在校学生	人	33557	56439	83526	53658	42503
小学在校学生	人	53383	66385	121006	69767	52245
医疗卫生机构床位	床	3565	4715	5663	4818	4965
提供住宿的社会工作机构	个	23	39	34	37	15
提供住宿的社会工作机构床位	床	1403	4040	1403	2065	900

2019年县(市)社会经济主要指标

湖南省

指　　标	单位	邵阳县	隆回县	洞口县	绥宁县	新宁县
一、基本情况						
行政区域面积	平方公里	2001	2868	2180	2917	2756
乡	个	8	5	6	9	8
镇	个	12	18	14	8	8
街道办事处	个		2	3		
户籍人口	人	1065665	1295768	900567	384538	647781
第二产业从业人员	人	107470	102803	104719	24857	85287
第三产业从业人员	人	100520	164405	169888	47694	152360
二、综合经济						
地区生产总值	万元	1757885	2244915	1778220	950442	1141717
第一产业增加值	万元	402853	441298	542165	214521	294527
第二产业增加值	万元	496600	472214	396880	207178	236497
一般公共预算收入	万元	88706	144388	100375	33390	87639
一般公共预算支出	万元	575399	652137	651682	304269	451886
住户储蓄存款余额	万元	1870302	3015600	2353129	977971	1524838
年末金融机构各项贷款余额	万元	805495	1619200	1010711	482878	946000
三、农业、工业和通讯						
设施农业种植占地面积	公顷	597	267	2	33	24
油料产量	吨	32831	12911	40323	5982	10974
棉花产量	吨			25		
规模以上工业企业	个	81	153	113	65	85
固定电话用户	户	19877	7407	32300	23593	31700
四、教育、卫生和社会保障						
普通中学在校学生	人	43493	79314	54351	17045	33450
小学在校学生	人	55294	108383	68183	24977	49545
医疗卫生机构床位	床	4035	5510	3078	2162	3192
提供住宿的社会工作机构	个	26	14	21	25	18
提供住宿的社会工作机构床位	床	1412	699	786	724	998

2019年县(市)社会经济主要指标

湖南省

指　　标	单位	城步苗族自治县	武冈市	邵东市	岳阳县	华容县
一、基本情况						
行政区域面积	平方公里	2588	1539	1779	2810	1591
乡	个	5	3	4	2	2
镇	个	7	11	18	12	12
街道办事处	个		4	3		
户籍人口	人	279627	829181	1338665	731220	717264
第二产业从业人员	人	28075	107237	170616	100241	92808
第三产业从业人员	人	40826	179954	153742	217943	150533
二、综合经济						
地区生产总值	万元	535796	1607257	6056449	3537931	3586987
第一产业增加值	万元	113250	502927	511427	556388	761940
第二产业增加值	万元	71893	220951	1993766	1597252	1264552
一般公共预算收入	万元	37215	110275	274626	122200	107105
一般公共预算支出	万元	296529	551282	694326	433608	451311
住户储蓄存款余额	万元	625745	2076000	3892948	1242700	1969134
年末金融机构各项贷款余额	万元	487400	1176200	2726044	951123	1354015
三、农业、工业和通讯						
设施农业种植占地面积	公顷	23	580	612	404	260
油料产量	吨	4108	20355	43712	29945	65983
棉花产量	吨			2	4765	16240
规模以上工业企业	个	27	82	553	178	149
固定电话用户	户	14370	38100	72063	53593	44064
四、教育、卫生和社会保障						
普通中学在校学生	人	13174	50346	74646	27498	22530
小学在校学生	人	22355	58880	87466	41550	30928
医疗卫生机构床位	床	1331	4583	5202	3962	4464
提供住宿的社会工作机构	个	2	21	25	29	24
提供住宿的社会工作机构床位	床	488	1024	3425	5489	2259

2019年县(市)社会经济主要指标

湖南省

指　　标	单位	湘阴县	平江县	汨罗市	临湘市	安乡县
一、基本情况						
行政区域面积	平方公里	1541	4114	1670	1719	1086
乡	个	2	5	1		4
镇	个	12	19	17	10	8
街道办事处	个	1		1	4	
户籍人口	人	716446	1121272	764448	542968	535113
第二产业从业人员	人	150141	56474	168354	50100	39140
第三产业从业人员	人	107651	199215	194486	65600	35670
二、综合经济						
地区生产总值	万元	3333156	3224885	5056838	2992989	2108741
第一产业增加值	万元	587107	506546	526800	332703	367543
第二产业增加值	万元	1333253	1267877	2325388	1341367	593815
一般公共预算收入	万元	174253	169200	213816	117722	60041
一般公共预算支出	万元	480483	722739	577256	413644	415011
住户储蓄存款余额	万元	1352000	2203600	1685038	1338035	1325758
年末金融机构各项贷款余额	万元	1627080	2212800	1613151	1199335	803381
三、农业、工业和通讯						
设施农业种植占地面积	公顷	40	289	16	6000	
油料产量	吨	18069	28493	16083	23557	75748
棉花产量	吨	16	947	735	2257	12824
规模以上工业企业	个	123	190	265	160	81
固定电话用户	户	33623	165409	110562	17951	16900
四、教育、卫生和社会保障						
普通中学在校学生	人	28530	53467	30807	25507	14864
小学在校学生	人	33793	75780	45047	34629	18767
医疗卫生机构床位	床	4079	4509	3444	2885	3722
提供住宿的社会工作机构	个	34	45	30	20	23
提供住宿的社会工作机构床位	床	2405	2322	571	1662	2950

2019年县(市)社会经济主要指标

湖南省

指　　标	单位	汉寿县	澧　县	临澧县	桃源县	石门县
一、基本情况						
行政区域面积	平方公里	2091	2076	1204	4442	3970
乡	个	3		2	4	4
镇	个	16	15	7	23	13
街道办事处	个	4	4	2	2	4
户籍人口	人	872744	914161	445971	966524	666882
第二产业从业人员	人	76512	158536	68454	66639	31528
第三产业从业人员	人	112990	139622	47852	136467	109772
二、综合经济						
地区生产总值	万元	3030768	3735603	1930429	4075242	2956715
第一产业增加值	万元	540251	526836	307498	813522	433624
第二产业增加值	万元	1033296	1134090	675651	1277660	1044430
一般公共预算收入	万元	143889	193987	100411	225901	171725
一般公共预算支出	万元	566128	607775	369077	720851	596805
住户储蓄存款余额	万元	2204300	3254403	1753038	3085589	2022242
年末金融机构各项贷款余额	万元	1615500	1870867	1232878	2097311	1492484
三、农业、工业和通讯						
设施农业种植占地面积	公顷	266	510	333	313	1115
油料产量	吨	79041	86887	55734	112658	50549
棉花产量	吨	3572	13846	4012	6279	1590
规模以上工业企业	个	147	117	138	154	149
固定电话用户	户	38427	67922	21083	60302	45580
四、教育、卫生和社会保障						
普通中学在校学生	人	32179	31542	16799	36240	24864
小学在校学生	人	46973	45864	22602	51445	34051
医疗卫生机构床位	床	5619	5106	2399	5077	4267
提供住宿的社会工作机构	个	2	30	19	45	32
提供住宿的社会工作机构床位	床	352	3933	2346	4250	2020

2019年县(市)社会经济主要指标

湖南省

指　　标	单位	津市市	慈利县	桑植县	南　县	桃江县
一、基本情况						
行政区域面积	平方公里	556	3492	3475	1444	2068
乡	个		10	11	1	2
镇	个	4	15	12	14	13
街道办事处	个	5				
户籍人口	人	232046	690390	465997	764909	879505
第二产业从业人员	人	35806	29700	52990	69079	129300
第三产业从业人员	人	29815	47400	74650	111200	166500
二、综合经济						
地区生产总值	万元	1714904	1782853	979231	2683505	2710263
第一产业增加值	万元	233160	316830	137799	661003	409759
第二产业增加值	万元	723079	311078	148754	744341	1243763
一般公共预算收入	万元	82473	145250	71653	128623	132701
一般公共预算支出	万元	265000	503605	411117	635283	497431
住户储蓄存款余额	万元	1009790	1860000	971800	1950084	2222200
年末金融机构各项贷款余额	万元	536464	1866886	1018118	1407376	1515600
三、农业、工业和通讯						
设施农业种植占地面积	公顷		75	71	1685	1035
油料产量	吨	30147	38179	20323	79327	29302
棉花产量	吨	3421	604	3	6869	100
规模以上工业企业	个	133	92	33	118	198
固定电话用户	户	17400	36986	10151	20271	34100
四、教育、卫生和社会保障						
普通中学在校学生	人	6121	27829	25213	22787	37094
小学在校学生	人	8811	36852	32748	36111	48280
医疗卫生机构床位	床	1376	4239	2218	3555	4530
提供住宿的社会工作机构	个	21	48	18	20	29
提供住宿的社会工作机构床位	床	2436	2422	440	2590	1659

2019年县(市)社会经济主要指标

湖南省

指　标	单位	安化县	沅江市	桂阳县	宜章县	永兴县
一、基本情况						
行政区域面积	平方公里	4945	2129	2958	2118	1980
乡	个	5		2	5	4
镇	个	18	11	17	14	10
街道办事处	个		2	3		2
户籍人口	人	1008142	728222	911919	651013	703374
第二产业从业人员	人	100586	92490	96200	122035	100642
第三产业从业人员	人	133446	174576	104900	76587	121069
二、综合经济						
地区生产总值	万元	2321780	2581228	3655792	2159940	3168156
第一产业增加值	万元	446089	605966	485376	237493	301833
第二产业增加值	万元	768862	1011920	1382099	744735	1193131
一般公共预算收入	万元	161743	125087	241541	86210	205000
一般公共预算支出	万元	643175	598050	556916	387173	399885
住户储蓄存款余额	万元	2675023	1910527	1970027	1564871	1464000
年末金融机构各项贷款余额	万元	1594601	1370072	2005462	1183947	1065000
三、农业、工业和通讯						
设施农业种植占地面积	公顷	708	542	408	7820	5642
油料产量	吨	38619	60204	15649	7890	20405
棉花产量	吨		1960		13	45
规模以上工业企业	个	131	158	159	120	155
固定电话用户	户	56500	42449	31802	44732	17500
四、教育、卫生和社会保障						
普通中学在校学生	人	40116	22133	51130	44037	38774
小学在校学生	人	62058	33994	69114	61501	53138
医疗卫生机构床位	床	5595	4325	4058	3499	3159
提供住宿的社会工作机构	个	6	29	34	21	29
提供住宿的社会工作机构床位	床	333	1995	5764	2863	1459

2019年县(市)社会经济主要指标

湖南省

指　　标	单位	嘉禾县	临武县	汝城县	桂东县	安仁县
一、基本情况						
行政区域面积	平方公里	699	1383	2401	1452	1462
乡	个	1	4	5	4	8
镇	个	9	9	9	7	5
街道办事处	个					
户籍人口	人	436957	383944	423042	186545	464815
第二产业从业人员	人	91243	60585	56148	22384	63000
第三产业从业人员	人	48301	80712	43649	38543	126900
二、综合经济						
地区生产总值	万元	1411050	1421872	874566	433597	1084483
第一产业增加值	万元	199554	144411	147835	57206	214871
第二产业增加值	万元	562964	604887	226565	96868	347442
一般公共预算收入	万元	115394	117813	79230	42606	63671
一般公共预算支出	万元	248097	285426	323000	189045	284858
住户储蓄存款余额	万元	1035910	1095791	999126	641232	1195461
年末金融机构各项贷款余额	万元	621815	916927	953126	354231	667922
三、农业、工业和通讯						
设施农业种植占地面积	公顷	45	462	299	127	67
油料产量	吨	8814	7200	7321	1238	29678
棉花产量	吨					8
规模以上工业企业	个	152	65	53	17	46
固定电话用户	户	28036	24680	40010	17041	23800
四、教育、卫生和社会保障						
普通中学在校学生	人	24946	30013	27112	10124	25379
小学在校学生	人	33061	39259	37235	13446	34353
医疗卫生机构床位	床	2704	1915	1963	944	2262
提供住宿的社会工作机构	个	16	20		20	20
提供住宿的社会工作机构床位	床	747	1196		1074	857

2019年县(市)社会经济主要指标

湖南省

指　标	单位	资兴市	祁阳县	东安县	双牌县	道　县
一、基本情况						
行政区域面积	平方公里	2730	2538	2204	1726	2448
乡	个	2	3	2	5	4
镇	个	9	20	13	6	11
街道办事处	个	2	3			7
户籍人口	人	374586	1050160	644200	181492	802267
第二产业从业人员	人	97125	110290	55409	29221	100600
第三产业从业人员	人	102641	113910	69923	46013	94279
二、综合经济						
地区生产总值	万元	3194109	3320628	1855243	707630	2217694
第一产业增加值	万元	285954	509231	374371	178893	470701
第二产业增加值	万元	1709039	977088	647002	270279	586150
一般公共预算收入	万元	257797	153150	89072	62474	149737
一般公共预算支出	万元	425420	636115	362036	190811	408262
住户储蓄存款余额	万元	1597876	3228963	1516893	464493	1673309
年末金融机构各项贷款余额	万元	1166219	1918385	1081877	356226	1069785
三、农业、工业和通讯						
设施农业种植占地面积	公顷	233	5126	710	894	457
油料产量	吨	9964	40637	11105	2079	15600
棉花产量	吨	12	541	10	66	141
规模以上工业企业	个	136	157	83	64	106
固定电话用户	户	40041	43300	17794	5004	13900
四、教育、卫生和社会保障						
普通中学在校学生	人	16114	56417	28628	7662	46245
小学在校学生	人	24857	69154	44327	11660	64517
医疗卫生机构床位	床	2173	7251	3418	1283	3498
提供住宿的社会工作机构	个	11	510	325	5	183
提供住宿的社会工作机构床位	床	1649	7585	4103	862	4900

2019年县(市)社会经济主要指标

湖南省

指　　标	单位	江永县	宁远县	蓝山县	新田县	江华瑶族自治县
一、基本情况						
行政区域面积	平方公里	1629	2501	1798	1000	3234
乡	个	4	4	6	1	7
镇	个	6	12	8	11	9
街道办事处	个		4			
户籍人口	人	286553	892390	417558	449166	539627
第二产业从业人员	人	48791	64900	59282	37207	42816
第三产业从业人员	人	40478	192851	65600	73305	103553
二、综合经济						
地区生产总值	万元	776620	2255378	1212249	933193	1313604
第一产业增加值	万元	233051	319895	177541	203720	281701
第二产业增加值	万元	185303	671306	499830	237107	433481
一般公共预算收入	万元	41200	190450	107968	48058	128095
一般公共预算支出	万元	248263	525083	293031	289020	455740
住户储蓄存款余额	万元	794362	1809057	883659	838263	1224095
年末金融机构各项贷款余额	万元	500216	1509477	605862	764088	1189665
三、农业、工业和通讯						
设施农业种植占地面积	公顷	1	124	494	15	187
油料产量	吨	15259	11466	14970	4555	13474
棉花产量	吨	14		360		148
规模以上工业企业	个	46	104	86	61	105
固定电话用户	户	2376	19723	15200	10601	22000
四、教育、卫生和社会保障						
普通中学在校学生	人	16627	52034	22612	26998	28004
小学在校学生	人	25306	66406	33972	35103	49380
医疗卫生机构床位	床	1733	4779	2269	2341	3265
提供住宿的社会工作机构	个	22	25	10	143	12
提供住宿的社会工作机构床位	床	1089	2300	420	2165	1145

2019年县(市)社会经济主要指标

湖南省

指　标	单位	中方县	沅陵县	辰溪县	溆浦县	会同县
一、基本情况						
行政区域面积	平方公里	1516	5833	1987	3429	2259
乡	个	1	13	14	7	10
镇	个	11	8	9	18	8
街道办事处	个					
户籍人口	人	296338	642430	536873	948004	370785
第二产业从业人员	人	44300	86715	24100	146200	37816
第三产业从业人员	人	35960	97965	36400	131300	30994
二、综合经济						
地区生产总值	万元	1187327	1698059	1131397	1729532	884937
第一产业增加值	万元	159551	269414	194124	351390	148775
第二产业增加值	万元	546196	719167	256536	409453	121350
一般公共预算收入	万元	70456	136537	77243	99476	63556
一般公共预算支出	万元	226000	483996	391067	591174	272907
住户储蓄存款余额	万元	312263	1522985	1086200	2262987	868424
年末金融机构各项贷款余额	万元	501429	802048	742493	1237895	437907
三、农业、工业和通讯						
设施农业种植占地面积	公顷	890	202	108	183	60
油料产量	吨	10902	26130	27743	28012	8882
棉花产量	吨	84	13	82	184	6
规模以上工业企业	个	124	35	37	93	29
固定电话用户	户	16288	27856	21763	24243	21795
四、教育、卫生和社会保障						
普通中学在校学生	人	9907	27139	20667	44442	16767
小学在校学生	人	16615	37429	31360	70397	24826
医疗卫生机构床位	床	1137	3563	2942	5649	2197
提供住宿的社会工作机构	个	13	17	21	29	13
提供住宿的社会工作机构床位	床	392	1130	1048	1652	382

2019年县(市)社会经济主要指标

湖南省

指　　标	单位	麻阳苗族自治县	新晃侗族自治县	芷江侗族自治县	靖州苗族侗族自治县	通道侗族自治县
一、基本情况						
行政区域面积	平方公里	1566	1502	2095	2208	2223
乡	个	10	2	9	5	2
镇	个	8	9	9	6	9
街道办事处	个					
户籍人口	人	396280	257573	377024	276587	240383
第二产业从业人员	人	15324	27102	25120	36945	15977
第三产业从业人员	人	79541	35293	70521	60657	30930
二、综合经济						
地区生产总值	万元	886353	679926	1015975	832569	534255
第一产业增加值	万元	192394	97786	212836	147045	78534
第二产业增加值	万元	253624	190410	258282	231168	152894
一般公共预算收入	万元	60528	52270	82078	48887	44871
一般公共预算支出	万元	335000	246259	293087	243274	255934
住户储蓄存款余额	万元	842515	536858	1029611	790935	489478
年末金融机构各项贷款余额	万元	682145	276568	674310	497759	406559
三、农业、工业和通讯						
设施农业种植占地面积	公顷	503	7	42	23	6
油料产量	吨	12614	4858	18757	8811	9781
棉花产量	吨	31		35		132
规模以上工业企业	个	33	38	47	48	44
固定电话用户	户	9120	10091	10720	16729	10792
四、教育、卫生和社会保障						
普通中学在校学生	人	18179	13035	15400	11860	11000
小学在校学生	人	28476	18915	23009	20373	17943
医疗卫生机构床位	床	2464	2217	2077	1368	1615
提供住宿的社会工作机构	个	22	13	19	5	8
提供住宿的社会工作机构床位	床	1053	612	1164	422	410

2019年县(市)社会经济主要指标

湖南省

指　　标	单位	洪江市	双峰县	新化县	冷水江市	涟源市
一、基本情况						
行政区域面积	平方公里	2283	1596	3620	438	1830
乡	个	15	3	7	1	2
镇	个	7	11	18	5	16
街道办事处	个	4	2	3	4	1
户籍人口	人	497893	899237	1518696	365256	1145928
第二产业从业人员	人	43872	77600	125632	78695	125600
第三产业从业人员	人	75427	145000	214522	51930	116200
二、综合经济						
地区生产总值	万元	1604733	2553489	2778372	2372569	2904006
第一产业增加值	万元	281423	526312	493500	103368	415086
第二产业增加值	万元	610356	777413	813984	1064989	1002830
一般公共预算收入	万元	128249	131676	188598	186877	135851
一般公共预算支出	万元	415718	550194	819956	298390	572089
住户储蓄存款余额	万元	1528204	2617500	3503951	1693812	2265691
年末金融机构各项贷款余额	万元	927868	1347800	2233781	1580250	1649865
三、农业、工业和通讯						
设施农业种植占地面积	公顷	117	2	315	1	
油料产量	吨	13621	20768	16218	1965	15065
棉花产量	吨	16	272	256		17
规模以上工业企业	个	96	202	182	105	152
固定电话用户	户	19554	27600	20000	16580	28283
四、教育、卫生和社会保障						
普通中学在校学生	人	16808	46727	75047	24266	45267
小学在校学生	人	25943	56832	129427	35814	61667
医疗卫生机构床位	床	4806	4039	7353	2498	5496
提供住宿的社会工作机构	个	29	22	59	14	26
提供住宿的社会工作机构床位	床	457	3134	1798	446	5336

2019年县(市)社会经济主要指标

湖南省

指　　标	单位	吉首市	泸溪县	凤凰县	花垣县	保靖县
一、基本情况						
行政区域面积	平方公里	1078	1566	1734	1109	1755
乡	个	1	4	4	3	2
镇	个	5	7	13	9	10
街道办事处	个	6				
户籍人口	人	312284	314306	420054	312473	304403
第二产业从业人员	人	34780	48330	25442	48355	16230
第三产业从业人员	人	120980	93860	100347	62654	55272
二、综合经济						
地区生产总值	万元	1935560	694779	878783	721215	701658
第一产业增加值	万元	83773	97775	106486	81008	97384
第二产业增加值	万元	680896	240224	170850	229671	246178
一般公共预算收入	万元	165403	59654	114429	77216	53082
一般公共预算支出	万元	441275	328537	428538	327615	310802
住户储蓄存款余额	万元	2065710	801117	1011300	803766	632700
年末金融机构各项贷款余额	万元	3092147	489301	1094800	887843	465000
三、农业、工业和通讯						
设施农业种植占地面积	公顷	648	40	4	10	
油料产量	吨	6431	12363	9690	6250	7582
棉花产量	吨		97			
规模以上工业企业	个	79	24	9	20	31
固定电话用户	户	30710	5800	10412	11000	4654
四、教育、卫生和社会保障						
普通中学在校学生	人	24601	15211	21088	16078	12981
小学在校学生	人	36422	21766	32591	27495	18405
医疗卫生机构床位	床	6539	1414	1525	1868	1730
提供住宿的社会工作机构	个	16	18	17	18	19
提供住宿的社会工作机构床位	床	820	2030	553	854	714

2019年县(市)社会经济主要指标

湖南省、广东省

指　　标	单位	古丈县	永顺县	龙山县	从化区	增城区
一、基本情况						
行政区域面积	平方公里	1286	3812	3130	1975	1617
乡	个		11	5		
镇	个	7	12	12	5	7
街道办事处	个			4	3	6
户籍人口	人	142951	535131	604172	641737	983170
第二产业从业人员	人	17410	51100	81752	67161	174349
第三产业从业人员	人	24640	99100	102839	123481	406668
二、综合经济						
地区生产总值	万元	311767	864003	949372	3558558	10104903
第一产业增加值	万元	68573	192348	221281	266344	541499
第二产业增加值	万元	71982	153600	189217	1268823	3995670
一般公共预算收入	万元	36889	46830	100698	285799	1057641
一般公共预算支出	万元	209692	498410	527059	868347	2236147
住户储蓄存款余额	万元	367411	1161000	1390639	3132474	9122130
年末金融机构各项贷款余额	万元	413508	989000	1252586	4074251	15633659
三、农业、工业和通讯						
设施农业种植占地面积	公顷	9	150	467	144	549
油料产量	吨	4420	18864	13353	7198	4966
棉花产量	吨	1				
规模以上工业企业	个	20	27	41	243	694
固定电话用户	户	3000	7010	9183	47900	134500
四、教育、卫生和社会保障						
普通中学在校学生	人	5452	27702	28558	30534	50362
小学在校学生	人	8262	38496	47962	58050	110036
医疗卫生机构床位	床	755	3705	3580	2887	3490
提供住宿的社会工作机构	个	13	30	34	12	13
提供住宿的社会工作机构床位	床	807	1236	1658	716	3056

2019年县(市)社会经济主要指标

广东省

指　　标	单位	曲江区	始兴县	仁化县	翁源县	乳源瑶族自治县
一、基本情况						
行政区域面积	平方公里	1621	2132	2223	2175	2299
乡	个		1			
镇	个	9	9	10	8	9
街道办事处	个	1		1		
户籍人口	人	314283	263737	244976	421756	231330
第二产业从业人员	人	29228	18846	14319	19966	20126
第三产业从业人员	人	50449	25641	27976	40146	28610
二、综合经济						
地区生产总值	万元	1998866	775110	943450	987941	947309
第一产业增加值	万元	155018	214142	205832	252197	74510
第二产业增加值	万元	1165219	196664	351700	170454	407831
一般公共预算收入	万元	91112	47940	65559	60827	69132
一般公共预算支出	万元	285081	245432	283084	341253	309100
住户储蓄存款余额	万元	1307935	878692	781816	1292478	637861
年末金融机构各项贷款余额	万元	770000	495767	466377	788706	440872
三、农业、工业和通讯						
设施农业种植占地面积	公顷	78	803	1128	812	71
油料产量	吨	13566	13649	24726	19527	5955
棉花产量	吨					
规模以上工业企业	个	58	35	37	50	60
固定电话用户	户	38733	12000	27800	30598	23300
四、教育、卫生和社会保障						
普通中学在校学生	人	16056	10795	10353	16033	10224
小学在校学生	人	25091	17633	18571	31655	17997
医疗卫生机构床位	床	1493	901	780	1771	615
提供住宿的社会工作机构	个	12	10	11	14	7
提供住宿的社会工作机构床位	床	1072	580	614	1256	1509

2019年县(市)社会经济主要指标

广东省

指　　标	单位	新丰县	乐昌市	南雄市	斗门区	潮阳区
一、基本情况						
行政区域面积	平方公里	2015	2419	2326	699	667
乡	个					
镇	个	6	16	17	5	9
街道办事处	个	1	1	1	1	4
户籍人口	人	268992	529591	492390	396525	1853343
第二产业从业人员	人	15138	22788	22083		275334
第三产业从业人员	人	27958	40109	51170		139847
二、综合经济						
地区生产总值	万元	689772	1169500	1138422	4274110	4810828
第一产业增加值	万元	126896	254450	318134	414052	267974
第二产业增加值	万元	174968	189445	230211	2096800	2643745
一般公共预算收入	万元	42385	71338	56319	324350	180872
一般公共预算支出	万元	280451	428846	383842	577760	786683
住户储蓄存款余额	万元	684700	1478416	1253201		5049700
年末金融机构各项贷款余额	万元	580700	946342	707766		1963500
三、农业、工业和通讯						
设施农业种植占地面积	公顷	80	87	82	29	20
油料产量	吨	5616	12081	27662	494	2694
棉花产量	吨					
规模以上工业企业	个	29	41	44	264	392
固定电话用户	户	19400	33608	22742		178900
四、教育、卫生和社会保障						
普通中学在校学生	人	11221	22995	20212	17066	119496
小学在校学生	人	17333	39671	31321	43810	174499
医疗卫生机构床位	床	1042	3281	1562	2442	2651
提供住宿的社会工作机构	个	8	19	19	7	14
提供住宿的社会工作机构床位	床	218	1022	690	696	566

2019年县(市)社会经济主要指标

广东省

指　　标	单位	澄海区	南澳县	禅城区	南海区	顺德区
一、基本情况						
行政区域面积	平方公里	345	115	154	1072	807
乡	个					
镇	个	8	3	1	6	6
街道办事处	个	3		3	1	4
户籍人口	人	789114	76256	710346	1600617	1516526
第二产业从业人员	人	193574	3663	301711	942529	936229
第三产业从业人员	人	147080	13443	687112	839950	719302
二、综合经济						
地区生产总值	万元	4860863	293289	19204586	31766180	35231849
第一产业增加值	万元	394786	101247	2725	487308	506860
第二产业增加值	万元	2639864	31424	6957080	17461210	20487089
一般公共预算收入	万元	163479	26626	1102087	2454230	2468380
一般公共预算支出	万元	434443	145260	1260240	2531162	2567167
住户储蓄存款余额	万元	4935290	271659	18070020	29307487	29042145
年末金融机构各项贷款余额	万元	2410190	301148	35907457	36710135	36969905
三、农业、工业和通讯						
设施农业种植占地面积	公顷	204	1		745	1047
油料产量	吨	634	110			
棉花产量	吨					
规模以上工业企业	个	415	4	598	3325	2427
固定电话用户	户	108600	13773	357900	518400	594399
四、教育、卫生和社会保障						
普通中学在校学生	人	41433	1831	47209	137298	149495
小学在校学生	人	74804	3755	85682	243600	197093
医疗卫生机构床位	床	1518	140	12049	9369	11588
提供住宿的社会工作机构	个		1	17	13	19
提供住宿的社会工作机构床位	床		138	3800	3367	3945

2019年县(市)社会经济主要指标

广东省

指　　标	单位	三水区	高明区	新会区	台山市	开平市
一、基本情况						
行政区域面积	平方公里	828	938	1355	3288	1657
乡	个					
镇	个	5	3	10	16	13
街道办事处	个	2	1	1	1	2
户籍人口	人	455487	329780	765313	968011	687318
第二产业从业人员	人	292392	160052	167022	109553	129859
第三产业从业人员	人	149797	79102	294333	140184	99449
二、综合经济						
地区生产总值	万元	12587597	8715830	8062184	4522379	3824834
第一产业增加值	万元	345721	222435	483690	1015576	400188
第二产业增加值	万元	8947444	6593376	4033295	1739133	1654372
一般公共预算收入	万元	669657	425335	567295	316523	279547
一般公共预算支出	万元	759578	535958	914176	697268	511608
住户储蓄存款余额	万元	4843769	2451340	6637194	4924377	4709800
年末金融机构各项贷款余额	万元	7361529	3688791	6646648	4686419	4025800
三、农业、工业和通讯						
设施农业种植占地面积	公顷	800	1614	645	12	450
油料产量	吨	978	1733	920	13018	8072
棉花产量	吨					
规模以上工业企业	个	897	555	557	233	309
固定电话用户	户	110093	99640	143300	142118	101504
四、教育、卫生和社会保障						
普通中学在校学生	人	30484	19292	46904	36877	39750
小学在校学生	人	54238	35957	68251	53558	55337
医疗卫生机构床位	床	3006	1913	4916	4170	2901
提供住宿的社会工作机构	个	9	11	26	24	16
提供住宿的社会工作机构床位	床	1635	991	4426	2872	1983

2019年县(市)社会经济主要指标

广东省

指　　标	单位	鹤山市	恩平市	遂溪县	徐闻县	廉江市
一、基本情况						
行政区域面积	平方公里	1083	1694	2132	1979	2867
乡	个				2	
镇	个	9	10	15	12	18
街道办事处	个	1	1		1	3
户籍人口	人	381833	501906	1114416	788417	1854007
第二产业从业人员	人	146655	43914	39812	23577	150048
第三产业从业人员	人	70030	62772	144167	76558	223732
二、综合经济						
地区生产总值	万元	3619362	1869112	3755926	1899289	4935472
第一产业增加值	万元	273667	262859	1262723	958097	1271627
第二产业增加值	万元	1693800	518471	589850	156240	1774668
一般公共预算收入	万元	321696	120947	80205	53984	128233
一般公共预算支出	万元	449690	364587	499295	409536	893025
住户储蓄存款余额	万元	2489705	2143673	2231230	1878095	3448592
年末金融机构各项贷款余额	万元	4071787	1342926	1240952	1223325	2078150
三、农业、工业和通讯						
设施农业种植占地面积	公顷	544	5333	580	533	254
油料产量	吨	2676	7055	55554	20034	49547
棉花产量	吨					
规模以上工业企业	个	412	123	101	33	264
固定电话用户	户	100780	46400	35436	47050	94200
四、教育、卫生和社会保障						
普通中学在校学生	人	24253	21019	38581	24014	79002
小学在校学生	人	40172	38743	75269	68860	148186
医疗卫生机构床位	床	2026	1860	3224	3045	5534
提供住宿的社会工作机构	个	11	14	1	89	290
提供住宿的社会工作机构床位	床	909	1695	150	3389	4454

2019年县(市)社会经济主要指标

广东省

指　　标	单位	雷州市	吴川市	电白区	高州市	化州市
一、基本情况						
行政区域面积	平方公里	3709	870	2128	3270	2357
乡	个					
镇	个	18	10	19	23	17
街道办事处	个	3	5	5	5	6
户籍人口	人	1852871	1229022	1973150	1847832	1781011
第二产业从业人员	人	45831	100151	189140	138541	127567
第三产业从业人员	人	252850	91611	282748	157481	198508
二、综合经济						
地区生产总值	万元	3241311	2720771	6637636	6341912	5517638
第一产业增加值	万元	1297647	343198	1410977	1588891	1282669
第二产业增加值	万元	333730	851768	2219690	1766645	1357339
一般公共预算收入	万元	58747	100838	213687	177733	129536
一般公共预算支出	万元	709138	544887	1056908	800429	765594
住户储蓄存款余额	万元	2454556	2160006	3809311	4550002	3285794
年末金融机构各项贷款余额	万元	1657995	1104249	2330420	2466587	1820512
三、农业、工业和通讯						
设施农业种植占地面积	公顷	40	12	611	145	8600
油料产量	吨	56075	22989	48106	29505	35447
棉花产量	吨					
规模以上工业企业	个	74	156	243	274	155
固定电话用户	户	45294	81567	82300	127839	86389
四、教育、卫生和社会保障						
普通中学在校学生	人	73170	54503	85938	102777	101615
小学在校学生	人	131071	90093	152495	141826	160529
医疗卫生机构床位	床	7895	4374	7582	8089	6042
提供住宿的社会工作机构	个	99	24	26	38	26
提供住宿的社会工作机构床位	床	1491	969	1563	2155	5494

2019年县(市)社会经济主要指标

广东省

指　　标	单位	信宜市	高要区	广宁县	怀集县	封开县
一、基本情况						
行政区域面积	平方公里	3102	2186	2456	3561	2723
乡	个				1	
镇	个	18	16	14	16	15
街道办事处	个	1	1	1	2	1
户籍人口	人	1503315	820328	587401	1122956	525999
第二产业从业人员	人	82829	150265	39516	47806	29062
第三产业从业人员	人	214297	95928	50518	68466	66833
二、综合经济						
地区生产总值	万元	4871260	4206939	1599417	2305321	1505666
第一产业增加值	万元	1248477	902156	455973	900063	527105
第二产业增加值	万元	989934	2116793	568521	500995	520137
一般公共预算收入	万元	110890	161263	53991	62875	53066
一般公共预算支出	万元	697783	469389	314099	512720	356039
住户储蓄存款余额	万元	3230855	2922501	1227598	1424325	1136113
年末金融机构各项贷款余额	万元	2050513	2080161	955790	1380101	789168
三、农业、工业和通讯						
设施农业种植占地面积	公顷	7	1330	170	231	18
油料产量	吨	20301	11560	8216	11054	19989
棉花产量	吨					
规模以上工业企业	个	117	323	80	56	24
固定电话用户	户	87000	70750	66050	248041	47042
四、教育、卫生和社会保障						
普通中学在校学生	人	79730	35038	20366	54908	23881
小学在校学生	人	121193	67802	38334	91600	36746
医疗卫生机构床位	床	5677	2256	1423	3019	903
提供住宿的社会工作机构	个	24	22	14	31	19
提供住宿的社会工作机构床位	床	2900	923	947	2832	813

2019年县(市)社会经济主要指标

广东省

指　　标	单位	德庆县	四会市	惠阳区	博罗县	惠东县
一、基本情况						
行政区域面积	平方公里	2003	1263	916	2855	3527
乡	个					
镇	个	12	10	6	15	12
街道办事处	个	1	4	3	2	2
户籍人口	人	409696	477613	412044	927470	897768
第二产业从业人员	人	21365	178765	307513	275770	199296
第三产业从业人员	人	28560	106918	180281	206278	220663
二、综合经济						
地区生产总值	万元	1501679	5879785	6228912	5798612	6262850
第一产业增加值	万元	343595	592912	188832	649621	555846
第二产业增加值	万元	566543	3190361	3794979	2844473	2020978
一般公共预算收入	万元	45647	253618	550046	467219	317644
一般公共预算支出	万元	289369	514614	682553	945530	791525
住户储蓄存款余额	万元	993788	3045317	4243162	4582230	3350636
年末金融机构各项贷款余额	万元	849056	4977249	7672251	5944416	3386843
三、农业、工业和通讯						
设施农业种植占地面积	公顷	30	299	160	190	1273
油料产量	吨	12390	16161	4824	17315	15029
棉花产量	吨					
规模以上工业企业	个	81	435	555	626	278
固定电话用户	户	40800	72662	144375	154520	153694
四、教育、卫生和社会保障						
普通中学在校学生	人	19989	28462	63014	70448	50497
小学在校学生	人	35684	59930	101084	126724	112392
医疗卫生机构床位	床	1453	2086	1688	3845	3410
提供住宿的社会工作机构	个	12	18	13	18	20
提供住宿的社会工作机构床位	床	450	809	1113	1420	1322

2019年县(市)社会经济主要指标

广东省

指　　标	单位	龙门县	梅县区	大埔县	丰顺县	五华县
一、基本情况						
行政区域面积	平方公里	2267	2483	2468	2706	3238
乡	个	1				
镇	个	7	17	14	16	16
街道办事处	个	2	1			
户籍人口	人	359357	617400	559669	739284	1524747
第二产业从业人员	人	33242	44540	53560	30788	140488
第三产业从业人员	人	46860	105306	65947	57110	147294
二、综合经济						
地区生产总值	万元	1664057	2102005	891585	1080790	1556690
第一产业增加值	万元	305473	493533	239105	247024	342513
第二产业增加值	万元	693064	661761	172210	390825	351805
一般公共预算收入	万元	126033	158789	70422	70560	100393
一般公共预算支出	万元	426371	606000	459770	518972	802939
住户储蓄存款余额	万元	1013849	1917873	1214802	1526531	2317023
年末金融机构各项贷款余额	万元	1123510	1821544	873285	948412	1522798
三、农业、工业和通讯						
设施农业种植占地面积	公顷	133	37	5300	182	1733
油料产量	吨	5707	8130	1626	4875	8307
棉花产量	吨					
规模以上工业企业	个	57	96	58	53	41
固定电话用户	户	51714	45037	38423	55059	45466
四、教育、卫生和社会保障						
普通中学在校学生	人	17031	24042	19598	27182	68891
小学在校学生	人	31750	48682	28527	46190	101516
医疗卫生机构床位	床	1071	3057	2300	1847	4401
提供住宿的社会工作机构	个	11	29	13	17	22
提供住宿的社会工作机构床位	床	1660	945	3513	1002	739

2019年县(市)社会经济主要指标

广东省

指　　标	单位	平远县	蕉岭县	兴宁市	海丰县	陆河县
一、基本情况						
行政区域面积	平方公里	1381	957	2075	1309	986
乡	个					
镇	个	12	8	17	12	8
街道办事处	个			3		
户籍人口	人	263530	231840	1169487	778895	356358
第二产业从业人员	人	26124	28958	139007	143504	63118
第三产业从业人员	人	26012	37201	192543	121247	44869
二、综合经济						
地区生产总值	万元	779166	947597	1748834	3383209	856689
第一产业增加值	万元	131769	143332	477257	363441	144080
第二产业增加值	万元	211998	424541	304349	1447870	258912
一般公共预算收入	万元	60038	60200	102161	96412	35568
一般公共预算支出	万元	285355	286872	689216	694935	348741
住户储蓄存款余额	万元	690903	770406	2718365	1886080	628761
年末金融机构各项贷款余额	万元	494544	434431	2002049	1278445	334364
三、农业、工业和通讯						
设施农业种植占地面积	公顷	4	20	16	600	65
油料产量	吨	2430	3786	4723	6790	4521
棉花产量	吨					
规模以上工业企业	个	59	43	63	99	18
固定电话用户	户	19600	25716	69976	102774	31000
四、教育、卫生和社会保障						
普通中学在校学生	人	9300	9040	45203	17142	17439
小学在校学生	人	16027	14992	74809	85251	25252
医疗卫生机构床位	床	788	848	3027	3858	1064
提供住宿的社会工作机构	个	12	12	21	11	10
提供住宿的社会工作机构床位	床	434	1490	594	353	476

2019年县(市)社会经济主要指标

广东省

指　　标	单位	陆丰市	紫金县	龙川县	连平县	和平县
一、基本情况						
行政区域面积	平方公里	1542	3635	3081	2275	2310
乡	个					
镇	个	17	18	24	13	17
街道办事处	个	3				
户籍人口	人	1913656	853452	981756	413497	560832
第二产业从业人员	人	156919	23840	53796	43227	26780
第三产业从业人员	人	210502	100336	68039	50405	44603
二、综合经济						
地区生产总值	万元	3429374	1458440	1621578	834829	1266534
第一产业增加值	万元	690460	303363	297922	169610	208447
第二产业增加值	万元	1175977	315220	379246	206359	409608
一般公共预算收入	万元	80255	80180	78429	69435	67578
一般公共预算支出	万元	881565	496108	758889	432564	490340
住户储蓄存款余额	万元	1469229	121300	1894300	840800	933752
年末金融机构各项贷款余额	万元	945090	1096243	1624000	525600	913800
三、农业、工业和通讯						
设施农业种植占地面积	公顷	1040	58	8	300	15
油料产量	吨	19456	15759	12221	15908	7401
棉花产量	吨					
规模以上工业企业	个	83	64	94	56	77
固定电话用户	户	127015	60150	52885	21893	27200
四、教育、卫生和社会保障						
普通中学在校学生	人	78667	41201	31605	17179	24941
小学在校学生	人	123061	63983	65055	30193	40033
医疗卫生机构床位	床	3022	2416	4694	1424	1380
提供住宿的社会工作机构	个	19	21	27	14	10
提供住宿的社会工作机构床位	床	622	800	210	470	356

2019年县(市)社会经济主要指标

广东省

指　　标	单位	东源县	阳东区	阳西县	阳春市	清新区
一、基本情况						
行政区域面积	平方公里	4009	1703	1435	4054	2354
乡	个	1				
镇	个	20	11	8	15	8
街道办事处	个				2	
户籍人口	人	586837	517447	552739	1223300	721535
第二产业从业人员	人	60233	122775	31307	46385	92353
第三产业从业人员	人	46204	67650	60702	108360	94477
二、综合经济						
地区生产总值	万元	1325605	3042071	1881382	3260999	2723683
第一产业增加值	万元	197909	569708	627156	721758	503393
第二产业增加值	万元	436267	1539768	466824	878457	1142589
一般公共预算收入	万元	102210	148939	79105	139408	150331
一般公共预算支出	万元	434550	392874	373703	695177	542267
住户储蓄存款余额	万元		1840452	1172639	2779400	1926000
年末金融机构各项贷款余额	万元	126634	1233466	1071795	2247100	2578525
三、农业、工业和通讯						
设施农业种植占地面积	公顷	71	1106	400	1145	184
油料产量	吨	22356	10582	5303	26377	17185
棉花产量	吨					
规模以上工业企业	个	99	105	33	59	127
固定电话用户	户	30755	61612	65367	109486	47400
四、教育、卫生和社会保障						
普通中学在校学生	人	24936	27600	22946	51046	35744
小学在校学生	人	30093	49175	39582	93682	63771
医疗卫生机构床位	床	1705	2198	1812	5356	1635
提供住宿的社会工作机构	个	24	12	9	18	11
提供住宿的社会工作机构床位	床	1376	976	641	1600	978

2019年县(市)社会经济主要指标

广东省

指　　标	单位	佛冈县	阳山县	连山壮族瑶族自治县	连南瑶族自治县	英德市
一、基本情况						
行政区域面积	平方公里	1295	3330	1219	1241	5634
乡	个		1			
镇	个	6	12	7	7	23
街道办事处	个					1
户籍人口	人	356289	575180	124465	176445	1194437
第二产业从业人员	人	38390	21954	9937	12769	59211
第三产业从业人员	人	49162	45105	14715	25301	131883
二、综合经济						
地区生产总值	万元	1269633	1153045	341893	534579	3268320
第一产业增加值	万元	169075	413863	89900	105412	638778
第二产业增加值	万元	536566	165591	63927	121002	1197675
一般公共预算收入	万元	99597	47965	11921	15542	207244
一般公共预算支出	万元	358083	330955	171473	180667	740993
住户储蓄存款余额	万元	1126808	1098673	269387	321867	3162301
年末金融机构各项贷款余额	万元	1186453	848867	129054	165955	2606986
三、农业、工业和通讯						
设施农业种植占地面积	公顷	314	5	11	111	57
油料产量	吨	7864	18752	5473	10471	32852
棉花产量	吨					
规模以上工业企业	个	101	19	5	6	144
固定电话用户	户	36412	19550	5132	6613	65679
四、教育、卫生和社会保障						
普通中学在校学生	人	16699	16754	4933	7712	50343
小学在校学生	人	34720	33071	10092	15479	94879
医疗卫生机构床位	床	1189	1600	443	468	4628
提供住宿的社会工作机构	个	7	15	8	7	16
提供住宿的社会工作机构床位	床	409	682	225	165	1061

2019年县(市)社会经济主要指标

广东省

指　　标	单位	连州市	潮安区	饶平县	揭东区	揭西县
一、基本情况						
行政区域面积	平方公里	2668	1089	1732	709	1347
乡	个	2				1
镇	个	10	16	21	11	15
街道办事处	个		3		2	1
户籍人口	人	544889	1176773	1065294	1118361	987184
第二产业从业人员	人	26950	279798	52312	102060	44014
第三产业从业人员	人	50307	127336	83897	121084	73783
二、综合经济						
地区生产总值	万元	1554754	5504216	2694135	4467807	2317612
第一产业增加值	万元	419918	261469	629095	390484	402242
第二产业增加值	万元	431296	3608724	919418	2021161	770354
一般公共预算收入	万元	71753	157094	83000	105501	47043
一般公共预算支出	万元	403119	646527	613907	535867	497382
住户储蓄存款余额	万元	1574041	3976803	2032500	3183894	2006451
年末金融机构各项贷款余额	万元	1049210	1008724	648700	1918185	1203849
三、农业、工业和通讯						
设施农业种植占地面积	公顷	325	27	360		259
油料产量	吨	15625	1280	3540	9479	8862
棉花产量	吨					
规模以上工业企业	个	41	662	133	399	78
固定电话用户	户	31542	155000	94610	49435	86000
四、教育、卫生和社会保障						
普通中学在校学生	人	18638	52753	27635	49315	38450
小学在校学生	人	35471	98745	60830	73288	56603
医疗卫生机构床位	床	2054	1539	1426	3846	1961
提供住宿的社会工作机构	个	14	15	1	13	108
提供住宿的社会工作机构床位	床	794	474	48	1642	5922

2019年县(市)社会经济主要指标

广东省

指　　标	单位	惠来县	普宁市	云安区	新兴县	郁南县
一、基本情况						
行政区域面积	平方公里	1253	1620	1189	1522	1966
乡	个		1			
镇	个	15	17	7	12	15
街道办事处	个		7			
户籍人口	人	1483764	2483109	346336	492781	534260
第二产业从业人员	人	30210	243847	20735	49424	91300
第三产业从业人员	人	71540	301566	24079	93913	36500
二、综合经济						
地区生产总值	万元	2442704	6307289	1005000	2371693	1171892
第一产业增加值	万元	540313	391620	140390	623973	290798
第二产业增加值	万元	800276	2373962	523996	698776	265706
一般公共预算收入	万元	45900	211869	29064	184585	47515
一般公共预算支出	万元	583700	932043	210828	545157	316505
住户储蓄存款余额	万元	1466971	6312926	385053	2083806	1209913
年末金融机构各项贷款余额	万元	472854	3854570	338812	1851438	865852
三、农业、工业和通讯						
设施农业种植占地面积	公顷	88	266	8	131	
油料产量	吨	11109	4334	7602	12020	13088
棉花产量	吨					
规模以上工业企业	个	117	326	63	80	51
固定电话用户	户	150600	208165	17085	87053	27600
四、教育、卫生和社会保障						
普通中学在校学生	人	63997	148899	10593	23400	19518
小学在校学生	人	103814	214933	21647	39615	39270
医疗卫生机构床位	床	3029	7674	710	1829	1824
提供住宿的社会工作机构	个	90	31	7	13	1
提供住宿的社会工作机构床位	床	5160	4085	857	581	110

2019年县(市)社会经济主要指标

广东省、广西壮族自治区

指　　标	单位	罗定市	邕宁区	武鸣区	隆安县	马山县
一、基本情况						
行政区域面积	平方公里	2328	1231	3389	2306	2341
乡	个				4	4
镇	个	17	5	13	6	7
街道办事处	个	4				
户籍人口	人	1295168	379344	727002	424471	574434
第二产业从业人员	人	251960		106181		70885
第三产业从业人员	人	146647		186323		40722
二、综合经济						
地区生产总值	万元	2601844	1547029	3033260	942651	858362
第一产业增加值	万元	512116	336543	1241102	382721	228418
第二产业增加值	万元	746622	406509	699515	221192	198671
一般公共预算收入	万元	134069	52149	169490	28888	19994
一般公共预算支出	万元	709651	291030	511800	330358	398461
住户储蓄存款余额	万元	2718808		2233085	941139	755407
年末金融机构各项贷款余额	万元	2494310		2458147	786911	611400
三、农业、工业和通讯						
设施农业种植占地面积	公顷	183	30	398		1566
油料产量	吨	20007	13612	46164	4491	2655
棉花产量	吨					
规模以上工业企业	个	75	29	195	49	18
固定电话用户	户	95595			31444	9342
四、教育、卫生和社会保障						
普通中学在校学生	人	67652	15213	36988	22042	26484
小学在校学生	人	112884	25698	45039	32424	37557
医疗卫生机构床位	床	4315	1907	4181	1604	2113
提供住宿的社会工作机构	个	23	9	15		14
提供住宿的社会工作机构床位	床	839	697	977		546

2019年县(市)社会经济主要指标

广西壮族自治区

指　　标	单位	上林县	宾阳县	横　县	柳江区	柳城县
一、基本情况						
行政区域面积	平方公里	1871	2298	3448	1773	2114
乡	个	4		1		2
镇	个	7	16	16	8	10
街道办事处	个					
户籍人口	人	502610	1062183	1278226	580912	411414
第二产业从业人员	人	29854	162591	64109	56346	35380
第三产业从业人员	人	30586	192688	162289	58792	47868
二、综合经济						
地区生产总值	万元	810876	2719591	3288958	3230277	1612580
第一产业增加值	万元	261680	587936	770895	482698	514327
第二产业增加值	万元	122319	803727	1249755	1332945	490062
一般公共预算收入	万元	29976	137453	115993	126637	82775
一般公共预算支出	万元	380806	559140	563522	329524	305872
住户储蓄存款余额	万元	877512	2000738	2480171	1631124	960558
年末金融机构各项贷款余额	万元	772131	1707338	1867100	2214085	754982
三、农业、工业和通讯						
设施农业种植占地面积	公顷	45	3200	333	2154	363
油料产量	吨	7456	20716	21155	2009	9154
棉花产量	吨					2
规模以上工业企业	个	18	81	115	125	47
固定电话用户	户	19954	26424	22554	121412	15970
四、教育、卫生和社会保障						
普通中学在校学生	人	24836	51883	59472	16122	10007
小学在校学生	人	33737	74528	94219	31208	22891
医疗卫生机构床位	床	1725	4248	4390	1538	1933
提供住宿的社会工作机构	个	29	11		12	36
提供住宿的社会工作机构床位	床	507	960		475	1905

2019年县(市)社会经济主要指标

广西壮族自治区

指　　标	单位	鹿寨县	融安县	融水苗族自治县	三江侗族自治县	临桂区
一、基本情况						
行政区域面积	平方公里	2975	2900	4638	2417	2247
乡	个	3	6	13	9	2
镇	个	6	6	7	6	9
街道办事处	个					
户籍人口	人	412962	328178	524638	404659	548602
第二产业从业人员	人	31785	39870	36532	27910	53810
第三产业从业人员	人	21098	53415	32631	17311	46766
二、综合经济						
地区生产总值	万元	1851744	1038823	1261661	739182	1701987
第一产业增加值	万元	372520	260840	183150	205318	422356
第二产业增加值	万元	812346	338513	441967	131937	587152
一般公共预算收入	万元	61112	50445	52491	43096	193572
一般公共预算支出	万元	277424	303524	462106	378878	390457
住户储蓄存款余额	万元	1275409	761015	1055182	681694	
年末金融机构各项贷款余额	万元	1670617	668421	1049669	653341	3215369
三、农业、工业和通讯						
设施农业种植占地面积	公顷	117			16	941
油料产量	吨	9504	3138	2048	1352	1297
棉花产量	吨	16	10		149	16
规模以上工业企业	个	96	46	48	11	67
固定电话用户	户	24634	9806	8856	11854	19975
四、教育、卫生和社会保障						
普通中学在校学生	人	18879	14477	27654	21480	25252
小学在校学生	人	25586	17691	31014	35182	41082
医疗卫生机构床位	床	1722	1491	1761	1542	1610
提供住宿的社会工作机构	个	11	14	15	6	68
提供住宿的社会工作机构床位	床	585	376	504	335	960

2019年县(市)社会经济主要指标

广西壮族自治区

指　　标	单位	阳朔县	灵川县	全州县	兴安县	永福县
一、基本情况						
行政区域面积	平方公里	1436	2302	3979	2333	2795
乡	个	3	5	3	4	3
镇	个	6	7	15	6	6
街道办事处	个					
户籍人口	人	331429	395909	845033	392770	291418
第二产业从业人员	人	39890		84321		12391
第三产业从业人员	人	52168		69785		13288
二、综合经济						
地区生产总值	万元	1116464	1694200	1733158	1433494	855352
第一产业增加值	万元	319153	512400	677166	571550	288816
第二产业增加值	万元	220964	361800	229336	311937	142597
一般公共预算收入	万元	56869	112023	56101	81049	36427
一般公共预算支出	万元	247856	397671	463878	288805	210282
住户储蓄存款余额	万元	986082	1689500	1857003	1413395	683730
年末金融机构各项贷款余额	万元	730493	1826100	1412708	1492874	704636
三、农业、工业和通讯						
设施农业种植占地面积	公顷	1200	91	360	226	7
油料产量	吨	4412	2015	14610	6300	2087
棉花产量	吨	63	20	51	8	6
规模以上工业企业	个	18	72	44	31	34
固定电话用户	户	9695	13000	18429	59000	5890
四、教育、卫生和社会保障						
普通中学在校学生	人	13643	18139	40159	13674	11703
小学在校学生	人	20991	28177	54574	26490	19049
医疗卫生机构床位	床	879	1397	1987	1750	1307
提供住宿的社会工作机构	个	8	12	213	76	81
提供住宿的社会工作机构床位	床	190	466	2586	1063	1335

2019年县(市)社会经济主要指标

广西壮族自治区

指　　标	单位	灌阳县	龙胜各族自治县	资源县	平乐县	恭城瑶族自治县
一、基本情况						
行政区域面积	平方公里	1835	2451	1941	1893	2139
乡	个	3	4	4	4	3
镇	个	6	6	3	6	6
街道办事处	个					
户籍人口	人	297247	173684	181509	465056	305333
第二产业从业人员	人	33528	9581		62842	
第三产业从业人员	人	28999	13092		43855	
二、综合经济						
地区生产总值	万元	676140	588172	490493	1126463	904842
第一产业增加值	万元	281673	124142	164520	582238	464408
第二产业增加值	万元	117393	138788	72626	107598	115720
一般公共预算收入	万元	22302	24370	21016	44641	38698
一般公共预算支出	万元	253241	210120	205467	258730	226272
住户储蓄存款余额	万元	815436	494500	566197	994930	706829
年末金融机构各项贷款余额	万元	825691	556700	548400	1001012	613159
三、农业、工业和通讯						
设施农业种植占地面积	公顷	934	12	333	60	
油料产量	吨	4384	520	1111	16465	15754
棉花产量	吨	9	56			39
规模以上工业企业	个	24	18	16	39	19
固定电话用户	户	11000	6314	6110	10125	12200
四、教育、卫生和社会保障						
普通中学在校学生	人	11955	7304	8981	20845	14743
小学在校学生	人	18024	10252	12701	32650	21451
医疗卫生机构床位	床	931	527	540	1358	1001
提供住宿的社会工作机构	个	6	105		37	1
提供住宿的社会工作机构床位	床	295	1243		525	220

2019年县(市)社会经济主要指标

广西壮族自治区

指　标	单位	荔浦市	苍梧县	藤　县	蒙山县	岑溪市
一、基本情况						
行政区域面积	平方公里	1760	2782	3946	1282	2770
乡	个	3		2	3	
镇	个	10	9	15	6	14
街道办事处	个					
户籍人口	人	385080	412779	1119135	223700	970350
第二产业从业人员	人		70120	109929	32308	183267
第三产业从业人员	人		43102	186553	20935	87060
二、综合经济						
地区生产总值	万元	1476000	486156	2076857	750897	1919853
第一产业增加值	万元	309000	202524	610168	148053	460168
第二产业增加值	万元	424400	100722	535223	309540	603548
一般公共预算收入	万元	104597	37151	102465	30156	78538
一般公共预算支出	万元	267168	268522	568496	209407	425049
住户储蓄存款余额	万元	1163886	608773	1916746	496911	1898472
年末金融机构各项贷款余额	万元	1669011	164662	1839711	479662	1857996
三、农业、工业和通讯						
设施农业种植占地面积	公顷	10	200	14		107
油料产量	吨	11435	5939	14195	5826	9703
棉花产量	吨	3				
规模以上工业企业	个	63	16	82	28	109
固定电话用户	户	22000	17012	20500	8850	22700
四、教育、卫生和社会保障						
普通中学在校学生	人	16290	20668	62714	11637	59307
小学在校学生	人	24311	30925	92508	16855	95010
医疗卫生机构床位	床	1522	971	3290	808	3869
提供住宿的社会工作机构	个	1	5	9	44	103
提供住宿的社会工作机构床位	床	80	90	1198	476	321

2019年县(市)社会经济主要指标

广西壮族自治区

指　　标	单位	合浦县	上思县	东兴市	灵山县	浦北县
一、基本情况						
行政区域面积	平方公里	2762	2814	589	3558	2526
乡	个	1	4			
镇	个	14	4	3	17	15
街道办事处	个				2	2
户籍人口	人	1102413	252195	157079	1683166	966069
第二产业从业人员	人	93461	20395	14050	219590	126592
第三产业从业人员	人	187785	53847	21737	167328	135846
二、综合经济						
地区生产总值	万元	3010619	733807	807264	2747328	2051242
第一产业增加值	万元	1055573	274638	219780	818851	446759
第二产业增加值	万元	659255	201227	137891	501211	679479
一般公共预算收入	万元	96318	33506	51467	82397	60058
一般公共预算支出	万元	538115	180880	211769	592420	444128
住户储蓄存款余额	万元	2563074	454334	1329380	2390966	1585500
年末金融机构各项贷款余额	万元	1736356	422585	978465	1512755	1074900
三、农业、工业和通讯						
设施农业种植占地面积	公顷		20	69	476	35
油料产量	吨	30064	1871	506	5223	8205
棉花产量	吨				31	10
规模以上工业企业	个	93	27	27	72	81
固定电话用户	户	37689	9165	23560	131587	78000
四、教育、卫生和社会保障						
普通中学在校学生	人	68288	11579	11260	88876	49569
小学在校学生	人	75756	19701	25453	157679	80059
医疗卫生机构床位	床	5483	923	481	5475	2692
提供住宿的社会工作机构	个	103	13		508	309
提供住宿的社会工作机构床位	床	1104	279		5021	3411

2019年县(市)社会经济主要指标

广西壮族自治区

指　　标	单位	平南县	桂平市	容　县	陆川县	博白县
一、基本情况						
行政区域面积	平方公里	2984	4071	2255	1554	3830
乡	个	3	5			
镇	个	16	21	15	14	28
街道办事处	个	2				
户籍人口	人	1547451	2044098	877371	1111807	1914600
第二产业从业人员	人	175800	238853	157854	172105	275025
第三产业从业人员	人	242385	359823	95484	136950	202398
二、综合经济						
地区生产总值	万元	2726360	3429050	1737793	1963774	2789764
第一产业增加值	万元	653025	746289	448140	401205	885769
第二产业增加值	万元	814120	1061810	438788	528979	640876
一般公共预算收入	万元	112311	110603	108125	115698	116996
一般公共预算支出	万元	705038	817748	466536	551038	774408
住户储蓄存款余额	万元	2686236	3645454	2277018	1837201	2810460
年末金融机构各项贷款余额	万元	2266340	2786731	1344980	1418939	2339364
三、农业、工业和通讯						
设施农业种植占地面积	公顷	3	425	35	232	395
油料产量	吨	35871	40309	3928	6699	18009
棉花产量	吨		40			
规模以上工业企业	个	118	111	87	69	93
固定电话用户	户	110280	46032	33124	30090	46414
四、教育、卫生和社会保障						
普通中学在校学生	人	88418	121295	54092	64536	105241
小学在校学生	人	126996	168787	87414	98977	174814
医疗卫生机构床位	床	5178	5939	3422	3450	5303
提供住宿的社会工作机构	个	184	208	5	2	5
提供住宿的社会工作机构床位	床	4977	4516	1235	120	364

2019年县(市)社会经济主要指标

广西壮族自治区

指　　标	单位	兴业县	北流市	右江区	田阳区	田东县
一、基本情况						
行政区域面积	平方公里	1468	2452	3718	2373	2811
乡	个			3	1	1
镇	个	13	22	4	9	9
街道办事处	个		3	2		
户籍人口	人	761302	1549826	371591	358610	440568
第二产业从业人员	人	154597	232034		55883	45819
第三产业从业人员	人	69329	142987		38728	78861
二、综合经济						
地区生产总值	万元	1549923	3089489	3132454	1496517	1482500
第一产业增加值	万元	432400	578230	358498	381093	402682
第二产业增加值	万元	478104	952896	1379420	701890	552453
一般公共预算收入	万元	85852	173790	233547	76006	75440
一般公共预算支出	万元	381353	716676	837638	347457	342216
住户储蓄存款余额	万元	1340211	3170998	1975682	800816	997385
年末金融机构各项贷款余额	万元	1031602	3074834	3941974	909563	1111171
三、农业、工业和通讯						
设施农业种植占地面积	公顷	37	39	47	64	127
油料产量	吨	6922	18241	2349	2119	1660
棉花产量	吨	12				
规模以上工业企业	个	42	120	47	43	34
固定电话用户	户	13031	60192	59539	16348	11700
四、教育、卫生和社会保障						
普通中学在校学生	人	36427	102272	38001	17596	24393
小学在校学生	人	53631	157618	37690	27777	33399
医疗卫生机构床位	床	1935	6215	5600	1499	2640
提供住宿的社会工作机构	个	9	7	11	11	44
提供住宿的社会工作机构床位	床	873	910	1254	256	616

2019年县(市)社会经济主要指标

广西壮族自治区

指　　标	单位	平果县	德保县	那坡县	凌云县	乐业县
一、基本情况						
行政区域面积	平方公里	2457	2575	2223	2047	2633
乡	个	3	5	6	4	4
镇	个	9	7	3	4	4
街道办事处	个					
户籍人口	人	522665	369931	219181	228338	181494
第二产业从业人员	人	80986	36511	13498	15548	25646
第三产业从业人员	人	57831	43114	9163	22040	10123
二、综合经济						
地区生产总值	万元	1788271	873105	394214	449730	285438
第一产业增加值	万元	207252	125960	92606	105163	96189
第二产业增加值	万元	877461	439814	75880	121171	47118
一般公共预算收入	万元	180466	73212	30199	17494	16217
一般公共预算支出	万元	432688	374530	327000	292224	245729
住户储蓄存款余额	万元	1140568	526311	357851	389685	269339
年末金融机构各项贷款余额	万元	1564423	504832	259692	359730	291388
三、农业、工业和通讯						
设施农业种植占地面积	公顷	1071	4			
油料产量	吨	827	1283	378	1648	2897
棉花产量	吨					
规模以上工业企业	个	60	25	10	23	10
固定电话用户	户	13558	8000	4039	4190	5706
四、教育、卫生和社会保障						
普通中学在校学生	人	34427	16434	11619	11467	10934
小学在校学生	人	41832	24506	15503	19830	14734
医疗卫生机构床位	床	2470	1447	821	698	545
提供住宿的社会工作机构	个	163	2	25	27	8
提供住宿的社会工作机构床位	床	2596	13	742	193	540

2019年县(市)社会经济主要指标

广西壮族自治区

指　　标	单位	田林县	西林县	隆林各族自治县	靖西市	八步区
一、基本情况						
行政区域面积	平方公里	5524	2997	3518	3326	3667
乡	个	9	4	10	8	1
镇	个	5	4	6	11	12
街道办事处	个					3
户籍人口	人	267877	164398	437907	664209	757928
第二产业从业人员	人	31232	14210	25705		
第三产业从业人员	人	27439	11600	42428		
二、综合经济						
地区生产总值	万元	624254	324398	551573	1224229	2492116
第一产业增加值	万元	214767	141937	144125	181486	364059
第二产业增加值	万元	176127	48699	107645	529400	870324
一般公共预算收入	万元	29805	34814	34814	157830	86071
一般公共预算支出	万元	320873	410265	410265	643976	348936
住户储蓄存款余额	万元	489541	242359	619610	1018462	2723796
年末金融机构各项贷款余额	万元	518942	278193	637038	1104031	3713460
三、农业、工业和通讯						
设施农业种植占地面积	公顷	9	8	78	15	624
油料产量	吨	637	2139	1972	1799	8034
棉花产量	吨					5
规模以上工业企业	个	43	9	17	37	54
固定电话用户	户	4677	3801	10661	16786	64773
四、教育、卫生和社会保障						
普通中学在校学生	人	18643	11847	28685	32462	32981
小学在校学生	人	19815	14178	37649	46071	77553
医疗卫生机构床位	床	1072	621	1488	1934	1196
提供住宿的社会工作机构	个	14	1	43	2	38
提供住宿的社会工作机构床位	床	214	120	968	12	700

2019年县(市)社会经济主要指标

广西壮族自治区

指　　标	单位	昭平县	钟山县	富川瑶族自治县	金城江区	宜州区
一、基本情况						
行政区域面积	平方公里	3224	1472	1540	2346	3857
乡	个	3	2	3	4	7
镇	个	9	10	9	7	9
街道办事处	个				1	
户籍人口	人	452662	456079	341683	348268	670211
第二产业从业人员	人	38002	49831	37585	38140	
第三产业从业人员	人	33665	61510	61502	126473	
二、综合经济						
地区生产总值	万元	878689	1116883	887884	1942703	1227815
第一产业增加值	万元	251899	192247	284861	158285	493493
第二产业增加值	万元	224306	356705	306883	442694	212611
一般公共预算收入	万元	28036	36162	33399	30548	48325
一般公共预算支出	万元	389864	395202	292379	176568	341950
住户储蓄存款余额	万元	710768	982899	755078	1582475	1520076
年末金融机构各项贷款余额	万元	655119	882328	663744	1766726	1212411
三、农业、工业和通讯						
设施农业种植占地面积	公顷			42	5	
油料产量	吨	1696	4905	12343	785	2470
棉花产量	吨		13		36	24
规模以上工业企业	个	17	51	22	29	48
固定电话用户	户	9507	6816	9854	29362	14603
四、教育、卫生和社会保障						
普通中学在校学生	人	23440	22985	16441	25377	38407
小学在校学生	人	39588	44707	29434	33234	51713
医疗卫生机构床位	床	1494	1762	1287	4313	4687
提供住宿的社会工作机构	个	88	1	92	15	9
提供住宿的社会工作机构床位	床	1508	36	1116	407	315

2019年县(市)社会经济主要指标

广西壮族自治区

指　　标	单位	南丹县	天峨县	凤山县	东兰县	罗城仫佬族自治县
一、基本情况						
行政区域面积	平方公里	3905	3184	1730	2437	2651
乡	个	3	7	6	8	4
镇	个	8	2	3	6	7
街道办事处	个					
户籍人口	人	327168	176887	225557	310538	388784
第二产业从业人员	人	16405	4657	9854	50127	15321
第三产业从业人员	人	12421	13756	17204	42138	52389
二、综合经济						
地区生产总值	万元	987695	667209	280351	415122	563773
第一产业增加值	万元	150869	92957	72951	97803	226055
第二产业增加值	万元	558518	405915	31838	39600	44395
一般公共预算收入	万元	67491	30477	20815	15812	30092
一般公共预算支出	万元	290016	186146	280709	306490	348861
住户储蓄存款余额	万元	686430	331247	328334	526017	741816
年末金融机构各项贷款余额	万元	844597	418380	280462	553090	508629
三、农业、工业和通讯						
设施农业种植占地面积	公顷	23		31		2
油料产量	吨	3598	727	677	1010	4809
棉花产量	吨	2	18		2	49
规模以上工业企业	个	27	11	5	6	20
固定电话用户	户	10388	6476	4258	6406	6767
四、教育、卫生和社会保障						
普通中学在校学生	人	20322	13428	8563	12001	17750
小学在校学生	人	33589	14990	18962	22834	27792
医疗卫生机构床位	床	1192	678	772	1025	1301
提供住宿的社会工作机构	个	32	10	12	7	13
提供住宿的社会工作机构床位	床	420	327	221	301	464

2019年县(市)社会经济主要指标

广西壮族自治区

指　　标	单位	环江毛南族自治县	巴马瑶族自治县	都安瑶族自治县	大化瑶族自治县	兴宾区
一、基本情况						
行政区域面积	平方公里	4553	1976	4088	2750	4403
乡	个	6	7	9	12	4
镇	个	6	3	10	4	16
街道办事处	个					4
户籍人口	人	379480	298284	726297	487772	1146370
第二产业从业人员	人	34361	38232	91520	38918	91536
第三产业从业人员	人	31910	29257	82378	47277	98249
二、综合经济						
地区生产总值	万元	555954	756642	672986	717500	3360825
第一产业增加值	万元	205955	130013	149438	112296	691095
第二产业增加值	万元	93429	246912	98155	303182	1156319
一般公共预算收入	万元	43342	36876	33207	38275	58437
一般公共预算支出	万元	358368	339165	584402	408756	360465
住户储蓄存款余额	万元	753180	505629	908252	633267	1828500
年末金融机构各项贷款余额	万元	594141	512948	685620	598032	3597200
三、农业、工业和通讯						
设施农业种植占地面积	公顷	44340	30	39		2412
油料产量	吨	884	1236	73	386	19837
棉花产量	吨		1		37	7
规模以上工业企业	个	27	15	17	10	104
固定电话用户	户	7175	7000	12748	10833	39362
四、教育、卫生和社会保障						
普通中学在校学生	人	20121	20015	46976	30432	40618
小学在校学生	人	25691	30025	67550	46677	97207
医疗卫生机构床位	床	927	676	2836	1747	2405
提供住宿的社会工作机构	个	16	3	5	18	40
提供住宿的社会工作机构床位	床	79	448	1777	620	1035

2019年县(市)社会经济主要指标

广西壮族自治区

指　　标	单位	忻城县	象州县	武宣县	金秀瑶族自治县	合山市
一、基本情况						
行政区域面积	平方公里	2522	1918	1704	2469	366
乡	个	6	3	1	7	
镇	个	6	8	9	3	3
街道办事处	个					
户籍人口	人	430617	370832	458646	157377	134093
第二产业从业人员	人	2906		39162	14554	
第三产业从业人员	人	15710		69132	10099	
二、综合经济						
地区生产总值	万元	685299	803400	1010587	401954	320408
第一产业增加值	万元	226364	286600	296652	98675	45560
第二产业增加值	万元	132792	130700	229115	90703	106410
一般公共预算收入	万元	18776	54918	67101	14804	11691
一般公共预算支出	万元	287520	246689	316624	195138	110452
住户储蓄存款余额	万元	588607	711238	884474	340939	316178
年末金融机构各项贷款余额	万元	413498	704790	799599	378130	199842
三、农业、工业和通讯						
设施农业种植占地面积	公顷	41	58666	122	1500	
油料产量	吨	3216	3314	10140	1805	1069
棉花产量	吨	16			2	
规模以上工业企业	个	15	41	49	17	
固定电话用户	户	4196	27636	12826	18335	7309
四、教育、卫生和社会保障						
普通中学在校学生	人	17550	15717	21955	6476	4598
小学在校学生	人	28445	23429	34456	9875	9027
医疗卫生机构床位	床	1349	2066	1982	908	548
提供住宿的社会工作机构	个	14	9	12	1	1
提供住宿的社会工作机构床位	床	521	183	685	572	200

2019年县(市)社会经济主要指标

广西壮族自治区

指　　标	单位	江州区	扶绥县	宁明县	龙州县	大新县
一、基本情况						
行政区域面积	平方公里	2918	2841	3704	2311	2748
乡	个	2	3	6	7	9
镇	个	6	8	7	5	5
街道办事处	个	3				
户籍人口	人	379740	461786	444828	274987	385495
第二产业从业人员	人	9724	45777	19809	27393	58167
第三产业从业人员	人	30768	53588	49998	38515	38825
二、综合经济						
地区生产总值	万元	1975798	1485358	914834	870540	986743
第一产业增加值	万元	317910	392774	265867	264152	247858
第二产业增加值	万元	572614	520382	231069	185822	314448
一般公共预算收入	万元	45376	81768	28683	29033	11935
一般公共预算支出	万元	274855	363973	353307	311763	289668
住户储蓄存款余额	万元	1073104	1158978	864216	740009	833343
年末金融机构各项贷款余额	万元	1833408	934530	551698	763864	746670
三、农业、工业和通讯						
设施农业种植占地面积	公顷			20		
油料产量	吨	3149	12412	4162	3570	1720
棉花产量	吨					184
规模以上工业企业	个	68	110	44	19	26
固定电话用户	户		18165	8032	9281	21660
四、教育、卫生和社会保障						
普通中学在校学生	人	12718	23917	20921	10430	16924
小学在校学生	人	25402	32840	30737	15994	23120
医疗卫生机构床位	床	1915	1297	1422	1125	1313
提供住宿的社会工作机构	个	10	13	11	16	41
提供住宿的社会工作机构床位	床	370	246	140	427	1402

2019年县(市)社会经济主要指标

广西壮族自治区、海南省

指　　标	单位	天等县	凭祥市	西沙群岛	南沙群岛	中沙群岛的岛礁及其海域
一、基本情况						
行政区域面积	平方公里	2165	645			
乡	个	7				
镇	个	6	4			
街道办事处	个	9				
户籍人口	人	459491	116872			
第二产业从业人员	人	119783	20108			
第三产业从业人员	人	21434	22324			
二、综合经济						
地区生产总值	万元	734061	637269			
第一产业增加值	万元	152274	60393			
第二产业增加值	万元	160411	152233			
一般公共预算收入	万元	18557	45048			
一般公共预算支出	万元	367239	222192			
住户储蓄存款余额	万元	715369	761986			
年末金融机构各项贷款余额	万元	658785	445534			
三、农业、工业和通讯						
设施农业种植占地面积	公顷	237				
油料产量	吨	1810	782			
棉花产量	吨	8				
规模以上工业企业	个	11	37			
固定电话用户	户	12052	10105			
四、教育、卫生和社会保障						
普通中学在校学生	人	15995	5853			
小学在校学生	人	28900	11318			
医疗卫生机构床位	床	1287	368			
提供住宿的社会工作机构	个	13	1			
提供住宿的社会工作机构床位	床	460	80			

2019年县(市)社会经济主要指标

海南省

指　　标	单位	五指山市	琼海市	文昌市	万宁市	东方市
一、基本情况						
行政区域面积	平方公里	1144	1710	2459	4681	2272
乡	个	3				2
镇	个	4	12	17	12	8
街道办事处	个					
户籍人口	人	105773	522255	602204	635382	460663
第二产业从业人员	人	2944	31831	39400	52124	16177
第三产业从业人员	人	6184	113272	117500	130434	82494
二、综合经济						
地区生产总值	万元	340048	2832967	2570186	2355749	1930775
第一产业增加值	万元	70580	912134	876408	700037	484543
第二产业增加值	万元	70669	360678	527978	513408	802129
一般公共预算收入	万元	32272	149982	138684	150313	151668
一般公共预算支出	万元	293259	616270	726441	622736	574500
住户储蓄存款余额	万元	448654	2605795	2546318	1592300	832782
年末金融机构各项贷款余额	万元	390224	2123223	1695892	1600963	787297
三、农业、工业和通讯						
设施农业种植占地面积	公顷			23	13	10
油料产量	吨	679	2528	13248	3061	12472
棉花产量	吨					
规模以上工业企业	个	4	11	17	10	14
固定电话用户	户	17000		88765	91405	48095
四、教育、卫生和社会保障						
普通中学在校学生	人	9247	32931	30752	28741	29197
小学在校学生	人	8875	44855	44474	46800	39392
医疗卫生机构床位	床	1441	2947	1827	2472	1355
提供住宿的社会工作机构	个	4		20	35	15
提供住宿的社会工作机构床位	床	62	777	1064	1680	416

2019年县(市)社会经济主要指标

海南省

指　　标	单位	定安县	屯昌县	澄迈县	临高县	白沙黎族自治县
一、基本情况						
行政区域面积	平方公里	1197	1224	2076	1317	2117
乡	个					7
镇	个	10	8	11	10	4
街道办事处	个					
户籍人口	人	348781	311612	573015	508719	195364
第二产业从业人员	人	24700	14481	51500	27300	5600
第三产业从业人员	人	65200	45630	139897	82100	27100
二、综合经济						
地区生产总值	万元	1044176	856455	3301791	1953986	566435
第一产业增加值	万元	370197	304507	855142	1207697	231094
第二产业增加值	万元	172127	103604	869006	135741	59773
一般公共预算收入	万元	47355	32488	267989	61881	17578
一般公共预算支出	万元	341327	306539	767130	570758	434142
住户储蓄存款余额	万元	926800	678000	1400272	955257	461732
年末金融机构各项贷款余额	万元	533281	458730	1920539	683354	256304
三、农业、工业和通讯						
设施农业种植占地面积	公顷	2	14	12	153	148
油料产量	吨	13716	5290	5787	1905	362
棉花产量	吨					
规模以上工业企业	个	17	3	49	3	4
固定电话用户	户	35280	31177	28194	45132	16563
四、教育、卫生和社会保障						
普通中学在校学生	人	15269	14316	23618	27236	9748
小学在校学生	人	27020	25279	44666	39758	7924
医疗卫生机构床位	床	1012	1082	2042	1092	661
提供住宿的社会工作机构	个	13	8	5	8	
提供住宿的社会工作机构床位	床	731	866	597	288	

2019年县(市)社会经济主要指标

海南省

指　　标	单位	昌江黎族自治县	乐东黎族自治县	陵水黎族自治县	保亭黎族苗族自治县	琼中黎族苗族自治县
一、基本情况						
行政区域面积	平方公里	1620	2766	1128	1153	2704
乡	个	1		2	3	3
镇	个	7	11	9	6	7
街道办事处	个					
户籍人口	人	257218	547174	387700	168208	217621
第二产业从业人员	人	14326	16250	20362	4105	5960
第三产业从业人员	人	37081	66412	92749	30122	25795
二、综合经济						
地区生产总值	万元	1263176	1443459	1831956	557100	574789
第一产业增加值	万元	323138	775483	495952	193446	206792
第二产业增加值	万元	526198	180525	327468	64692	86079
一般公共预算收入	万元	141289	81011	416575	47756	30030
一般公共预算支出	万元	323398	541018	727419	317703	384072
住户储蓄存款余额	万元	669472	1282752	1179500	634036	660527
年末金融机构各项贷款余额	万元	499143	733762	1967409	305919	833006
三、农业、工业和通讯						
设施农业种植占地面积	公顷	9	2775	66	534	19
油料产量	吨	1136	4853	2240	820	2860
棉花产量	吨					
规模以上工业企业	个	15	4	7	1	6
固定电话用户	户	30100	46851	49000	19000	24272
四、教育、卫生和社会保障						
普通中学在校学生	人	13659	27394	18046	8747	10544
小学在校学生	人	19938	37707	35718	13953	17023
医疗卫生机构床位	床	875	1454	1189	649	935
提供住宿的社会工作机构	个	12	10	1		9
提供住宿的社会工作机构床位	床	188	250	10		336

2019年县(市)社会经济主要指标

重庆市

指　　标	单位	綦江区	大足区	长寿区	江津区	合川区
一、基本情况						
行政区域面积	平方公里	2748	1436	1424	3218	2344
乡	个					
镇	个	25	21	12	25	23
街道办事处	个	6	6	7	5	7
户籍人口	人	1193260	1074461	891420	1488786	1517831
第二产业从业人员	人	301526	258216	168143	385911	239287
第三产业从业人员	人	192160	179335	130051	506958	228810
二、综合经济						
地区生产总值	万元	6727328	6458347	7012350	10367418	9125078
第一产业增加值	万元	686283	526585	518466	1026229	900469
第二产业增加值	万元	3054746	3579727	4028239	5944983	4319665
一般公共预算收入	万元	523422	389395	351770	654906	415329
一般公共预算支出	万元	1070576	1316597	740601	1389442	1061572
住户储蓄存款余额	万元	4733556	3124000	4278135	7261897	6629269
年末金融机构各项贷款余额	万元	5101759	3516203	3699519	6911304	4511595
三、农业、工业和通讯						
设施农业种植占地面积	公顷	122	667	2313	2333	266
油料产量	吨	15496	44465	12365	17937	28369
棉花产量	吨					
规模以上工业企业	个	302	359	266	411	360
固定电话用户	户	242766	118271	99362	248765	118900
四、教育、卫生和社会保障						
普通中学在校学生	人	47620	55712	33606	71914	58599
小学在校学生	人	59677	72556	36212	84325	68345
医疗卫生机构床位	床	7111	4533	4856	8893	6938
提供住宿的社会工作机构	个	46	40	23	73	85
提供住宿的社会工作机构床位	床	5160	3474	2368	7060	5145

2019年县(市)社会经济主要指标

重庆市

指　标	单位	永川区	南川区	璧山区	铜梁区	潼南区
一、基本情况						
行政区域面积	平方公里	1576	2602	915	1340	1583
乡	个		2			
镇	个	16	29	9	23	20
街道办事处	个	7	3	6	5	2
户籍人口	人	1142106	686531	651054	851559	952766
第二产业从业人员	人	179500	120000	187700	126600	91884
第三产业从业人员	人	137700	180000	220500	195100	145693
二、综合经济						
地区生产总值	万元	9526902	3339519	6810180	6165580	4510757
第一产业增加值	万元	676431	544861	333662	481221	660150
第二产业增加值	万元	5155042	1184668	3574020	3441911	2036007
一般公共预算收入	万元	714798	232434	500420	319632	202339
一般公共预算支出	万元	1096297	658628	874669	772806	764508
住户储蓄存款余额	万元	5087609	2546900	3815738	3880162	2936018
年末金融机构各项贷款余额	万元	5700391	3597175	4219316	3596991	2539983
三、农业、工业和通讯						
设施农业种植占地面积	公顷	1713	336	261	1653	5002
油料产量	吨	24652	17263	5813	14808	50616
棉花产量	吨					
规模以上工业企业	个	367	141	356	339	200
固定电话用户	户	210635	87573	89736	111000	81945
四、教育、卫生和社会保障						
普通中学在校学生	人	63952	34826	29765	52766	37859
小学在校学生	人	79531	40575	41406	45347	46259
医疗卫生机构床位	床	8967	4451	4832	4215	2917
提供住宿的社会工作机构	个	52	45	146	45	118
提供住宿的社会工作机构床位	床	3203	2092	4952	3323	3476

2019年县(市)社会经济主要指标

重庆市

指　　标	单位	荣昌区	开州区	梁平区	武隆区	城口县
一、基本情况						
行政区域面积	平方公里	1077	3967	1890	2889	3289
乡	个		5	2	13	13
镇	个	15	28	29	12	10
街道办事处	个	6	7	2	2	2
户籍人口	人	850338	1686039	926571	410520	251500
第二产业从业人员	人	176237	223300	157300	64938	15342
第三产业从业人员	人	156012	209400	137500	63572	48785
二、综合经济						
地区生产总值	万元	6525398	5055918	4641486	2096598	524980
第一产业增加值	万元	542673	722447	505159	259559	105218
第二产业增加值	万元	3428696	2105669	2384295	785386	95203
一般公共预算收入	万元	279689	252617	203193	118726	43483
一般公共预算支出	万元	919845	966582	768862	489662	446297
住户储蓄存款余额	万元	2978125	5496709	3545011	1429995	695290
年末金融机构各项贷款余额	万元	3325834	3021073	2383279	2440198	927993
三、农业、工业和通讯						
设施农业种植占地面积	公顷	820	2355	2668	10	125
油料产量	吨	24604	36525	16362	10801	3942
棉花产量	吨					
规模以上工业企业	个	354	124	119	35	12
固定电话用户	户	93600	164500	81215	51320	29800
四、教育、卫生和社会保障						
普通中学在校学生	人	40194	90498	46400	19966	14524
小学在校学生	人	45576	101314	52083	23938	21451
医疗卫生机构床位	床	4590	6203	4066	2738	1254
提供住宿的社会工作机构	个	20	56	32	24	24
提供住宿的社会工作机构床位	床	1406	6250	3420	1202	984

2019年县(市)社会经济主要指标

重庆市

指　　标	单位	丰都县	垫江县	忠　县	云阳县	奉节县
一、基本情况						
行政区域面积	平方公里	2901	1518	2187	3649	4098
乡	个	5	2	6	7	11
镇	个	23	22	19	31	18
街道办事处	个	2	2	4	4	3
户籍人口	人	816484	969150	983930	1337300	1069452
第二产业从业人员	人	64000	82000	126100	246254	124416
第三产业从业人员	人	131700	130800	281200	293025	191247
二、综合经济						
地区生产总值	万元	3058346	4168586	3969367	4312462	3034171
第一产业增加值	万元	399785	507755	475297	555863	509571
第二产业增加值	万元	1297730	1964339	1731899	1593931	1187700
一般公共预算收入	万元	223572	166652	186691	160270	147630
一般公共预算支出	万元	706151	703255	662571	842743	856336
住户储蓄存款余额	万元	2874323	3042344	3753938	3712898	2407000
年末金融机构各项贷款余额	万元	1864984	2428452	2846524	2386932	2687300
三、农业、工业和通讯						
设施农业种植占地面积	公顷	4	354	1	3708	632
油料产量	吨	19701	20448	38222	33661	28517
棉花产量	吨					
规模以上工业企业	个	86	129	75	99	61
固定电话用户	户	54030	83758	78368	90250	103100
四、教育、卫生和社会保障						
普通中学在校学生	人	34003	55007	55819	61709	49324
小学在校学生	人	40032	48131	54318	66042	54530
医疗卫生机构床位	床	5072	5142	4715	5247	5727
提供住宿的社会工作机构	个	26	31	85	75	33
提供住宿的社会工作机构床位	床	2684	2225	7292	5638	3060

2019年县(市)社会经济主要指标

重庆市

指　　标	单位	巫山县	巫溪县	石柱土家族自治县	秀山土家族苗族自治县	酉阳土家族苗族自治县
一、基本情况						
行政区域面积	平方公里	2958	4030	3014	2453	5173
乡	个	13	11	13	6	18
镇	个	11	19	17	17	19
街道办事处	个	2	2	3	4	2
户籍人口	人	633302	541499	548780	670682	856408
第二产业从业人员	人	71255	83900	28100	83731	102980
第三产业从业人员	人	122145	70700	84400	113658	114800
二、综合经济						
地区生产总值	万元	1729677	1075775	1593842	2830091	1867200
第一产业增加值	万元	291739	231804	269348	269125	345400
第二产业增加值	万元	508254	264465	445312	1234022	351300
一般公共预算收入	万元	105168	76780	100158	103736	101900
一般公共预算支出	万元	671700	578949	524655	573042	721093
住户储蓄存款余额	万元	1511855	1318663	1888281	1573399	1918764
年末金融机构各项贷款余额	万元	2313494	1102723	2058384	2453500	1593124
三、农业、工业和通讯						
设施农业种植占地面积	公顷	378	128		535	938
油料产量	吨	18360	12695	6432	35969	32991
棉花产量	吨					
规模以上工业企业	个	23	21	54	69	25
固定电话用户	户	62083	57413	26084	58625	45000
四、教育、卫生和社会保障						
普通中学在校学生	人	32420	26977	31356	33397	59075
小学在校学生	人	36682	33990	29452	45898	63541
医疗卫生机构床位	床	2716	1908	3933	3331	3245
提供住宿的社会工作机构	个	29	62	50	27	23
提供住宿的社会工作机构床位	床	1500	1522	1060	2168	1048

2019年县(市)社会经济主要指标

重庆市、四川省

指　　标	单位	彭水苗族土家族自治县	新都区	温江区	双流区	郫都区
一、基本情况						
行政区域面积	平方公里	3903	497	276	1067	437
乡	个	18				
镇	个	18	10	6	18	13
街道办事处	个	3	3	4	8	3
户籍人口	人	703265	820371	509970	1518579	858450
第二产业从业人员	人	47900	166407	95132	232195	420498
第三产业从业人员	人	93100	335431	144379	570423	252968
二、综合经济						
地区生产总值	万元	2222796	8248003	5955681	15243393	11882051
第一产业增加值	万元	319422	349972	222971	418246	285809
第二产业增加值	万元	788599	2687357	2186574	4053191	6600454
一般公共预算收入	万元	135237	1121951	875280	2649543	1762801
一般公共预算支出	万元	728504	885853	567494	2537848	1463871
住户储蓄存款余额	万元	1717921	7414092	5072554	16057074	10831951
年末金融机构各项贷款余额	万元	2157870	4847848	5345105	18975163	20939143
三、农业、工业和通讯						
设施农业种植占地面积	公顷	99	497	43	89	971
油料产量	吨	31768	16818	481	25048	8815
棉花产量	吨					
规模以上工业企业	个	33	276	239	361	413
固定电话用户	户	126505	363781	275023	587214	613986
四、教育、卫生和社会保障						
普通中学在校学生	人	40940	41952	22345	60998	36748
小学在校学生	人	45896	82148	44288	101071	65418
医疗卫生机构床位	床	2733	6509	6086	7379	6005
提供住宿的社会工作机构	个	5	23	14	76	26
提供住宿的社会工作机构床位	床	1537	2903	3343	5810	3282

2019年县(市)社会经济主要指标

四川省

指　　标	单位	金堂县	大邑县	蒲江县	新津县	都江堰市
一、基本情况						
行政区域面积	平方公里	1156	1284	583	330	1208
乡	个	2	3	4	1	1
镇	个	18	16	7	10	13
街道办事处	个	1	1	1	1	5
户籍人口	人	903580	509172	267521	318817	622180
第二产业从业人员	人	137123	134401	50107	85033	51915
第三产业从业人员	人	286452	140702	58403	69126	100206
二、综合经济						
地区生产总值	万元	4404358	2856878	1678220	3747197	4245125
第一产业增加值	万元	587065	420569	232932	214756	337561
第二产业增加值	万元	1716587	1127692	587682	1591923	1450276
一般公共预算收入	万元	485712	295190	100626	465235	575472
一般公共预算支出	万元	671233	327510	248388	340783	474848
住户储蓄存款余额	万元	3277840	2869845	1502916	2369139	4654268
年末金融机构各项贷款余额	万元	3249923	1839562	1033279	2805667	2882998
三、农业、工业和通讯						
设施农业种植占地面积	公顷	5340	2800	59	669	8
油料产量	吨	64054	7160	14135	10640	27098
棉花产量	吨					
规模以上工业企业	个	181	150	106	181	103
固定电话用户	户	142156	132096	96500	94296	201519
四、教育、卫生和社会保障						
普通中学在校学生	人	36363	17068	8510	11786	24583
小学在校学生	人	45270	25151	12250	16738	36384
医疗卫生机构床位	床	6739	4766	2234	2648	7732
提供住宿的社会工作机构	个	61	18	5	17	16
提供住宿的社会工作机构床位	床	4356	3374	650	1696	2757

2019年县(市)社会经济主要指标

四川省

指　　标	单位	彭州市	邛崃市	崇州市	简阳市	荣　县
一、基本情况						
行政区域面积	平方公里	1421	1377	1090	2213	1605
乡	个		4	6	29	
镇	个	18	18	18	25	19
街道办事处	个	2	2	1	4	2
户籍人口	人	798654	651850	660917	1503193	664045
第二产业从业人员	人	170106	114536	292059	143572	101409
第三产业从业人员	人	160199	187079	167540	391693	113368
二、综合经济						
地区生产总值	万元	5254836	3307307	3811099	5534075	2199528
第一产业增加值	万元	633268	472671	443775	954638	691467
第二产业增加值	万元	2827668	1375555	1788695	1675790	722612
一般公共预算收入	万元	357120			367698	113605
一般公共预算支出	万元	508769	502701	441334	983620	328279
住户储蓄存款余额	万元	4656174	3379091	4164600	6357364	2323527
年末金融机构各项贷款余额	万元	3231461	2360074	2145600	5911601	1462097
三、农业、工业和通讯						
设施农业种植占地面积	公顷	25	1034	1594	1891	2561
油料产量	吨	18242	22983	27030	94298	33302
棉花产量	吨				123	
规模以上工业企业	个	160	157	213	159	92
固定电话用户	户	195000	139082	177855	25822	89118
四、教育、卫生和社会保障						
普通中学在校学生	人	24031	22336	21284	62392	24378
小学在校学生	人	40304	28591	32100	75351	28049
医疗卫生机构床位	床	6299	4846	6346	8114	3627
提供住宿的社会工作机构	个	32	18	21	172	36
提供住宿的社会工作机构床位	床	4374	2606	4972	4333	2864

2019年县(市)社会经济主要指标

四川省

指　　标	单位	富顺县	米易县	盐边县	泸　县	合江县
一、基本情况						
行政区域面积	平方公里	1342	2105	3289	1525	2414
乡	个	1	5	12		1
镇	个	16	7	4	19	26
街道办事处	个	3			1	
户籍人口	人	1065825	227456	209519	1067243	895564
第二产业从业人员	人	122245	15268	13770	210526	199526
第三产业从业人员	人	161586	55525	23336	145515	113022
二、综合经济						
地区生产总值	万元	3284754	1488279	1238021	3784465	2431662
第一产业增加值	万元	629567	319495	272441	552961	404062
第二产业增加值	万元	1380004	627455	677325	2066327	1088524
一般公共预算收入	万元	191954			158849	92569
一般公共预算支出	万元	476488	214366	174911	521773	437763
住户储蓄存款余额	万元	3298981	781813	445231	3282508	2833021
年末金融机构各项贷款余额	万元	2068920	593375	477766	1913445	1432704
三、农业、工业和通讯						
设施农业种植占地面积	公顷	1932	5260	81	857	746
油料产量	吨	49708	1375	1767	36102	7516
棉花产量	吨					
规模以上工业企业	个	123	53	44	130	80
固定电话用户	户	120380	45331	29253	85900	48455
四、教育、卫生和社会保障						
普通中学在校学生	人	51020	9751	8197	72635	59037
小学在校学生	人	57977	14374	13193	57033	58075
医疗卫生机构床位	床	4546	1178	819	4314	5180
提供住宿的社会工作机构	个	39	8	8	30	29
提供住宿的社会工作机构床位	床	5388	660	850	4891	2865

2019年县(市)社会经济主要指标

四川省

指　　标	单位	叙永县	古蔺县	罗江区	中江县	广汉市
一、基本情况						
行政区域面积	平方公里	2973	3184	448	2200	549
乡	个	5	4		16	2
镇	个	20	22	10	29	16
街道办事处	个					
户籍人口	人	722039	877699	243511	1378628	600509
第二产业从业人员	人	88744	121100	38915	136006	109029
第三产业从业人员	人	99758	106900	47796	237160	145002
二、综合经济						
地区生产总值	万元	1373355	1722860	1418006	3792382	4339666
第一产业增加值	万元	312456	282907	199686	812263	358096
第二产业增加值	万元	416571	687548	815765	1570380	2387302
一般公共预算收入	万元	81345	165008	75967	107150	214205
一般公共预算支出	万元	458742	544565	162001	559594	349421
住户储蓄存款余额	万元	1325990	1119709	922612	3914220	3997458
年末金融机构各项贷款余额	万元	1186580	1613870	662442	1996508	3357875
三、农业、工业和通讯						
设施农业种植占地面积	公顷	188	250	4	39	4530
油料产量	吨	10061	26352	47910	102317	32457
棉花产量	吨				120	
规模以上工业企业	个	46	44	140	147	342
固定电话用户	户	77000	100000	35612	113103	137892
四、教育、卫生和社会保障						
普通中学在校学生	人	43158	45881	8090	48083	17489
小学在校学生	人	50477	71596	10985	65334	26905
医疗卫生机构床位	床	2993	2767	1530	5719	4372
提供住宿的社会工作机构	个	30	30	14	58	19
提供住宿的社会工作机构床位	床	1956	2288	1690	4598	1958

2019年县(市)社会经济主要指标

四川省

指　　标	单位	什邡市	绵竹市	安州区	三台县	盐亭县
一、基本情况						
行政区域面积	平方公里	820	1246	1181	2659	1645
乡	个		1	3	13	19
镇	个	14	20	15	49	14
街道办事处	个	2			1	2
户籍人口	人	428390	496254	441500	1391241	537202
第二产业从业人员	人	73976	92451	76190	207712	71435
第三产业从业人员	人	100361	129750	89637	215677	96293
二、综合经济						
地区生产总值	万元	3585961	3400768	1855343	3797248	1613878
第一产业增加值	万元	316868	306894	280097	813949	361838
第二产业增加值	万元	1912583	1902538	848753	1235290	412753
一般公共预算收入	万元			73984	170629	
一般公共预算支出	万元	373700	361163	274479	674329	461793
住户储蓄存款余额	万元	2351240	2227387	1724182	3798370	1638251
年末金融机构各项贷款余额	万元	1735938	1414883	1336750	2076578	884942
三、农业、工业和通讯						
设施农业种植占地面积	公顷	723	641	343	204	30
油料产量	吨	11841	15213	44736	148714	51590
棉花产量	吨				23	
规模以上工业企业	个	222	138	132	113	28
固定电话用户	户	67396	83915	75394	149892	56106
四、教育、卫生和社会保障						
普通中学在校学生	人	13133	12239	16165	44690	14365
小学在校学生	人	18376	19614	25546	62185	18978
医疗卫生机构床位	床	3255	4405	2107	8223	3142
提供住宿的社会工作机构	个	18	21	21	72	37
提供住宿的社会工作机构床位	床	2350	1527	2143	7700	4607

2019年县(市)社会经济主要指标

四川省

指　　标	单位	梓潼县	北川羌族自治县	平武县	江油市	旺苍县
一、基本情况						
行政区域面积	平方公里	1444	3083	5946	2720	2987
乡	个	14	13	16	10	17
镇	个	18	10	9	29	18
街道办事处	个				3	3
户籍人口	人	372700	232780	175654	858272	439931
第二产业从业人员	人	54916	38507	20612	183268	49200
第三产业从业人员	人	70390	45115	34255	181257	78700
二、综合经济						
地区生产总值	万元	1383405	738840	541524	4562868	1294690
第一产业增加值	万元	298812	119786	92152	503590	231530
第二产业增加值	万元	451247	196003	197033	1952167	608971
一般公共预算收入	万元	30020	53207	28503	227240	82252
一般公共预算支出	万元	232062	297888	175103	585366	303388
住户储蓄存款余额	万元	1143302	872059	544792	4272223	1414307
年末金融机构各项贷款余额	万元	850273	1065575	704985	3040775	799149
三、农业、工业和通讯						
设施农业种植占地面积	公顷	350	33	350	1124	36
油料产量	吨	56562	8875	4961	59185	19195
棉花产量	吨	4				
规模以上工业企业	个	52	51	38	219	81
固定电话用户	户	47971	36143	20771	189696	57359
四、教育、卫生和社会保障						
普通中学在校学生	人	9577	8145	4538	28081	17320
小学在校学生	人	15083	11484	6380	36820	20940
医疗卫生机构床位	床	1817	1617	766	7520	2927
提供住宿的社会工作机构	个	18	9	12	54	15
提供住宿的社会工作机构床位	床	1728	972	1430	5389	2107

2019年县(市)社会经济主要指标

四川省

指　　标	单位	青川县	剑阁县	苍溪县	蓬溪县	大英县
一、基本情况						
行政区域面积	平方公里	3215	3203	2334	1251	701
乡	个	25	30	15	2	
镇	个	11	27	24	17	9
街道办事处	个				1	1
户籍人口	人	225760	648295	750909	681941	531527
第二产业从业人员	人	15800	40200	53700	59726	55992
第三产业从业人员	人	25200	64200	85900	59458	78129
二、综合经济						
地区生产总值	万元	483180	1431509	1656278	1784098	1748729
第一产业增加值	万元	104394	366590	417399	297724	290758
第二产业增加值	万元	137903	514432	529788	752005	725139
一般公共预算收入	万元	50425	59160	121070	54915	70667
一般公共预算支出	万元	186112	385452	457478	410212	277937
住户储蓄存款余额	万元	667941	1680421	2509095	1783317	1521327
年末金融机构各项贷款余额	万元	636070	991526	1567387	1042482	1294333
三、农业、工业和通讯						
设施农业种植占地面积	公顷	632	32	23	1024	488
油料产量	吨	18743	118364	62979	50447	29594
棉花产量	吨				7	619
规模以上工业企业	个	43	62	57	83	90
固定电话用户	户	28151	71184	114938	40059	35607
四、教育、卫生和社会保障						
普通中学在校学生	人	5590	20313	27786	10584	17083
小学在校学生	人	9205	29803	38198	27209	28239
医疗卫生机构床位	床	970	3290	4087	3398	2248
提供住宿的社会工作机构	个	15	150	20	32	17
提供住宿的社会工作机构床位	床	1685	1303	1450	2461	1947

2019年县(市)社会经济主要指标

四川省

指　　标	单位	射洪市	威远县	资中县	隆昌市	犍为县
一、基本情况						
行政区域面积	平方公里	1496	1290	1735	794	1375
乡	个					18
镇	个	21	20	33	17	12
街道办事处	个	2			2	
户籍人口	人	950742	701330	1234878	763836	552828
第二产业从业人员	人	101454	114700	189500	199100	52500
第三产业从业人员	人	148765	158700	182900	216300	84000
二、综合经济						
地区生产总值	万元	4000918	3511918	2764148	2920584	2158928
第一产业增加值	万元	614147	454794	771403	414993	388449
第二产业增加值	万元	2057710	1597140	828176	979610	935766
一般公共预算收入	万元		169921	169916		135668
一般公共预算支出	万元	550153	343842	563503	374972	256862
住户储蓄存款余额	万元	3324347	2376859	3513944	2705822	1867620
年末金融机构各项贷款余额	万元	2212157	1764158	1858586	1530238	1513509
三、农业、工业和通讯						
设施农业种植占地面积	公顷	656	3329	293	3105	208
油料产量	吨	45481	37915	50720	24173	12849
棉花产量	吨	1386				
规模以上工业企业	个	114	80	51	106	65
固定电话用户	户	98442	110242	112000	127000	69201
四、教育、卫生和社会保障						
普通中学在校学生	人	32971	28925	53124	37454	20096
小学在校学生	人	42206	34649	54527	41141	24686
医疗卫生机构床位	床	4867	3889	4684	4459	2978
提供住宿的社会工作机构	个	45	25	50	30	29
提供住宿的社会工作机构床位	床	8140	3792	4418	2375	3546

2019年县(市)社会经济主要指标

四川省

指　　标	单位	井研县	夹江县	沐川县	峨边彝族自治县	马边彝族自治县
一、基本情况						
行政区域面积	平方公里	840	743	1407	2382	2293
乡	个	17		12	13	15
镇	个	10	7	7	6	5
街道办事处	个		2			
户籍人口	人	390796	343530	249629	148391	221868
第二产业从业人员	人	34900	48500	19100	16200	17400
第三产业从业人员	人	59600	65000	41900	28700	38800
二、综合经济						
地区生产总值	万元	1160079	2037052	708669	512191	479122
第一产业增加值	万元	284651	303954	167570	59193	103475
第二产业增加值	万元	383454	1028431	260456	253891	184431
一般公共预算收入	万元	50642	128872	55643	53993	68661
一般公共预算支出	万元	195106	218706	190870	230077	353998
住户储蓄存款余额	万元	1442706	2111802	721959	483204	454105
年末金融机构各项贷款余额	万元	794630	1266827	562473	898773	338838
三、农业、工业和通讯						
设施农业种植占地面积	公顷	6964	1460	265	39	105
油料产量	吨	14422	13713	6349	1806	2840
棉花产量	吨					
规模以上工业企业	个	54	111	26	28	22
固定电话用户	户	41387	71693	33146	12772	25735
四、教育、卫生和社会保障						
普通中学在校学生	人	12784	8780	9969	5703	12595
小学在校学生	人	15355	13877	14896	11960	22709
医疗卫生机构床位	床	1885	2545	1146	586	710
提供住宿的社会工作机构	个	14	11	25	8	6
提供住宿的社会工作机构床位	床	1970	1231	1709	760	509

2019年县(市)社会经济主要指标

四川省

指　　标	单位	峨眉山市	南部县	营山县	蓬安县	仪陇县
一、基本情况						
行政区域面积	平方公里	1181	2229	1635	1331	1791
乡	个	3	5	8	5	7
镇	个	15	33	18	14	29
街道办事处	个		4	3	2	1
户籍人口	人	427355	1235907	898209	671072	1068704
第二产业从业人员	人	53000	220800	151200	78900	206500
第三产业从业人员	人	103200	244800	226500	193300	182000
二、综合经济						
地区生产总值	万元	3284413	4006197	2114519	2012497	2370761
第一产业增加值	万元	309570	679236	451600	426698	584221
第二产业增加值	万元	1145635	1948352	714907	900387	888224
一般公共预算收入	万元					
一般公共预算支出	万元	285881	620534	613766	461938	532857
住户储蓄存款余额	万元	2942239	3322391	3004645	2081781	2809456
年末金融机构各项贷款余额	万元	2372855	1800578	1661447	967251	1782819
三、农业、工业和通讯						
设施农业种植占地面积	公顷	3290	230	2181	198	2933
油料产量	吨	12057	74149	51748	48376	68172
棉花产量	吨					
规模以上工业企业	个	73	124	66	86	57
固定电话用户	户	103102	141285	79716	87572	101805
四、教育、卫生和社会保障						
普通中学在校学生	人	14617	49636	36085	24504	44342
小学在校学生	人	19623	55006	47602	30140	51938
医疗卫生机构床位	床	3302	6202	5071	3762	4005
提供住宿的社会工作机构	个	8	89	54	45	42
提供住宿的社会工作机构床位	床	1853	4768	4396	1708	2881

2019年县(市)社会经济主要指标

四川省

指　　标	单位	西充县	阆中市	彭山区	仁寿县	洪雅县
一、基本情况						
行政区域面积	平方公里	1109	1875	467	2608	1898
乡	个	5	4	3	23	3
镇	个	16	19	8	37	12
街道办事处	个	2	5	2		
户籍人口	人	600725	831643	326002	1524690	342808
第二产业从业人员	人	81700	125900	59113	235403	18800
第三产业从业人员	人	150700	256000	71102	265115	44700
二、综合经济						
地区生产总值	万元	1704386	2540111	1780254	4417715	1258546
第一产业增加值	万元	379099	536842	158043	853810	194893
第二产业增加值	万元	578977	850606	821166	1609307	361276
一般公共预算收入	万元		130073		311509	145009
一般公共预算支出	万元	427800	541160	330504	774180	269741
住户储蓄存款余额	万元	1907148	3021186	1901405	5630860	1653271
年末金融机构各项贷款余额	万元	1277578	2160014	1240683	3852110	1140459
三、农业、工业和通讯						
设施农业种植占地面积	公顷	1118	837	142	1460	791
油料产量	吨	42364	46400	10560	44662	11077
棉花产量	吨				12	
规模以上工业企业	个	92	83	131	155	38
固定电话用户	户	42461	79250	57584	183915	73400
四、教育、卫生和社会保障						
普通中学在校学生	人	17682	29141	8635	54623	9647
小学在校学生	人	22905	34129	15212	71480	16455
医疗卫生机构床位	床	4160	4719	2026	7072	1617
提供住宿的社会工作机构	个	53	57	15	66	16
提供住宿的社会工作机构床位	床	4515	5081	1761	8983	870

2019年县(市)社会经济主要指标

四川省

指　　标	单位	丹棱县	青神县	南溪区	叙州区	江安县
一、基本情况						
行政区域面积	平方公里	449	387	677	2572	948
乡	个	2	3		2	
镇	个	5	7	8	12	14
街道办事处	个			3	3	
户籍人口	人	162637	192989	414103	987800	586128
第二产业从业人员	人	24000	36900	77129	167158	89834
第三产业从业人员	人	24500	44100	66525	175987	71568
二、综合经济						
地区生产总值	万元	713473	871019	1792567	4866707	1684583
第一产业增加值	万元	129257	109101	276008	440762	274367
第二产业增加值	万元	250819	352064	831319	2462890	643088
一般公共预算收入	万元	42105		173753		166930
一般公共预算支出	万元	123936	155825	353725	483710	339174
住户储蓄存款余额	万元	867617	926259	1119087	2683514	1324759
年末金融机构各项贷款余额	万元	441424	521417	1196229	2905434	972198
三、农业、工业和通讯						
设施农业种植占地面积	公顷	59	246	6457	5	74
油料产量	吨	7503	7414	10663	44706	11312
棉花产量	吨					
规模以上工业企业	个	42	47	87	133	68
固定电话用户	户	13350	41200	53470	121636	61434
四、教育、卫生和社会保障						
普通中学在校学生	人	4094	4781	23323	49388	23698
小学在校学生	人	7650	8666	26782	68632	34591
医疗卫生机构床位	床	823	1206	1785	8238	2615
提供住宿的社会工作机构	个	5	13	12	20	28
提供住宿的社会工作机构床位	床	420	1100	1322	1188	3009

2019年县(市)社会经济主要指标

四川省

指标	单位	长宁县	高县	珙县	筠连县	兴文县
一、基本情况						
行政区域面积	平方公里	942	1320	1145	1256	1380
乡	个			3	5	4
镇	个	13	13	10	7	8
街道办事处	个					
户籍人口	人	431141	526456	429824	450176	484096
第二产业从业人员	人	58751	73862	68759	55712	53282
第三产业从业人员	人	66570	60959	65067	50025	62894
二、综合经济						
地区生产总值	万元	1705898	1536887	1582665	1334527	1309623
第一产业增加值	万元	285645	251844	222517	243898	233114
第二产业增加值	万元	719061	603834	687665	474872	379649
一般公共预算收入	万元	119687	117435	128402	107804	131090
一般公共预算支出	万元	305211	281332	312594	280002	316640
住户储蓄存款余额	万元	1022230	1121482	967357	773355	840577
年末金融机构各项贷款余额	万元	986967	832451	875561	681955	882276
三、农业、工业和通讯						
设施农业种植占地面积	公顷	346	301	734	24	1395
油料产量	吨	18360	15665	12839	4058	7242
棉花产量	吨					
规模以上工业企业	个	85	57	55	57	76
固定电话用户	户	63504	58863	57728	46233	65006
四、教育、卫生和社会保障						
普通中学在校学生	人	19081	23715	17908	23184	28512
小学在校学生	人	27908	33871	30953	34958	34158
医疗卫生机构床位	床	2282	1836	2537	1782	2925
提供住宿的社会工作机构	个	15	19	16	17	18
提供住宿的社会工作机构床位	床	1211	1308	1481	1300	2710

2019年县(市)社会经济主要指标

四川省

指　　标	单位	屏山县	岳池县	武胜县	邻水县	华蓥市
一、基本情况						
行政区域面积	平方公里	1504	1479	956	1907	464
乡	个	3	21	14	24	1
镇	个	8	22	17	21	9
街道办事处	个					3
户籍人口	人	311470	1153981	815082	1009166	353501
第二产业从业人员	人	38213	90348	106301	120520	60525
第三产业从业人员	人	37807	167598	123855	152006	58212
二、综合经济						
地区生产总值	万元	757001	2512926	2365944	2324605	1675056
第一产业增加值	万元	190784	491642	462378	448719	142877
第二产业增加值	万元	240290	771656	734805	697894	824592
一般公共预算收入	万元	127352	506663		483447	276221
一般公共预算支出	万元	221908	570566	398700	555269	286975
住户储蓄存款余额	万元	831633	3364205	2668006	2653218	1531240
年末金融机构各项贷款余额	万元	768729	1580683	1471016	1351133	1016508
三、农业、工业和通讯						
设施农业种植占地面积	公顷	19600	1194	719	954	212
油料产量	吨	8843	24388	17380	28444	1907
棉花产量	吨					
规模以上工业企业	个	53	84	101	118	107
固定电话用户	户	35289	116161	80934	104952	52788
四、教育、卫生和社会保障						
普通中学在校学生	人	13633	42237	31546	46081	15422
小学在校学生	人	21390	55944	38217	56810	22354
医疗卫生机构床位	床	1426	5026	3528	3564	1513
提供住宿的社会工作机构	个	14	50	39	46	21
提供住宿的社会工作机构床位	床	717	3704	4124	3880	1923

2019年县(市)社会经济主要指标

四川省

指　　标	单位	达川区	宣汉县	开江县	大竹县	渠　县
一、基本情况						
行政区域面积	平方公里	2247	4272	1032	2079	2018
乡	个	25	23	7	21	27
镇	个	29	31	13	27	33
街道办事处	个	2			3	
户籍人口	人	1164896	1278167	579280	1082669	1322827
第二产业从业人员	人	117400	99600	45800	138300	142100
第三产业从业人员	人	245100	314100	151000	220300	275300
二、综合经济						
地区生产总值	万元	3573168	3699090	1420646	3708793	3385618
第一产业增加值	万元	552374	696123	313929	603657	702759
第二产业增加值	万元	1342111	1413637	424829	1433742	1052607
一般公共预算收入	万元	170789	200188	50093	222418	200227
一般公共预算支出	万元	616370	632665	304439	555888	582746
住户储蓄存款余额	万元	2792723	3500001	1848335	3838741	3687419
年末金融机构各项贷款余额	万元	2613530	1798723	973697	2082461	2159512
三、农业、工业和通讯						
设施农业种植占地面积	公顷	2080	2474	310	432	1616
油料产量	吨	63263	92690	40605	46266	64503
棉花产量	吨					
规模以上工业企业	个	120	72	71	135	137
固定电话用户	户	118050	111500	45789	92148	95139
四、教育、卫生和社会保障						
普通中学在校学生	人	67135	68824	27551	57216	51000
小学在校学生	人	61540	90816	32955	62549	63981
医疗卫生机构床位	床	7004	5631	2289	5769	6468
提供住宿的社会工作机构	个	19	37	13	34	72
提供住宿的社会工作机构床位	床	1633	5082	1269	2717	7863

2019年县(市)社会经济主要指标

四川省

指　标	单位	万源市	名山区	荥经县	汉源县	石棉县
一、基本情况						
行政区域面积	平方公里	4053	618	1777	2215	2679
乡	个	29	11	16	20	15
镇	个	23	9	5	10	1
街道办事处	个					1
户籍人口	人	568695	278659	146012	319070	120741
第二产业从业人员	人	34200	40830	38848	33257	10592
第三产业从业人员	人	131800	47617	31873	53677	32329
二、综合经济						
地区生产总值	万元	1312653	982646	745632	1040339	964505
第一产业增加值	万元	336807	289694	126301	224706	126869
第二产业增加值	万元	337362	304455	241730	296478	334892
一般公共预算收入	万元	48810			58341	61207
一般公共预算支出	万元	397122	128767	108930	189223	147249
住户储蓄存款余额	万元	1528461	1235742	732872	1223337	548008
年末金融机构各项贷款余额	万元	1094473	763791	456237	795232	729633
三、农业、工业和通讯						
设施农业种植占地面积	公顷	107	40	80	428	28
油料产量	吨	30445	4040	2907	723	1200
棉花产量	吨					
规模以上工业企业	个	56	67	44	31	46
固定电话用户	户	59147	39178	23583	40010	29908
四、教育、卫生和社会保障						
普通中学在校学生	人	27630	11343	7606	13568	6555
小学在校学生	人	33894	15398	6880	17553	9759
医疗卫生机构床位	床	2871	1657	812	1732	1180
提供住宿的社会工作机构	个	23	12	5	3	6
提供住宿的社会工作机构床位	床	2569	1580	860	720	758

2019年县(市)社会经济主要指标

四川省

指　　标	单位	天全县	芦山县	宝兴县	通江县	南江县
一、基本情况						
行政区域面积	平方公里	2390	1191	3114	4120	3390
乡	个	13	2	6	25	21
镇	个	2	6	3	24	27
街道办事处	个		1			
户籍人口	人	149992	118202	57879	723126	653124
第二产业从业人员	人	22925	24048	11504	74300	68700
第三产业从业人员	人	37554	26080	10653	96800	92500
二、综合经济						
地区生产总值	万元	672644	474217	335647	1339579	1378852
第一产业增加值	万元	117465	92903	59980	277871	244041
第二产业增加值	万元	217744	167868	127424	413976	477474
一般公共预算收入	万元	22539			72396	
一般公共预算支出	万元	120921	96862	84410	526668	490808
住户储蓄存款余额	万元	622368	462162	230365	1855719	2100035
年末金融机构各项贷款余额	万元	676879	368987	234466	1116486	1224020
三、农业、工业和通讯						
设施农业种植占地面积	公顷	174	146	28	805	601
油料产量	吨	2288	1607	265	42430	29557
棉花产量	吨					
规模以上工业企业	个	33	49	39	46	67
固定电话用户	户	22239	17204	10350	46200	79388
四、教育、卫生和社会保障						
普通中学在校学生	人	7768	4814	1771	32679	30261
小学在校学生	人	8560	5888	2594	39333	33219
医疗卫生机构床位	床	1327	466	182	4443	3461
提供住宿的社会工作机构	个	2	3	1	23	15
提供住宿的社会工作机构床位	床	400	520	120	2100	1243

2019年县(市)社会经济主要指标

四川省

指　　标	单位	平昌县	安岳县	乐至县	马尔康市	汶川县
一、基本情况						
行政区域面积	平方公里	2229	2690	1424	6626	4084
乡	个	10	37	8	10	3
镇	个	33	32	17	4	9
街道办事处	个	1				
户籍人口	人	933852	1555834	799374	53674	92476
第二产业从业人员	人	79548	83823	53812	2000	14359
第三产业从业人员	人	108105	154938	93801	20400	18213
二、综合经济						
地区生产总值	万元	1826778	2522855	1871968	400925	726357
第一产业增加值	万元	301189	659661	310033	33773	107845
第二产业增加值	万元	655583	564717	612303	20818	314835
一般公共预算收入	万元	82600	108301	63929	185809	212048
一般公共预算支出	万元	680300	484481	362175	174267	202092
住户储蓄存款余额	万元	2141194	3993109	2494029	320937	421090
年末金融机构各项贷款余额	万元	1426103	1956391	1294330	810798	424489
三、农业、工业和通讯						
设施农业种植占地面积	公顷	2581	270	110	18	4
油料产量	吨	49611	100394	73000	99	577
棉花产量	吨					
规模以上工业企业	个	66	64	65	4	35
固定电话用户	户	103965	148665	61933	24074	22977
四、教育、卫生和社会保障						
普通中学在校学生	人	42952	71972	26071	3809	6121
小学在校学生	人	50807	75869	31136	3598	5248
医疗卫生机构床位	床	4450	7255	3424	808	541
提供住宿的社会工作机构	个	23	51	28	2	25
提供住宿的社会工作机构床位	床	3662	4778	4307	298	616

2019年县(市)社会经济主要指标

四川省

指标	单位	理县	茂县	松潘县	九寨沟县	金川县
一、基本情况						
行政区域面积	平方公里	4318	3897	8342	5288	5355
乡	个	7	12	20	14	19
镇	个	6	9	5	3	3
街道办事处	个					
户籍人口	人	43078	109390	73317	66902	68595
第二产业从业人员	人	3800	10500	2200	5700	3200
第三产业从业人员	人	8400	20100	21600	23900	10100
二、综合经济						
地区生产总值	万元	279788	406009	252538	303318	200496
第一产业增加值	万元	29424	73926	50836	29263	40074
第二产业增加值	万元	76633	159802	26099	50587	13499
一般公共预算收入	万元	133435	201985	213249	283917	178016
一般公共预算支出	万元	129653	190626	200642	268769	170364
住户储蓄存款余额	万元	170088	358662	185679	257212	241340
年末金融机构各项贷款余额	万元	256135	285157	171126	517529	114656
三、农业、工业和通讯						
设施农业种植占地面积	公顷		51	18	74	2
油料产量	吨	11	626	131	171	172
棉花产量	吨					
规模以上工业企业	个	10	19	6	3	3
固定电话用户	户	12937	24757	21483	27696	11703
四、教育、卫生和社会保障						
普通中学在校学生	人	1251	5155	2150	3229	2066
小学在校学生	人	2034	6868	4374	4550	3414
医疗卫生机构床位	床	243	641	353	405	358
提供住宿的社会工作机构	个	1	5	3	2	3
提供住宿的社会工作机构床位	床	180	300	450	200	100

2019年县(市)社会经济主要指标

四川省

指　　标	单位	小金县	黑水县	壤塘县	阿坝县	若尔盖县
一、基本情况						
行政区域面积	平方公里	5565	4142	6640	10125	10326
乡	个	16	14	9	16	13
镇	个	5	3	3	3	4
街道办事处	个					
户籍人口	人	77035	58228	46484	81615	79668
第二产业从业人员	人	2505	2800	2648	1206	1800
第三产业从业人员	人	10676	14400	6429	10103	13300
二、综合经济						
地区生产总值	万元	239581	263947	122015	166025	259044
第一产业增加值	万元	42327	34961	29819	45146	101917
第二产业增加值	万元	46899	84785	6734	10930	14059
一般公共预算收入	万元	163010		2319		194526
一般公共预算支出	万元	157297	150536	180269	205172	186724
住户储蓄存款余额	万元	257889	137883	69117	124290	143561
年末金融机构各项贷款余额	万元	224550	152276	60079	80636	138311
三、农业、工业和通讯						
设施农业种植占地面积	公顷	15	1	9	32	1
油料产量	吨	891		456	1304	819
棉花产量	吨					
规模以上工业企业	个	8	10	1	2	4
固定电话用户	户	17636	9402	4746	10725	11077
四、教育、卫生和社会保障						
普通中学在校学生	人	3327	1580	2080	3975	5897
小学在校学生	人	3911	2446	5801	8560	7528
医疗卫生机构床位	床	382	240	315	541	327
提供住宿的社会工作机构	个	1	1	5	3	2
提供住宿的社会工作机构床位	床	360	228	735	340	250

2019年县(市)社会经济主要指标

四川省

指　　标	单位	红原县	康定市	泸定县	丹巴县	九龙县
一、基本情况						
行政区域面积	平方公里	8296	11486	2165	4656	6765
乡	个	6	14	5	12	16
镇	个	5	5	7	3	2
街道办事处	个		2			
户籍人口	人	48855	106591	86242	57141	64515
第二产业从业人员	人	1445	8200	2490	1302	1657
第三产业从业人员	人	8542	46200	11506	8604	6901
二、综合经济						
地区生产总值	万元	153589	1048472	280080	198094	279266
第一产业增加值	万元	51601	55316	42001	34441	37152
第二产业增加值	万元	9528	380349	69583	45060	125026
一般公共预算收入	万元	146466	45803	21965	11857	20893
一般公共预算支出	万元	141704	224727	155724	152210	140526
住户储蓄存款余额	万元	85980	695057	401132	209976	123427
年末金融机构各项贷款余额	万元	133971	2319759	290176	375044	244825
三、农业、工业和通讯						
设施农业种植占地面积	公顷	30	26	336	6	7
油料产量	吨		115	2263	1059	292
棉花产量	吨					
规模以上工业企业	个	9	18	7	6	13
固定电话用户	户	9087	43136	24020	11428	10180
四、教育、卫生和社会保障						
普通中学在校学生	人	3305	8634	7654	2776	4901
小学在校学生	人	5413	8945	5816	3162	6177
医疗卫生机构床位	床	239	1947	301	310	284
提供住宿的社会工作机构	个	3	5	3	2	3
提供住宿的社会工作机构床位	床	240	555	260	80	200

2019年县(市)社会经济主要指标

四川省

指　　标	单位	雅江县	道孚县	炉霍县	甘孜县	新龙县
一、基本情况						
行政区域面积	平方公里	7570	7053	4601	7303	8570
乡	个	13	18	13	19	16
镇	个	4	4	3	3	3
街道办事处	个	1				
户籍人口	人	48230	55997	47614	64674	51876
第二产业从业人员	人	500	1200	1158	652	570
第三产业从业人员	人	5200	6600	6200	10124	6860
二、综合经济						
地区生产总值	万元	152230	134504	121360	163638	128857
第一产业增加值	万元	28400	29504	28605	46681	36246
第二产业增加值	万元	25020	14945	13073	10573	8727
一般公共预算收入	万元	21353	8106	9792		5289
一般公共预算支出	万元	145295	159074	161551	181652	153333
住户储蓄存款余额	万元	98893	83698	70865	118503	62665
年末金融机构各项贷款余额	万元	80557	31511	234814	66110	44218
三、农业、工业和通讯						
设施农业种植占地面积	公顷	3	13	100	5	10
油料产量	吨	83	2051	3500	2303	1168
棉花产量	吨					
规模以上工业企业	个	1		1	3	
固定电话用户	户	8323	7037	7866	8460	3506
四、教育、卫生和社会保障						
普通中学在校学生	人	2681	2362	3194	5240	2625
小学在校学生	人	4854	4987	6045	7884	5519
医疗卫生机构床位	床	297	312	218	359	212
提供住宿的社会工作机构	个	2	7	2	5	5
提供住宿的社会工作机构床位	床	72	342	304	408	119

2019年县(市)社会经济主要指标

四川省

指　　标	单位	德格县	白玉县	石渠县	色达县	理塘县
一、基本情况						
行政区域面积	平方公里	11025	10386	22381	9332	13997
乡	个	20	13	15	13	22
镇	个	6	4	7	4	2
街道办事处	个					
户籍人口	人	90513	56114	104600	56309	68298
第二产业从业人员	人	1004	304	600	738	300
第三产业从业人员	人	5658	6322	5900	3923	9300
二、综合经济						
地区生产总值	万元	149067	188086	177511	143419	182706
第一产业增加值	万元	47027	35375	48583	47888	47224
第二产业增加值	万元	7618	53089	13373	6291	19974
一般公共预算收入	万元		17320	6536	17549	11019
一般公共预算支出	万元	218287	216901	281088	184277	226560
住户储蓄存款余额	万元	66913	72152	61109	135417	97702
年末金融机构各项贷款余额	万元	51098	307468	62046	70389	249941
三、农业、工业和通讯						
设施农业种植占地面积	公顷	6	17	3	20	60
油料产量	吨		650	595	21	1322
棉花产量	吨					
规模以上工业企业	个		1			3
固定电话用户	户	4971	5803	3650	5450	9242
四、教育、卫生和社会保障						
普通中学在校学生	人	2300	1753	4774	2130	4746
小学在校学生	人	12535	6906	12957	7658	9951
医疗卫生机构床位	床	229	491	253	459	313
提供住宿的社会工作机构	个	8	2	10	7	5
提供住宿的社会工作机构床位	床	252	174	108	856	298

2019年县(市)社会经济主要指标

四川省

指　　标	单位	巴塘县	乡城县	稻城县	得荣县	西昌市
一、基本情况						
行政区域面积	平方公里	7852	5016	7323	2916	2657
乡	个	16	8	10	9	29
镇	个	3	4	4	3	8
街道办事处	个					6
户籍人口	人	51694	29139	31678	25730	690628
第二产业从业人员	人	1530	1047	300	900	115500
第三产业从业人员	人	10922	4536	8200	4600	267400
二、综合经济						
地区生产总值	万元	160614	140204	130201	106329	5673521
第一产业增加值	万元	34637	23420	21917	20752	500724
第二产业增加值	万元	23044	40052	10467	23922	2356391
一般公共预算收入	万元		8819	14602	5006	1027516
一般公共预算支出	万元	164749	116509	141692	148348	959372
住户储蓄存款余额	万元	120559	63458	67800	61379	3452158
年末金融机构各项贷款余额	万元	81128	107187	86949	177997	5883822
三、农业、工业和通讯						
设施农业种植占地面积	公顷	12	21	18	4	6387
油料产量	吨	444	354	776	421	2285
棉花产量	吨					
规模以上工业企业	个	2	7		2	62
固定电话用户	户	8109	4653	9795	3564	184755
四、教育、卫生和社会保障						
普通中学在校学生	人	4694	1362	1436	958	56323
小学在校学生	人	5832	2282	2686	1832	87392
医疗卫生机构床位	床	357	143	190	111	6462
提供住宿的社会工作机构	个	2	10	2	4	3
提供住宿的社会工作机构床位	床	187	331	65	215	206

2019年县(市)社会经济主要指标

四川省

指　　标	单位	木里藏族自治县	盐源县	德昌县	会理县	会东县
一、基本情况						
行政区域面积	平方公里	13223	8412	2284	4518	3227
乡	个	25	20	3	11	7
镇	个	4	10	16	14	13
街道办事处	个				2	
户籍人口	人	138555	386049	218284	460371	427050
第二产业从业人员	人	2886	17646	13025	71000	30333
第三产业从业人员	人	43773	35297	48352	163800	43705
二、综合经济						
地区生产总值	万元	513391	1327573	759698	1633338	1335257
第一产业增加值	万元	75240	470024	216641	497005	478640
第二产业增加值	万元	234405	480205	197301	484855	340675
一般公共预算收入	万元	61936	85385	61777	122058	102442
一般公共预算支出	万元	287335	419632	184493	298430	245999
住户储蓄存款余额	万元	140109	556570	501185	1300832	837778
年末金融机构各项贷款余额	万元	224383	292835	411241	737767	378281
三、农业、工业和通讯						
设施农业种植占地面积	公顷	125	16	385	7	269
油料产量	吨	199	596	758	2666	13131
棉花产量	吨					
规模以上工业企业	个	5	23	30	46	20
固定电话用户	户	9681	23103	53875	62397	50182
四、教育、卫生和社会保障						
普通中学在校学生	人	7391	20145	13372	14932	29355
小学在校学生	人	12052	34671	21804	29224	33616
医疗卫生机构床位	床	634	1571	1383	2189	1732
提供住宿的社会工作机构	个	2	4	4	8	2
提供住宿的社会工作机构床位	床	280	615	550	1811	776

2019年县(市)社会经济主要指标

四川省

指　标	单位	宁南县	普格县	布拖县	金阳县	昭觉县
一、基本情况						
行政区域面积	平方公里	1670	1905	1684	1587	2702
乡	个	9	31	27	30	46
镇	个	16	3	3	4	1
街道办事处	个					
户籍人口	人	200369	218199	214967	212709	340672
第二产业从业人员	人	9000	11631	2863	6699	12311
第三产业从业人员	人	24800	18652	11800	19665	35541
二、综合经济						
地区生产总值	万元	629167	324647	331805	392329	391951
第一产业增加值	万元	208833	99332	108502	90179	124902
第二产业增加值	万元	146512	59568	53268	107830	48534
一般公共预算收入	万元	62461	23215	12464		14746
一般公共预算支出	万元	173837	308535	440710	425386	636759
住户储蓄存款余额	万元	435202	217034	180118	186875	313151
年末金融机构各项贷款余额	万元	177587	108003	80775	78062	129608
三、农业、工业和通讯						
设施农业种植占地面积	公顷	52	91	8	10	91
油料产量	吨	1067	219	112	201	
棉花产量	吨					
规模以上工业企业	个	11	4	3	1	9
固定电话用户	户	23354	7001	7259	9465	15618
四、教育、卫生和社会保障						
普通中学在校学生	人	11461	14117	6516	10034	17444
小学在校学生	人	18286	32722	35958	30634	49941
医疗卫生机构床位	床	1401	381	708	1053	1059
提供住宿的社会工作机构	个	2	1	2	1	2
提供住宿的社会工作机构床位	床	202	199	534	968	217

2019年县(市)社会经济主要指标

四川省

指　标	单位	喜德县	冕宁县	越西县	甘洛县	美姑县
一、基本情况						
行政区域面积	平方公里	2271	4422	2257	2156	2515
乡	个	17	22	28	21	35
镇	个	7	16	10	7	1
街道办事处	个					
户籍人口	人	232577	404599	374193	235643	278872
第二产业从业人员	人	19953	28900	30100	15346	10029
第三产业从业人员	人	51800	68600	75900	34304	29639
二、综合经济						
地区生产总值	万元	310291	1158650	525727	395543	359080
第一产业增加值	万元	83343	251168	136779	78453	117017
第二产业增加值	万元	36451	480952	86105	125323	47020
一般公共预算收入	万元	17843	124779	31466	21201	9251
一般公共预算支出	万元	315346	243453	346280	296315	583295
住户储蓄存款余额	万元	250223	771859	555871	324655	233133
年末金融机构各项贷款余额	万元	115850	443643	225045	104079	98267
三、农业、工业和通讯						
设施农业种植占地面积	公顷	107	54	56	43	3
油料产量	吨	232	3125	5535	1156	23
棉花产量	吨					
规模以上工业企业	个	7	28	6	14	4
固定电话用户	户	9253	43870	15920	18158	8931
四、教育、卫生和社会保障						
普通中学在校学生	人	11179	19149	16602	11059	12188
小学在校学生	人	28753	44225	53469	26972	41984
医疗卫生机构床位	床	778	2005	5468	1014	1255
提供住宿的社会工作机构	个	1	2	2	2	
提供住宿的社会工作机构床位	床	176	498	1	170	

2019年县(市)社会经济主要指标

四川省、贵州省

指　　标	单位	雷波县	开阳县	息烽县	修文县	清镇市
一、基本情况						
行政区域面积	平方公里	2838	2023	1037	1076	1387
乡	个	43	8	1	1	3
镇	个	5	8	9	9	6
街道办事处	个					
户籍人口	人	284174	455783	276391	331206	546757
第二产业从业人员	人	13552	45400	22983		76400
第三产业从业人员	人	40446	49500	62725		122100
二、综合经济						
地区生产总值	万元	701027	2204361	1380493	1757000	2634262
第一产业增加值	万元	139821	376558	211004	268500	301493
第二产业增加值	万元	312500	845876	464661	852600	1101554
一般公共预算收入	万元	85610	87784	48489	77974	178113
一般公共预算支出	万元	394847	314098	245589	266460	421971
住户储蓄存款余额	万元	420970	806217	596886	753500	1352700
年末金融机构各项贷款余额	万元	171431	1694021	1148245	2075800	3302300
三、农业、工业和通讯						
设施农业种植占地面积	公顷	52	667	110	42	435
油料产量	吨	1528	16060	448	7304	13369
棉花产量	吨					
规模以上工业企业	个	10	73	45	91	105
固定电话用户	户	25129	27600	13000	131619	
四、教育、卫生和社会保障						
普通中学在校学生	人	15912	15662	12279	15111	30133
小学在校学生	人	33612	29596	20455	28487	50446
医疗卫生机构床位	床	941	1820	1430	1510	2712
提供住宿的社会工作机构	个	1	99	9	9	11
提供住宿的社会工作机构床位	床	280	1372	1123	1080	1713

2019年县(市)社会经济主要指标

贵州省

指　　标	单位	六枝特区	水城县	盘州市	播州区	桐梓县
一、基本情况						
行政区域面积	平方公里	1800	3603	4056	2488	3208
乡	个	6	13	7	2	3
镇	个	9	13	14	17	20
街道办事处	个	3	4	6	5	2
户籍人口	人	750706	980717	1305666	882293	747663
第二产业从业人员	人	65342	50795	238491	115328	106513
第三产业从业人员	人	168214	147656	252481	235787	169542
二、综合经济						
地区生产总值	万元	1245831	3099782	5352100	3288910	1488200
第一产业增加值	万元	397541	440074	639900	518430	360600
第二产业增加值	万元	237095	1815366	2755700	1412500	428200
一般公共预算收入	万元	50410	127559	457324	146420	68300
一般公共预算支出	万元	378720	631441	1122155	488204	499100
住户储蓄存款余额	万元	1085455		2586187		1482900
年末金融机构各项贷款余额	万元	1812554	3262800	3844522		1843800
三、农业、工业和通讯						
设施农业种植占地面积	公顷		147	144	934	27
油料产量	吨	16267	3649	10833	52948	15179
棉花产量	吨					
规模以上工业企业	个	28	131	197	121	41
固定电话用户	户	13300	21500	10032	35269	21100
四、教育、卫生和社会保障						
普通中学在校学生	人	43785	54158	60752	46814	36943
小学在校学生	人	69783	72986	97139	67216	54513
医疗卫生机构床位	床	3739	3506	6961	4161	2279
提供住宿的社会工作机构	个	17	31	29	23	38
提供住宿的社会工作机构床位	床	982	4355	3241	2410	6854

2019年县(市)社会经济主要指标

贵州省

指　　标	单位	绥阳县	正安县	道真仡佬族苗族自治县	务川仡佬族苗族自治县	凤冈县
一、基本情况						
行政区域面积	平方公里	2546	2590	2156	2774	1885
乡	个	2	2	3	2	1
镇	个	12	16	11	11	13
街道办事处	个	1	2		3	
户籍人口	人	568020	664553	355073	480269	450880
第二产业从业人员	人	58900	95768	41520	81123	37959
第三产业从业人员	人	114500	184034	41825	80518	75922
二、综合经济						
地区生产总值	万元	994800	1135617	731291	774378	766446
第一产业增加值	万元	372400	306351	238191	245120	267745
第二产业增加值	万元	149100	187400	133300	116900	134200
一般公共预算收入	万元	48900	68720	30045	58693	32557
一般公共预算支出	万元	30219	533772	266215	373418	301993
住户储蓄存款余额	万元	1120790	1140871	854000	901302	836151
年末金融机构各项贷款余额	万元	1300464	2067116	968400	1284559	1264674
三、农业、工业和通讯						
设施农业种植占地面积	公顷	379	81	63	86	3222
油料产量	吨	19822	14188	10404	14238	16567
棉花产量	吨					
规模以上工业企业	个	37	73	52	25	27
固定电话用户	户	15890	14314	12500	12258	10214
四、教育、卫生和社会保障						
普通中学在校学生	人	30530	20849	21117	28950	24755
小学在校学生	人	36126	39796	23376	31496	29056
医疗卫生机构床位	床	2484	3183	1243	2848	2438
提供住宿的社会工作机构	个	16	20	14	13	15
提供住宿的社会工作机构床位	床	1786	3383	734	836	970

2019年县(市)社会经济主要指标

贵州省

指　标	单位	湄潭县	余庆县	习水县	赤水市	仁怀市
一、基本情况						
行政区域面积	平方公里	1866	1622	3128	1852	1788
乡	个		1	2	3	1
镇	个	12	8	20	11	14
街道办事处	个	3	1	4	3	5
户籍人口	人	514060	309817	780354	318944	733066
第二产业从业人员	人	69885	19411	102421	36352	140250
第三产业从业人员	人	118751	112975	165843	71201	132550
二、综合经济						
地区生产总值	万元	1100504	768665	1867544	1005500	12970432
第一产业增加值	万元	321680	213613	336044	196500	307254
第二产业增加值	万元	257600	196700	809900	370500	9453400
一般公共预算收入	万元	47230	35554	125600	62200	722664
一般公共预算支出	万元	309897	229774	546500	346400	836415
住户储蓄存款余额	万元	1302805	820588	1307508	1162700	2412039
年末金融机构各项贷款余额	万元	1800702	1141188	2407400	1606600	3250188
三、农业、工业和通讯						
设施农业种植占地面积	公顷	54	164	722	107	
油料产量	吨	19924	9082	9407	884	10888
棉花产量	吨					
规模以上工业企业	个	87	27	47	63	89
固定电话用户	户	17545	12316	13000	39117	31800
四、教育、卫生和社会保障						
普通中学在校学生	人	29690	18782	40354	19422	37542
小学在校学生	人	32283	22517	64914	22576	57604
医疗卫生机构床位	床	2155	1791	3440	2544	2620
提供住宿的社会工作机构	个	17	4	27	19	20
提供住宿的社会工作机构床位	床	1033	341	1751	1822	2450

2019年县(市)社会经济主要指标

贵州省

指　标	单位	平坝区	普定县	镇宁布依族苗族自治县	关岭布依族苗族自治县	紫云苗族布依族自治县
一、基本情况						
行政区域面积	平方公里	999	1092	1717	1464	2284
乡	个	2	3	3	1	2
镇	个	7	6	8	9	8
街道办事处	个	2	4	5	4	3
户籍人口	人	388316	518010	414276	410263	410635
第二产业从业人员	人	48637	55010	40200	21009	26800
第三产业从业人员	人	71149	69991	65516	103910	33800
二、综合经济						
地区生产总值	万元	1364800	1327247	1096200	982900	735400
第一产业增加值	万元	216900	227938	250600	243900	239400
第二产业增加值	万元	611900	359163	212600	218400	127700
一般公共预算收入	万元	103000	59557	32382	35516	31941
一般公共预算支出	万元	449000	326216	229940	280271	362120
住户储蓄存款余额	万元	851025	503033	572171	599559	465238
年末金融机构各项贷款余额	万元	1666000	969216	1394700	964193	937661
三、农业、工业和通讯						
设施农业种植占地面积	公顷	469	66	96	1043	445
油料产量	吨	7969	6888	13758	8458	24035
棉花产量	吨					
规模以上工业企业	个	89	34	26	17	16
固定电话用户	户	5700	6005	7050	9029	10832
四、教育、卫生和社会保障						
普通中学在校学生	人	20940	23866	16567	22595	21184
小学在校学生	人	33115	41000	31929	34412	37813
医疗卫生机构床位	床	1585	1866	1370	1068	1076
提供住宿的社会工作机构	个	9	10	16	8	10
提供住宿的社会工作机构床位	床	616	466	1365	958	446

2019年县(市)社会经济主要指标

贵州省

指　　标	单位	七星关区	大方县	黔西县	金沙县	织金县
一、基本情况						
行政区域面积	平方公里	3411	3538	2554	2523	2868
乡	个	8	24	12	7	10
镇	个	27	10	15	14	16
街道办事处	个	12	5	5	5	7
户籍人口	人	1686466	1219026	1014292	708480	1256043
第二产业从业人员	人	157001	77888	93579	42551	137000
第三产业从业人员	人	297964	220344	313950	142573	301500
二、综合经济						
地区生产总值	万元	4692278	2148100	2108400	2261342	2068100
第一产业增加值	万元	850500	457500	408800	384600	419100
第二产业增加值	万元	1079089	547000	687500	965542	678400
一般公共预算收入	万元	282838	65049	105274	167837	109800
一般公共预算支出	万元	1088710	629014	485732	574084	765300
住户储蓄存款余额	万元	2901800	1516589	1360662	1183100	1431975
年末金融机构各项贷款余额	万元	5964900	1985243	2095088	1711400	2119025
三、农业、工业和通讯						
设施农业种植占地面积	公顷	716	1679	767	382	995
油料产量	吨	6815	9321	66596	30588	18038
棉花产量	吨					
规模以上工业企业	个	109	53	63	71	43
固定电话用户	户	43530	59903	46900	28729	15015
四、教育、卫生和社会保障						
普通中学在校学生	人	135792	79313	47932	43145	72024
小学在校学生	人	162057	107852	74067	60707	104389
医疗卫生机构床位	床	8620	5707	4060	3040	5236
提供住宿的社会工作机构	个	33	32	23	20	33
提供住宿的社会工作机构床位	床	1318	2178	1234	1088	1329

2019年县(市)社会经济主要指标

贵州省

指　　标	单位	纳雍县	威宁彝族回族苗族自治县	赫章县	碧江区	万山区
一、基本情况						
行政区域面积	平方公里	2452	6299	3243	1009	840
乡	个	10	5	15	5	6
镇	个	13	30	10	3	1
街道办事处	个	6	4	5	5	4
户籍人口	人	1065846	1566685	927194	333816	172988
第二产业从业人员	人	89668	153140	39753	49500	10472
第三产业从业人员	人	132656	136987	187379	130600	34046
二、综合经济						
地区生产总值	万元	1646235	2662900	1426241	2136544	712500
第一产业增加值	万元	375900	1020700	476500	154778	111100
第二产业增加值	万元	499574	503300	249042	724738	252800
一般公共预算收入	万元	95760	129502	50578	147288	37000
一般公共预算支出	万元	655275	955260	590212	356045	228025
住户储蓄存款余额	万元	963681	1293000	944926	1670131	309935
年末金融机构各项贷款余额	万元	1321100	2199400	1404881	3847623	678900
三、农业、工业和通讯						
设施农业种植占地面积	公顷	242	4113	252	133	1300
油料产量	吨	2135	618	464	7747	6780
棉花产量	吨					
规模以上工业企业	个	73	58	50	89	57
固定电话用户	户	12420	7984	17900	64400	7300
四、教育、卫生和社会保障						
普通中学在校学生	人	66260	131209	63375	42530	14133
小学在校学生	人	96881	160091	90510	43946	14576
医疗卫生机构床位	床	4012	4775	4265	5997	1073
提供住宿的社会工作机构	个	28	38	27	11	10
提供住宿的社会工作机构床位	床	1299	1928	759	1209	588

2019年县(市)社会经济主要指标

贵州省

指　　标	单位	江口县	玉屏侗族自治县	石阡县	思南县	印江土家族苗族自治县
一、基本情况						
行政区域面积	平方公里	1877	524	2173	2231	1968
乡	个	2	1	10	8	1
镇	个	6	3	6	17	13
街道办事处	个	2	4	3	3	3
户籍人口	人	253487	172176	416313	691528	455793
第二产业从业人员	人	22805	24866	21086	88309	65857
第三产业从业人员	人	31076	34332	119527	117176	99892
二、综合经济						
地区生产总值	万元	671261	937637	1084331	1632500	1134600
第一产业增加值	万元	174000	110481	307793	394900	317200
第二产业增加值	万元	130948	409348	195243	411300	225500
一般公共预算收入	万元	18553	42192	26518	43344	30622
一般公共预算支出	万元	241216	295003	326716	539694	367529
住户储蓄存款余额	万元	484785	449191	690169	1089600	894100
年末金融机构各项贷款余额	万元	822988	822270	1228776	1465700	1338725
三、农业、工业和通讯						
设施农业种植占地面积	公顷	664	139	35	229	73
油料产量	吨	12226	16119	26438	29532	15295
棉花产量	吨					
规模以上工业企业	个	5	75	40	72	58
固定电话用户	户	8607	7509	10074	9405	14650
四、教育、卫生和社会保障						
普通中学在校学生	人	12714	9331	24579	50779	28058
小学在校学生	人	17579	15502	23160	44810	31891
医疗卫生机构床位	床	1053	968	2225	3331	2000
提供住宿的社会工作机构	个	14	181	18	23	14
提供住宿的社会工作机构床位	床	761	3607	1250	1136	941

2019年县(市)社会经济主要指标

贵州省

指　　标	单位	德江县	沿河土家族自治县	松桃苗族自治县	兴义市	兴仁市
一、基本情况						
行政区域面积	平方公里	2070	2484	2859	2908	1778
乡	个	8	2	6	3	1
镇	个	11	17	17	17	11
街道办事处	个	2	3	5	12	6
户籍人口	人	547354	697344	732431	933880	573513
第二产业从业人员	人	60108	72236	66920	139224	46873
第三产业从业人员	人	109371	73814	79840	138540	86539
二、综合经济						
地区生产总值	万元	1374000	1234510	1573700	4653800	1824178
第一产业增加值	万元	320100	327494	331100	439900	317746
第二产业增加值	万元	294100	229088	387100	1684700	732030
一般公共预算收入	万元	50025	41352	59094	337889	150020
一般公共预算支出	万元	441194	499159	473115	986407	407025
住户储蓄存款余额	万元	825360	1008678	1082203	3216236	960843
年末金融机构各项贷款余额	万元	1622772	1328517	1688021	6905511	1579984
三、农业、工业和通讯						
设施农业种植占地面积	公顷	426	1021	164	130	217
油料产量	吨	10723	12269	22186	16230	16168
棉花产量	吨					
规模以上工业企业	个	59	32	50	164	85
固定电话用户	户	3105	13600	11500	90050	12000
四、教育、卫生和社会保障						
普通中学在校学生	人	27011	48568	38092	100334	34831
小学在校学生	人	42904	64282	49980	102826	50738
医疗卫生机构床位	床	3446	2496	3497	5529	2291
提供住宿的社会工作机构	个	16	21	29	15	16
提供住宿的社会工作机构床位	床	1144	1240	1322	701	860

2019年县(市)社会经济主要指标

贵州省

指　　标	单位	普安县	晴隆县	贞丰县	望谟县	册亨县
一、基本情况						
行政区域面积	平方公里	1454	1310	1509	3018	2597
乡	个	2	4	3	1	1
镇	个	8	8	9	11	9
街道办事处	个	4	4	5	4	3
户籍人口	人	354226	341866	431897	320892	240349
第二产业从业人员	人	28020	30541	33851	35933	24713
第三产业从业人员	人	20159	37548	79067	62059	23980
二、综合经济						
地区生产总值	万元	937374	822600	1430500	932000	742200
第一产业增加值	万元	204340	208800	292900	269000	214200
第二产业增加值	万元	316922	224100	599100	190100	193500
一般公共预算收入	万元	56705	56923	94284	38624	37151
一般公共预算支出	万元	280398	386702	438900	347286	325121
住户储蓄存款余额	万元	470634	481700	745599	395935	358360
年末金融机构各项贷款余额	万元	988383	493300	870748	908000	519085
三、农业、工业和通讯						
设施农业种植占地面积	公顷	49	87	199	26	6
油料产量	吨	11648	3088	12927	19977	18418
棉花产量	吨					
规模以上工业企业	个	42	19	36	26	27
固定电话用户	户	713	3635	2000	4288	2829
四、教育、卫生和社会保障						
普通中学在校学生	人	15773	18025	28002	15662	13884
小学在校学生	人	26270	28413	36980	24435	21836
医疗卫生机构床位	床	1537	1120	1705	1217	847
提供住宿的社会工作机构	个	14	8	12	18	15
提供住宿的社会工作机构床位	床	340	258	300	880	797

2019年县(市)社会经济主要指标

贵州省

指　　标	单位	安龙县	凯里市	黄平县	施秉县	三穗县
一、基本情况						
行政区域面积	平方公里	2232	1570	1668	1532	1030
乡	个			3	3	2
镇	个	10	11	8	5	7
街道办事处	个	5	7			2
户籍人口	人	493942	578895	390259	178018	231886
第二产业从业人员	人	42137	42310	20642	10267	16155
第三产业从业人员	人	145954	80133	39096	19446	59428
二、综合经济						
地区生产总值	万元	1385276	2719193	650500	335038	470577
第一产业增加值	万元	321852	179828	201300	103395	99038
第二产业增加值	万元	507195	563787	119300	58390	119457
一般公共预算收入	万元	115065	159378	27186	12697	18564
一般公共预算支出	万元	436870	447321	329295	148381	223588
住户储蓄存款余额	万元	891248	2535545	636300	296967	410923
年末金融机构各项贷款余额	万元	1495343	4900789	791869	434558	478526
三、农业、工业和通讯						
设施农业种植占地面积	公顷	831	129	138	127	77
油料产量	吨	9078	4632	4429	4485	2266
棉花产量	吨				7	
规模以上工业企业	个	70	62	5	5	6
固定电话用户	户	10875	54600	4400	4851	3370
四、教育、卫生和社会保障						
普通中学在校学生	人	26502	53334	22250	9188	12433
小学在校学生	人	41818	63126	24089	12973	20079
医疗卫生机构床位	床	1686	7156	1930	708	1574
提供住宿的社会工作机构	个	45	15	2	4	3
提供住宿的社会工作机构床位	床	451	719	200	300	250

2019年县(市)社会经济主要指标

贵州省

指 标	单位	镇远县	岑巩县	天柱县	锦屏县	剑河县
一、基本情况						
行政区域面积	平方公里	1890	1490	2178	1619	2180
乡	个	4	2	2	8	1
镇	个	8	9	11	7	11
街道办事处	个		1	3		1
户籍人口	人	276657	238403	419132	237607	276284
第二产业从业人员	人	20989	13300	23219	28172	14191
第三产业从业人员	人	42083	62800	119427	30977	26876
二、综合经济						
地区生产总值	万元	585900	555390	768929	565876	548212
第一产业增加值	万元	151151	100748	200276	98816	133703
第二产业增加值	万元	121377	172296	189515	223918	112842
一般公共预算收入	万元	26804	23368	31266	20836	20838
一般公共预算支出	万元	170921	228939	330844	248504	294616
住户储蓄存款余额	万元	473208	418275	834253	515731	532268
年末金融机构各项贷款余额	万元	648904	632402	768661	627544	580728
三、农业、工业和通讯						
设施农业种植占地面积	公顷	29	3	26	179	298
油料产量	吨	8692	10245	22263	8276	3987
棉花产量	吨				5	10
规模以上工业企业	个	18	24	16	19	7
固定电话用户	户	7282	4860	8820	6489	4017
四、教育、卫生和社会保障						
普通中学在校学生	人	8525	15935	19373	12040	15760
小学在校学生	人	19865	18593	29845	16322	23152
医疗卫生机构床位	床	1020	1107	1630	1152	1468
提供住宿的社会工作机构	个	7	7	13	9	4
提供住宿的社会工作机构床位	床	302	546	670	524	360

2019年县(市)社会经济主要指标

贵州省

指　　标	单位	台江县	黎平县	榕江县	从江县	雷山县
一、基本情况						
行政区域面积	平方公里	1078	4458	3296	3225	1204
乡	个	3	9	10	7	3
镇	个	4	14	9	12	5
街道办事处	个	2	3	1		1
户籍人口	人	173987	571775	379923	385340	163912
第二产业从业人员	人	16503	38223	21053	22801	6380
第三产业从业人员	人	37032	41330	82011	43183	32450
二、综合经济						
地区生产总值	万元	425559	924715	791316	684581	403716
第一产业增加值	万元	82989	220675	197859	199241	85162
第二产业增加值	万元	166962	213837	150594	104809	66895
一般公共预算收入	万元	18194	27849	32418	22199	16203
一般公共预算支出	万元	178316	358883	378866	419202	185288
住户储蓄存款余额	万元	304996	878847	637037	468394	322822
年末金融机构各项贷款余额	万元	517637	1058380	996216	611708	433086
三、农业、工业和通讯						
设施农业种植占地面积	公顷	126	116	110	37	9
油料产量	吨	2923	23954	9732	13791	774
棉花产量	吨	5	241	34	106	
规模以上工业企业	个	14	16	20	17	5
固定电话用户	户	726	12604	6531	13052	12848
四、教育、卫生和社会保障						
普通中学在校学生	人	10381	28120	20569	22573	8824
小学在校学生	人	14089	44174	32680	32252	12336
医疗卫生机构床位	床	634	2943	1685	1476	982
提供住宿的社会工作机构	个	7	21	15	20	4
提供住宿的社会工作机构床位	床	400	472	1126	1061	209

2019年县(市)社会经济主要指标

贵州省

指　　标	单位	麻江县	丹寨县	都匀市	福泉市	荔波县
一、基本情况						
行政区域面积	平方公里	957	942	2285	1692	2415
乡	个	1	2	1	1	2
镇	个	4	4	4	5	5
街道办事处	个	2		5	2	1
户籍人口	人	169929	177619	508700	340020	184580
第二产业从业人员	人	12356	9466	37600	36726	8600
第三产业从业人员	人	39125	50412	107700	53027	19600
二、综合经济						
地区生产总值	万元	409411	391381	2135946	1832932	702252
第一产业增加值	万元	97086	86039	193936	174119	110276
第二产业增加值	万元	71833	82631	392447	937714	126802
一般公共预算收入	万元	11322	12608	169077	105313	35095
一般公共预算支出	万元	165177	148940	393054	307378	219863
住户储蓄存款余额	万元	400928	331988	2134926	808256	468911
年末金融机构各项贷款余额	万元	541363	377585	4657411	1937628	862523
三、农业、工业和通讯						
设施农业种植占地面积	公顷	120	46	41	116	47
油料产量	吨	4972	1424	10599	12333	5273
棉花产量	吨					
规模以上工业企业	个	6	10	57	131	27
固定电话用户	户	9500	4134	42367	12600	16259
四、教育、卫生和社会保障						
普通中学在校学生	人	8207	11266	29056	14286	10111
小学在校学生	人	11909	15528	35662	29302	14454
医疗卫生机构床位	床	905	921	4377	2031	941
提供住宿的社会工作机构	个	3	5	11	6	6
提供住宿的社会工作机构床位	床	125	610	1212	763	753

2019年县(市)社会经济主要指标

贵州省

指　　标	单位	贵定县	瓮安县	独山县	平塘县	罗甸县
一、基本情况						
行政区域面积	平方公里	1627	1963	2477	2805	3013
乡	个		1		1	1
镇	个	6	10	8	9	8
街道办事处	个	2	2		1	1
户籍人口	人	302283	497037	357777	337012	365308
第二产业从业人员	人	23200	41400	17242	22000	19820
第三产业从业人员	人	42300	55900	30458	32100	24680
二、综合经济						
地区生产总值	万元	1175066	1464443	1257416	860949	756800
第一产业增加值	万元	136037	286620	212946	232445	188500
第二产业增加值	万元	602098	462825	513561	175565	231000
一般公共预算收入	万元	66614	110119	46965	29250	43435
一般公共预算支出	万元	242670	342278	276800	297545	321362
住户储蓄存款余额	万元	602327	1168376	693431	478804	492516
年末金融机构各项贷款余额	万元	880088	1830712	1214513	1166508	894273
三、农业、工业和通讯						
设施农业种植占地面积	公顷	122	127	276	11	136
油料产量	吨	8468	15618	9197	9317	4364
棉花产量	吨					
规模以上工业企业	个	72	83	103	47	32
固定电话用户	户	7575	12148	8833	7895	5765
四、教育、卫生和社会保障						
普通中学在校学生	人	14642	26552	17371	12488	21757
小学在校学生	人	22059	40374	23349	23439	30349
医疗卫生机构床位	床	1310	2780	1513	1106	1707
提供住宿的社会工作机构	个	13	9	10	7	9
提供住宿的社会工作机构床位	床	215	1036	1200	559	900

2019年县(市)社会经济主要指标

贵州省、云南省

指　　标	单位	长顺县	龙里县	惠水县	三都水族自治县	呈贡区
一、基本情况						
行政区域面积	平方公里	1549	1521	2472	2376	510
乡	个	1				
镇	个	5	5	8	6	
街道办事处	个	1	1	3	1	10
户籍人口	人	273393	242262	476899	381283	220371
第二产业从业人员	人	8600	16300	35853	15300	23869
第三产业从业人员	人	16200	21900	117174	30300	61489
二、综合经济						
地区生产总值	万元	797156	2012816	1342802	841775	4767852
第一产业增加值	万元	155863	119585	275576	219496	57991
第二产业增加值	万元	275570	1091002	506233	232795	1926184
一般公共预算收入	万元	34203	136475	68226	27425	354503
一般公共预算支出	万元	241075	332267	350458	331091	653083
住户储蓄存款余额	万元	367243	834011	670400	594550	2750755
年末金融机构各项贷款余额	万元	1053535	1506828	1045227	1051349	3340979
三、农业、工业和通讯						
设施农业种植占地面积	公顷	138	132	880	24	998
油料产量	吨	7596	7729	7618	11551	
棉花产量	吨					
规模以上工业企业	个	72	156	122	37	130
固定电话用户	户	5100	9150	17825	9915	59687
四、教育、卫生和社会保障						
普通中学在校学生	人	13342	12689	27685	16799	22744
小学在校学生	人	21632	21332	37701	35353	23281
医疗卫生机构床位	床	1673	1176	1778	1390	881
提供住宿的社会工作机构	个	10	7	13	11	7
提供住宿的社会工作机构床位	床	1370	785	1155	826	352

2019年县(市)社会经济主要指标

云南省

指　　标	单位	晋宁区	富民县	宜良县	石林彝族自治县	嵩明县
一、基本情况						
行政区域面积	平方公里	1337	994	1914	1701	831
乡	个	2		2	1	
镇	个	4	5	4	3	3
街道办事处	个	2	2	3	3	2
户籍人口	人	287881	153708	436259	254781	311518
第二产业从业人员	人	33855	19650	66665	9435	39341
第三产业从业人员	人	67029	16059	72457	27024	49702
二、综合经济						
地区生产总值	万元	1863663	1000092	2043530	1153594	1466796
第一产业增加值	万元	293032	138099	594536	265952	207462
第二产业增加值	万元	414521	412465	461647	205752	425532
一般公共预算收入	万元	153515	58035	85869	68873	121169
一般公共预算支出	万元	293566	144279	226604	206518	283818
住户储蓄存款余额	万元	1419256	639656	1756992	800749	1307306
年末金融机构各项贷款余额	万元	1063594	519014	1185116	687252	1053809
三、农业、工业和通讯						
设施农业种植占地面积	公顷	4448	285	1090	1043	981
油料产量	吨	1208	992	548	493	15
棉花产量	吨					
规模以上工业企业	个	108	55	86	34	91
固定电话用户	户	13100	5516	11200	15350	13105
四、教育、卫生和社会保障						
普通中学在校学生	人	12498	6546	20379	14268	16360
小学在校学生	人	19679	11811	29531	16653	24348
医疗卫生机构床位	床	2101	918	3610	1704	1901
提供住宿的社会工作机构	个	4	1	5	9	5
提供住宿的社会工作机构床位	床	2674	150	653	251	430

2019年县(市)社会经济主要指标

云南省

指　　标	单位	禄劝彝族苗族自治县	寻甸回族彝族自治县	安宁市	沾益区	马龙区
一、基本情况						
行政区域面积	平方公里	4240	3588	1301	2815	1614
乡	个	6	4		5	3
镇	个	9	9		2	2
街道办事处	个	1	3	9	4	5
户籍人口	人	489858	575297	282703	442763	213550
第二产业从业人员	人	50185	49972	59722	46120	5396
第三产业从业人员	人	40567	71249	89478	44568	9364
二、综合经济						
地区生产总值	万元	1323797	1330301	5751400	2759868	801726
第一产业增加值	万元	348794	314656	181097	485525	130272
第二产业增加值	万元	177020	201729	3625318	1112800	353833
一般公共预算收入	万元	78626	65429	471386	110086	60864
一般公共预算支出	万元	446961	416883	504948	273800	197405
住户储蓄存款余额	万元	818846	1114095	2390926	679025	513528
年末金融机构各项贷款余额	万元	1114751	1079895	3819503	887590	589880
三、农业、工业和通讯						
设施农业种植占地面积	公顷	115	2159	1364	163	112
油料产量	吨	3752	3021	2596	747	1705
棉花产量	吨					
规模以上工业企业	个	20	40	104	87	40
固定电话用户	户	7822	14390	25897	7425	3982
四、教育、卫生和社会保障						
普通中学在校学生	人	14836	33466	18123	30025	14504
小学在校学生	人	25274	34334	23755	42158	12218
医疗卫生机构床位	床	2631	2970	4404	1250	890
提供住宿的社会工作机构	个	7	4	5	11	6
提供住宿的社会工作机构床位	床	750	308	1200	300	403

2019年县(市)社会经济主要指标

云南省

指　标	单位	陆良县	师宗县	罗平县	富源县	会泽县
一、基本情况						
行政区域面积	平方公里	1989	2784	3015	3251	5884
乡	个	2	3	6	1	13
镇	个	7	4	4	9	7
街道办事处	个	2	3	3	2	3
户籍人口	人	697322	438920	655129	834968	1067839
第二产业从业人员	人	40889			156328	28735
第三产业从业人员	人	101124			119422	190122
二、综合经济						
地区生产总值	万元	2335524	1518244	2452949	2191817	2477505
第一产业增加值	万元	701143	395871	580581	461382	585495
第二产业增加值	万元	672735	477693	764094	873594	789083
一般公共预算收入	万元	92617	68809	89344	131407	140578
一般公共预算支出	万元	389595	312022	349378	478777	1079166
住户储蓄存款余额	万元	1484998	758947	1026709	1273562	1317975
年末金融机构各项贷款余额	万元	1237421	823064	1047277	1219788	1378907
三、农业、工业和通讯						
设施农业种植占地面积	公顷	507	38	70	608	851
油料产量	吨	1728	35188	142895	15296	2138
棉花产量	吨					
规模以上工业企业	个	63	34	47	100	45
固定电话用户	户	23613	9100	11372	12000	23821
四、教育、卫生和社会保障						
普通中学在校学生	人	40240	27819	38836	52433	66840
小学在校学生	人	51921	43818	56921	72795	70771
医疗卫生机构床位	床	2808	2363	3203	3706	6031
提供住宿的社会工作机构	个	14	7	35	11	30
提供住宿的社会工作机构床位	床	1080	930	1140	790	2468

2019年县(市)社会经济主要指标

云南省

指　　标	单位	宣威市	江川区	澄江县	通海县	华宁县
一、基本情况						
行政区域面积	平方公里	6053	850	773	740	1313
乡	个	7	2		3	1
镇	个	13	4	4	4	3
街道办事处	个	9	1	2	2	1
户籍人口	人	1547961	286300	174118	292080	213635
第二产业从业人员	人	154905	42992	13260	22891	17714
第三产业从业人员	人	130257	39439	29934	24906	47001
二、综合经济						
地区生产总值	万元	3602245	1339362	1397636	1567739	1150327
第一产业增加值	万元	730639	216189	124873	220946	240369
第二产业增加值	万元	1102898	429749	321467	401300	236831
一般公共预算收入	万元	151236	53681	92199	39539	31537
一般公共预算支出	万元	1062379	207226	361034	184970	174149
住户储蓄存款余额	万元	2811468	1018213	820570	1237686	608939
年末金融机构各项贷款余额	万元	1901375	1212281	932120	953691	578457
三、农业、工业和通讯						
设施农业种植占地面积	公顷	6667	1157		564	53
油料产量	吨	355	9078	5852	1321	2805
棉花产量	吨					
规模以上工业企业	个	112	46	23	76	29
固定电话用户	户	23100	6272	6257	10520	5430
四、教育、卫生和社会保障						
普通中学在校学生	人	105000	12725	6983	14656	10582
小学在校学生	人	114026	15267	11025	21101	12763
医疗卫生机构床位	床	7115	854	636	1367	793
提供住宿的社会工作机构	个	12	34	5	6	4
提供住宿的社会工作机构床位	床	1726	970	161	261	237

2019年县(市)社会经济主要指标

云南省

指　　标	单位	易门县	峨山彝族自治县	新平彝族傣族自治县	元江哈尼族彝族傣族自治县	施甸县
一、基本情况						
行政区域面积	平方公里	1527	1972	4223	2858	2009
乡	个	4	3	6	5	8
镇	个	1	3	4	2	5
街道办事处	个	2	2	2	3	
户籍人口	人	165380	155946	280353	211522	348159
第二产业从业人员	人	23178	10493	17949	8190	27891
第三产业从业人员	人	19446	17472	34595	19759	23957
二、综合经济						
地区生产总值	万元	1363727	1125492	1972186	1170352	904965
第一产业增加值	万元	147399	153144	264477	257497	208101
第二产业增加值	万元	587543	315787	802430	343318	308287
一般公共预算收入	万元	68331	38185	130156	45155	61320
一般公共预算支出	万元	203196	174708	365060	205268	328856
住户储蓄存款余额	万元	596115	510376	691416	449501	696685
年末金融机构各项贷款余额	万元	598696	518384	883201	573197	810298
三、农业、工业和通讯						
设施农业种植占地面积	公顷	244	1	606		326
油料产量	吨	2223	8195	1504	3452	2342
棉花产量	吨					
规模以上工业企业	个	54	30	31	24	27
固定电话用户	户	4884	5260	6700	5697	7303
四、教育、卫生和社会保障						
普通中学在校学生	人	8045	4908	12742	10282	15324
小学在校学生	人	7926	8099	17478	15868	23611
医疗卫生机构床位	床	955	763	1438	893	2085
提供住宿的社会工作机构	个	7	5	12	9	4
提供住宿的社会工作机构床位	床	262	298	935	185	130

2019年县(市)社会经济主要指标

云南省

指　　标	单位	龙陵县	昌宁县	腾冲市	昭阳区	鲁甸县
一、基本情况						
行政区域面积	平方公里	2884	3888	5845	2193	1484
乡	个	5	4	7	7	2
镇	个	5	9	11	10	10
街道办事处	个				3	
户籍人口	人	305244	355427	688984	960316	479158
第二产业从业人员	人	17667	19808	41734	129235	22848
第三产业从业人员	人	27742	29919	71370	142714	24150
二、综合经济						
地区生产总值	万元	1084637	1477923	2527299	3384823	762392
第一产业增加值	万元	265106	446176	468859	352362	153838
第二产业增加值	万元	461946	559436	992160	1509403	290039
一般公共预算收入	万元	65271	64205	189602	140355	47891
一般公共预算支出	万元	324923	334060	763588	853644	426252
住户储蓄存款余额	万元	730381	638440	2201525	2501847	462502
年末金融机构各项贷款余额	万元	674214	940722	2621570	4253022	484742
三、农业、工业和通讯						
设施农业种植占地面积	公顷	5	1523	168	137	2875
油料产量	吨	873	6200	50103	92	1014
棉花产量	吨					
规模以上工业企业	个	39	54	57	26	14
固定电话用户	户	4572	8313	23090	118042	4562
四、教育、卫生和社会保障						
普通中学在校学生	人	16807	18529	51203	66973	30645
小学在校学生	人	26077	21304	52911	84652	42046
医疗卫生机构床位	床	1135	1626	3878	6581	1492
提供住宿的社会工作机构	个	8	5	14	3	9
提供住宿的社会工作机构床位	床	638	541	1090	876	510

2019年县(市)社会经济主要指标

云南省

指　　标	单位	巧家县	盐津县	大关县	永善县	绥江县
一、基本情况						
行政区域面积	平方公里	3197	2092	1721	2778	749
乡	个	4	4	1	7	
镇	个	12	6	8	8	5
街道办事处	个					
户籍人口	人	624429	398524	290982	481762	171123
第二产业从业人员	人	23016	61534	13619	35609	51584
第三产业从业人员	人	60734	45836	45180	47352	7863
二、综合经济						
地区生产总值	万元	905652	527626	380748	1282892	354487
第一产业增加值	万元	289548	123548	90464	179281	52818
第二产业增加值	万元	238115	111894	75015	757052	111136
一般公共预算收入	万元	50006	17246	12554	75747	30107
一般公共预算支出	万元	513240	377819	368368	626000	206051
住户储蓄存款余额	万元	796147	541633	369872	832718	478202
年末金融机构各项贷款余额	万元	786300	316274	280508	587900	278645
三、农业、工业和通讯						
设施农业种植占地面积	公顷	242	22	129	1704	79
油料产量	吨	992	7873	562	6666	1257
棉花产量	吨					
规模以上工业企业	个	7	9	4	6	3
固定电话用户	户	5317	3816	7410	6979	3378
四、教育、卫生和社会保障						
普通中学在校学生	人	36033	24244	14988	28523	5064
小学在校学生	人	45897	28263	19004	35489	11412
医疗卫生机构床位	床	2351	1769	1032	2101	978
提供住宿的社会工作机构	个	9	5	3	6	2
提供住宿的社会工作机构床位	床	1288	1058	680	650	380

2019年县(市)社会经济主要指标

云南省

指　　标	单位	镇雄县	彝良县	威信县	水富市	玉龙纳西族自治县
一、基本情况						
行政区域面积	平方公里	3696	2799	1400	440	6200
乡	个	7	5	3		9
镇	个	20	10	7	3	7
街道办事处	个	3			1	
户籍人口	人	1692378	631538	454169	108210	225275
第二产业从业人员	人	125236	14240	32420	11130	8326
第三产业从业人员	人	176007	74858	41205	3820	61020
二、综合经济						
地区生产总值	万元	2009911	954157	636317	733674	831041
第一产业增加值	万元	336604	265567	98189	29526	151872
第二产业增加值	万元	532595	298724	167434	498875	283900
一般公共预算收入	万元	79092	50672	25050	36829	71618
一般公共预算支出	万元	1322889	731677	318118	151079	277363
住户储蓄存款余额	万元	1675914	696117	716429	389175	476914
年末金融机构各项贷款余额	万元	1582299	590541	598735	744566	533334
三、农业、工业和通讯						
设施农业种植占地面积	公顷	81	3	63	3	50
油料产量	吨	5866	5474	4891	729	5295
棉花产量	吨					
规模以上工业企业	个	35	12	11	11	11
固定电话用户	户	16745	6550	5292	11049	5376
四、教育、卫生和社会保障						
普通中学在校学生	人	125617	36510	26376	11571	7916
小学在校学生	人	157141	56712	38249	8483	11977
医疗卫生机构床位	床	7668	1728	2307	964	1023
提供住宿的社会工作机构	个	11	6	13	2	5
提供住宿的社会工作机构床位	床	1450	659	388	314	442

2019年县(市)社会经济主要指标

云南省

指　　标	单位	永胜县	华坪县	宁蒗彝族自治县	思茅区	宁洱哈尼族彝族自治县
一、基本情况						
行政区域面积	平方公里	4925	2200	6026	4093	3670
乡	个	6	4	11	2	3
镇	个	9	4	4	5	6
街道办事处	个					
户籍人口	人	406757	162056	280055	241274	191111
第二产业从业人员	人	6703	2491	252	28301	20341
第三产业从业人员	人	11373	8137	10186	45220	45127
二、综合经济						
地区生产总值	万元	964101	622160	582055	2171683	612801
第一产业增加值	万元	230064	86969	102704	186092	147098
第二产业增加值	万元	363448	305405	170378	696536	168438
一般公共预算收入	万元	47787	32993	30762	90849	29577
一般公共预算支出	万元	353471	182524	371065	245901	169379
住户储蓄存款余额	万元	1056149	710802	480268	1570177	465706
年末金融机构各项贷款余额	万元	867299	474837	455721	4087786	421979
三、农业、工业和通讯						
设施农业种植占地面积	公顷	221	136	41	188	
油料产量	吨	4474	1005	153	667	2052
棉花产量	吨					
规模以上工业企业	个	18	24	15	42	19
固定电话用户	户	4715	4290	1956	53760	22600
四、教育、卫生和社会保障						
普通中学在校学生	人	17302	7910	18620	20805	7648
小学在校学生	人	22705	11186	23295	30005	11868
医疗卫生机构床位	床	1496	1184	1173	4822	1191
提供住宿的社会工作机构	个	3	4	5	8	2
提供住宿的社会工作机构床位	床	256	850	178	207	200

2019年县(市)社会经济主要指标

云南省

指　　标	单位	墨江哈尼族自治县	景东彝族自治县	景谷傣族彝族自治县	镇沅彝族哈尼族拉祜族自治县	江城哈尼族彝族自治县
一、基本情况						
行政区域面积	平方公里	5289	4532	7777	4148	3544
乡	个	3	3	4	1	2
镇	个	12	10	6	8	5
街道办事处	个					
户籍人口	人	369683	364931	320343	213816	117945
第二产业从业人员	人	4955	18186	7811	2618	6027
第三产业从业人员	人	10282	28938	11901	7036	5079
二、综合经济						
地区生产总值	万元	785691	996729	1153894	787317	452798
第一产业增加值	万元	207689	307882	341444	246068	114563
第二产业增加值	万元	181506	178867	312952	214136	112667
一般公共预算收入	万元	34947	36446	50060	42124	16443
一般公共预算支出	万元	308156	274499	246641	212151	219249
住户储蓄存款余额	万元	528688	661831	562028	437915	215603
年末金融机构各项贷款余额	万元	670314	623285	562135	499380	302274
三、农业、工业和通讯						
设施农业种植占地面积	公顷	9	113			
油料产量	吨	3013	3149	3254	2926	298
棉花产量	吨	3				
规模以上工业企业	个	12	10	30	12	13
固定电话用户	户	8378	10245	10326	8247	10310
四、教育、卫生和社会保障						
普通中学在校学生	人	14977	15846	14982	10214	4712
小学在校学生	人	22503	23197	23440	14802	9601
医疗卫生机构床位	床	1584	1986	1663	826	509
提供住宿的社会工作机构	个	2	6	8	7	2
提供住宿的社会工作机构床位	床	390	812	548	611	120

2019年县(市)社会经济主要指标

云南省

指　　标	单位	孟连傣族拉祜族佤族自治县	澜沧拉祜族自治县	西盟佤族自治县	临翔区	凤庆县
一、基本情况						
行政区域面积	平方公里	1893	8807	1354	2557	3324
乡	个	2	15	2	7	5
镇	个	4	5	5	1	8
街道办事处	个				2	
户籍人口	人	132414	490339	94979	330071	443807
第二产业从业人员	人	247	6849	15426	6270	2252
第三产业从业人员	人	6117	15831	9185	38849	13248
二、综合经济						
地区生产总值	万元	458705	1099695	233398	1628480	1324417
第一产业增加值	万元	143514	253913	41903	211283	479666
第二产业增加值	万元	61074	344669	41415	372690	326930
一般公共预算收入	万元	14143	48111	6068	85864	59305
一般公共预算支出	万元	167736	566374	168961	348469	365977
住户储蓄存款余额	万元	526516	613912	107203	1016063	593143
年末金融机构各项贷款余额	万元	428383	806840	140366	2209853	968362
三、农业、工业和通讯						
设施农业种植占地面积	公顷	2		25	60	11
油料产量	吨	538	2702	168	14364	2310
棉花产量	吨		1			
规模以上工业企业	个	8	15	3	32	25
固定电话用户	户	5992	10000	4008	20795	12066
四、教育、卫生和社会保障						
普通中学在校学生	人	6342	18422	4175	30124	20509
小学在校学生	人	13192	34581	7303	29053	31200
医疗卫生机构床位	床	635	1838	420	4264	1873
提供住宿的社会工作机构	个	2	7	1	9	10
提供住宿的社会工作机构床位	床	88	344	76	403	850

2019年县(市)社会经济主要指标

云南省

指　　标	单位	云　县	永德县	镇康县	双江拉祜族佤族布朗族傣族自治县	耿马傣族佤族自治县
一、基本情况						
行政区域面积	平方公里	3659	3220	2529	2157	3728
乡	个	5	7	4	4	5
镇	个	7	3	3	2	4
街道办事处	个					
户籍人口	人	442609	364441	185285	177852	298218
第二产业从业人员	人	5397	2117	2718	713	6000
第三产业从业人员	人	14886	11698	9332	7430	11550
二、综合经济						
地区生产总值	万元	1211278	764972	522496	552274	1111586
第一产业增加值	万元	390207	215129	127119	144798	390075
第二产业增加值	万元	343791	190254	157027	143119	300256
一般公共预算收入	万元	54347	29323	32534	29699	45407
一般公共预算支出	万元	343606	282577	214208	238457	309719
住户储蓄存款余额	万元	706489	443072	377497	261056	540323
年末金融机构各项贷款余额	万元	580637	444555	341149	395108	450340
三、农业、工业和通讯						
设施农业种植占地面积	公顷	39	816		111	133
油料产量	吨	2347	1209	211	1830	1973
棉花产量	吨					
规模以上工业企业	个	35	13	18	15	26
固定电话用户	户	7950	13043	2899	8676	16800
四、教育、卫生和社会保障						
普通中学在校学生	人	20267	18615	10270	8363	14323
小学在校学生	人	33723	28844	19041	14167	27994
医疗卫生机构床位	床	1804	1565	1075	690	1519
提供住宿的社会工作机构	个	14	3	4	9	7
提供住宿的社会工作机构床位	床	1234	207	316	485	440

2019年县(市)社会经济主要指标

云南省

指　　标	单位	沧源佤族自治县	楚雄市	双柏县	牟定县	南华县
一、基本情况						
行政区域面积	平方公里	2446	4433	3888	1450	2343
乡	个	6	3	3	3	4
镇	个	4	12	5	4	6
街道办事处	个					
户籍人口	人	171701	540632	152115	203396	242643
第二产业从业人员	人	2075	80104	9206	33621	
第三产业从业人员	人	7396	231095	15224	40656	
二、综合经济						
地区生产总值	万元	477098	4606261	531080	685833	852051
第一产业增加值	万元	131352	340291	137892	154153	197667
第二产业增加值	万元	131460	2264605	172676	279543	289086
一般公共预算收入	万元	32432	254087	33514	38567	54219
一般公共预算支出	万元	250718	541380	172325	178367	219552
住户储蓄存款余额	万元	232357	2449756	349760	457709	503338
年末金融机构各项贷款余额	万元	299240	4055595	346884	430843	567207
三、农业、工业和通讯						
设施农业种植占地面积	公顷	2	544	154	393	78
油料产量	吨	844	11281	2544	9116	5098
棉花产量	吨					
规模以上工业企业	个	11	78	26	26	24
固定电话用户	户	7200	47052	4019	4771	4438
四、教育、卫生和社会保障						
普通中学在校学生	人	7911	40795	6921	7018	10567
小学在校学生	人	14566	36660	7986	8187	14611
医疗卫生机构床位	床	884	6104	648	954	1199
提供住宿的社会工作机构	个	9	18	7	8	12
提供住宿的社会工作机构床位	床	364	597	484	295	415

2019年县(市)社会经济主要指标

云南省

指　　标	单位	姚安县	大姚县	永仁县	元谋县	武定县
一、基本情况						
行政区域面积	平方公里	1699	4031	2150	2026	3322
乡	个	3	4	4	7	4
镇	个	6	8	3	3	7
街道办事处	个					
户籍人口	人	211187	281266	106322	218594	281580
第二产业从业人员	人	25868	29283	10023	9024	32511
第三产业从业人员	人	29910	53057	24001	41143	46788
二、综合经济						
地区生产总值	万元	656830	975667	498962	844938	972334
第一产业增加值	万元	197865	253336	115694	212605	224579
第二产业增加值	万元	182469	365504	150585	254212	305868
一般公共预算收入	万元	33937	58608	35311	35776	64082
一般公共预算支出	万元	196025	244677	155938	199656	333031
住户储蓄存款余额	万元	481419	602686	268246	585917	639410
年末金融机构各项贷款余额	万元	342346	675059	307993	509208	730611
三、农业、工业和通讯						
设施农业种植占地面积	公顷	289	271	290	484	50
油料产量	吨	7317	4014	3020	2148	4837
棉花产量	吨					
规模以上工业企业	个	19	33	19	40	28
固定电话用户	户	4807	6261	3953	7499	5848
四、教育、卫生和社会保障						
普通中学在校学生	人	6744	12767	4230	8884	13146
小学在校学生	人	9058	14681	6195	13972	18467
医疗卫生机构床位	床	1167	1500	569	1132	1621
提供住宿的社会工作机构	个	7	16	8	11	12
提供住宿的社会工作机构床位	床	414	1085	362	703	1237

2019年县(市)社会经济主要指标

云南省

指　　标	单位	禄丰县	个旧市	开远市	蒙自市	弥勒市
一、基本情况						
行政区域面积	平方公里	3536	1587	1950	2228	4004
乡	个	3	2	3	4	2
镇	个	11	7	2	5	10
街道办事处	个		1	2	2	
户籍人口	人	422628	379378	286602	434491	550406
第二产业从业人员	人	61836	65221	37400	37992	7151
第三产业从业人员	人	65646	88473	98600	80124	15544
二、综合经济						
地区生产总值	万元	1895017	3070802	2468739	3551506	3983758
第一产业增加值	万元	383898	181893	235271	305371	367318
第二产业增加值	万元	666496	1542101	972051	1509786	2033708
一般公共预算收入	万元	97752	132140	154484	159766	190326
一般公共预算支出	万元	296012	428854	377698	366965	472607
住户储蓄存款余额	万元	1151159	2035858	1382022	2093201	1517457
年末金融机构各项贷款余额	万元	1272620	2266449	1434600	4699132	1884157
三、农业、工业和通讯						
设施农业种植占地面积	公顷	290	179	726	2594	
油料产量	吨	15936	1341	1559	2697	2145
棉花产量	吨					
规模以上工业企业	个	43	81	81	43	52
固定电话用户	户	12058	17677	61200	52000	6320
四、教育、卫生和社会保障						
普通中学在校学生	人	20757	20880	16904	26329	31135
小学在校学生	人	23819	32101	25784	45947	41701
医疗卫生机构床位	床	1983	3719	4707	2058	3712
提供住宿的社会工作机构	个	16	12	7	4	8
提供住宿的社会工作机构床位	床	1123	1372	697	384	431

2019年县(市)社会经济主要指标

云南省

指　　标	单位	屏边苗族自治县	建水县	石屏县	泸西县	元阳县
一、基本情况						
行政区域面积	平方公里	1844	3782	3042	1674	2212
乡	个	3	6	2	3	11
镇	个	4	8	7	5	3
街道办事处	个					
户籍人口	人	160984	549020	318546	449898	459728
第二产业从业人员	人	17046		38780	26774	36942
第三产业从业人员	人	23799		63026	38417	89304
二、综合经济						
地区生产总值	万元	565289	2065471	1203782	1231714	740882
第一产业增加值	万元	89865	386614	306882	212070	171850
第二产业增加值	万元	208860	524831	437121	372140	157812
一般公共预算收入	万元	17249	140288	58650	103388	37266
一般公共预算支出	万元	198523	456571	283738	320916	397959
住户储蓄存款余额	万元	281692	1994460	1080742	1108523	461538
年末金融机构各项贷款余额	万元	249898	1320121	558077	849921	465354
三、农业、工业和通讯						
设施农业种植占地面积	公顷	5	189	1063	984	1320
油料产量	吨	1156	1949	2445	18895	1711
棉花产量	吨					
规模以上工业企业	个	18	24	32	45	8
固定电话用户	户	2090	46246	7324	8500	3460
四、教育、卫生和社会保障						
普通中学在校学生	人	6123	43741	15263	26518	21188
小学在校学生	人	11500	41898	24449	37812	44987
医疗卫生机构床位	床	744	3986	1901	2341	896
提供住宿的社会工作机构	个	5	1	12	10	5
提供住宿的社会工作机构床位	床	250		360	820	640

2019年县(市)社会经济主要指标

云南省

指　　标	单位	红河县	金平苗族瑶族傣族自治县	绿春县	河口瑶族自治县	文山市
一、基本情况						
行政区域面积	平方公里	2029	3677	3093	1332	2959
乡	个	8	9	5	4	7
镇	个	5	4	4	2	7
街道办事处	个					3
户籍人口	人	355242	395024	246001	93374	513229
第二产业从业人员	人	6350	21021	7398	1895	21601
第三产业从业人员	人	27000	57442	14969	24376	56086
二、综合经济						
地区生产总值	万元	634670	798011	480341	980341	3096857
第一产业增加值	万元	153747	151703	111065	126035	235401
第二产业增加值	万元	148908	275743	136244	290656	1315415
一般公共预算收入	万元	23601	19908	15450	34893	223998
一般公共预算支出	万元	344591	410487	280469	214731	560369
住户储蓄存款余额	万元	361254	470916	242641	421318	2050928
年末金融机构各项贷款余额	万元	278735	307131	257731	377549	3985840
三、农业、工业和通讯						
设施农业种植占地面积	公顷				246	
油料产量	吨	2132	1703	1655	542	12038
棉花产量	吨					
规模以上工业企业	个	13	20	7	14	34
固定电话用户	户	2395	2430	3277	8654	52865
四、教育、卫生和社会保障						
普通中学在校学生	人	17643	21252	11676	3665	39452
小学在校学生	人	40965	35964	23000	8459	55465
医疗卫生机构床位	床	1006	2440	852	688	1961
提供住宿的社会工作机构	个	10	3	1		4
提供住宿的社会工作机构床位	床	340	275	20		720

2019年县(市)社会经济主要指标

云南省

指　　标	单位	砚山县	西畴县	麻栗坡县	马关县	丘北县
一、基本情况						
行政区域面积	平方公里	3822	1506	2334	2676	4997
乡	个	7	7	7	4	9
镇	个	4	2	4	9	3
街道办事处	个					
户籍人口	人	537896	264618	293736	389926	536749
第二产业从业人员	人	8839	7501	7141	5709	7431
第三产业从业人员	人	76207	47301	45964	59173	64545
二、综合经济						
地区生产总值	万元	1598987	502393	771947	1122529	1072830
第一产业增加值	万元	330258	131873	145660	240953	288912
第二产业增加值	万元	510594	127979	272370	401919	280323
一般公共预算收入	万元	84166	24027	35111	75784	47509
一般公共预算支出	万元	397350	260976	390411	416698	389205
住户储蓄存款余额	万元	797100	375222	507881	764846	620805
年末金融机构各项贷款余额	万元	846348	526289	547992	949784	719258
三、农业、工业和通讯						
设施农业种植占地面积	公顷		625	1	42	8700
油料产量	吨	7232	2191	2779	7815	5634
棉花产量	吨					
规模以上工业企业	个	38	6	13	15	24
固定电话用户	户	6000	2000	5375	6358	12305
四、教育、卫生和社会保障						
普通中学在校学生	人	30637	12032	14799	18915	32981
小学在校学生	人	53293	17359	24348	32177	53838
医疗卫生机构床位	床	3300	1003	1230	1337	2192
提供住宿的社会工作机构	个	14	18	7	6	3
提供住宿的社会工作机构床位	床	2077	539	318	294	69

2019年县(市)社会经济主要指标

云南省

指　　标	单位	广南县	富宁县	景洪市	勐海县	勐腊县
一、基本情况						
行政区域面积	平方公里	7810	5352	6867	5368	6861
乡	个	11	7	5	5	2
镇	个	7	6	5	6	8
街道办事处	个			1		
户籍人口	人	924592	461236	396509	336396	251335
第二产业从业人员	人	22916	24607	2353	10650	6985
第三产业从业人员	人	185765	94387	15744	59417	48690
二、综合经济						
地区生产总值	万元	1485219	1162472	2948331	1473851	1258766
第一产业增加值	万元	415530	275060	468963	345982	432267
第二产业增加值	万元	410084	385994	751220	413050	175305
一般公共预算收入	万元	53246	35369	139629	56578	42971
一般公共预算支出	万元	615657	347376	451493	344856	351020
住户储蓄存款余额	万元	1058058	633991	2595200	762868	930051
年末金融机构各项贷款余额	万元	1105208	795331	2998300	670802	929815
三、农业、工业和通讯						
设施农业种植占地面积	公顷		33	5	2121	4664
油料产量	吨	24346	4470	360	587	239
棉花产量	吨					
规模以上工业企业	个	20	20	64	30	19
固定电话用户	户	8664	25922	49541	12360	15844
四、教育、卫生和社会保障						
普通中学在校学生	人	55201	30421	28507	14588	14631
小学在校学生	人	95370	42039	44914	26926	26335
医疗卫生机构床位	床	3998	1574	4730	1794	1339
提供住宿的社会工作机构	个	10	13	9	8	3
提供住宿的社会工作机构床位	床	948	468	590	85	284

2019年县(市)社会经济主要指标

云南省

指　标	单位	大理市	漾濞彝族自治县	祥云县	宾川县	弥渡县
一、基本情况						
行政区域面积	平方公里	1815	1860	2425	2627	1523
乡	个	1	5	2	2	2
镇	个	10	4	8	8	6
街道办事处	个	2				
户籍人口	人	645350	107213	482781	369163	328123
第二产业从业人员	人	101736	4620	78053	15523	24246
第三产业从业人员	人	118693	7230	129071	36930	37219
二、综合经济						
地区生产总值	万元	4679413	313420	1753307	1293694	737340
第一产业增加值	万元	231477	98469	429557	541744	222684
第二产业增加值	万元	1558598	69543	510517	234156	148592
一般公共预算收入	万元	375166	20006	108108	53169	45313
一般公共预算支出	万元	803487	125520	333512	240315	270538
住户储蓄存款余额	万元	4370860	231533	1209965	819052	690353
年末金融机构各项贷款余额	万元	7781134	201293	1505445	1175861	574883
三、农业、工业和通讯						
设施农业种植占地面积	公顷	14	13	593	2733	440
油料产量	吨	2174	1026	4398	5379	5102
棉花产量	吨					
规模以上工业企业	个	68	20	37	27	21
固定电话用户	户	59805	3210	25186	8795	7157
四、教育、卫生和社会保障						
普通中学在校学生	人	36629	4213	27402	17489	13585
小学在校学生	人	45687	8517	26172	24828	17887
医疗卫生机构床位	床	8211	715	2094	2040	1266
提供住宿的社会工作机构	个	7	2	8	5	7
提供住宿的社会工作机构床位	床	946	144	864	164	598

2019年县(市)社会经济主要指标

云南省

指　　标	单位	南涧彝族自治县	巍山彝族回族自治县	永平县	云龙县	洱源县
一、基本情况						
行政区域面积	平方公里	1738	2181	2884	4370	2614
乡	个	3	6	4	7	3
镇	个	5	4	3	4	6
街道办事处	个					
户籍人口	人	228007	323478	185931	208587	300690
第二产业从业人员	人	5510	43411	8930	11368	27437
第三产业从业人员	人	16121	28589	12114	11198	24732
二、综合经济						
地区生产总值	万元	720792	792729	563422	683279	729553
第一产业增加值	万元	169590	231589	181030	115196	243129
第二产业增加值	万元	217621	198101	132114	305541	159116
一般公共预算收入	万元	35018	39567	26989	26921	38896
一般公共预算支出	万元	202542	265689	228059	269887	235996
住户储蓄存款余额	万元	335151	556708	353693	366400	602869
年末金融机构各项贷款余额	万元	507507	480935	334033	400000	833773
三、农业、工业和通讯						
设施农业种植占地面积	公顷		198	30	12	67
油料产量	吨	1405	5011	1761	537	1010
棉花产量	吨					
规模以上工业企业	个	15	20	10	8	16
固定电话用户	户	13121	6740	8652	4488	6232
四、教育、卫生和社会保障						
普通中学在校学生	人	12024	15463	6170	9687	14038
小学在校学生	人	15718	19588	13002	14663	19856
医疗卫生机构床位	床	1096	1271	1018	697	1148
提供住宿的社会工作机构	个	8	6	2	2	3
提供住宿的社会工作机构床位	床	565	469	205	80	473

2019年县(市)社会经济主要指标

云南省

指　　标	单位	剑川县	鹤庆县	瑞丽市	芒　市	梁河县
一、基本情况						
行政区域面积	平方公里	2250	2395	945	2901	1137
乡	个	3	2	3	6	6
镇	个	5	7	3	5	3
街道办事处	个				1	
户籍人口	人	184670	281888	142325	405581	173105
第二产业从业人员	人	19922	26939	12760	44340	7143
第三产业从业人员	人	13575	37957	109656	131198	14628
二、综合经济						
地区生产总值	万元	527155	955235	1490795	1561941	352481
第一产业增加值	万元	94319	172301	128155	295572	88539
第二产业增加值	万元	172483	405824	262615	287075	66059
一般公共预算收入	万元	31737	66166	109465	70171	15753
一般公共预算支出	万元	238878	260446	298987	326425	29007
住户储蓄存款余额	万元	405855	794654	1574953	1338753	376940
年末金融机构各项贷款余额	万元	343867	672450	1607054	1823803	212840
三、农业、工业和通讯						
设施农业种植占地面积	公顷	60	3226	79	606	58
油料产量	吨	630	850	165	781	447
棉花产量	吨					
规模以上工业企业	个	14	15	29	30	7
固定电话用户	户	8155	6431	23289	20090	6488
四、教育、卫生和社会保障						
普通中学在校学生	人	9774	13520	11030	23897	7484
小学在校学生	人	12582	19273	19688	37965	11602
医疗卫生机构床位	床	842	1442	1863	4464	759
提供住宿的社会工作机构	个	3	4	1	4	1
提供住宿的社会工作机构床位	床	253	342	250	630	122

2019年县(市)社会经济主要指标

云南省

指　　标	单位	盈江县	陇川县	泸水市	福贡县	贡山独龙族怒族自治县
一、基本情况						
行政区域面积	平方公里	4316	1873	3088	2745	4379
乡	个	7	5	3	6	3
镇	个	8	4	6	1	2
街道办事处	个					
户籍人口	人	313930	195573	186134	118940	34845
第二产业从业人员	人	24697	17039	6764	2007	1607
第三产业从业人员	人	72806	44136	33161	16182	6845
二、综合经济						
地区生产总值	万元	1103474	627920	708473	218725	172354
第一产业增加值	万元	318665	204672	96204	41339	30372
第二产业增加值	万元	343699	119694	223318	52445	48638
一般公共预算收入	万元	52527	30575	40705	11584	10687
一般公共预算支出	万元	271055	258454	475749	354111	200448
住户储蓄存款余额	万元	625473	395629	453072	146887	76219
年末金融机构各项贷款余额	万元	769008	502545	868875	150494	115628
三、农业、工业和通讯						
设施农业种植占地面积	公顷	193				7
油料产量	吨	1764	3094	220	292	152
棉花产量	吨					
规模以上工业企业	个	46	19	14	3	1
固定电话用户	户	9809	8321	7468	2077	2755
四、教育、卫生和社会保障						
普通中学在校学生	人	17486	10280	12297	4096	1321
小学在校学生	人	30660	18184	17917	11350	2750
医疗卫生机构床位	床	1548	1175	1537	380	291
提供住宿的社会工作机构	个	3	5	3		2
提供住宿的社会工作机构床位	床	660	548	314		182

2019年县(市)社会经济主要指标

云南省、西藏自治区

指　　标	单位	兰坪白族普米族自治县	香格里拉市	德钦县	维西傈僳族自治县	堆龙德庆区
一、基本情况						
行政区域面积	平方公里	4372	11419	7291	4477	2713
乡	个	4	7	6	7	
镇	个	4	4	2	3	3
街道办事处	个					5
户籍人口	人	217684	151488	61012	157279	56365
第二产业从业人员	人	15132	16412	1313	16423	3989
第三产业从业人员	人	20541	23731	11716	15992	14356
二、综合经济						
地区生产总值	万元	826025	1526046	394650	591305	937700
第一产业增加值	万元	100664	59183	20700	74619	25200
第二产业增加值	万元	347091	611694	155009	186132	403200
一般公共预算收入	万元	50717	66276	20483	18227	252426
一般公共预算支出	万元	586414	488949	364654	429674	565500
住户储蓄存款余额	万元	389478	808651	152467	345262	151688
年末金融机构各项贷款余额	万元	652045	2011267	223602	508716	216390
三、农业、工业和通讯						
设施农业种植占地面积	公顷		70	24	64	369
油料产量	吨	438	2662	58	1743	606
棉花产量	吨					
规模以上工业企业	个	2	21	1	5	14
固定电话用户	户	5117			1888	5530
四、教育、卫生和社会保障						
普通中学在校学生	人	13373	4977	1584	5279	2590
小学在校学生	人	18418	12803	3451	11798	5986
医疗卫生机构床位	床	899	576	234	304	107
提供住宿的社会工作机构	个	3	2	1	5	3
提供住宿的社会工作机构床位	床	240	120	116	445	551

2019年县(市)社会经济主要指标

西藏自治区

指　　标	单位	达孜区	林周县	当雄县	尼木县	曲水县
一、基本情况						
行政区域面积	平方公里	1361	4464	10229	3270	1611
乡	个	5	9	6	8	4
镇	个	1	1	2	2	2
街道办事处	个					
户籍人口	人	31444	64926	54240	31493	37333
第二产业从业人员	人	1599	3507	1229	3363	4059
第三产业从业人员	人	3817	6772	9390	4865	6403
二、综合经济						
地区生产总值	万元	153100	153000	180900	86800	129300
第一产业增加值	万元	19400	33600	40500	13500	19300
第二产业增加值	万元	57300	45700	70000	17200	52500
一般公共预算收入	万元	48120	24677	39000	17700	86844
一般公共预算支出	万元	158215	149129	176300	110200	214601
住户储蓄存款余额	万元	91569	44500	39497	33211	10540
年末金融机构各项贷款余额	万元	65469	117151	185148	66158	80629
三、农业、工业和通讯						
设施农业种植占地面积	公顷	2				258
油料产量	吨	573	2709		913	860
棉花产量	吨					
规模以上工业企业	个	9	1	6		10
固定电话用户	户	5864	516	4615	425	1495
四、教育、卫生和社会保障						
普通中学在校学生	人	992	2015	2340	1217	863
小学在校学生	人	2347	4335	5762	2934	2635
医疗卫生机构床位	床	80	65	30	70	42
提供住宿的社会工作机构	个	1	1	1	2	1
提供住宿的社会工作机构床位	床	120	248	120	100	191

2019年县(市)社会经济主要指标

西藏自治区

指　　标	单位	墨竹工卡县	桑珠孜区	南木林县	江孜县	定日县
一、基本情况						
行政区域面积	平方公里	5494	3665	8848	3849	13835
乡	个	7	10	16	18	11
镇	个	1		1	1	2
街道办事处	个		2			
户籍人口	人	56252	125283	89765	73577	59600
第二产业从业人员	人	1618	9968	11186	10782	6253
第三产业从业人员	人	8325	6083	8585	3043	6127
二、综合经济						
地区生产总值	万元	277300	1113500	134000	236100	112900
第一产业增加值	万元	34600	75000	47100	45700	24800
第二产业增加值	万元	157500	372900	39000	43300	50400
一般公共预算收入	万元	35200	25913	5491	3619	7285
一般公共预算支出	万元	153700	226948	248426	172241	210875
住户储蓄存款余额	万元	48000	182023	34313	72302	28175
年末金融机构各项贷款余额	万元	451700	101858	110850	88752	94901
三、农业、工业和通讯						
设施农业种植占地面积	公顷	26			2	
油料产量	吨	3940	4523	2167	5202	1453
棉花产量	吨					
规模以上工业企业	个	6	14			1
固定电话用户	户	5171	21021	2450	7396	2630
四、教育、卫生和社会保障						
普通中学在校学生	人	1801	4666	3498	4466	2731
小学在校学生	人	4887	11438	9512	7229	6543
医疗卫生机构床位	床	163	163	158	207	247
提供住宿的社会工作机构	个	1	1	1	1	1
提供住宿的社会工作机构床位	床	312	131	92	96	280

2019年县(市)社会经济主要指标

西藏自治区

指　　标	单位	萨迦县	拉孜县	昂仁县	谢通门县	白朗县
一、基本情况						
行政区域面积	平方公里	5749	4488	27360	14043	2806
乡	个	9	9	15	18	9
镇	个	2	2	2	1	2
街道办事处	个					
户籍人口	人	53123	59248	59203	49800	49107
第二产业从业人员	人	3800	4790	675	4255	6118
第三产业从业人员	人	5667	10055	3946	5883	3811
二、综合经济						
地区生产总值	万元	125200	118800	110600	132300	114400
第一产业增加值	万元	23300	34900	28500	23400	31700
第二产业增加值	万元	66800	29700	40100	59300	31700
一般公共预算收入	万元	10223	3666	2878	4631	2455
一般公共预算支出	万元	165484	149921	143401	135902	117361
住户储蓄存款余额	万元	67553	36891	27291	6928	
年末金融机构各项贷款余额	万元	69252	130743	90917	61624	84717
三、农业、工业和通讯						
设施农业种植占地面积	公顷					262
油料产量	吨	2572	4285	825	1000	4283
棉花产量	吨					
规模以上工业企业	个	1			2	3
固定电话用户	户	3560	1018	3467	456	2500
四、教育、卫生和社会保障						
普通中学在校学生	人	2059	2927	2983	1857	1991
小学在校学生	人	4657	6175	5918	4801	4650
医疗卫生机构床位	床	119	106	306	90	99
提供住宿的社会工作机构	个	1	1	1	1	1
提供住宿的社会工作机构床位	床	2	114	129	215	50

2019年县(市)社会经济主要指标

西藏自治区

指　　标	单位	仁布县	康马县	定结县	仲巴县	亚东县
一、基本情况						
行政区域面积	平方公里	2124	7453	5835	46143	4241
乡	个	8	8	7	12	5
镇	个	1	1	3	1	2
街道办事处	个					
户籍人口	人	35795	23289	21727	26335	13978
第二产业从业人员	人	5383	2178	1310	434	730
第三产业从业人员	人	2503	1572	1742	1506	1654
二、综合经济						
地区生产总值	万元	63800	58400	48500	83600	78400
第一产业增加值	万元	12500	12100	9200	23940	10700
第二产业增加值	万元	25000	21600	17400	25130	25100
一般公共预算收入	万元	2713	2498	2398	4662	10239
一般公共预算支出	万元	101443	117110	119527	141766	78692
住户储蓄存款余额	万元	29554	23596	20518	22508	56866
年末金融机构各项贷款余额	万元	51231	40993	42144	33459	45956
三、农业、工业和通讯						
设施农业种植占地面积	公顷					
油料产量	吨	934	764	681		41
棉花产量	吨					
规模以上工业企业	个	1			2	
固定电话用户	户	3137	800	16950	3500	3150
四、教育、卫生和社会保障						
普通中学在校学生	人	1359	948	850	1465	403
小学在校学生	人	3133	1992	1981	2993	1042
医疗卫生机构床位	床	87	88	119	133	82
提供住宿的社会工作机构	个	1	1	2	1	2
提供住宿的社会工作机构床位	床	55	48	91	96	104

2019年县(市)社会经济主要指标

西藏自治区

指　　标	单位	吉隆县	聂拉木县	萨嘎县	岗巴县	卡若区
一、基本情况						
行政区域面积	平方公里	9300	7864	12400	3939	10794
乡	个	4	5	7	4	12
镇	个	2	2	1	1	3
街道办事处	个					9
户籍人口	人	17167	19946	16297	11905	123853
第二产业从业人员	人	442	1008	2940	624	3790
第三产业从业人员	人	632	960	1279	275	3460
二、综合经济						
地区生产总值	万元	81100	81600	52300	49300	715062
第一产业增加值	万元	9311	10800	10600	4800	35891
第二产业增加值	万元	40612	26800	18700	8800	328473
一般公共预算收入	万元	3531	2125	2025	2077	22805
一般公共预算支出	万元	77131	104855	108845	90800	243617
住户储蓄存款余额	万元	13400	16097	17715	15892	114098
年末金融机构各项贷款余额	万元	31000	27777	44196	25793	89923
三、农业、工业和通讯						
设施农业种植占地面积	公顷					
油料产量	吨	1084	352	36	226	105
棉花产量	吨					
规模以上工业企业	个		1			5
固定电话用户	户	670	872	3207	1785	24886
四、教育、卫生和社会保障						
普通中学在校学生	人	841	781	785	487	18526
小学在校学生	人	1800	1709	1705	1017	12882
医疗卫生机构床位	床	89	136	95	43	2765
提供住宿的社会工作机构	个	2	1	1	2	7
提供住宿的社会工作机构床位	床	83	65	76	26	1926

2019年县(市)社会经济主要指标

西藏自治区

指　　标	单位	江达县	贡觉县	类乌齐县	丁青县	察雅县
一、基本情况						
行政区域面积	平方公里	13159	7190	6358	12369	8251
乡	个	12	11	8	11	10
镇	个	2	1	2	2	3
街道办事处	个				1	
户籍人口	人	93812	49031	58285	94105	65649
第二产业从业人员	人	3730	6950	1231	671	3425
第三产业从业人员	人	14633	1350	3394	1452	7635
二、综合经济						
地区生产总值	万元	231532	93753	123235	163634	147482
第一产业增加值	万元	32931	16132	25811	41112	21933
第二产业增加值	万元	120222	26890	42039	45548	73983
一般公共预算收入	万元	13695	5982	7278	8970	6180
一般公共预算支出	万元	242687	182445	127400	186120	263362
住户储蓄存款余额	万元	34000	32484	58221	19759	12931
年末金融机构各项贷款余额	万元	190000	145129	41332	125500	52119
三、农业、工业和通讯						
设施农业种植占地面积	公顷	159	4	14	1122	
油料产量	吨	93	306		1165	305
棉花产量	吨					
规模以上工业企业	个	15		1		
固定电话用户	户	2028	1325	2500	2670	4700
四、教育、卫生和社会保障						
普通中学在校学生	人	3526	1543	2625	4004	1779
小学在校学生	人	14796	4592	6533	11302	5940
医疗卫生机构床位	床	218	159	220	350	196
提供住宿的社会工作机构	个	1	1	3	1	1
提供住宿的社会工作机构床位	床	328	250	289	264	166

2019年县(市)社会经济主要指标

西藏自治区

指　　标	单位	八宿县	左贡县	芒康县	洛隆县	边坝县
一、基本情况						
行政区域面积	平方公里	12564	11840	11649	8060	8776
乡	个	10	7	14	7	9
镇	个	4	3	2	4	2
街道办事处	个					
户籍人口	人	48989	52573	87398	56145	42687
第二产业从业人员	人	442	1056	6762	762	1320
第三产业从业人员	人	4028	3562	6590	1140	3987
二、综合经济						
地区生产总值	万元	107257	131445	257935	134790	103475
第一产业增加值	万元	15632	19920	34448	23736	22454
第二产业增加值	万元	43359	41082	122585	55889	29190
一般公共预算收入	万元	5964	5480	13667	7333	5486
一般公共预算支出	万元	223190	201022	306707	170292	181299
住户储蓄存款余额	万元	36673		51210	27285	21350
年末金融机构各项贷款余额	万元	58400	63500	1203900	52474	48960
三、农业、工业和通讯						
设施农业种植占地面积	公顷		19	43		327
油料产量	吨	283	259	311	959	327
棉花产量	吨					
规模以上工业企业	个					
固定电话用户	户	4000	3895	2358	1700	5202
四、教育、卫生和社会保障						
普通中学在校学生	人	1744	1586	3373	2360	1681
小学在校学生	人	4485	4789	7825	6160	5043
医疗卫生机构床位	床	124	127	184	238	117
提供住宿的社会工作机构	个		2	1	2	1
提供住宿的社会工作机构床位	床		224	194	138	118

2019年县(市)社会经济主要指标

西藏自治区

指　　标	单位	巴宜区	工布江达县	米林县	墨脱县	波密县
一、基本情况						
行政区域面积	平方公里	10238	12960	9495	31395	16748
乡	个	3	6	5	7	7
镇	个	4	3	3	1	3
街道办事处	个	2	1			
户籍人口	人	48897	34295	23433	13284	32665
第二产业从业人员	人	14281	670	85	543	4128
第三产业从业人员	人	33145	2540	1209	566	5069
二、综合经济						
地区生产总值	万元	723600	170500	181400	68600	274000
第一产业增加值	万元	16500	22700	17100	4600	28600
第二产业增加值	万元	289500	50500	80800	32800	92500
一般公共预算收入	万元	23000	5089	12040	3444	5585
一般公共预算支出	万元	139155	116600	126547	105355	107117
住户储蓄存款余额	万元	538123	57000	71498	30446	66482
年末金融机构各项贷款余额	万元	2148850	123400	409819	47429	129096
三、农业、工业和通讯						
设施农业种植占地面积	公顷					
油料产量	吨	986	720	472	62	1513
棉花产量	吨					
规模以上工业企业	个	3				
固定电话用户	户	53909	3821	2482	3135	6429
四、教育、卫生和社会保障						
普通中学在校学生	人	7013	1229	849	510	1353
小学在校学生	人	6016	3650	2421	1237	2746
医疗卫生机构床位	床	1052	141	113	122	258
提供住宿的社会工作机构	个	2	1	1	1	2
提供住宿的社会工作机构床位	床	666	134	180	50	102

2019年县(市)社会经济主要指标

西藏自治区

指　　标	单位	察隅县	朗　县	乃东区	扎囊县	贡嘎县
一、基本情况						
行政区域面积	平方公里	31408	4106	2209	2142	2386
乡	个	3	3	5	3	4
镇	个	3	3	1	2	5
街道办事处	个			1		
户籍人口	人	28506	16400	65171	39327	50895
第二产业从业人员	人	1400	340	6136	6649	7808
第三产业从业人员	人	1586	1089	5494	3708	3983
二、综合经济						
地区生产总值	万元	103400	80700	572217	160579	188224
第一产业增加值	万元	16200	11300	13589	8184	8411
第二产业增加值	万元	40000	22300	221380	95700	91017
一般公共预算收入	万元	6969	4639	17094	4402	8898
一般公共预算支出	万元	138610	86575	135901	100536	120709
住户储蓄存款余额	万元	65729	31300	160691	55700	87388
年末金融机构各项贷款余额	万元	59800	91355	78419	80000	286766
三、农业、工业和通讯						
设施农业种植占地面积	公顷			2	78	7
油料产量	吨	119	345	571	1238	1036
棉花产量	吨					
规模以上工业企业	个			4		1
固定电话用户	户	4785	1800		285	101
四、教育、卫生和社会保障						
普通中学在校学生	人	1110	449	1138	1145	1644
小学在校学生	人	2470	1276	2149	2647	3548
医疗卫生机构床位	床	80	98	54	83	68
提供住宿的社会工作机构	个	1	1	1	1	1
提供住宿的社会工作机构床位	床	140	178	222	270	378

2019年县(市)社会经济主要指标

西藏自治区

指　　标	单位	桑日县	琼结县	曲松县	措美县	洛扎县
一、基本情况						
行政区域面积	平方公里	2634	1036	2070	4177	5031
乡	个	3	3	3	2	5
镇	个	1	1	2	2	2
街道办事处	个					
户籍人口	人	15596	18333	16494	14973	20413
第二产业从业人员	人	1108	4287	2333	3589	4185
第三产业从业人员	人	2052	1334	1693	1480	1180
二、综合经济						
地区生产总值	万元	182506	53118	82966	78359	68005
第一产业增加值	万元	4968	3428	4041	2882	5004
第二产业增加值	万元	128884	23401	38097	46120	33966
一般公共预算收入	万元	11691	3604	6085	3938	3894
一般公共预算支出	万元	79572	66833	47221	39765	110918
住户储蓄存款余额	万元	30215	34718	36052	34217	49332
年末金融机构各项贷款余额	万元	60826	54202	51378	53038	54418
三、农业、工业和通讯						
设施农业种植占地面积	公顷		51		1	
油料产量	吨	480	1142	808	210	880
棉花产量	吨					
规模以上工业企业	个	4		3		
固定电话用户	户	1512	1230	2051	1986	1025
四、教育、卫生和社会保障						
普通中学在校学生	人	586	515	450	295	717
小学在校学生	人	1123	1064	1032	885	1518
医疗卫生机构床位	床	30	47	40	30	85
提供住宿的社会工作机构	个	1	1	1	1	1
提供住宿的社会工作机构床位	床	223	136	189	128	106

2019年县(市)社会经济主要指标

西藏自治区

指　　标	单位	加查县	隆子县	错那县	浪卡子县	色尼区
一、基本情况						
行政区域面积	平方公里	4430	10102	35191	7970	16195
乡	个	5	9	9	8	9
镇	个	2	2	1	2	3
街道办事处	个					
户籍人口	人	22977	36242	15675	38636	87505
第二产业从业人员	人	2437	5712	1713	4993	
第三产业从业人员	人	4228	1388	1888	2434	
二、综合经济						
地区生产总值	万元	181886	150978	71390	87701	668706
第一产业增加值	万元	8743	7661	2678	5722	38383
第二产业增加值	万元	92157	75707	34186	42281	182373
一般公共预算收入	万元	6599	9001	4065	3611	12364
一般公共预算支出	万元	79805	153355	111445		271178
住户储蓄存款余额	万元	53975	62387		35586	61287
年末金融机构各项贷款余额	万元	151211	55548		74733	150957
三、农业、工业和通讯						
设施农业种植占地面积	公顷			3		
油料产量	吨	252	763	280	639	
棉花产量	吨					
规模以上工业企业	个	2	1		1	
固定电话用户	户	123	5500	2000	1600	
四、教育、卫生和社会保障						
普通中学在校学生	人	758	1222	353	1647	4825
小学在校学生	人	1787	2556	795	3033	9087
医疗卫生机构床位	床	68	81	78	67	274
提供住宿的社会工作机构	个	1	2	1		
提供住宿的社会工作机构床位	床	108	195	176		

2019年县(市)社会经济主要指标

西藏自治区

指　　标	单位	嘉黎县	比如县	聂荣县	安多县	申扎县
一、基本情况						
行政区域面积	平方公里	13069	11684	8991	100000	25646
乡	个	8	8	9	9	6
镇	个	2	2	1	4	2
街道办事处	个					
户籍人口	人	40518	80383	38341	43367	20407
第二产业从业人员	人	1983	800	209	3415	1393
第三产业从业人员	人	4496	7288	23160	3784	1834
二、综合经济						
地区生产总值	万元	83209	121854	81323	110922	67400
第一产业增加值	万元	11653	29698	11607	15001	9403
第二产业增加值	万元	28423	27655	27488	24210	13434
一般公共预算收入	万元	9095	9262	2396	2788	2422
一般公共预算支出	万元	153680	181640	123679	145327	101751
住户储蓄存款余额	万元	31352	63401	21859	53000	22135
年末金融机构各项贷款余额	万元	59954	122679	49260	72913	37540
三、农业、工业和通讯						
设施农业种植占地面积	公顷					
油料产量	吨		38			
棉花产量	吨					
规模以上工业企业	个	1				
固定电话用户	户	1863	1050	1908	3000	1064
四、教育、卫生和社会保障						
普通中学在校学生	人	1553	3745	1385	1729	1181
小学在校学生	人	5390	10816	3213	4036	2362
医疗卫生机构床位	床	139	405	157	131	140
提供住宿的社会工作机构	个	1	1		1	1
提供住宿的社会工作机构床位	床	99	264		130	130

2019年县(市)社会经济主要指标

西藏自治区

指　　标	单位	索　县	班戈县	巴青县	尼玛县	双湖县
一、基本情况						
行政区域面积	平方公里	5631	30858	9811	72530	11637
乡	个	8	6	7	13	6
镇	个	2	4	3	1	1
街道办事处	个					
户籍人口	人	55116	42873	57682	34338	13217
第二产业从业人员	人			2573	2658	152
第三产业从业人员	人	9587	2153	2632	1505	540
二、综合经济						
地区生产总值	万元	97679	90054	108871	90805	54477
第一产业增加值	万元	14676	19469	20758	14634	8718
第二产业增加值	万元	23916	23571	19876	15058	12696
一般公共预算收入	万元	3947	2740	3151	2975	1713
一般公共预算支出	万元	151107	135656	136255	153866	
住户储蓄存款余额	万元	7800	25283	30726	25768	9800
年末金融机构各项贷款余额	万元	71200	68795	61232	44658	10161
三、农业、工业和通讯						
设施农业种植占地面积	公顷					
油料产量	吨	50			1	
棉花产量	吨					
规模以上工业企业	个					
固定电话用户	户	4158	2569	202	1537	63
四、教育、卫生和社会保障						
普通中学在校学生	人	2583	1820	3029	1429	635
小学在校学生	人	7783	3850	7646	1822	1559
医疗卫生机构床位	床	107	124	79	200	81
提供住宿的社会工作机构	个	1		1	1	
提供住宿的社会工作机构床位	床	241		202	51	

2019年县(市)社会经济主要指标

西藏自治区

指　　标	单位	普兰县	札达县	噶尔县	日土县	革吉县
一、基本情况						
行政区域面积	平方公里	12500	24615	18000	77096	46104
乡	个	2	6	4	4	4
镇	个	1	1	1	1	1
街道办事处	个					
户籍人口	人	8446	7984	24910	9204	17107
第二产业从业人员	人	497	108	701	732	1438
第三产业从业人员	人	989	1384	523	563	1073
二、综合经济						
地区生产总值	万元	37969	36754	41305	43097	55302
第一产业增加值	万元	4526	3542	6246	8337	12861
第二产业增加值	万元	10031	11712	12870	8657	14648
一般公共预算收入	万元	3219	3128	5592	4850	1793
一般公共预算支出	万元	92898	78997	94216	100406	92381
住户储蓄存款余额	万元	28299	27150	177655	29920	20557
年末金融机构各项贷款余额	万元	24881	39179	223047	4992	17460
三、农业、工业和通讯						
设施农业种植占地面积	公顷	29	8		14	
油料产量	吨	13	2	12	26	
棉花产量	吨					
规模以上工业企业	个					
固定电话用户	户	1873	5863	14842	336	2177
四、教育、卫生和社会保障						
普通中学在校学生	人	230	111	435	435	578
小学在校学生	人	919	481	2351	868	2009
医疗卫生机构床位	床	62	74	60	115	44
提供住宿的社会工作机构	个	3	1		1	1
提供住宿的社会工作机构床位	床	38	18		58	120

2019年县(市)社会经济主要指标

西藏自治区、陕西省

指　　标	单位	改则县	措勤县	长安区	高陵区	鄠邑区
一、基本情况						
行政区域面积	平方公里	135616	22136	1588	294	1248
乡	个	6	4			
镇	个	1	1			6
街道办事处	个			25	7	7
户籍人口	人	26735	16673	1261768	365955	638340
第二产业从业人员	人	1507	891	54202	58673	76250
第三产业从业人员	人	1798	730	152110	24545	68026
二、综合经济						
地区生产总值	万元	74259	42998	10012100	3744400	1802300
第一产业增加值	万元	23093	9404	287300	271900	277100
第二产业增加值	万元	12861	8592	5470300	2104100	516800
一般公共预算收入	万元	5030	1539	208070	120553	74900
一般公共预算支出	万元	137986	89802	504679	356266	358400
住户储蓄存款余额	万元	28030	19104	7480900	2216374	3050600
年末金融机构各项贷款余额	万元	41631	32532	4976500	1853312	1493300
三、农业、工业和通讯						
设施农业种植占地面积	公顷	4	3	291	1874	1002
油料产量	吨			1132		460
棉花产量	吨					
规模以上工业企业	个			27	176	117
固定电话用户	户	3062	2575	153861	61600	68000
四、教育、卫生和社会保障						
普通中学在校学生	人	1016	620	33168	11725	20191
小学在校学生	人	2832	1628	68287	25246	24368
医疗卫生机构床位	床	140	91	6801	2361	3209
提供住宿的社会工作机构	个	1	1	24	9	6
提供住宿的社会工作机构床位	床	115	192	3485	1093	2083

2019年县(市)社会经济主要指标

陕西省

指　　标	单位	蓝田县	周至县	耀州区	宜君县	陈仓区
一、基本情况						
行政区域面积	平方公里	2006	2969	1604	1476	2427
乡	个				1	
镇	个	18	19	8	6	15
街道办事处	个	1	1	6	1	3
户籍人口	人	656098	698142	347125	89560	599950
第二产业从业人员	人	54803	42652	38121	6506	119973
第三产业从业人员	人	101187	74898	57048	10545	110826
二、综合经济						
地区生产总值	万元	1492300	1371500	1749100	331865	2144061
第一产业增加值	万元	283500	358800	149000	62721	252164
第二产业增加值	万元	354300	161200	689400	110080	1211405
一般公共预算收入	万元	27218	25099	70574	21969	42157
一般公共预算支出	万元	427514	424000	371942	163818	235300
住户储蓄存款余额	万元	1629818	1686400	963975	220796	2011524
年末金融机构各项贷款余额	万元	1159570	956530	600108	182311	1120319
三、农业、工业和通讯						
设施农业种植占地面积	公顷	3617	199	220	122	600
油料产量	吨	3320	535	1427	158	1962
棉花产量	吨	73				
规模以上工业企业	个	53	45	109	22	128
固定电话用户	户	32485	47543	69568	4382	20000
四、教育、卫生和社会保障						
普通中学在校学生	人	26522	25911	17085	2297	20609
小学在校学生	人	27805	36651	19472	4411	25653
医疗卫生机构床位	床	1869	2146	2915	420	2970
提供住宿的社会工作机构	个	5	3	8	2	2
提供住宿的社会工作机构床位	床	836	600	1486	480	490

2019年县(市)社会经济主要指标

陕西省

指　　标	单位	凤翔县	岐山县	扶风县	眉　县	陇　县
一、基本情况						
行政区域面积	平方公里	1179	856	705	858	2277
乡	个					
镇	个	12	9	7	7	10
街道办事处	个			1	1	
户籍人口	人	518174	461834	440309	324608	271377
第二产业从业人员	人	84928	81820	105522	64569	57124
第三产业从业人员	人	77993	65145	63046	38854	29956
二、综合经济						
地区生产总值	万元	2236551	1793382	1471413	1612147	915529
第一产业增加值	万元	250196	239779	216737	239216	186364
第二产业增加值	万元	1274203	948469	738063	857399	376274
一般公共预算收入	万元	57145	44256	55313	34115	18988
一般公共预算支出	万元	220638	266868	251675	212092	235636
住户储蓄存款余额	万元	1532111	1907500	1494616	856412	830599
年末金融机构各项贷款余额	万元	850260	845000	744350	720547	344162
三、农业、工业和通讯						
设施农业种植占地面积	公顷	1072	1192	208	238	198
油料产量	吨	1765	1253	537	506	3505
棉花产量	吨		4	30		
规模以上工业企业	个	87	92	70	90	23
固定电话用户	户	24200	30562	16000	37100	4117
四、教育、卫生和社会保障						
普通中学在校学生	人	16942	16530	16883	13641	12717
小学在校学生	人	21179	21260	21020	20379	19922
医疗卫生机构床位	床	2074	2245	1910	2149	1478
提供住宿的社会工作机构	个	3	12	4	5	2
提供住宿的社会工作机构床位	床	686	570	820	256	480

2019年县(市)社会经济主要指标

陕西省

指　　标	单位	千阳县	麟游县	凤　县	太白县	三原县
一、基本情况						
行政区域面积	平方公里	997	1704	3187	2698	577
乡	个					
镇	个	7	7	9	7	9
街道办事处	个				1	1
户籍人口	人	133302	85677	92614	47398	406245
第二产业从业人员	人	17830	9770	13978	5213	67251
第三产业从业人员	人	9605	8590	15331	6623	25156
二、综合经济						
地区生产总值	万元	676914	1406100	776599	302589	2153480
第一产业增加值	万元	103453	67800	84346	69074	281000
第二产业增加值	万元	378509	1190300	427304	148525	1122690
一般公共预算收入	万元	6790	40629	18918	10945	36312
一般公共预算支出	万元	143863	1465246	140269	103118	279605
住户储蓄存款余额	万元	423100	208600	403622	187287	1498838
年末金融机构各项贷款余额	万元	189200	275100	213099	138805	700607
三、农业、工业和通讯						
设施农业种植占地面积	公顷	249	76	30	134	5476
油料产量	吨	1898	4148	1052	419	1549
棉花产量	吨					
规模以上工业企业	个	34	8	24	8	150
固定电话用户	户	2575	1200	23360	4985	20597
四、教育、卫生和社会保障						
普通中学在校学生	人	5465	3156	3261	1688	14542
小学在校学生	人	6956	3688	4111	2261	23725
医疗卫生机构床位	床	795	537	543	188	1945
提供住宿的社会工作机构	个	2	2	3	1	5
提供住宿的社会工作机构床位	床	314	230	1375	208	930

2019年县(市)社会经济主要指标

陕西省

指　　标	单位	泾阳县	乾　县	礼泉县	永寿县	长武县
一、基本情况						
行政区域面积	平方公里	570	1003	1012	889	568
乡	个					
镇	个	8	15	11	6	7
街道办事处	个		1	1	1	1
户籍人口	人	323246	588409	475032	204758	186542
第二产业从业人员	人	51816	65216	35642	9778	18720
第三产业从业人员	人	47291	61200	34752	12945	21526
二、综合经济						
地区生产总值	万元	757300	1716220	1535000	843570	1022450
第一产业增加值	万元	292650	302180	499000	200150	176090
第二产业增加值	万元	138980	629060	499000	273410	625930
一般公共预算收入	万元	18883	19625	29758	7628	68063
一般公共预算支出	万元	230159	313800	286032	196864	212613
住户储蓄存款余额	万元	1612496	1368264	1240015	499900	639315
年末金融机构各项贷款余额	万元	632947	735894	556951	270800	382048
三、农业、工业和通讯						
设施农业种植占地面积	公顷	2394	95	466	12	87
油料产量	吨	385	5625	1581	2676	623
棉花产量	吨					
规模以上工业企业	个	13	44	50	24	22
固定电话用户	户	7259	6222	61469	2843	8750
四、教育、卫生和社会保障						
普通中学在校学生	人	12517	25335	23256	8610	7109
小学在校学生	人	15243	30387	23052	12743	10487
医疗卫生机构床位	床	1563	2786	1880	1002	1018
提供住宿的社会工作机构	个	3	12	26	1	3
提供住宿的社会工作机构床位	床	346	524	246	323	370

2019年县(市)社会经济主要指标

陕西省

指　　标	单位	旬邑县	淳化县	武功县	兴平市	彬州市
一、基本情况						
行政区域面积	平方公里	1811	983	398	453	1184
乡	个					
镇	个	9	7	7	7	8
街道办事处	个	1	1	1	5	1
户籍人口	人	291922	191963	438664	554866	364051
第二产业从业人员	人	27164	20725	30156	78131	30642
第三产业从业人员	人	47658	22918	25936	85422	27855
二、综合经济						
地区生产总值	万元	883870	775200	1531550	2416440	2311030
第一产业增加值	万元	285120	265400	232470	235461	200990
第二产业增加值	万元	275050	260700	692370	1169050	1524480
一般公共预算收入	万元	27900	6500	56596	48069	126163
一般公共预算支出	万元	243141	210000	277382	308908	277739
住户储蓄存款余额	万元	741787	453100	1309713	2174300	1361996
年末金融机构各项贷款余额	万元	408742	294700	481292	682000	1131511
三、农业、工业和通讯						
设施农业种植占地面积	公顷	13	409	268	1763	215
油料产量	吨	1938	2582	489	370	10676
棉花产量	吨					
规模以上工业企业	个	24	25	45	123	47
固定电话用户	户	5704	3000	52985	26410	10900
四、教育、卫生和社会保障						
普通中学在校学生	人	9129	5161	17270	23166	11369
小学在校学生	人	16942	8047	24638	33877	28292
医疗卫生机构床位	床	887	649	2104	2584	2163
提供住宿的社会工作机构	个	3	6	2	3	2
提供住宿的社会工作机构床位	床	304	580	240	446	518

2019年县(市)社会经济主要指标

陕西省

指　　标	单位	华州区	潼关县	大荔县	合阳县	澄城县
一、基本情况						
行政区域面积	平方公里	1139	526	1776	1437	1121
乡	个					
镇	个	9	4	15	11	9
街道办事处	个	1	1	2	1	1
户籍人口	人	321686	148426	715591	443150	374051
第二产业从业人员	人	19474	15643	6010	20587	39019
第三产业从业人员	人	43028	14742	24285	34891	60810
二、综合经济						
地区生产总值	万元	993373	441972	1685611	1049762	984934
第一产业增加值	万元	148893	53986	476872	285133	304252
第二产业增加值	万元	463664	136546	406013	191094	212134
一般公共预算收入	万元	29026	10568	19355	20500	28354
一般公共预算支出	万元	249044	140289	427539	353600	318836
住户储蓄存款余额	万元	1233961	538724	1788217	1084010	1443792
年末金融机构各项贷款余额	万元	411281	390285	791795	485883	651707
三、农业、工业和通讯						
设施农业种植占地面积	公顷	2843	45	24077	688	652
油料产量	吨	2265	2202	28360	2147	5854
棉花产量	吨	146	195	186	187	10
规模以上工业企业	个	32	22	59	37	25
固定电话用户	户	41717	17101	64000	43412	46385
四、教育、卫生和社会保障						
普通中学在校学生	人	9652	5746	25470	16641	14000
小学在校学生	人	16642	8826	39755	22429	18217
医疗卫生机构床位	床	2100	742	3879	1868	1700
提供住宿的社会工作机构	个	3	7	13	128	11
提供住宿的社会工作机构床位	床	415	647	3483	1342	823

2019年县(市)社会经济主要指标

陕西省

指　　标	单位	蒲城县	白水县	富平县	韩城市	华阴市
一、基本情况						
行政区域面积	平方公里	1584	978	1242	1621	817
乡	个					
镇	个	15	7	14	6	4
街道办事处	个	2	1	1	2	2
户籍人口	人	771486	275750	790898	395199	239547
第二产业从业人员	人	62408	8023	70206	96550	33642
第三产业从业人员	人	175003	35667	58749	125256	69729
二、综合经济						
地区生产总值	万元	1941567	845257	1839644	3518557	707898
第一产业增加值	万元	360473	346957	422153	245308	92518
第二产业增加值	万元	737994	133632	668406	2467807	91335
一般公共预算收入	万元	58033	13372	60451	353387	24573
一般公共预算支出	万元	496776	258462	501325	553084	206192
住户储蓄存款余额	万元	2280465	769200	1471954	2413211	943936
年末金融机构各项贷款余额	万元	1764122	360849	843394	1965204	883891
三、农业、工业和通讯						
设施农业种植占地面积	公顷		430	5420	611	1532
油料产量	吨	3472	6927	854	1710	948
棉花产量	吨			6	78	48
规模以上工业企业	个	71	38	54	113	32
固定电话用户	户	85362	26331	52597	65275	32125
四、教育、卫生和社会保障						
普通中学在校学生	人	31361	10821	30257	17409	9792
小学在校学生	人	43788	14576	42690	24443	13341
医疗卫生机构床位	床	4531	1662	4167	2611	1324
提供住宿的社会工作机构	个	8	1	10	2	7
提供住宿的社会工作机构床位	床	870	110	730	249	400

2019年县(市)社会经济主要指标

陕西省

指　　标	单位	安塞区	延长县	延川县	志丹县	吴起县
一、基本情况						
行政区域面积	平方公里	2949	2368	1985	3794	3788
乡	个					
镇	个	8	7	7	7	8
街道办事处	个	3	1	1	1	1
户籍人口	人	196475	153939	187620	159598	145731
第二产业从业人员	人	10732	17350	15330	11826	11693
第三产业从业人员	人	31121	52352	12256	21626	24126
二、综合经济						
地区生产总值	万元	1146310	528700	994370	1615520	1787260
第一产业增加值	万元	124170	109880	98130	77630	67960
第二产业增加值	万元	741560	223130	657170	1246770	1358700
一般公共预算收入	万元	96291	45869	26497	231175	167068
一般公共预算支出	万元	230403	213262	261503	273895	283982
住户储蓄存款余额	万元	474490	413449	466100	718012	759234
年末金融机构各项贷款余额	万元	344200	248050	1358800	469739	414040
三、农业、工业和通讯						
设施农业种植占地面积	公顷	3990	1193	1142	1108	504
油料产量	吨	321	1151	1340	367	2000
棉花产量	吨		30	480		
规模以上工业企业	个	22	16	9	12	25
固定电话用户	户	15327	13360	13200	14988	26592
四、教育、卫生和社会保障						
普通中学在校学生	人	7138	4428	5510	6177	6005
小学在校学生	人	16589	9113	10679	17051	15420
医疗卫生机构床位	床	730	703	770	749	646
提供住宿的社会工作机构	个	8	3	9	1	1
提供住宿的社会工作机构床位	床	900	341	920	300	338

2019年县(市)社会经济主要指标

陕西省

指　　标	单位	甘泉县	富　县	洛川县	宜川县	黄龙县
一、基本情况						
行政区域面积	平方公里	2272	4180	1792	2938	2747
乡	个	2	1	1	2	2
镇	个	3	6	7	4	5
街道办事处	个	1	1	1	1	
户籍人口	人	88113	155806	217315	123147	48175
第二产业从业人员	人	5839	5891	15094	2176	2850
第三产业从业人员	人	12431	9987	23068	6132	2906
二、综合经济						
地区生产总值	万元	290770	663700	2438730	377830	186690
第一产业增加值	万元	51560	167740	241240	152030	57760
第二产业增加值	万元	96390	272590	1816950	39690	44140
一般公共预算收入	万元	8581	30055		20049	9151
一般公共预算支出	万元	139003	180202	11931	167398	147445
住户储蓄存款余额	万元	251572	418184	614591	396770	177675
年末金融机构各项贷款余额	万元	156416	525001	640070	206888	97236
三、农业、工业和通讯						
设施农业种植占地面积	公顷	1331	537		363	14
油料产量	吨	72	50		377	3036
棉花产量	吨				10	
规模以上工业企业	个	12	16	19	8	4
固定电话用户	户	10164	5879	28000	9520	7357
四、教育、卫生和社会保障						
普通中学在校学生	人	3708	4708	9821	8742	1348
小学在校学生	人	7466	13754	19349	9084	2240
医疗卫生机构床位	床	379	545	1022	571	244
提供住宿的社会工作机构	个	1	4	1	3	5
提供住宿的社会工作机构床位	床	72	603	260	490	436

2019年县(市)社会经济主要指标

陕西省

指　　标	单位	黄陵县	子长市	南郑区	城固县	洋　县
一、基本情况						
行政区域面积	平方公里	2287	2396	2809	2265	3206
乡	个					
镇	个	5	8	20	15	15
街道办事处	个	1	1	2	2	3
户籍人口	人	119670	265977	564853	542789	446339
第二产业从业人员	人	17803	26362	71096	34852	48745
第三产业从业人员	人	6031	24912	102287	88206	40115
二、综合经济						
地区生产总值	万元	1859250	1110650	2184111	2324408	1631580
第一产业增加值	万元	97500	73000	333484	474962	321447
第二产业增加值	万元	1438150	699790	1105297	1056650	735076
一般公共预算收入	万元	222067	70916	70075	24510	27430
一般公共预算支出	万元	259155	269800	390344	400825	337963
住户储蓄存款余额	万元	695623	623900	2141406	2170753	1606513
年末金融机构各项贷款余额	万元	624906	394100	972283	686857	740512
三、农业、工业和通讯						
设施农业种植占地面积	公顷	305	1010	70	334	267
油料产量	吨	893	1003	32003	22186	29986
棉花产量	吨					206
规模以上工业企业	个	24	31	92	86	67
固定电话用户	户	18578	24200	46406	35694	51580
四、教育、卫生和社会保障						
普通中学在校学生	人	5601	11580	29033	23277	21922
小学在校学生	人	9189	19749	31190	28828	24243
医疗卫生机构床位	床	715	1269	2272	2867	1713
提供住宿的社会工作机构	个	2	5	12	12	13
提供住宿的社会工作机构床位	床	90	721	1560	2085	1461

2019年县(市)社会经济主要指标

陕西省

指　　标	单位	西乡县	勉　县	宁强县	略阳县	镇巴县
一、基本情况						
行政区域面积	平方公里	3253	2406	3260	2831	3437
乡	个					
镇	个	15	17	16	15	19
街道办事处	个	2	1	2	2	1
户籍人口	人	416964	411991	324318	178828	279972
第二产业从业人员	人	43883	38065	35212	21039	21058
第三产业从业人员	人	51181	79892	69634	45011	27589
二、综合经济						
地区生产总值	万元	1167013	1470256	1000117	711655	924474
第一产业增加值	万元	236645	233970	178968	94358	189611
第二产业增加值	万元	423821	685854	407758	317969	365495
一般公共预算收入	万元	22817	41330	9067	14324	11716
一般公共预算支出	万元	307656	314217	304326	298695	373966
住户储蓄存款余额	万元	1422903	1902650	1007495	691336	658185
年末金融机构各项贷款余额	万元	780118	982101	413082	326948	265564
三、农业、工业和通讯						
设施农业种植占地面积	公顷	165	280	145	196	6
油料产量	吨	23307	31271	14476	5844	11580
棉花产量	吨					
规模以上工业企业	个	91	79	52	36	43
固定电话用户	户	59155	48596	24057	19412	19005
四、教育、卫生和社会保障						
普通中学在校学生	人	22131	18586	13755	5456	13367
小学在校学生	人	23279	18039	14674	7999	17420
医疗卫生机构床位	床	1964	2779	1978	979	1371
提供住宿的社会工作机构	个	13	7	4	9	9
提供住宿的社会工作机构床位	床	1730	1837	795	1300	1236

2019年县(市)社会经济主要指标

陕西省

指　　标	单位	留坝县	佛坪县	横山区	府谷县	靖边县
一、基本情况						
行政区域面积	平方公里	1965	1267	4333	3201	5088
乡	个					
镇	个	7	6	14	14	16
街道办事处	个	1	1	5		1
户籍人口	人	41871	32572	383558	249481	362131
第二产业从业人员	人	1761	2068	10412	47224	16931
第三产业从业人员	人	4256	6563	16423	71958	24393
二、综合经济						
地区生产总值	万元	186946	114767	2014700	6175064	3898506
第一产业增加值	万元	33327	19181	261200	95730	317012
第二产业增加值	万元	43669	22630	1310000	4566196	2482920
一般公共预算收入	万元	3569	3661	195000	352482	135846
一般公共预算支出	万元	94270	79661	361200	516258	440129
住户储蓄存款余额	万元	124321	126444	972700	3705755	1616800
年末金融机构各项贷款余额	万元	98309	78832	627100	2623090	999020
三、农业、工业和通讯						
设施农业种植占地面积	公顷	76	15	340	119	2133
油料产量	吨	1002	456	1012	2109	15252
棉花产量	吨				21	
规模以上工业企业	个	13	7	50	233	61
固定电话用户	户	8517	2560	23258	17762	105852
四、教育、卫生和社会保障						
普通中学在校学生	人	1561	1089	12750	13505	24372
小学在校学生	人	1783	1618	24760	22168	46421
医疗卫生机构床位	床	174	195	1242	1234	1530
提供住宿的社会工作机构	个	3	1	5	42	130
提供住宿的社会工作机构床位	床	750	350	781	840	2250

2019年县(市)社会经济主要指标

陕西省

指　　标	单位	定边县	绥德县	米脂县	佳　县	吴堡县
一、基本情况						
行政区域面积	平方公里	6920	1853	1212	2029	421
乡	个	2				
镇	个	16	15	8	12	5
街道办事处	个	1		1	1	1
户籍人口	人	359274	352579	221902	266791	81377
第二产业从业人员	人	19084	42897	24324	5838	18351
第三产业从业人员	人	35429	45120	20711	20994	13254
二、综合经济						
地区生产总值	万元	3176191	905484	655712	575895	269128
第一产业增加值	万元	278693	209808	110767	177571	61057
第二产业增加值	万元	2118490	123790	246100	149190	53040
一般公共预算收入	万元	239723	24185	46888	12704	4959
一般公共预算支出	万元	447296	372000	240560	301031	169019
住户储蓄存款余额	万元	1389053	976205	588417	363561	202649
年末金融机构各项贷款余额	万元	1370187	500986	285066	180944	153101
三、农业、工业和通讯						
设施农业种植占地面积	公顷	860	155	19	9	22
油料产量	吨	22918	30215	10124	2603	1075
棉花产量	吨					
规模以上工业企业	个	41	21	14	40	17
固定电话用户	户	49667	21091	17746	7332	7540
四、教育、卫生和社会保障						
普通中学在校学生	人	16707	13243	7412	3170	2777
小学在校学生	人	28951	21108	10704	5889	4413
医疗卫生机构床位	床	1635	3351	733	579	491
提供住宿的社会工作机构	个	4	7	7	7	1
提供住宿的社会工作机构床位	床	470	1157	500	750	200

2019年县(市)社会经济主要指标

陕西省

指　　标	单位	清涧县	子洲县	神木市	汉阴县	石泉县
一、基本情况						
行政区域面积	平方公里	1850	2042	7635	1365	1516
乡	个		1			
镇	个	9	11	14	10	11
街道办事处	个	1	1	6		
户籍人口	人	213364	302038	456072	311463	182098
第二产业从业人员	人	17725	21425	71145	63767	21660
第三产业从业人员	人	14210	22680	143012	29761	33670
二、综合经济						
地区生产总值	万元	614100	599600	13628777	1125018	941383
第一产业增加值	万元	194600	169900	226324	162161	93090
第二产业增加值	万元	128600	144000	10626530	568635	502258
一般公共预算收入	万元	30300	43000	912187	14233	10600
一般公共预算支出	万元	290166	327500	1337864	275000	224081
住户储蓄存款余额	万元	393604	330020	6903765	869642	712857
年末金融机构各项贷款余额	万元	257322	417830	4942377	552027	480089
三、农业、工业和通讯						
设施农业种植占地面积	公顷	201	20	277	734	416
油料产量	吨	13578	3617	14219	25565	13004
棉花产量	吨	110			4	
规模以上工业企业	个	60	19	257	88	86
固定电话用户	户	13762	15150	40687	33538	17976
四、教育、卫生和社会保障						
普通中学在校学生	人	2593	4682	24020	17848	7885
小学在校学生	人	5648	10618	49012	21964	10793
医疗卫生机构床位	床	702	902	3633	1614	942
提供住宿的社会工作机构	个	22	7	36	18	19
提供住宿的社会工作机构床位	床	375	180	3356	2119	2276

2019年县(市)社会经济主要指标

陕西省

指　　标	单位	宁陕县	紫阳县	岚皋县	平利县	镇坪县
一、基本情况						
行政区域面积	平方公里	3678	2240	1957	2648	1502
乡	个					
镇	个	11	17	12	11	7
街道办事处	个				8	
户籍人口	人	70562	334010	166229	230305	58923
第二产业从业人员	人	9366	36340	25849	37697	4170
第三产业从业人员	人	9865	54305	32142	15898	7795
二、综合经济						
地区生产总值	万元	317203	1095914	580189	1038998	243411
第一产业增加值	万元	54192	155465	91471	119373	44320
第二产业增加值	万元	149731	518558	272598	653495	75648
一般公共预算收入	万元	5652	10753	8918	8758	4582
一般公共预算支出	万元	138176	435244	304832	266031	123318
住户储蓄存款余额	万元	264600	814600	447468	738897	124030
年末金融机构各项贷款余额	万元	128800	375200	382004	576688	127792
三、农业、工业和通讯						
设施农业种植占地面积	公顷	66	46	333	264	15
油料产量	吨	367	10298	3052	8880	1543
棉花产量	吨					
规模以上工业企业	个	21	64	44	95	29
固定电话用户	户	3982	14850	17325	22403	1245
四、教育、卫生和社会保障						
普通中学在校学生	人	2825	16912	7538	8812	2744
小学在校学生	人	4323	21836	9642	13365	3734
医疗卫生机构床位	床	400	1243	773	958	319
提供住宿的社会工作机构	个	7	23	15	18	4
提供住宿的社会工作机构床位	床	1140	1769	1823	2987	400

2019年县(市)社会经济主要指标

陕西省

指　　标	单位	旬阳县	白河县	商州区	洛南县	丹凤县
一、基本情况						
行政区域面积	平方公里	3541	1453	2672	2830	2438
乡	个					
镇	个	21	11	14	14	11
街道办事处	个			4	2	1
户籍人口	人	450122	214655	557332	455758	313058
第二产业从业人员	人	53986	34915	75923	38520	45712
第三产业从业人员	人	62634	39818	53242	39428	30805
二、综合经济						
地区生产总值	万元	1870492	798439	1567480	1485570	980180
第一产业增加值	万元	198324	107582	159040	227170	113530
第二产业增加值	万元	982835	412631	475110	735780	355740
一般公共预算收入	万元	35561	7532	33014	28741	15907
一般公共预算支出	万元	399382	265050	413367	378919	387695
住户储蓄存款余额	万元	1436385	665966	2452554	1383000	1017424
年末金融机构各项贷款余额	万元	1003200	381987	2253466	642467	477596
三、农业、工业和通讯						
设施农业种植占地面积	公顷	513	134	295	270	91
油料产量	吨	21658	7683	416	6882	1168
棉花产量	吨					
规模以上工业企业	个	79	59	31	50	45
固定电话用户	户	11000	11578	7300	29980	15500
四、教育、卫生和社会保障						
普通中学在校学生	人	17841	11309	26136	21152	8270
小学在校学生	人	24704	13701	34574	28247	20374
医疗卫生机构床位	床	2643	1032	4354	2145	1544
提供住宿的社会工作机构	个	22	23	12	12	7
提供住宿的社会工作机构床位	床	3150	2081	782	961	812

2019年县(市)社会经济主要指标

陕西省、甘肃省

指　　标	单位	商南县	山阳县	镇安县	柞水县	永登县
一、基本情况						
行政区域面积	平方公里	2307	3535	3487	2332	5622
乡	个					3
镇	个	9	16	14	8	13
街道办事处	个	1	2	1	1	
户籍人口	人	248496	466078	299981	161429	432300
第二产业从业人员	人	15418	49254	27995	23163	37123
第三产业从业人员	人	54421	41810	88352	27482	82029
二、综合经济						
地区生产总值	万元	914150	1528780	1058650	837300	1121474
第一产业增加值	万元	129880	202460	131880	73800	128665
第二产业增加值	万元	416340	798500	511400	476400	308176
一般公共预算收入	万元	38235	31884	17842	16037	44503
一般公共预算支出	万元	302595	520929	184795	232062	277717
住户储蓄存款余额	万元	751460	1261522	887911	603664	1094603
年末金融机构各项贷款余额	万元	511798	884862	556946	439350	1720108
三、农业、工业和通讯						
设施农业种植占地面积	公顷	244	161	105	60	367
油料产量	吨	8908	2376	1221	288	6973
棉花产量	吨			4		
规模以上工业企业	个	39	51	47	34	33
固定电话用户	户	23791	23600	12200	17163	21900
四、教育、卫生和社会保障						
普通中学在校学生	人	12381	21009	14630	6013	16123
小学在校学生	人	17358	32471	22066	10217	19085
医疗卫生机构床位	床	1772	2492	1636	621	1977
提供住宿的社会工作机构	个	9	19	19	15	1
提供住宿的社会工作机构床位	床	1460	1834	1860	268	72

2019年县(市)社会经济主要指标

甘肃省

指　　标	单位	皋兰县	榆中县	永昌县	靖远县	会宁县
一、基本情况						
行政区域面积	平方公里	2180	3302	5877	5792	6439
乡	个		9	1	5	4
镇	个	6	11	9	13	24
街道办事处	个					
户籍人口	人	148326	461085	240260	503441	571726
第二产业从业人员	人	6777	35681	29278	25264	23411
第三产业从业人员	人	17226	79046	53673	35932	67514
二、综合经济						
地区生产总值	万元	757709	1557086	779663	702073	716809
第一产业增加值	万元	76018	140851	181692	332023	268725
第二产业增加值	万元	335141	724547	208756	110984	111584
一般公共预算收入	万元	69476	78274	26971	43524	28478
一般公共预算支出	万元	188905	241487	247852	425513	474250
住户储蓄存款余额	万元	811390	1823399	855876	844848	894269
年末金融机构各项贷款余额	万元	1654574	3088808	954358	923503	925868
三、农业、工业和通讯						
设施农业种植占地面积	公顷		101	153	4425	823
油料产量	吨	2560	6739	9640	5340	5765
棉花产量	吨					
规模以上工业企业	个	26	33	42	16	29
固定电话用户	户	4190	8519	30141	44100	45910
四、教育、卫生和社会保障						
普通中学在校学生	人	3556	18107	6566	21317	25083
小学在校学生	人	6641	25176	9966	30921	31300
医疗卫生机构床位	床	425	2198	797	1629	2060
提供住宿的社会工作机构	个	2	4	2	7	4
提供住宿的社会工作机构床位	床	175	192	290	171	262

2019年县(市)社会经济主要指标

甘肃省

指　　标	单位	景泰县	清水县	秦安县	甘谷县	武山县
一、基本情况						
行政区域面积	平方公里	5483	2012	1599	1573	2011
乡	个	3	3		2	2
镇	个	8	15	17	13	13
街道办事处	个					
户籍人口	人	238941	335393	585162	641994	468767
第二产业从业人员	人	18887	13234	50737	79166	23348
第三产业从业人员	人	37220	32390	61108	64760	85228
二、综合经济						
地区生产总值	万元	558687	345917	734806	732529	600311
第一产业增加值	万元	162044	120325	188771	197098	221974
第二产业增加值	万元	138034	18550	75494	118646	64508
一般公共预算收入	万元	32125	19697	26000	35149	23413
一般公共预算支出	万元	229943	255004	395633	358193	288690
住户储蓄存款余额	万元	634396	558384	1307069	1186256	907542
年末金融机构各项贷款余额	万元	698900	403756	1027366	623844	691003
三、农业、工业和通讯						
设施农业种植占地面积	公顷	126	84	63	1567	195
油料产量	吨	7627	21288	13627	13779	13533
棉花产量	吨					
规模以上工业企业	个	27	10	14	23	12
固定电话用户	户	21500	38438	51425	74118	82134
四、教育、卫生和社会保障						
普通中学在校学生	人	11427	17892	25669	40175	29781
小学在校学生	人	14750	23650	29024	48558	37889
医疗卫生机构床位	床	886	1262	1530	2111	1892
提供住宿的社会工作机构	个	3	3	3	2	2
提供住宿的社会工作机构床位	床	229	234	60	160	200

2019年县(市)社会经济主要指标

甘肃省

指　标	单位	张家川回族自治县	凉州区	民勤县	古浪县	天祝藏族自治县
一、基本情况						
行政区域面积	平方公里	1312	4907	15835	5047	7150
乡	个	5			4	5
镇	个	10	37	18	15	14
街道办事处	个		8	1	1	
户籍人口	人	345008	1038986	263865	381138	204401
第二产业从业人员	人	7544	93412	9712	34251	9934
第三产业从业人员	人	59204	131669	39236	40018	22304
二、综合经济						
地区生产总值	万元	287312	3144251	720241	562577	457481
第一产业增加值	万元	90999	777176	322026	223960	117463
第二产业增加值	万元	22558	543366	83236	46713	87785
一般公共预算收入	万元	10815	127384	38643	19819	38250
一般公共预算支出	万元	376717	608800	290800	427752	452849
住户储蓄存款余额	万元	629874	4599533	1088133	799659	574869
年末金融机构各项贷款余额	万元	332504	5121189	1638425	906905	814134
三、农业、工业和通讯						
设施农业种植占地面积	公顷	191	7887	2319	1518	387
油料产量	吨	5750	2621	46073	12392	3257
棉花产量	吨			30		
规模以上工业企业	个	6	90	44	23	28
固定电话用户	户	28800	100000	18849	16241	6590
四、教育、卫生和社会保障						
普通中学在校学生	人	16228	50184	12179	17789	8362
小学在校学生	人	26941	64698	7209	20449	10592
医疗卫生机构床位	床	1270	6771	1559	1953	1217
提供住宿的社会工作机构	个	10	12	160	4	
提供住宿的社会工作机构床位	床	262	2339	2520	800	

2019年县(市)社会经济主要指标

甘肃省

指　　标	单位	甘州区	肃南裕固族自治县	民乐县	临泽县	高台县
一、基本情况						
行政区域面积	平方公里	3661	23887	3687	2729	4347
乡	个	5	5			
镇	个	13	3	10	7	9
街道办事处	个	5				
户籍人口	人	515693	39171	247860	149249	159360
第二产业从业人员	人	17784	877	22430	12423	32465
第三产业从业人员	人	103043	3528	24702	26611	36118
二、综合经济						
地区生产总值	万元	1934544	266430	586817	545874	577952
第一产业增加值	万元	380884	69569	189865	184936	177716
第二产业增加值	万元	356271	79545	112054	83577	123593
一般公共预算收入	万元	87748	25272	28753	20877	22435
一般公共预算支出	万元	412819	144780	237804	163962	174310
住户储蓄存款余额	万元	2772973	120986	562232	564892	634077
年末金融机构各项贷款余额	万元	3577839	125646	755576	664185	630199
三、农业、工业和通讯						
设施农业种植占地面积	公顷	1988	1	600	695	1125
油料产量	吨	1218	99	14736	520	1922
棉花产量	吨				2	45
规模以上工业企业	个	63	18	25	19	24
固定电话用户	户	98911	1067	25000	19872	33266
四、教育、卫生和社会保障						
普通中学在校学生	人	24323	1341	14928	5533	5475
小学在校学生	人	31853	848	16523	7389	6933
医疗卫生机构床位	床	4552	404	1885	1015	1195
提供住宿的社会工作机构	个	19	4	4	4	3
提供住宿的社会工作机构床位	床	559	179	640	404	406

2019年县(市)社会经济主要指标

甘肃省

指　　标	单位	山丹县	崆峒区	泾川县	灵台县	崇信县
一、基本情况						
行政区域面积	平方公里	5402	1936	1409	1976	850
乡	个	2	10	3	4	2
镇	个	6	7	11	9	4
街道办事处	个		3	1	1	
户籍人口	人	200400	526170	353028	229145	101458
第二产业从业人员	人	20839	59750	28047	2924	14147
第三产业从业人员	人	33065	125869	33120	165678	14502
二、综合经济						
地区生产总值	万元	576071	1480671	381455	299936	395134
第一产业增加值	万元	145573	105545	83492	91961	81485
第二产业增加值	万元	121146	400941	65139	21368	192706
一般公共预算收入	万元	30002	59550	21848	10823	28558
一般公共预算支出	万元	199555	396341	251433	216365	119415
住户储蓄存款余额	万元	708259	2227100	880900	564808	339199
年末金融机构各项贷款余额	万元	697050	2841900	708312	452186	284352
三、农业、工业和通讯						
设施农业种植占地面积	公顷	347	836	1149	187	312
油料产量	吨	13246	8354	4932	9849	7371
棉花产量	吨					
规模以上工业企业	个	25	16	4	3	12
固定电话用户	户	21161	86955	22985	11831	7178
四、教育、卫生和社会保障						
普通中学在校学生	人	8352	29707	16890	9429	4470
小学在校学生	人	11713	37955	17139	12752	6851
医疗卫生机构床位	床	1505	4132	1593	1200	621
提供住宿的社会工作机构	个	5	8	5	4	5
提供住宿的社会工作机构床位	床	640	150	393	450	153

2019年县(市)社会经济主要指标

甘肃省

指　标	单位	庄浪县	静宁县	华亭市	肃州区	金塔县
一、基本情况						
行政区域面积	平方公里	1553	2194	1182	3386	16663
乡	个	3	7	3	1	2
镇	个	15	17	7	14	7
街道办事处	个	1			7	
户籍人口	人	453120	481972	190669	414443	144682
第二产业从业人员	人	24794	38065	27464	25112	14398
第三产业从业人员	人	56799	55170	21143	98815	24993
二、综合经济						
地区生产总值	万元	636489	720838	651281	1910594	589545
第一产业增加值	万元	226002	269930	54450	302877	235224
第二产业增加值	万元	58338	103751	394669	441035	136909
一般公共预算收入	万元	29198	38951	66505	84738	27343
一般公共预算支出	万元	455490	436158	198842	422468	173412
住户储蓄存款余额	万元	870479	910131	807889	3057528	481695
年末金融机构各项贷款余额	万元	703589	874173	699198	3639046	430673
三、农业、工业和通讯						
设施农业种植占地面积	公顷	7	61	26	2981	1232
油料产量	吨	6800	8751	2922	2559	8998
棉花产量	吨					908
规模以上工业企业	个	5	8	16	50	15
固定电话用户	户	29600	41257	12400	116300	8000
四、教育、卫生和社会保障						
普通中学在校学生	人	25025	26499	10601	20238	7076
小学在校学生	人	32566	28937	16659	25815	6909
医疗卫生机构床位	床	2002	2500	1432	3901	753
提供住宿的社会工作机构	个	7	6	6	10	4
提供住宿的社会工作机构床位	床	308	358	77	2312	320

2019年县(市)社会经济主要指标

甘肃省

指　　标	单位	瓜州县	肃北蒙古族自治县	阿克塞哈萨克族自治县	玉门市	敦煌市
一、基本情况						
行政区域面积	平方公里	24130	66748	29211	13496	31200
乡	个	5	2	3	2	
镇	个	10	2	1	10	8
街道办事处	个				1	
户籍人口	人	128133	12322	9415	138901	144037
第二产业从业人员	人	16612	1836	1058	25149	8871
第三产业从业人员	人	24069	4281	3963	59292	53404
二、综合经济						
地区生产总值	万元	873000	162890	102303	1724886	817800
第一产业增加值	万元	129000	11079	8606	149024	99426
第二产业增加值	万元	403000	68868	31385	1269819	187154
一般公共预算收入	万元	37154	23042	8588	45267	54193
一般公共预算支出	万元	165218	100776	80641	205485	176130
住户储蓄存款余额	万元	505000	82351	67825	599347	1699260
年末金融机构各项贷款余额	万元	933830	72054	64923	831916	1716705
三、农业、工业和通讯						
设施农业种植占地面积	公顷	404	6	30	1280	28
油料产量	吨	6786	718		13448	861
棉花产量	吨	20955				5274
规模以上工业企业	个	41	15	5	45	19
固定电话用户	户	13098	3779	4530	21300	68200
四、教育、卫生和社会保障						
普通中学在校学生	人	8378	556	648	7279	8429
小学在校学生	人	8982	627	793	9741	8746
医疗卫生机构床位	床	863	170	82	1135	960
提供住宿的社会工作机构	个	1	2	1	53	4
提供住宿的社会工作机构床位	床	147	78	16	878	413

2019年县(市)社会经济主要指标

甘肃省

指　　标	单位	西峰区	庆城县	环　县	华池县	合水县
一、基本情况						
行政区域面积	平方公里	999	2692	9236	3791	2933
乡	个	2	6	11	9	4
镇	个	5	9	9	6	8
街道办事处	个	3	2			
户籍人口	人	395136	290377	365001	138954	182012
第二产业从业人员	人	31607	15360	12839	3226	7698
第三产业从业人员	人	49792	31040	26012	9040	19413
二、综合经济						
地区生产总值	万元	2395350	760670	1133689	969599	586402
第一产业增加值	万元	67971	89373	149237	55898	62128
第二产业增加值	万元	1175861	440974	635345	761030	371392
一般公共预算收入	万元	101112	43000	42600	30004	26980
一般公共预算支出	万元	325581	244000	516300	202497	180921
住户储蓄存款余额	万元	3094302	966000	752804	428954	592069
年末金融机构各项贷款余额	万元	3098894	1053000	650100	290214	362091
三、农业、工业和通讯						
设施农业种植占地面积	公顷	174	283	180	59	181
油料产量	吨	6649	11536	9724	6020	3430
棉花产量	吨					
规模以上工业企业	个	21	23	11	9	8
固定电话用户	户	64000	21000	14120	14900	3895
四、教育、卫生和社会保障						
普通中学在校学生	人	31990	12576	19049	4636	5345
小学在校学生	人	46422	19786	26815	10835	13300
医疗卫生机构床位	床	5004	900	838	693	889
提供住宿的社会工作机构	个	7	1	5	5	8
提供住宿的社会工作机构床位	床	203	159	228	230	282

2019年县(市)社会经济主要指标

甘肃省

指　　标	单位	正宁县	宁　县	镇原县	安定区	通渭县
一、基本情况						
行政区域面积	平方公里	1320	2653	3500	3639	2909
乡	个	2	4	6	7	4
镇	个	8	14	13	12	14
街道办事处	个				3	
户籍人口	人	244398	559359	526945	469142	434981
第二产业从业人员	人	9469	20833	30410	35019	46158
第三产业从业人员	人	45648	48442	69033	40607	44384
二、综合经济						
地区生产总值	万元	235680	572718	775267	1062641	526484
第一产业增加值	万元	50300	159971	216983	139463	100637
第二产业增加值	万元	18651	109782	212541	175880	67745
一般公共预算收入	万元	15145	19811	24850	42674	20824
一般公共预算支出	万元	181249	316297	487147	454370	380479
住户储蓄存款余额	万元	696711	1239181	1153613	1652500	638751
年末金融机构各项贷款余额	万元	305875	738078	650622	2101400	783929
三、农业、工业和通讯						
设施农业种植占地面积	公顷	18	363	1470	117	60
油料产量	吨	4204	19743	20643	9769	16628
棉花产量	吨					
规模以上工业企业	个	5	13	10	34	12
固定电话用户	户	20800	35000	35195	37456	8500
四、教育、卫生和社会保障						
普通中学在校学生	人	10616	19352	29692	17852	22911
小学在校学生	人	16614	31343	34674	25904	11543
医疗卫生机构床位	床	598	1067	1941	2323	1509
提供住宿的社会工作机构	个	5	16	5	10	19
提供住宿的社会工作机构床位	床	168	95	416	121	683

2019年县(市)社会经济主要指标

甘肃省

指　　标	单位	陇西县	渭源县	临洮县	漳　县	岷　县
一、基本情况						
行政区域面积	平方公里	2409	2066	2855	2164	3574
乡	个	5	4	6	3	3
镇	个	12	12	12	10	15
街道办事处	个					
户籍人口	人	524886	345652	554925	211481	495862
第二产业从业人员	人	19087	17365	56908	20039	31945
第三产业从业人员	人	75588	32996	42933	36213	46426
二、综合经济						
地区生产总值	万元	720968	368718	762295	236572	486109
第一产业增加值	万元	129672	122284	132384	58176	97138
第二产业增加值	万元	132724	31387	157114	48173	49589
一般公共预算收入	万元	50696	15335	38145	15700	21429
一般公共预算支出	万元	370886	312133	387996	169008	366462
住户储蓄存款余额	万元	1265949	567379	1447143	381373	838390
年末金融机构各项贷款余额	万元	1686560	544578	1284302	275313	1030213
三、农业、工业和通讯						
设施农业种植占地面积	公顷	468	15	670		
油料产量	吨	7987	7139	1772	3794	999
棉花产量	吨					
规模以上工业企业	个	27	10	26	2	11
固定电话用户	户	15200	11200	16000	3422	6000
四、教育、卫生和社会保障						
普通中学在校学生	人	25265	17710	24841	11777	19088
小学在校学生	人	36615	17214	37451	15896	41695
医疗卫生机构床位	床	3353	1586	3184	697	1635
提供住宿的社会工作机构	个	10	5	121	12	7
提供住宿的社会工作机构床位	床	350	182	2324	231	80

2019年县(市)社会经济主要指标

甘肃省

指　　标	单位	武都区	成　县	文　县	宕昌县	康　县
一、基本情况						
行政区域面积	平方公里	4642	1677	5003	3331	2968
乡	个	10	3	6	14	3
镇	个	26	14	14	11	18
街道办事处	个	4				
户籍人口	人	602056	265297	241036	304373	197234
第二产业从业人员	人	52572	25533	14213	27013	16400
第三产业从业人员	人	103859	58941	36940	32656	21700
二、综合经济						
地区生产总值	万元	1358700	642627	491105	295669	229347
第一产业增加值	万元	227700	67851	7925	64715	41057
第二产业增加值	万元	147800	284523	305043	14163	36116
一般公共预算收入	万元	46600	37500	20022	16005	9770
一般公共预算支出	万元	486600	224700	252690	341952	187700
住户储蓄存款余额	万元	1556200	862425	555749	551092	421350
年末金融机构各项贷款余额	万元	2636900	764437	552218	503355	367665
三、农业、工业和通讯						
设施农业种植占地面积	公顷	433	94	83	35	34
油料产量	吨	4932	8860	3581	2930	1959
棉花产量	吨	4				
规模以上工业企业	个	13	8	15	2	5
固定电话用户	户	16934	81900	33033	13000	14709
四、教育、卫生和社会保障						
普通中学在校学生	人	36539	13403	6159	16476	9164
小学在校学生	人	50533	22361	15010	21427	13858
医疗卫生机构床位	床	2466	1328	351	1400	742
提供住宿的社会工作机构	个	12	10	3	4	
提供住宿的社会工作机构床位	床	62	75	20	27	

2019年县(市)社会经济主要指标

甘肃省

指　标	单位	西和县	礼　县	徽　县	两当县	临夏市
一、基本情况						
行政区域面积	平方公里	1862	4300	2722	1409	89
乡	个	4	7	2	6	
镇	个	16	22	13	6	4
街道办事处	个					7
户籍人口	人	444624	536204	225100	48060	279228
第二产业从业人员	人	25443	24201	10607	1821	25832
第三产业从业人员	人	58770	73999	48421	6701	132690
二、综合经济						
地区生产总值	万元	329737	416236	508700	107360	904348
第一产业增加值	万元	69286	104060	103000	32024	16219
第二产业增加值	万元	56732	45314	177700	3974	134887
一般公共预算收入	万元	18368	18862	27691	5766	50766
一般公共预算支出	万元	381711	449196	193953	88641	
住户储蓄存款余额	万元	940176	1007887	652761	184851	4966782
年末金融机构各项贷款余额	万元	625667	699559	671200	161052	4529661
三、农业、工业和通讯						
设施农业种植占地面积	公顷	30	137	19740	333	43
油料产量	吨	7254	15251	4304	891	976
棉花产量	吨					
规模以上工业企业	个	7	6	11	4	9
固定电话用户	户	34038	22860	35000	6622	48407
四、教育、卫生和社会保障						
普通中学在校学生	人	24621	26847	10502	1118	21675
小学在校学生	人	36897	40306	16252	2478	30091
医疗卫生机构床位	床	1032	964	1334	196	2806
提供住宿的社会工作机构	个		17		4	4
提供住宿的社会工作机构床位	床		100		94	481

2019年县(市)社会经济主要指标

甘肃省

指　标	单位	临夏县	康乐县	永靖县	广河县	和政县
一、基本情况						
行政区域面积	平方公里	1213	1083	1864	538	960
乡	个	16	10	7	3	4
镇	个	9	5	10	6	9
街道办事处	个					
户籍人口	人	424270	304985	208656	299082	241006
第二产业从业人员	人	41648	26769	27810	11873	45649
第三产业从业人员	人	71177	27685	29182	32296	40146
二、综合经济						
地区生产总值	万元	417072	208410	513186	171360	254298
第一产业增加值	万元	88047	57190	65513	37788	36785
第二产业增加值	万元	60131	54298	196647	32812	40505
一般公共预算收入	万元	14250	11332	31958	10131	8327
一般公共预算支出	万元	394439	293204	294118	278529	252263
住户储蓄存款余额	万元	536342	452794	681914	421085	
年末金融机构各项贷款余额	万元	350781	283350	758834	379551	295300
三、农业、工业和通讯						
设施农业种植占地面积	公顷	130	28	437	10	31
油料产量	吨	8533	6636	2338	1353	18863
棉花产量	吨					
规模以上工业企业	个	6	1	10	5	4
固定电话用户	户	18000	13600	18420	5521	5321
四、教育、卫生和社会保障						
普通中学在校学生	人	15034	16145	11095	13711	10166
小学在校学生	人	33713	29817	12916	31698	23748
医疗卫生机构床位	床	1372	1457	1242	1116	895
提供住宿的社会工作机构	个	2	4	4	2	2
提供住宿的社会工作机构床位	床	310	268	110	360	168

2019年县(市)社会经济主要指标

甘肃省

指　　标	单位	东乡族自治县	积石山保安族东乡族撒拉族自治县	合作市	临潭县	卓尼县
一、基本情况						
行政区域面积	平方公里	1511	910	2091	1393	5139
乡	个	16	13	3	5	4
镇	个	8	4	3	11	11
街道办事处	个			4		
户籍人口	人	378741	278089	93727	161207	110873
第二产业从业人员	人	10201	9493	1161	1623	6195
第三产业从业人员	人	36820	32988	10899	23231	9892
二、综合经济						
地区生产总值	万元	327072	239428	553976	251048	279023
第一产业增加值	万元	71116	30268	33458	47277	52199
第二产业增加值	万元	55398	12344	89871	19910	48632
一般公共预算收入	万元	9465	8042	21809	5193	9675
一般公共预算支出	万元	432969	316384	193797	276016	273002
住户储蓄存款余额	万元	230674	301780	258460	306759	218891
年末金融机构各项贷款余额	万元	310794	315288	811747	321278	248663
三、农业、工业和通讯						
设施农业种植占地面积	公顷	16			2	
油料产量	吨	510	15884	2410	6915	2515
棉花产量	吨					
规模以上工业企业	个	6		6	1	3
固定电话用户	户	2940	8216	22590	6480	8580
四、教育、卫生和社会保障						
普通中学在校学生	人	10539	14147	8899	7993	6912
小学在校学生	人	37411	27867	8930	12160	9749
医疗卫生机构床位	床	295	778	645	414	450
提供住宿的社会工作机构	个	2	2	1	1	18
提供住宿的社会工作机构床位	床	350	50	39	40	644

2019年县(市)社会经济主要指标

甘肃省

指　标	单位	舟曲县	迭部县	玛曲县	碌曲县	夏河县
一、基本情况						
行政区域面积	平方公里	3015	4709	9637	5299	6266
乡	个	4	6	2	2	5
镇	个	15	5	6	5	8
街道办事处	个					
户籍人口	人	144076	57435	55295	37780	89971
第二产业从业人员	人	9650	1285	511	209	1275
第三产业从业人员	人	25486	13810	1065	4196	8534
二、综合经济						
地区生产总值	万元	283334	244435	218386	135796	219500
第一产业增加值	万元	49708	45822	76339	44225	71200
第二产业增加值	万元	27559	85229	26002	7633	27300
一般公共预算收入	万元	15762	8145	11998	2900	7962
一般公共预算支出	万元	302402	182936	196454	175334	222714
住户储蓄存款余额	万元	404172	153873	92000	75966	179148
年末金融机构各项贷款余额	万元	420042	208098	116000	97345	160998
三、农业、工业和通讯						
设施农业种植占地面积	公顷	52	29			
油料产量	吨	4795	1053		322	3837
棉花产量	吨					
规模以上工业企业	个	6	7	4	1	2
固定电话用户	户	13000	3031	3660	2270	11350
四、教育、卫生和社会保障						
普通中学在校学生	人	8791	3499	2772	2803	4869
小学在校学生	人	10808	4600	6769	3683	8257
医疗卫生机构床位	床	630	260	228	242	460
提供住宿的社会工作机构	个	5		1	1	3
提供住宿的社会工作机构床位	床	138		70	76	60

2019年县(市)社会经济主要指标

青海省

指　　标	单位	大通回族土族自治县	湟中县	湟源县	乐都区	平安区
一、基本情况						
行政区域面积	平方公里	3090	2444	1545	2500	769
乡	个	11	5	7	12	5
镇	个	9	10	2	7	3
街道办事处	个		1			
户籍人口	人	468334	482027	128839	287526	126970
第二产业从业人员	人	77582	29365	10017	28663	9585
第三产业从业人员	人	59821	15710	8219	50972	24519
二、综合经济						
地区生产总值	万元	1121148	1653110	251089	1066055	708344
第一产业增加值	万元	197365	239015	60439	156487	46459
第二产业增加值	万元	573891	880800	94222	367802	316761
一般公共预算收入	万元	45991	30133	11776	24599	24387
一般公共预算支出	万元	430984	444061	208022	358828	269047
住户储蓄存款余额	万元	1074692	898165	367642	870919	609747
年末金融机构各项贷款余额	万元	1164102	793721	377417	703294	1745791
三、农业、工业和通讯						
设施农业种植占地面积	公顷	1621		571	824	
油料产量	吨	36978	57179	6740	8973	12008
棉花产量	吨					
规模以上工业企业	个	43	15	15	25	11
固定电话用户	户	47230	41370	18390	31097	21188
四、教育、卫生和社会保障						
普通中学在校学生	人	26765	28428	6582	9053	4730
小学在校学生	人	34698	34935	7262	16772	11315
医疗卫生机构床位	床	1826	1498	616	1660	484
提供住宿的社会工作机构	个	6	1	55	4	1
提供住宿的社会工作机构床位	床	520	452	354	240	30

2019年县(市)社会经济主要指标

青海省

指　　标	单位	民和回族土族自治县	互助土族自治县	化隆回族自治县	循化撒拉族自治县	门源回族自治县
一、基本情况						
行政区域面积	平方公里	1891	3424	2707	1815	6382
乡	个	14	11	11	6	8
镇	个	8	8	6	3	4
街道办事处	个		8			8
户籍人口	人	438067	401605	306824	165082	162271
第二产业从业人员	人	54307	51302	13473	11001	23109
第三产业从业人员	人	52566	119000	33137	28244	15581
二、综合经济						
地区生产总值	万元	1034898	1106040	506246	360199	337360
第一产业增加值	万元	132900	218730	81892	59069	100734
第二产业增加值	万元	424900	371937	207051	123232	71061
一般公共预算收入	万元	27682	37165	12887	10738	10204
一般公共预算支出	万元	435275	442685	272750	213738	251603
住户储蓄存款余额	万元	652696	785879	317780	406664	281537
年末金融机构各项贷款余额	万元	468127	680342	281500	228460	292288
三、农业、工业和通讯						
设施农业种植占地面积	公顷	48	579	37		31
油料产量	吨	7338	60320	26154	5793	23258
棉花产量	吨					
规模以上工业企业	个	17	18	6	8	8
固定电话用户	户	41600	53735	16613	18564	11284
四、教育、卫生和社会保障						
普通中学在校学生	人	25492	19732	13905	9153	12316
小学在校学生	人	33609	24461	25100	16611	12001
医疗卫生机构床位	床	1380	1690	780	712	719
提供住宿的社会工作机构	个	10	4	3	1	2
提供住宿的社会工作机构床位	床	518	1395	320	4	520

2019年县(市)社会经济主要指标

青海省

指　　标	单位	祁连县	海晏县	刚察县	同仁县	尖扎县
一、基本情况						
行政区域面积	平方公里	13886	4853	8138	3275	1558
乡	个	4	4	3	9	6
镇	个	3	2	2	3	3
街道办事处	个	5		4	8	
户籍人口	人	52732	35531	45034	101704	62246
第二产业从业人员	人	419	1232	418	4747	2600
第三产业从业人员	人	5675	4060	1587	7023	3903
二、综合经济						
地区生产总值	万元	183697	205930	186740	358484	244658
第一产业增加值	万元	68670	25815	60952	54236	24611
第二产业增加值	万元	38575	48476	42343	41875	165198
一般公共预算收入	万元	6827	5932	6422	7488	10400
一般公共预算支出	万元	157666	137051	160056	328217	215300
住户储蓄存款余额	万元	124800	118800	73099	274735	147110
年末金融机构各项贷款余额	万元	156500	250300	119074	282939	158000
三、农业、工业和通讯						
设施农业种植占地面积	公顷		2		80	930
油料产量	吨	1235	1693	11541	2861	863
棉花产量	吨					
规模以上工业企业	个	5	8	7	1	6
固定电话用户	户	10470	13372	6770	50000	2950
四、教育、卫生和社会保障						
普通中学在校学生	人	2843	2354	1628	3698	3895
小学在校学生	人	3929	2595	4196	10068	5504
医疗卫生机构床位	床	198	413	314	1266	382
提供住宿的社会工作机构	个	1	1	2	2	4
提供住宿的社会工作机构床位	床	60	120	95	130	565

2019年县(市)社会经济主要指标

青海省

指　　标	单位	泽库县	河南蒙古族自治县	共和县	同德县	贵德县
一、基本情况						
行政区域面积	平方公里	6765	6700	17209	4653	3600
乡	个	3	4	4	3	3
镇	个	4	2	7	2	4
街道办事处	个	10	1			
户籍人口	人	78575	40688	132575	66369	112003
第二产业从业人员	人	921	364	3526	1372	11749
第三产业从业人员	人	3914	4133	8660	2558	13165
二、综合经济						
地区生产总值	万元	185124	184100	834257	149784	330202
第一产业增加值	万元	94103	85900	103846	93451	38759
第二产业增加值	万元	39680	34800	418551	19385	195159
一般公共预算收入	万元	3385	3282	23412	3604	36600
一般公共预算支出	万元	239022	168337	310855	138366	207800
住户储蓄存款余额	万元	56256	65789	390193	70436	261700
年末金融机构各项贷款余额	万元	126315	85265	634430	120525	233700
三、农业、工业和通讯						
设施农业种植占地面积	公顷			33	31	207
油料产量	吨	1360		11289	1164	5620
棉花产量	吨					
规模以上工业企业	个	2	5	33		4
固定电话用户	户	2986	2895	28497	5178	15400
四、教育、卫生和社会保障						
普通中学在校学生	人	4597	1859	5647	2821	4336
小学在校学生	人	8883	3429	12362	6207	9498
医疗卫生机构床位	床	403	326	397	545	971
提供住宿的社会工作机构	个	2	3	3	4	2
提供住宿的社会工作机构床位	床	130	187	209	262	187

2019年县(市)社会经济主要指标

青海省

指　　标	单位	兴海县	贵南县	玛沁县	班玛县	甘德县
一、基本情况						
行政区域面积	平方公里	12178	6650	13400	6139	7046
乡	个	4	3	6	8	6
镇	个	3	3	2	1	1
街道办事处	个					
户籍人口	人	82314	81259	48445	31310	40158
第二产业从业人员	人	418	377	1475	419	4726
第三产业从业人员	人	3423	9998	13650	2908	2600
二、综合经济						
地区生产总值	万元	243149	189209	168749	46755	39162
第一产业增加值	万元	96403	103416	26624	12783	11802
第二产业增加值	万元	76317	29844	52312	14624	13673
一般公共预算收入	万元	9152	4904	4102	1820	1674
一般公共预算支出	万元	161663	193915	167912	137080	128609
住户储蓄存款余额	万元	112033	46314	112305	40301	27147
年末金融机构各项贷款余额	万元	142590	115400	23713	23715	36111
三、农业、工业和通讯						
设施农业种植占地面积	公顷	5	12		1	
油料产量	吨	6301	5588	10		
棉花产量	吨					
规模以上工业企业	个	5		3		
固定电话用户	户	5978	7430	6900	1200	1146
四、教育、卫生和社会保障						
普通中学在校学生	人	5562	3124	2703	1407	1837
小学在校学生	人	7564	7366	6248	3466	4427
医疗卫生机构床位	床	341	707	117	118	184
提供住宿的社会工作机构	个	2	2	2	7	9
提供住宿的社会工作机构床位	床	194	82	181	294	486

2019年县(市)社会经济主要指标

青海省

指　标	单位	达日县	久治县	玛多县	玉树市	杂多县
一、基本情况						
行政区域面积	平方公里	14842	8757	26248	15411	35500
乡	个	9	5	2	6	7
镇	个	1	1	2	2	1
街道办事处	个				4	
户籍人口	人	38004	28493	15845	113776	70623
第二产业从业人员	人	23	127	246	367	180
第三产业从业人员	人	2162	1630	863	4023	1820
二、综合经济						
地区生产总值	万元	42219	52225	36117	170709	118837
第一产业增加值	万元	10959	14306	7464	67548	84959
第二产业增加值	万元	16240	16702	13109	13214	10197
一般公共预算收入	万元	2085	1625	1345	10610	1510
一般公共预算支出	万元	154742	110273	103540	281906	183987
住户储蓄存款余额	万元	29749	33227	22182	306565	98211
年末金融机构各项贷款余额	万元	38597	27053	22182	367132	34893
三、农业、工业和通讯						
设施农业种植占地面积	公顷				67	13
油料产量	吨					
棉花产量	吨					
规模以上工业企业	个		1			
固定电话用户	户	1312	2492	1242	23764	2567
四、教育、卫生和社会保障						
普通中学在校学生	人	1127	1298	452	6336	3928
小学在校学生	人	5078	3715	1339	14198	11265
医疗卫生机构床位	床	166	115	74	356	271
提供住宿的社会工作机构	个	9	5	2	19	5
提供住宿的社会工作机构床位	床	362	154	143	732	182

2019年县(市)社会经济主要指标

青海省

指　标	单位	称多县	治多县	囊谦县	曲麻莱县	格尔木市
一、基本情况						
行政区域面积	平方公里	14618	80642	12741	46636	119263
乡	个	2	5	9	5	2
镇	个	5	1	1	1	2
街道办事处	个					5
户籍人口	人	66332	34637	101126	34111	137719
第二产业从业人员	人	1126	56		1197	17660
第三产业从业人员	人	1992	3215	3592	1926	45800
二、综合经济						
地区生产总值	万元	58895	72842	102310	74605	3772747
第一产业增加值	万元	27664	49257	67692	47311	56405
第二产业增加值	万元	6378	7372	11439	5575	2512206
一般公共预算收入	万元	1470	1790	3102	1295	157416
一般公共预算支出	万元	199593	143054	323494	148993	451998
住户储蓄存款余额	万元	48589	51039	89050	40500	1264959
年末金融机构各项贷款余额	万元	21685	25355	69038	23826	3345029
三、农业、工业和通讯						
设施农业种植占地面积	公顷		4		3	642
油料产量	吨	576		241		107
棉花产量	吨					
规模以上工业企业	个					68
固定电话用户	户	2386	2400	3250	3351	10067
四、教育、卫生和社会保障						
普通中学在校学生	人	2599	1745	4356	1540	12060
小学在校学生	人	7490	4160	11704	3875	18811
医疗卫生机构床位	床	331	219	408	144	1573
提供住宿的社会工作机构	个	10	6	12	7	3
提供住宿的社会工作机构床位	床	446	569	261	240	122

2019年县(市)社会经济主要指标

青海省

指　　标	单位	德令哈市	茫崖市	乌兰县	都兰县	天峻县
一、基本情况						
行政区域面积	平方公里	27700	49859	12256	45270	25989
乡	个	1			4	7
镇	个	3	3	4	4	3
街道办事处	个	3				
户籍人口	人	73408	30417	34916	71813	23256
第二产业从业人员	人	5151	5120	1988	965	1228
第三产业从业人员	人	12587	3841	2666	3312	2394
二、综合经济						
地区生产总值	万元	873316	680010	229000	404152	200400
第一产业增加值	万元	70735	1917	47300	147631	46600
第二产业增加值	万元	433357	630275	135600	154226	91300
一般公共预算收入	万元	40181	19269	18632	17559	15966
一般公共预算支出	万元	258730	104519	131672	190067	105795
住户储蓄存款余额	万元	482800	88331	106036	161848	64898
年末金融机构各项贷款余额	万元	1512800	25195	138679	191192	120257
三、农业、工业和通讯						
设施农业种植占地面积	公顷	453		79	113	2
油料产量	吨	385		616	6145	
棉花产量	吨					
规模以上工业企业	个	32	13	9	13	4
固定电话用户	户	31081	5430	10389	13498	4344
四、教育、卫生和社会保障						
普通中学在校学生	人	2801	487	1706	3790	1043
小学在校学生	人	6293	655	2210	5751	2009
医疗卫生机构床位	床	726	205	150	370	118
提供住宿的社会工作机构	个	2		3	2	2
提供住宿的社会工作机构床位	床	168		150	100	75

2019年县(市)社会经济主要指标

宁夏回族自治区

指　　标	单位	永宁县	贺兰县	灵武市	平罗县	盐池县
一、基本情况						
行政区域面积	平方公里	1194	1537	3846	2634	8377
乡	个	1	1	2	6	4
镇	个	5	4	6	7	4
街道办事处	个	1	1	1		1
户籍人口	人	247529	249152	250578	310989	172975
第二产业从业人员	人	22721	34268	61174	36860	13414
第三产业从业人员	人	62626	84847	80429	64409	50881
二、综合经济						
地区生产总值	万元	1008884	1389486	5173836	1676937	1056400
第一产业增加值	万元	162130	174517	112699	206709	85300
第二产业增加值	万元	262640	446347	4303432	824566	550700
一般公共预算收入	万元	71733	120927	271595	82751	87638
一般公共预算支出	万元	364805	326333	692938	383228	376900
住户储蓄存款余额	万元	1152530	1417236	1304153	1236833	718945
年末金融机构各项贷款余额	万元	1370467	1194500	1803102	1225106	745169
三、农业、工业和通讯						
设施农业种植占地面积	公顷	2260	2940	15667	660	424
油料产量	吨	8	692	306	15216	1626
棉花产量	吨					
规模以上工业企业	个	51	73		109	57
固定电话用户	户	11630	32968	29980	15681	6086
四、教育、卫生和社会保障						
普通中学在校学生	人	18522	14802	15466	16600	8584
小学在校学生	人	24058	23622	22189	19497	12194
医疗卫生机构床位	床	638	902	1344	1316	676
提供住宿的社会工作机构	个	9	4	4	8	13
提供住宿的社会工作机构床位	床	1195	686	1500	1679	1266

2019年县(市)社会经济主要指标

宁夏回族自治区

指　　标	单位	同心县	青铜峡市	西吉县	隆德县	泾源县
一、基本情况						
行政区域面积	平方公里	5667	2325	4000	991	1443
乡	个	4		15	10	4
镇	个	7	8	4	3	3
街道办事处	个		1			
户籍人口	人	382532	278127	477242	156023	118777
第二产业从业人员	人	10220	37484	8490	8713	6247
第三产业从业人员	人	40095	54945	44486	21482	18006
二、综合经济						
地区生产总值	万元	918329	1264699	695381	317070	204172
第一产业增加值	万元	138223	197029	175961	60848	31190
第二产业增加值	万元	324280	641158	104082	55396	36624
一般公共预算收入	万元	28255	72381	18028	10121	11389
一般公共预算支出	万元	567026	321069	593306	297653	205400
住户储蓄存款余额	万元	665258	1052333	568842	373244	235397
年末金融机构各项贷款余额	万元	1103596	1546800	652600	278811	228526
三、农业、工业和通讯						
设施农业种植占地面积	公顷	9123	2180	501	813	6
油料产量	吨	4978		15179	4050	492
棉花产量	吨					
规模以上工业企业	个	62	90	7	6	1
固定电话用户	户	14120	14244	4610	2240	3875
四、教育、卫生和社会保障						
普通中学在校学生	人	27154	14630	29872	8360	7035
小学在校学生	人	39892	16643	34180	10364	8429
医疗卫生机构床位	床	1356	870	1643	909	491
提供住宿的社会工作机构	个	6	2	2	8	4
提供住宿的社会工作机构床位	床	600	254	1177	1022	566

2019年县(市)社会经济主要指标

宁夏回族自治区、新疆维吾尔自治区

指　　标	单位	彭阳县	中宁县	海原县	乌鲁木齐县	高昌区
一、基本情况						
行政区域面积	平方公里	3238	4307	6378	4211	13651
乡	个	8	6	12	3	4
镇	个	4	6	5	3	5
街道办事处	个				2	4
户籍人口	人	249573	351577	451550	52406	287440
第二产业从业人员	人	11844	28511	9846	1382	15784
第三产业从业人员	人	30516	65427	55567	6287	78929
二、综合经济						
地区生产总值	万元	641928	1713557	761704	268343	1178872
第一产业增加值	万元	141501	203788	138419	73987	243005
第二产业增加值	万元	197486	950390	135438	57181	191577
一般公共预算收入	万元	28655	87306	21000	60020	105007
一般公共预算支出	万元	373678	481319	585814	139478	346136
住户储蓄存款余额	万元	367064	1197676	458482	114721	737554
年末金融机构各项贷款余额	万元	411661	1844330	601800	124685	1054932
三、农业、工业和通讯						
设施农业种植占地面积	公顷	1001	263	410	153	6410
油料产量	吨	4147	4647	12320	936	
棉花产量	吨					203
规模以上工业企业	个	7	48	5	8	48
固定电话用户	户	5101	24635	14500	8134	63946
四、教育、卫生和社会保障						
普通中学在校学生	人	12769	23389	28803	2028	16082
小学在校学生	人	14183	29095	39317	3971	32872
医疗卫生机构床位	床	912	1268	1446	165	2058
提供住宿的社会工作机构	个	7	6	4	1	1
提供住宿的社会工作机构床位	床	727	1456	773	100	90

2019年县(市)社会经济主要指标

新疆维吾尔自治区

指　　标	单位	鄯善县	托克逊县	伊州区	巴里坤哈萨克自治县	伊吾县
一、基本情况						
行政区域面积	平方公里	39548	16561	80791	36901	19519
乡	个	3	1	12	7	4
镇	个	7	7	7	5	3
街道办事处	个			5		
户籍人口	人	221407	118631	431039	105441	21070
第二产业从业人员	人	20036	18146	57080	6519	5183
第三产业从业人员	人	69112	34785	214266	29394	7414
二、综合经济						
地区生产总值	万元	1636841	1029096	4495518	786806	700000
第一产业增加值	万元	188456	108245	267291	100353	46000
第二产业增加值	万元	939891	564893	2383538	435177	549000
一般公共预算收入	万元	169922	160880	300563	58506	102018
一般公共预算支出	万元	314821	292684	577896	213990	181475
住户储蓄存款余额	万元	807250	305124	3854589	232291	90240
年末金融机构各项贷款余额	万元	776317	476928	6161255	407342	61270
三、农业、工业和通讯						
设施农业种植占地面积	公顷	1818	425	842	34	16
油料产量	吨		4622	362	3644	2
棉花产量	吨	1000	7200	44579	393	26
规模以上工业企业	个	45	46	94	23	17
固定电话用户	户	63734	22806	141793	12664	7216
四、教育、卫生和社会保障						
普通中学在校学生	人	14856	7011	26168	3141	1202
小学在校学生	人	24114	11609	31441	5115	1818
医疗卫生机构床位	床	915	610	2691	222	245
提供住宿的社会工作机构	个	1		7	2	3
提供住宿的社会工作机构床位	床	152		905	330	168

2019年县(市)社会经济主要指标

新疆维吾尔自治区

指　　标	单位	昌吉市	阜康市	呼图壁县	玛纳斯县	奇台县
一、基本情况						
行政区域面积	平方公里	8215	8529	9518	9154	16645
乡	个	2	3	1	4	6
镇	个	8	4	6	7	9
街道办事处	个	6	3			
户籍人口	人	393983	162042	206987	239180	198087
第二产业从业人员	人	31527	33231	11162	16455	5850
第三产业从业人员	人	81815	38901	27650	6358	12769
二、综合经济						
地区生产总值	万元	4020391	1938518	1445213	1466743	1679838
第一产业增加值	万元	384290	278633	442366	409660	333159
第二产业增加值	万元	1227628	1077461	408136	485755	655076
一般公共预算收入	万元	392393	221363	100110	105440	74482
一般公共预算支出	万元	589618	289140	234684	231767	282363
住户储蓄存款余额	万元	3545724	853690	716467	722178	976387
年末金融机构各项贷款余额	万元	6158864	153200	935662	910584	1473141
三、农业、工业和通讯						
设施农业种植占地面积	公顷	131	271	131	20	
油料产量	吨	1363	1495	895	1015	26076
棉花产量	吨	61332	25204	108501	110008	
规模以上工业企业	个	117	52	46	40	30
固定电话用户	户	133420	47963	26761	23594	42710
四、教育、卫生和社会保障						
普通中学在校学生	人	30547	7729	7551	6017	9907
小学在校学生	人	33759	9029	10513	7351	13168
医疗卫生机构床位	床	2009	761	1019	751	874
提供住宿的社会工作机构	个	7	1	4	1	9
提供住宿的社会工作机构床位	床	815	254	420	250	597

2019年县(市)社会经济主要指标

新疆维吾尔自治区

指　　标	单位	吉木萨尔县	木垒哈萨克自治县	博乐市	阿拉山口市	精河县
一、基本情况						
行政区域面积	平方公里	8144	22171	7990	1204	11187
乡	个	3	7	1		1
镇	个	6	4	4	1	4
街道办事处	个			5	3	
户籍人口	人	136935	86228	258581	1823	115656
第二产业从业人员	人	17249	3879	4916	8601	6158
第三产业从业人员	人	16142	13618	41591	910	25765
二、综合经济						
地区生产总值	万元	2518500	402519	1645500	794863	832299
第一产业增加值	万元	172500	101331	331200		266839
第二产业增加值	万元	2001000	73601	437900	206376	207643
一般公共预算收入	万元	72400	49469	114700	63064	51320
一般公共预算支出	万元	299400	177795	402700	129299	300233
住户储蓄存款余额	万元	500925	262898	1178500		458936
年末金融机构各项贷款余额	万元	664821	397354	1777200	49800	648741
三、农业、工业和通讯						
设施农业种植占地面积	公顷	60		134		115
油料产量	吨	7469	5492	267		1275
棉花产量	吨	456		58800		120100
规模以上工业企业	个	52	13	44	36	26
固定电话用户	户	31488	12941	75400	3456	16115
四、教育、卫生和社会保障						
普通中学在校学生	人	3363	2816	11193	275	4003
小学在校学生	人	7314	4975	16037	598	9410
医疗卫生机构床位	床	746	410	1638	100	508
提供住宿的社会工作机构	个	5	1	1		1
提供住宿的社会工作机构床位	床	371	200	138		291

2019年县(市)社会经济主要指标

新疆维吾尔自治区

指　　标	单位	温泉县	库尔勒市	轮台县	尉犁县	若羌县
一、基本情况						
行政区域面积	平方公里	5886	7379	14182	59192	202298
乡	个	3	9	7	5	3
镇	个	3	3	4	3	5
街道办事处	个		7			
户籍人口	人	72440	477710	115275	107487	34441
第二产业从业人员	人		33590	6923	2462	8278
第三产业从业人员	人		56663	9354	13334	7890
二、综合经济						
地区生产总值	万元	270255	7036588	618537	669978	582947
第一产业增加值	万元	84571	354698	185414	314216	97429
第二产业增加值	万元	44080	4832468	157667	65954	366427
一般公共预算收入	万元	14280	337963	91111	29573	74126
一般公共预算支出	万元	184778	535508	217767	186545	164356
住户储蓄存款余额	万元	170338	5234298	417205	386239	174910
年末金融机构各项贷款余额	万元	212303	4939190	494548	440639	343635
三、农业、工业和通讯						
设施农业种植占地面积	公顷	5	266		153	103
油料产量	吨	3589	10	398	34	97
棉花产量	吨		124467	115395	145441	3755
规模以上工业企业	个	6	78	27	11	9
固定电话用户	户	9793	209607	17000	26416	3692
四、教育、卫生和社会保障						
普通中学在校学生	人	2091	29151	6956	4352	1808
小学在校学生	人	3300	50625	16818	7031	3048
医疗卫生机构床位	床	339	4279	783	390	200
提供住宿的社会工作机构	个	1	12	2	2	1
提供住宿的社会工作机构床位	床	66	1889	254	174	120

2019年县(市)社会经济主要指标

新疆维吾尔自治区

指　标	单位	且末县	焉耆回族自治县	和静县	和硕县	博湖县
一、基本情况						
行政区域面积	平方公里	138665	2571	34978	12740	3593
乡	个	7	4	4	4	5
镇	个	6	4	8	3	2
街道办事处	个					
户籍人口	人	71069	130270	184959	66220	58671
第二产业从业人员	人	5920	9223	3438	2238	1834
第三产业从业人员	人	7520	25827	4373	3124	5904
二、综合经济						
地区生产总值	万元	296930	674931	932195	406356	274956
第一产业增加值	万元	81139	182218	214113	202191	110855
第二产业增加值	万元	28577	212755	390474	49336	37082
一般公共预算收入	万元	31961	34156	74831	18718	17889
一般公共预算支出	万元	198925	178275	264042	153389	120060
住户储蓄存款余额	万元	208189	519280	538301	244458	214620
年末金融机构各项贷款余额	万元	217095	397544	465152	176284	582617
三、农业、工业和通讯						
设施农业种植占地面积	公顷	39		536	921	1177
油料产量	吨	47	2740	1252	1552	1975
棉花产量	吨	15811	245		13440	8596
规模以上工业企业	个	4	15	30	13	7
固定电话用户	户	10947	18208	23717	7060	8102
四、教育、卫生和社会保障						
普通中学在校学生	人	3711	6226	7974	2996	924
小学在校学生	人	7114	11736	14067	4622	3876
医疗卫生机构床位	床	647	827	796	352	354
提供住宿的社会工作机构	个	2	5	8	2	
提供住宿的社会工作机构床位	床	330	613	569	120	

2019年县(市)社会经济主要指标

新疆维吾尔自治区

指　　标	单位	阿克苏市	温宿县	库车县	沙雅县	新和县
一、基本情况						
行政区域面积	平方公里	15033	14335	14603	31848	5821
乡	个	4	5	6	4	4
镇	个	2	8	8	7	4
街道办事处	个	7		4		
户籍人口	人	516180	235040	486666	263280	193640
第二产业从业人员	人	19386	3792	21082	4728	3256
第三产业从业人员	人	60510	15280	53748	11974	13636
二、综合经济						
地区生产总值	万元	2403808	806214	2695300	795809	552271
第一产业增加值	万元	242120	250727	248600	185083	152208
第二产业增加值	万元	572558	190453	1498000	237389	103455
一般公共预算收入	万元	208850	51603	414937	158595	50532
一般公共预算支出	万元	617811	367882	710823	485095	301832
住户储蓄存款余额	万元	4303933	640030	1462758	551477	294973
年末金融机构各项贷款余额	万元	4225324	1071000	1648717	1161466	494440
三、农业、工业和通讯						
设施农业种植占地面积	公顷	1403	311	907	478	520
油料产量	吨	22	366	1124	1982	574
棉花产量	吨	99300	62500	201300	231268	106300
规模以上工业企业	个	73	28	55	23	10
固定电话用户	户	89678	18674	27297	8066	8362
四、教育、卫生和社会保障						
普通中学在校学生	人	34918	14882	35329	22000	12519
小学在校学生	人	68636	27441	59502	31275	26748
医疗卫生机构床位	床	1354	837	2076	1003	1290
提供住宿的社会工作机构	个	3	2	3	1	11
提供住宿的社会工作机构床位	床	1028	334	784	180	529

2019年县(市)社会经济主要指标

新疆维吾尔自治区

指　　标	单位	拜城县	乌什县	阿瓦提县	柯坪县	阿图什市
一、基本情况						
行政区域面积	平方公里	19100	9082	13018	8912	16161
乡	个	10	6	3	2	6
镇	个	4	3	5	3	1
街道办事处	个					3
户籍人口	人	238892	232652	267928	54836	285357
第二产业从业人员	人	23496	4485	8989	731	17258
第三产业从业人员	人	26531	13815	31123	906	25987
二、综合经济						
地区生产总值	万元	805400	360922	596850	129000	647309
第一产业增加值	万元	143300	110361	181560	27600	82762
第二产业增加值	万元	397600	58888	99200	39000	132963
一般公共预算收入	万元	161400	18138	26805	7000	41500
一般公共预算支出	万元	385300	382501	384341	150238	529400
住户储蓄存款余额	万元	569200	270346	408639	60437	1036200
年末金融机构各项贷款余额	万元	305400	362904	671690	63165	1005700
三、农业、工业和通讯						
设施农业种植占地面积	公顷	153	266	404	20	72
油料产量	吨	7299	6052	233		14
棉花产量	吨	600	29	154000	13900	10063
规模以上工业企业	个	35	9	8	6	14
固定电话用户	户	17500	2145	7932	2107	19846
四、教育、卫生和社会保障						
普通中学在校学生	人	14441	8830	15656	2706	22292
小学在校学生	人	26093	27795	32061	8041	35411
医疗卫生机构床位	床	1329	650	918	380	2445
提供住宿的社会工作机构	个	7	14	4	5	3
提供住宿的社会工作机构床位	床	950	572	414	200	310

2019年县(市)社会经济主要指标

新疆维吾尔自治区

指　　标	单位	阿克陶县	阿合奇县	乌恰县	喀什市	疏附县
一、基本情况						
行政区域面积	平方公里	24046	12737	22000	1059	2708
乡	个	10	5	9	9	6
镇	个	2	1	2	2	4
街道办事处	个				8	10
户籍人口	人	230340	46002	58531	656900	281469
第二产业从业人员	人	9956	1280	4261	51826	20150
第三产业从业人员	人	23658	6720	3986	152852	32010
二、综合经济						
地区生产总值	万元	446108	137511	359579	2279354	470425
第一产业增加值	万元	72141	12020	11869	84654	172100
第二产业增加值	万元	133285	29732	180732	468000	67464
一般公共预算收入	万元	40761	9496	48342	152600	23058
一般公共预算支出	万元	585037	190478	276823	954600	449658
住户储蓄存款余额	万元	274811	70202	97241	2616600	210250
年末金融机构各项贷款余额	万元	329179	86632	142936	3267200	272300
三、农业、工业和通讯						
设施农业种植占地面积	公顷	179	38		499	367
油料产量	吨	121	106	30		389
棉花产量	吨	7940			23412	8616
规模以上工业企业	个	9	1	9	28	9
固定电话用户	户	7555	1725	3586	87700	10930
四、教育、卫生和社会保障						
普通中学在校学生	人	16246	1810	2184	49100	19544
小学在校学生	人	31635	4489	6039	103397	34420
医疗卫生机构床位	床	1171	320	551	6112	1259
提供住宿的社会工作机构	个	2	2	2	10	8
提供住宿的社会工作机构床位	床	400	160	196	1243	940

2019年县(市)社会经济主要指标

新疆维吾尔自治区

指　　标	单位	疏勒县	英吉沙县	泽普县	莎车县	叶城县
一、基本情况						
行政区域面积	平方公里	2398	3425	988	8957	29359
乡	个	12	10	11	15	17
镇	个	3	4	2	14	3
街道办事处	个				5	
户籍人口	人	378465	307083	225661	891392	550389
第二产业从业人员	人	28495	11976	17188	27423	26185
第三产业从业人员	人	53822	51835	29950	152042	53154
二、综合经济						
地区生产总值	万元	687475	456760	446131	1202148	999390
第一产业增加值	万元	265771	131569	169917	416550	359272
第二产业增加值	万元	110758	88727	60784	175682	164163
一般公共预算收入	万元	35040	18663	26274	57212	52704
一般公共预算支出	万元	628074	497943	268006	1209960	906700
住户储蓄存款余额	万元	464219	121753	529384	912203	636141
年末金融机构各项贷款余额	万元	422472	177399	278617	918278	516875
三、农业、工业和通讯						
设施农业种植占地面积	公顷	1113	936	101		2573
油料产量	吨		1136	725	494	612
棉花产量	吨	86564	25644	12771	88779	31300
规模以上工业企业	个	26	13	9	20	38
固定电话用户	户	9475	4130	10523	18474	20098
四、教育、卫生和社会保障						
普通中学在校学生	人	16201	23924	13901	41488	46092
小学在校学生	人	49751	46667	29609	150916	82117
医疗卫生机构床位	床	1569	1199	1604	2875	3550
提供住宿的社会工作机构	个	237	1	7	27	9
提供住宿的社会工作机构床位	床	2200	380	660	3997	896

2019年县(市)社会经济主要指标

新疆维吾尔自治区

指　　标	单位	麦盖提县	岳普湖县	伽师县	巴楚县	塔什库尔干塔吉克自治县
一、基本情况						
行政区域面积	平方公里	10883	3327	6528	18900	25000
乡	个	8	5	7	8	10
镇	个	2	4	6	4	2
街道办事处	个					
户籍人口	人	238984	173975	444969	371514	41188
第二产业从业人员	人	8435	6615	24193	19444	3510
第三产业从业人员	人	19681	15300	17129	69382	3120
二、综合经济						
地区生产总值	万元	582777	321663	649084	693673	167819
第一产业增加值	万元	287819	82194	236301	247049	9570
第二产业增加值	万元	52310	48816	129274	135622	50657
一般公共预算收入	万元	20606	17842	37270	32742	14400
一般公共预算支出	万元	386121	337559	682455	610862	233877
住户储蓄存款余额	万元	376893	205493	363810	551543	67454
年末金融机构各项贷款余额	万元	433795	235852	349151	582640	116344
三、农业、工业和通讯						
设施农业种植占地面积	公顷	248	50	219	268	
油料产量	吨	4500				
棉花产量	吨	71968	68000	142600	142056	757
规模以上工业企业	个	7	10	13	12	2
固定电话用户	户	3484	1320	23488	22000	1180
四、教育、卫生和社会保障						
普通中学在校学生	人	15327	6000	30120	17546	2895
小学在校学生	人	32900	20049	74959	53989	3945
医疗卫生机构床位	床	1537	665	1237	1686	206
提供住宿的社会工作机构	个	4		3	5	2
提供住宿的社会工作机构床位	床	873		510	394	120

2019年县(市)社会经济主要指标

新疆维吾尔自治区

指　　标	单位	和田市	和田县	墨玉县	皮山县	洛浦县
一、基本情况						
行政区域面积	平方公里	585	41080	25608	39464	14114
乡	个	5	10	11	10	6
镇	个	3	2	5	6	3
街道办事处	个	4		3	1	1
户籍人口	人	410190	355285	650548	322187	296742
第二产业从业人员	人	11459	17123	50623	16252	21982
第三产业从业人员	人	63679	23748	29988	7125	20935
二、综合经济						
地区生产总值	万元	1076629	424588	734462	374786	394884
第一产业增加值	万元	37395	119464	214740	96755	79940
第二产业增加值	万元	146280	81275	125613	47651	76580
一般公共预算收入	万元	101600	32335	30837	22619	33895
一般公共预算支出	万元	651000	648152	875437	549537	510009
住户储蓄存款余额	万元	1406900	281022	47675	235800	291741
年末金融机构各项贷款余额	万元	944400	161103	536365	294235	349588
三、农业、工业和通讯						
设施农业种植占地面积	公顷	350	656			157
油料产量	吨	75	990	1298	196	568
棉花产量	吨	115	1138	2837	1276	24
规模以上工业企业	个	17	15	5	6	8
固定电话用户	户	46600	37874	30200	14096	5010
四、教育、卫生和社会保障						
普通中学在校学生	人	23119	21578	24043	18041	15701
小学在校学生	人	76265	57699	98052	40762	45586
医疗卫生机构床位	床	2418	1269	3182	1263	1555
提供住宿的社会工作机构	个	12	12	12	13	14
提供住宿的社会工作机构床位	床	2191	1314	830	848	1214

2019年县(市)社会经济主要指标

新疆维吾尔自治区

指　　标	单位	策勒县	于田县	民丰县	伊宁市	奎屯市
一、基本情况						
行政区域面积	平方公里	31592	39033	56703	761	1171
乡	个	6	13	6	5	1
镇	个	2	2	1	4	
街道办事处	个	1	2	1	8	5
户籍人口	人	168903	288620	38240	582744	154100
第二产业从业人员	人	4206	18201	562	36365	8712
第三产业从业人员	人	25243	10005	1091	129423	27714
二、综合经济						
地区生产总值	万元	252861	380605	137653	2729426	1871945
第一产业增加值	万元	72378	91603	26605	65642	77881
第二产业增加值	万元	28950	57719	13776	616311	998633
一般公共预算收入	万元	12957	29525	13329	235057	112100
一般公共预算支出	万元	439788	589666	158956	541288	243000
住户储蓄存款余额	万元	162237	241016	68378	2860242	2536400
年末金融机构各项贷款余额	万元	177726	255185	61303	5660496	2751900
三、农业、工业和通讯						
设施农业种植占地面积	公顷	84	163	62	810	
油料产量	吨	1261	1827		543	92
棉花产量	吨	914	5680	230		20977
规模以上工业企业	个	1	6		27	34
固定电话用户	户	6120	18254	4805	145300	79100
四、教育、卫生和社会保障						
普通中学在校学生	人	6505	15867	2096	44285	15632
小学在校学生	人	19618	38958	3760	62256	11832
医疗卫生机构床位	床	760	1400	302	6577	2426
提供住宿的社会工作机构	个	7	11	2	3	8
提供住宿的社会工作机构床位	床	670	781	62	218	1859

2019年县(市)社会经济主要指标

新疆维吾尔自治区

指　标	单位	霍尔果斯市	伊宁县	察布查尔锡伯自治县	霍城县	巩留县
一、基本情况						
行政区域面积	平方公里	1909	6153	4469	2916	4327
乡	个	1	10	7	4	2
镇	个		8	6	5	6
街道办事处	个	4				
户籍人口	人	65227	421375	192922	334721	186750
第二产业从业人员	人	1008	16753	11642	5641	8680
第三产业从业人员	人	11969	21937	11664	45558	25978
二、综合经济						
地区生产总值	万元	1934642	861604	625971	909233	542875
第一产业增加值	万元	79026	298831	270059	277770	189436
第二产业增加值	万元	123070	216477	89223	156064	130655
一般公共预算收入	万元	262204	48565	32319	38987	18972
一般公共预算支出	万元	301924	302978	232281	285223	196490
住户储蓄存款余额	万元	111911	405010	336156	717702	306659
年末金融机构各项贷款余额	万元	136995	985820	441025	547399	211943
三、农业、工业和通讯						
设施农业种植占地面积	公顷	21	161	478	148	120
油料产量	吨	140	4775	13916	3481	2383
棉花产量	吨	656		660	317	
规模以上工业企业	个	13	25	18	13	8
固定电话用户	户	13763	37800	32966	39787	25980
四、教育、卫生和社会保障						
普通中学在校学生	人	2384	15693	9442	16956	11840
小学在校学生	人	3028	47774	16658	25942	20436
医疗卫生机构床位	床	110	1722	746	983	778
提供住宿的社会工作机构	个	1	4	7	3	1
提供住宿的社会工作机构床位	床	60	410	366	220	270

2019年县(市)社会经济主要指标

新疆维吾尔自治区

指　　标	单位	新源县	昭苏县	特克斯县	尼勒克县	塔城市
一、基本情况						
行政区域面积	平方公里	7581	11128	8067	10130	4356
乡	个	2	5	3	7	4
镇	个	9	5	5	4	2
街道办事处	个					3
户籍人口	人	314744	177131	166337	179506	147977
第二产业从业人员	人	21081	6470	9408	14153	2657
第三产业从业人员	人	30093	19573	19212	27986	19645
二、综合经济						
地区生产总值	万元	1099510	431377	343695	556775	901500
第一产业增加值	万元	311169	205579	113296	164699	246000
第二产业增加值	万元	391791	31731	29999	154703	141300
一般公共预算收入	万元	53564	16878	20000	29073	45700
一般公共预算支出	万元	297238	230120	136901	219840	246100
住户储蓄存款余额	万元	639527	221064	211935	268361	816100
年末金融机构各项贷款余额	万元	603799	254035	199979	319171	1140500
三、农业、工业和通讯						
设施农业种植占地面积	公顷	252	24	558	107	66
油料产量	吨	3292	47492	9527	8554	2600
棉花产量	吨					
规模以上工业企业	个	16	3	7	9	7
固定电话用户	户	63736	14132	27806	18000	52700
四、教育、卫生和社会保障						
普通中学在校学生	人	20066	8368	10669	9578	10171
小学在校学生	人	30853	15869	18435	17317	9282
医疗卫生机构床位	床	1580	698	866	788	1273
提供住宿的社会工作机构	个	5	1	2	8	3
提供住宿的社会工作机构床位	床	525	286	299	420	80

2019年县(市)社会经济主要指标

新疆维吾尔自治区

指　　标	单位	乌苏市	额敏县	沙湾县	托里县	裕民县
一、基本情况						
行政区域面积	平方公里	14394	9532	13110	21300	6220
乡	个	7	12	3	4	4
镇	个	10	6	9	3	2
街道办事处	个	5			10	
户籍人口	人	214634	154790	200805	91280	51595
第二产业从业人员	人	5032	1863	19618	4153	902
第三产业从业人员	人	20105	13590	30522	6990	3802
二、综合经济						
地区生产总值	万元	2051268	950005	1401435	430617	180357
第一产业增加值	万元	775182	288665	597735	89362	65776
第二产业增加值	万元	548925	179893	360850	163027	20097
一般公共预算收入	万元	150645	29639	91400	19372	12930
一般公共预算支出	万元	320143	244075	304300	165897	120832
住户储蓄存款余额	万元	1090608	514163	848500	185186	170600
年末金融机构各项贷款余额	万元	1074382	562458	864500	139898	108400
三、农业、工业和通讯						
设施农业种植占地面积	公顷	329		107		40
油料产量	吨	923	273	2188	2600	9723
棉花产量	吨	222997		259966	2200	
规模以上工业企业	个	34	16	40	15	2
固定电话用户	户	19200	35150	44950	13328	10625
四、教育、卫生和社会保障						
普通中学在校学生	人	12760	8813	11012	5778	2037
小学在校学生	人	14915	12702	13218	8784	3980
医疗卫生机构床位	床	1219	681	859	541	220
提供住宿的社会工作机构	个	3	3	6	2	1
提供住宿的社会工作机构床位	床	365	520	464	106	1

2019年县(市)社会经济主要指标

新疆维吾尔自治区

指　　标	单位	和布克赛尔蒙古自治县	阿勒泰市	布尔津县	富蕴县	福海县
一、基本情况						
行政区域面积	平方公里	30600	10826	10345	32186	32035
乡	个	6	6	3	5	3
镇	个	2	5	4	5	3
街道办事处	个		4			
户籍人口	人	51325	196177	71478	96157	65041
第二产业从业人员	人	1298	1398	4010	4078	4998
第三产业从业人员	人	6880	26893	30121	7321	11836
二、综合经济						
地区生产总值	万元	319441	933329	324706	655653	522246
第一产业增加值	万元	41169	126282	36836	61088	203349
第二产业增加值	万元	158522	144419	89407	416455	138401
一般公共预算收入	万元	116148	60037	28969	100000	28928
一般公共预算支出	万元	228446	411313	206055	283184	263120
住户储蓄存款余额	万元	182223	771471	236458	238344	261939
年末金融机构各项贷款余额	万元	128547	1276559	287943	362583	365322
三、农业、工业和通讯						
设施农业种植占地面积	公顷		34	30800	47	36
油料产量	吨	14966	39356	27641	11185	24188
棉花产量	吨	9828				
规模以上工业企业	个	10	10	16	18	10
固定电话用户	户	12420	109618	15850	18064	21883
四、教育、卫生和社会保障						
普通中学在校学生	人	2470	9552	4021	6224	3384
小学在校学生	人	4139	11999	6367	10021	5557
医疗卫生机构床位	床	510	1552	392	485	337
提供住宿的社会工作机构	个	4	1	6	1	2
提供住宿的社会工作机构床位	床	346	500	104	110	299

2019年县(市)社会经济主要指标

新疆维吾尔自治区

指　　标	单位	哈巴河县	青河县	吉木乃县	石河子市	阿拉尔市
一、基本情况						
行政区域面积	平方公里	8186	15743	7146	460	6937
乡	个	4	3	3		1
镇	个	3	5	4	2	9
街道办事处	个	7	5	4	5	4
户籍人口	人	84625	63115	37822	475157	295949
第二产业从业人员	人	5523	3005	1069	48029	35258
第三产业从业人员	人	11543	6915	11920	51055	91374
二、综合经济						
地区生产总值	万元	501501	255332	194184	3593599	3094865
第一产业增加值	万元	85425	37714	13878	168792	1313291
第二产业增加值	万元	263367	84894	88741	1907227	674415
一般公共预算收入	万元	60886	25832	18059	377445	121817
一般公共预算支出	万元	241297	204185	158161	868485	1539410
住户储蓄存款余额	万元	196725	145260	88491	3316756	1775574
年末金融机构各项贷款余额	万元	202551	218855	131442	2944029	2815340
三、农业、工业和通讯						
设施农业种植占地面积	公顷	8			60	961
油料产量	吨	56926	14560	10163	73	1868
棉花产量	吨				46215	363452
规模以上工业企业	个	14	8	6	114	123
固定电话用户	户	20220	14369	12490	127700	41236
四、教育、卫生和社会保障						
普通中学在校学生	人	5938	4179	1839	27569	17434
小学在校学生	人	7702	6692	2692	22612	22692
医疗卫生机构床位	床	550	257	159	5203	2021
提供住宿的社会工作机构	个	1	4	1	15	5
提供住宿的社会工作机构床位	床	240	135	90	3067	550

2019年县(市)社会经济主要指标

新疆维吾尔自治区

指　标	单位	图木舒克市	五家渠市	北屯市	铁门关市
一、基本情况					
行政区域面积	平方公里	3664	740	911	563
乡	个				
镇	个	8	2	3	2
街道办事处	个	3	3	3	
户籍人口	人	245789	98993	53512	39189
第二产业从业人员	人	17327	20511	6993	4419
第三产业从业人员	人	43041	37321	18658	8589
二、综合经济					
地区生产总值	万元	1748850	1821279	473400	764292
第一产业增加值	万元	519844	91070	75023	129921
第二产业增加值	万元	486412	1263740	140946	431132
一般公共预算收入	万元	49321	167512	44007	
一般公共预算支出	万元	1023150	1019094	372401	
住户储蓄存款余额	万元	398763	905781	717844	132984
年末金融机构各项贷款余额	万元	395792	1747013	763802	675015
三、农业、工业和通讯					
设施农业种植占地面积	公顷	192	408		317
油料产量	吨	10661	2005	35802	
棉花产量	吨	171681	36963		49291
规模以上工业企业	个	68	84	31	79
固定电话用户	户	14000	30232	23530	6253
四、教育、卫生和社会保障					
普通中学在校学生	人	19580	15590	4931	1556
小学在校学生	人	32658	7337	4953	2407
医疗卫生机构床位	床	957	885	880	
提供住宿的社会工作机构	个	11	3	4	1
提供住宿的社会工作机构床位	床	1500	846	880	192

按一般公共预算收入分组县（市）资料

按一般公共预算收入分组的社会经济基本情况

指　　标	单位	一般公共预算收入(2019年)			
		1亿元以下	1亿元-5亿元	5亿元-10亿元	10亿元以上
一、基本情况					
县个数	个	158	572	462	893
行政区域面积	平方公里	1701657	3161036	1720328	2422417
乡	个	1046	2708	2349	3101
镇	个	827	3801	4066	9799
街道办事处	个	92	414	484	2239
户籍人口	万人	2401	15618	20877	64225
第二产业从业人员	万人	307	1218	2006	10206
第三产业从业人员	万人	403	1916	2726	10908
二、综合经济					
地区生产总值	万元	88330031	411971669	619807460	3739656091
第一产业增加值	万元	14935915	101896404	128741938	362661801
第二产业增加值	万元	36603292	115789360	208985917	1705526931
一般公共预算收入	万元	657451	16900797	32840433	283988813
一般公共预算支出	万元	30161604	160759341	162852501	551967014
住户储蓄存款余额	万元	70227717	393252222	592124313	2686323589
年末金融机构各项贷款余额	万元	52081749	335335024	480185936	3084282220
三、农业、工业和通讯					
设施农业种植占地面积	公顷	35028	345490	620316	2039885
油料产量	吨	836344	4239941	7322698	18794355
棉花产量	吨	64602	1179251	1003760	2382749
规模以上工业企业	个	3272	13902	26379	195177
固定电话用户	户	2683702	9184233	13117869	57519799
四、教育、卫生和社会保障					
普通中学在校学生	人	952963	7058727	9916867	31408372
小学在校学生	人	1522175	10338549	14603956	46092100
医疗卫生机构床位	床	127103	672854	904434	3046470
提供住宿的社会工作机构	个	1056	6623	8840	23517
提供住宿的社会工作机构床位	床	96616	395995	540775	2373627

一般公共预算收入达10亿元的县(市)分布

(2019年) 单位：万元

省(区、市)	县(市)	一般公共预算收入	省(区、市)	县(市)	一般公共预算收入
北京市	大兴区	1025124		固安县	498675
	怀柔区	431062		永清县	179711
	平谷区	242172		香河县	383728
	密云区	374560		大城县	120997
	延庆区	214461		文安县	131393
天津市	宝坻区	565113		大厂回族自治县	306015
	宁河区	250197		霸州市	284053
	静海区	543818		三河市	612588
	蓟州区	251045	山西省	清徐县	143475
河北省	藁城区	458004		古交市	161072
	鹿泉区	307729		左云县	103497
	栾城区	160870		上党区	202751
	正定县	374221		屯留区	110079
	平山县	195248		襄垣县	175817
	元氏县	101256		长子县	152987
	辛集市	240087		沁源县	131375
	晋州市	104528		沁水县	188270
	新乐市	101808		阳城县	191086
	丰南区	472005		泽州县	235833
	丰润区	302333		高平市	220392
	曹妃甸区	712482		山阴县	150077
	滦南县	140018		怀仁市	130571
	乐亭县	171254		寿阳县	127226
	迁西县	153352		灵石县	201279
	玉田县	122187		介休市	213026
	遵化市	160588		河津市	158100
	迁安市	630100		河曲县	100695
	滦州市	221400		乡宁县	189760
	昌黎县	164311		蒲　县	118235
	永年区	153446		离石区	146126
	成安县	107862		兴　县	177019
	涉　县	134731		柳林县	287588
	武安市	483271		中阳县	117404
	邢台县	125700		孝义市	289237
	宁晋县	120369		汾阳市	162349
	沙河市	127081	内蒙古自治区	土默特左旗	135723
	徐水区	210370		托克托县	107351
	涞源县	111254		和林格尔县	143706
	涿州市	311941		霍林郭勒市	101181
	定州市	243967		东胜区	471931
	高碑店市	145128		达拉特旗	195000
	怀来县	165550		准格尔旗	826000
	滦平县	109979		鄂托克前旗	118767
	宽城满族自治县	109181		鄂托克旗	281151
	沧　县	124146		乌审旗	261132
	肃宁县	112581		伊金霍洛旗	751888
	泊头市	105239		临河区	187500
	任丘市	401618		集宁区	127050
	黄骅市	206811		扎赉特旗	141540
	河间市	128257		锡林浩特市	195375

续表 1　　(2019年)　　单位：万元

省(区、市)	县(市)	一般公共预算收入
	东乌珠穆沁旗	110331
	西乌珠穆沁旗	203971
	阿拉善左旗	122390
辽宁省	康平县	108918
	法库县	119557
	新民市	124077
	普兰店区	161249
	瓦房店市	698013
	庄河市	275429
	岫岩满族自治县	104293
	海城市	325450
	东港市	150142
	凤城市	139931
	凌海市	116386
	大石桥市	223680
	辽阳县	134691
	灯塔市	149576
	大洼区	524697
	盘山县	216411
	凌源市	106227
	绥中县	135955
	兴城市	135914
吉林省	九台区	287536
	农安县	168875
	榆树市	114886
	德惠市	153279
	磐石市	162215
	公主岭市	259595
	梅河口市	381530
	扶余市	108380
	大安市	126012
	延吉市	224105
	敦化市	181020
黑龙江省	饶河县	133644
	肇东市	102077
上海市	奉贤区	4846479
	崇明区	3403699
江苏省	浦口区	620183
	江宁区	2655645
	六合区	411840
	溧水区	705099
	高淳区	345016
	锡山区	897363
	江阴市	2565800
	宜兴市	1238541
	铜山区	517834
	丰　县	284331
	沛　县	449981
	睢宁县	380367
	新沂市	355492
	邳州市	428651
	武进区	1875062
	金坛区	577301
	溧阳市	702736
	吴中区	1756296
	吴江区	2230950
	常熟市	2030175
	张家港市	2470018
	昆山市	4073058
	太仓市	1629666
	通州区	706746
	如东县	577014
	启东市	706527
	如皋市	700134
	海门市	710229
	海安市	626628
	赣榆区	287835
	东海县	240611
	灌云县	225879
	灌南县	235248
	淮安区	251948
	淮阴区	243951
	洪泽区	200545
	涟水县	229483
	盱眙县	190909
	金湖县	224828
	盐都区	365678
	大丰区	510066
	响水县	220047
	滨海县	232014
	阜宁县	277042
	射阳县	286000
	建湖县	301596
	东台市	520016
	邗江区	584306
	江都区	530051
	宝应县	248655
	仪征市	503700
	高邮市	368023
	丹徒区	234050
	丹阳市	620100
	扬中市	340111
	句容市	535045
	姜堰区	385446
	兴化市	397614
	靖江市	577072
	泰兴市	805869
	宿豫区	205069
	沭阳县	479011
	泗阳县	257503

续表 2　　(2019年)　　单位：万元

省(区、市)	县(市)	一般公共预算收入	省(区、市)	县(市)	一般公共预算收入
	泗洪县	263205		玉环市	539248
浙江省	萧山区	2676630		青田县	210229
	余杭区	3914479		缙云县	166468
	富阳区	800008		遂昌县	109590
	临安区	611600	安徽省	长丰县	659768
	桐庐县	337654		肥东县	719470
	淳安县	210871		肥西县	507121
	建德市	311008		庐江县	362502
	鄞州区	2693293		巢湖市	231590
	奉化区	600046		芜湖县	491104
	象山县	462599		繁昌县	322536
	宁海县	660175		南陵县	327832
	余姚市	1072259		无为县	259909
	慈溪市	2016852		怀远县	367032
	永嘉县	395266		五河县	130365
	平阳县	380260		固镇县	201187
	苍南县	424574		凤台县	271134
	泰顺县	101018		寿　县	235712
	瑞安市	796399		当涂县	534867
	乐清市	996893		含山县	200026
	嘉善县	677939		和　县	372394
	海盐县	522800		濉溪县	417702
	海宁市	970200		义安区	368569
	平湖市	884488		枞阳县	165645
	桐乡市	796500		怀宁县	239690
	德清县	656609		太湖县	110751
	长兴县	658269		宿松县	136315
	安吉县	535632		望江县	107833
	柯桥区	1314074		桐城市	313718
	上虞区	895152		潜山市	144249
	新昌县	436635		歙　县	127625
	诸暨市	898144		来安县	341550
	嵊州市	457590		全椒县	310281
	武义县	270277		定远县	195998
	浦江县	192860		凤阳县	341550
	磐安县	106400		天长市	377244
	兰溪市	282838		明光市	213436
	义乌市	1012240		临泉县	286204
	东阳市	699007		太和县	466475
	永康市	599255		阜南县	131016
	衢江区	175233		颍上县	423174
	常山县	117850		界首市	232776
	龙游县	189283		砀山县	122219
	江山市	205409		萧　县	222385
	岱山县	176002		灵璧县	168176
	三门县	181700		泗　县	122503
	天台县	223312		霍邱县	291155
	仙居县	210900		舒城县	256270
	温岭市	782700		金寨县	228111
	临海市	659900		霍山县	103702

续表 3　　(2019年)　　单位：万元

省(区、市)	县(市)	一般公共预算收入	省(区、市)	县(市)	一般公共预算收入
	涡阳县	274321		乐平市	316339
	蒙城县	224251		上栗县	155133
	利辛县	248254		芦溪县	116628
	东至县	167881		柴桑区	234589
	青阳县	100189		武宁县	134563
	郎溪县	293000		修水县	260666
	泾　县	152902		永修县	174771
	宁国市	309037		德安县	137422
	广德市	454717		都昌县	155790
福建省	长乐区	786803		湖口县	211290
	闽侯县	732343		彭泽县	175407
	连江县	529586		瑞昌市	257842
	罗源县	112775		共青城市	149922
	闽清县	157736		庐山市	197080
	永泰县	122908		分宜县	134340
	平潭县	708349		余江区	133069
	福清市	1392012		贵溪市	373912
	仙游县	262014		南康区	233346
	大田县	110522		赣县区	167150
	尤溪县	120948		信丰县	126762
	沙　县	137995		龙南县	151400
	将乐县	107955		于都县	147458
	永安市	270172		会昌县	103168
	惠安县	495749		瑞金市	140141
	安溪县	310195		吉安县	187679
	永春县	122700		吉水县	120402
	德化县	119735		新干县	113900
	石狮市	367535		永丰县	130001
	晋江市	1379111		泰和县	145400
	南安市	500506		遂川县	111864
	漳浦县	260106		安福县	120513
	长泰县	127798		奉新县	159280
	东山县	104443		万载县	165629
	龙海市	529863		上高县	177107
	建阳区	197520		宜丰县	121426
	浦城县	100178		丰城市	496626
	邵武市	188543		樟树市	363272
	武夷山市	130145		高安市	304249
	建瓯市	146904		东乡区	170715
	永定区	163111		南城县	102761
	长汀县	144441		广丰区	303327
	上杭县	273773		广信区	293485
	武平县	142304		玉山县	203834
	霞浦县	128943		铅山县	155110
	福鼎市	298125		弋阳县	115285
江西省	新建区	677746		余干县	120016
	南昌县	1037174		鄱阳县	135335
	安义县	116300		万年县	221856
	进贤县	197126		婺源县	110802
	浮梁县	102800		德兴市	291243

续表 4 (2019年) 单位：万元

省(区、市)	县(市)	一般公共预算收入	省(区、市)	县(市)	一般公共预算收入
山东省	长清区	256307		沂南县	151000
	章丘区	642171		郯城县	140006
	济阳区	269518		沂水县	207000
	平阴县	230135		兰陵县	167819
	商河县	135125		费　县	234000
	即墨区	1118727		平邑县	122770
	胶州市	1013877		莒南县	206000
	平度市	580550		蒙阴县	105430
	莱西市	509591		临沭县	151500
	桓台县	368537		陵城区	115375
	高青县	158055		临邑县	152090
	沂源县	216428		齐河县	329170
	滕州市	680016		平原县	106107
	垦利区	288743		乐陵市	126248
	利津县	179022		禹城市	206290
	广饶县	436178		茌平区	294519
	龙口市	1010077		阳谷县	140975
	莱阳市	222226		莘　县	103968
	莱州市	400017		东阿县	181895
	蓬莱市	330003		冠　县	109503
	招远市	531231		高唐县	121475
	栖霞市	153502		临清市	178238
	海阳市	282020		沾化区	151006
	临朐县	200109		惠民县	144888
	昌乐县	255383		阳信县	135001
	青州市	488811		无棣县	285918
	诸城市	653075		博兴县	303149
	寿光市	944116		邹平市	694778
	安丘市	254800		定陶区	112223
	高密市	500108		曹　县	182013
	昌邑市	320932		单　县	169529
	兖州区	548676		成武县	102106
	微山县	296326		巨野县	285803
	鱼台县	105234		郓城县	322117
	金乡县	158166		鄄城县	104431
	嘉祥县	208432		东明县	219189
	汶上县	150016	河南省	中牟县	572666
	梁山县	180100		巩义市	482117
	曲阜市	250000		荥阳市	500411
	邹城市	777870		新密市	371900
	宁阳县	126970		新郑市	804369
	东平县	124616		登封市	294494
	新泰市	406789		祥符区	109588
	肥城市	404187		杞　县	169699
	文登区	451369		通许县	105417
	荣成市	636018		尉氏县	258271
	乳山市	278898		兰考县	251999
	五莲县	137905		孟津县	180285
	莒　县	233818		新安县	265669

续表 5　　(2019年)　　单位：万元

省(区、市)	县(市)	一般公共预算收入	省(区、市)	县(市)	一般公共预算收入
	栾川县	220155		固始县	155678
	汝阳县	117778		淮阳区	100066
	宜阳县	138699		沈丘县	154190
	洛宁县	117817		郸城县	120019
	伊川县	241569		太康县	121907
	偃师市	245845		鹿邑县	155333
	宝丰县	143354		项城市	134081
	舞钢市	116526		西平县	125328
	汝州市	331999		上蔡县	100500
	安阳县	118969		平舆县	113171
	汤阴县	160639		确山县	122633
	滑　县	138204		泌阳县	126553
	内黄县	102539		遂平县	123000
	林州市	302612		新蔡县	121000
	淇　县	107369		济源市	570669
	新乡县	103661	湖北省	阳新县	181616
	原阳县	223942		大冶市	430200
	卫辉市	119073		郧阳区	103985
	辉县市	234619		丹江口市	125039
	长垣市	302968		夷陵区	241086
	修武县	151689		宜都市	235321
	博爱县	100033		当阳市	181100
	武陟县	153896		枝江市	190118
	沁阳市	178428		襄州区	346913
	孟州市	159888		南漳县	114858
	濮阳县	150059		谷城县	149366
	建安区	381409		老河口市	205181
	鄢陵县	128713		枣阳市	270468
	襄城县	205399		宜城市	173000
	禹州市	230170		沙洋县	100079
	长葛市	321952		钟祥市	206592
	舞阳县	125603		京山市	167500
	临颍县	167066		孝昌县	106656
	陕州区	202225		大悟县	112679
	渑池县	289188		云梦县	141300
	义马市	164016		应城市	171717
	灵宝市	239139		安陆市	116215
	方城县	110673		汉川市	256332
	西峡县	165067		公安县	137749
	镇平县	100367		洪湖市	105501
	内乡县	118008		松滋市	182100
	淅川县	100321		红安县	166442
	唐河县	106306		浠水县	102823
	桐柏县	101283		蕲春县	141300
	邓州市	180158		黄梅县	125091
	民权县	109012		麻城市	208382
	虞城县	108300		武穴市	203319
	夏邑县	100079		嘉鱼县	124685
	永城市	450002		赤壁市	203582

续表 6　　(2019年)　　单位：万元

省(区、市)	县(市)	一般公共预算收入	省(区、市)	县(市)	一般公共预算收入
	广水市	135557		祁阳县	153150
	恩施市	228585		道　县	149737
	利川市	119476		宁远县	190450
	巴东县	103653		蓝山县	107968
	仙桃市	346300		江华瑶族自治县	128095
	潜江市	275016		沅陵县	136537
	天门市	213554		洪江市	128249
湖南省	望城区	1031636		双峰县	131676
	长沙县	2208120		新化县	188598
	浏阳市	1284009		冷水江市	186877
	宁乡市	880252		涟源市	135851
	渌口区	141909		吉首市	165403
	攸　县	207120		凤凰县	114429
	茶陵县	140215		龙山县	100698
	醴陵市	439682	广东省	从化区	285799
	湘潭县	287747		增城区	1057641
	湘乡市	222566		斗门区	324350
	衡阳县	159779		潮阳区	180872
	衡南县	193642		澄海区	163479
	衡山县	118202		禅城区	1102087
	衡东县	131891		南海区	2454230
	祁东县	132399		顺德区	2468380
	耒阳市	150427		三水区	669657
	常宁市	162700		高明区	425335
	新邵县	110210		新会区	567295
	隆回县	144388		台山市	316523
	洞口县	100375		开平市	279547
	武冈市	110275		鹤山市	321696
	邵东市	274626		恩平市	120947
	岳阳县	122200		廉江市	128233
	华容县	107105		吴川市	100838
	湘阴县	174253		电白区	213687
	平江县	169200		高州市	177733
	汨罗市	213816		化州市	129536
	临湘市	117722		信宜市	110890
	汉寿县	143889		高要区	161263
	澧　县	193987		四会市	253618
	临澧县	100411		惠阳区	550046
	桃源县	225901		博罗县	467219
	石门县	171725		惠东县	317644
	慈利县	145250		龙门县	126033
	南　县	128623		梅县区	158789
	桃江县	132701		五华县	100393
	安化县	161743		兴宁市	102161
	沅江市	125087		东源县	102210
	桂阳县	241541		阳东区	148939
	永兴县	205000		阳春市	139408
	嘉禾县	115394		清新区	150331
	临武县	117813		英德市	207244
	资兴市	257797		潮安区	157094

续表 7　　　　(2019年)　　　　单位：万元

省(区、市)	县(市)	一般公共预算收入	省(区、市)	县(市)	一般公共预算收入
	揭东区	105501		秀山土家族苗族自治县	103736
	普宁市	211869		酉阳土家族苗族自治县	101900
	新兴县	184585		彭水苗族土家族自治县	135237
	罗定市	134069	四川省	新都区	1121951
广西壮族自治区	武鸣区	169490		温江区	875280
	宾阳县	137453		双流区	2649543
	横　县	115993		郫都区	1762801
	柳江区	126637		金堂县	485712
	临桂区	193572		大邑县	295190
	灵川县	112023		蒲江县	100626
	荔浦市	104597		新津县	465235
	藤　县	102465		都江堰市	575472
	平南县	112311		彭州市	357120
	桂平市	110603		简阳市	367698
	容　县	108125		荣　县	113605
	陆川县	115698		富顺县	191954
	博白县	116996		泸　县	158849
	北流市	173790		古蔺县	165008
	右江区	233547		中江县	107150
	平果县	180466		广汉市	214205
	靖西市	157830		三台县	170629
海南省	琼海市	149982		江油市	227240
	文昌市	138684		苍溪县	121070
	万宁市	150313		威远县	169921
	东方市	151668		资中县	169916
	澄迈县	267989		犍为县	135668
	昌江黎族自治县	141289		夹江县	128872
	陵水黎族自治县	416575		阆中市	130073
重庆市	綦江区	523422		仁寿县	311509
	大足区	389395		洪雅县	145009
	长寿区	351770		南溪区	173753
	江津区	654906		江安县	166930
	合川区	415329		长宁县	119687
	永川区	714798		高　县	117435
	南川区	232434		珙　县	128402
	璧山区	500420		筠连县	107804
	铜梁区	319632		兴文县	131090
	潼南区	202339		屏山县	127352
	荣昌区	279689		岳池县	506663
	开州区	252617		邻水县	483447
	梁平区	203193		华蓥市	276221
	武隆区	118726		达川区	170789
	丰都县	223572		宣汉县	200188
	垫江县	166652		大竹县	222418
	忠　县	186691		渠　县	200227
	云阳县	160270		安岳县	108301
	奉节县	147630		马尔康市	185809
	巫山县	105168		汶川县	212048
	石柱土家族自治县	100158		理　县	133435

续表 8　　(2019年)　　单位：万元

省(区、市)	县(市)	一般公共预算收入	省(区、市)	县(市)	一般公共预算收入
	茂　县	201985		文山市	223998
	松潘县	213249		景洪市	139629
	九寨沟县	283917		大理市	375166
	金川县	178016		祥云县	108108
	小金县	163010		瑞丽市	109465
	若尔盖县	194526	西藏自治区	堆龙德庆区	252426
	红原县	146466	陕西省	长安区	208070
	西昌市	1027516		高陵区	120553
	会理县	122058		彬州市	126163
	会东县	102442		韩城市	353387
	冕宁县	124779		志丹县	231175
贵州省	清镇市	178113		吴起县	167068
	水城县	127559		黄陵县	222067
	盘州市	457324		横山区	195000
	播州区	146420		府谷县	352482
	习水县	125600		靖边县	135846
	仁怀市	722664		定边县	239723
	平坝区	103000		神木市	912187
	七星关区	282838	甘肃省	凉州区	127384
	黔西县	105274		西峰区	101112
	金沙县	167837	青海省	格尔木市	157416
	织金县	109800	宁夏回族自治区	贺兰县	120927
	威宁彝族回族苗族自治县	129502		灵武市	271595
	碧江区	147288	新疆维吾尔自治区	高昌区	105007
	兴义市	337889		鄯善县	169922
	兴仁市	150020		托克逊县	160880
	安龙县	115065		伊州区	300563
	凯里市	159378		伊吾县	102018
	都匀市	169077		昌吉市	392393
	福泉市	105313		阜康市	221363
	瓮安县	110119		呼图壁县	100110
	龙里县	136475		玛纳斯县	105440
云南省	呈贡区	354503		博乐市	114700
	晋宁区	153515		库尔勒市	337963
	嵩明县	121169		阿克苏市	208850
	安宁市	471386		库车县	414937
	沾益区	110086		沙雅县	158595
	富源县	131407		拜城县	161400
	会泽县	140578		喀什市	152600
	宣威市	151236		和田市	101600
	新平彝族傣族自治县	130156		伊宁市	235057
	腾冲市	189602		奎屯市	112100
	昭阳区	140355		霍尔果斯市	262204
	楚雄市	254087		乌苏市	150645
	个旧市	132140		和布克赛尔蒙古自治县	116148
	开远市	154484		富蕴县	100000
	蒙自市	159766		石河子市	377445
	弥勒市	190326		阿拉尔市	121817
	建水县	140288		五家渠市	167512
	泸西县	103388			

附录：主要指标解释

主要指标解释

行政区域面积 指辖区内的全部陆地面积和水域面积。包括耕地、荒山、荒地、山林、草原、滩涂、道路和建筑物占地等陆地面积，以及河流、湖泊、水库等水域面积。

乡 指本辖区内经省、自治区、直辖市人民政府批准成立的乡一级行政区划的数量。

镇 指本辖区内经省、自治区、直辖市人民政府批准成立的镇一级行政区划的数量。

户籍人口 指年末户籍在本行政区域内的人口数，即公安部门户籍人口。

第二产业从业人员 指主要从事采矿业，制造业，电力、煤气及水的生产和供应业，建筑业人员。

第三产业从业人员 指主要从事第一、二产业以外的其他行业人员。

地区生产总值 指按市场价格计算的一个地区所有常住单位在一定时期内生产活动的最终成果。

三次产业划分 根据《国民经济行业分类》（GB/T4754-2017），三次产业的划分标准：

第一产业指农、林、牧、渔业（不含农、林、牧、渔专业及辅助性活动业）。

第二产业指采矿业（不含开采专业及辅助活动），制造业（不含金属制品、机械和设备修理业），电力、热力、燃气及水生产和供应业，建筑业。

一般公共预算收入 指国家财政参与社会产品分配所取得的收入，是实现国家职能的财力保证。主要包括：（1）各种税收：包括国内增值税、国内消费税、进口货物增值税和消费税、出口货物退增值税和消费税、营业税、企业所得税、个人所得税、资源税、城市维护建设税、房产税、印花税、城镇土地使用税、土地增值税、车船税、船舶吨税、车辆购置税、关税、耕地占用税、契税、烟叶税等。（2）非税收入：包括专项收入、行政事业性收费、罚没收入和其他收入。财政收入按现行分税制财政体制划分为中央本级收入和地方本级收入。

一般公共预算支出 指国家财政将筹集起来的资金进行分配使用，以满足经济建设和各项事业的需要的支出。主要包括：一般公共服务、外交、国防、公共安全、教育、科学技术、文化体育与传媒、社会保障和就业、医疗卫生与计划生育、节能环保、城乡社区、农林水、交通运输、资源勘探信息等、商业服务业等、金融、救援其他地区、国土海洋气象等、住房保障、粮油物资储备、政府债务付息等方面的支出。财政支出根据政府在经济和社会活动中的不同职权，划分为中央财政支出和地方财政支出。

住户储蓄存款余额 指住户在某一时点上,在银行和其他金融机构的本（人民币）、外币储蓄存款总额。不包括住户的手存现金和工矿企业、部队、机关、团体等单位存款。

年末金融机构各项贷款余额 指年终时银行或其他信用机构根据必须归还的原则，按一定利率，为企业、个人等提供资金贷款的总额。

设施农业种植 指利用特定的设施（连栋温室、日光温室），人为创造适用于作物生长的环境，以生产优质、高产、稳产的蔬菜、花卉、水果等农产品的一种环境可控制的种植活动，包括滴灌节水技术农业、现代灌溉设施农业和利用测土配方施肥、先进农业机械从事高技术、精细、科技、高效的农业活动；不包括仅提供大棚，无其他光照、保温、栽培、灌溉、施肥等技术措施的设施种植。

油料产量 指全部油料作物的生产量。包括花生、油菜籽、芝麻、向日葵籽、胡麻籽(亚麻籽)和其他油料。不包括大豆、木本油料和野生油料。花生以带壳干花生计算。

棉花产量 按皮棉计算。3 公斤籽棉折 1 公斤皮棉。不包括木棉。

规模以上工业企业 指年主营业务收入 2000 万元以上的工业法人企业。

固定电话用户 指在电信运营企业营业网点办理开户登记手续并已接入固定电话网上的全部电话用户。包括普通电话用户、公用电话用户、窄带综合业务数字网（N-ISDN）用户、智能网专用接入终端用户等。

普通中学在校学生数 指学年开学后，在普通中学学习具有学籍的学生总数，包括留级生，不包括复读生和补习生。普通中学在校学生包含初中和高中的学生、九年一贯制学校及十二年一贯制学校初中和高中阶段的在校学生。

小学在校学生数 指学年开学后，在普通小学学习具有学籍的学生总数，包括留级生，不包括复读生和补习生。小学在校学生包含小学的学生、九年一贯制学校及十二年一贯制学校小学阶段的在校学生。

医疗卫生机构床位数 指各级各类医疗卫生机构年底的固定实有床位（非编制床位），包括正规床、简易床、监护床、正在消毒和修理床位、因扩建或大修而停用的床位，不包括产科新生儿床、接产室待产床、库存床、观察床、临时加床和病人家属陪侍床。

提供住宿的社会工作机构 包括：养老机构、精神疾病服务机构、儿童福利和救助机构以及其他提供住宿机构。

提供住宿的社会工作机构床位 指提供住宿的社会工作机构报告期末床位的实际收留抚养能力。对于炕、通铺，以正常可容纳人员数量折算床位数。